Viktor Timtschenko

RUSSLAND NACH JELZIN

Die Entwicklung
einer kriminellen
Supermacht

Rasch und Röhring Verlag

Die Deutsche Bibliothek – CIP-Einheitsaufnahme

Timtschenko, Viktor V.:
Rußland nach Jelzin. Die Entwicklung einer kriminellen Supermacht / Viktor Timt-
schenko. – Hamburg: Rasch und Röhring, 1998
ISBN 3-89136-654-X

Großer Burstah 42, 20457 Hamburg, Fax 040/37 13 89
Umschlaggestaltung: Peter Albers
Satzherstellung: KCS GmbH, Buchholz/Hamburg
Druck- und Bindearbeiten: Westermann Druck Zwickau GmbH
Printed in Germany

Inhalt

Vorwort

*Wer aber die alles entscheidende Frage aufwirft: »Wohin
wird Rußland gehen?«, dem eröffnet sich nur ein Blick in
Nebelmeere.*

Hans Peter Schwarz, Die Welt[1]

Vor der Veröffentlichung meines »Shirinowski«-Buches* habe
ich von meiner Frau und später, nach dessen Erscheinen, von
einigen anderen Leuten Kritik wegen des fehlenden exakten
Quellennachweises einstecken müssen. Während einige meinten, dem Buch sei von der ersten Seite an anzumerken, »daß
sorgfältig und gewissenhaft recherchiert wurde«[2], fanden andere, daß »die durchaus interessante Reportage durch das Fehlen … der genaueren Belege für einzelne Behauptungen« beeinträchtigt sei[3].

Dazu ist zweierlei zu sagen. *Erstens* wollte ich ein Buch schreiben, das man leicht lesen kann und nicht umständlich studieren
muß (und das ist mir offensichtlich gelungen, da mir viele Leser
mitteilten, sie hätten den ziemlich umfangreichen Band in einer
Nacht verschlungen), und einen großen wissenschaftlichen
Apparat empfinde ich selbst beim Lesen als ungemein störend.
Von der Sache her kann ich demjenigen, der die Zitate nachprü-
fen möchte, eine Kiste mit Zeitungen, Zeitschriften, Büchern
und Tonbändern zur Verfügung stellen, die bei mir für alle Fälle
auf dem Boden bereitsteht. Überdies war das Buch für Leser
gedacht, die mehr über die Ereignisse in Rußland zu erfahren
wünschen, und nicht für solche, die mich bei einer nicht ganz
exakten Übersetzung ertappen wollen. Also zwar ein sachliches
Buch auf der Grundlage tatsächlicher Ereignisse und ohne unter-
haltsame schriftstellerische Freiheiten, aber doch kein Sachbuch,
was auch einige erwartet hatten.

---

* Viktor Timtschenko, »Ich erwecke Rußland mit Blut – Wladimir Wolfowitsch
Shirinowski«, Aufbau-Verlag, Berlin 1994

Zweitens gibt es in der Forschung und Publizistik zwei Arten von Recherche und Information: eine primäre und eine sekundäre. Sekundärinformation ist bekanntlich alles, was bereits jemand zur Nutzung gesammelt und irgendwo veröffentlicht hat. Und nur für diese Sekundärinformation kann man auch die genaue, nachprüfbare Quelle angeben. Noch wertvoller sind meines Erachtens die Primärinformationen, die man selbst sammeln und zusammenstellen muß: Das sind zum Beispiel Gespräche mit Leuten, oft in einem unangenehmen Milieu, wo man heikle Fragen stellen muß; das ist die mühsame Suche nach Fakten, die manchmal sehr explosiv sein können, nach Dokumenten, die noch nicht im Archiv liegen und nie dort ihren Platz finden, die niemals präzis als Quelle angegeben werden können oder dürfen.

Eben diese primäre Information aus erster Hand war und bleibt für mich wichtig: Deshalb kann ich nicht jeden Fakt mit Sternchen oder Quellenziffer versehen.

Um nun aber nicht in den Ruf eines unseriösen Schreibers zu kommen, habe ich mich entschlossen, sämtliche Sekundärquellen, die ich benutzt habe (das sind vorwiegend Zeitungen – »Iswestija«, »Trud« und »Komsomolskaja prawda« sowie die repräsentative und immer gut recherchierende Zeitschrift »Ogonjok«), am Ende des Buches aufzuführen und neben die Fakten und Zitate im Text nur eine Ziffer zu setzen, die lediglich ein Verweis auf entsprechende Artikel oder Bücher ist.

Ich bitte alle Leser, die sich nicht zu den peniblen Kontrolleuren und Nachforschern zählen, auf keinen Fall jede Anmerkung im Anhang nachzuschlagen. Sie finden dort nichts außer einer kleinen Quellennotiz, die sie lediglich vom Lesen abhält.

Alle zum Verständnis der Handlung wirklich wichtigen Bemerkungen stehen als Fußnote auf der entsprechenden Seite.

Markkleeberg, März 1998

Es ist keine Kunst, Wahrsager zu sein

*Warum erweisen sich etliche Prophezeiungen und Zukunfts-
prognosen als falsch, und warum tun die Wissenschaftler so,
als merkten sie das nicht? Ein Koordinatensystem für all das,
wovon im weiteren die Rede sein soll*

Ich komme nach Hause, ziehe die Schuhe aus und lasse mich so,
wie ich bin, in Mantel und Mütze, zu Boden fallen. Gesicht nach
unten, die Hände im Nacken, als ob mich jemand durchsuchen
und dann schlagen wolle … Der Kopf ist bleischwer, einen Blick
nach links zu werfen, bereitet mir echte Probleme. Der Rücken
tut weh, als wäre ich mörderisch verprügelt worden oder hätte
stundenlang Mehlsäcke auf einen Laster geladen. Die Gedanken
sind keine Gedanken mehr, im Kopf ist nur ein Brei aus Silben,
Zahlen, U-Bahn-Geräuschen, Gerüchen … Ich erinnere mich an
nasse Hände und schmutzigen Schneematsch, an Bankbelege
und an Wladimir Iljitsch Lenin mit einem Fotostativ auf der
Schulter …
»20 Uhr Moskauer Zeit. Nachrichten zur vollen Stunde …«
Radio Rußland. Das Radio ist eingeschaltet. Am liebsten würde
ich meinen schweren Schuh danach werfen, aber selbst dazu habe
ich keine Kraft mehr.
Was wissen Sie von der Moskauer Zeit? 20 Uhr oder 22 Uhr?
Ist das ein großer Unterschied? Heute wie gestern und morgen
wie heute. Die Jahre vergehen, und es ändert sich nichts. Fast
nichts. Im Jahre 2020 werden schon viele Menschen in meiner
Umgebung tot sein. Tot und begraben. Guten Tag, Frau Müller,
sie sind doch längst tot, Frau Müller. Warum rede ich mit Ihnen,
Frau Müller? Weil ich verrückt bin.
2020 werden Leute meiner Generation senile Greise, die nach
dem Zweiten Weltkrieg Geborenen fast alle tot sein. In Rußland
sowieso. Heutzutage beträgt die Lebenserwartung für Männer
dort 59 Jahre. Der Rentenantrag ist beim heiligen Petrus zu stellen und von Gott dem Herrn persönlich bestätigen zu lassen.

Und dann geht's auf Reisen. Nach dem himmlischen Mallorca ... Wir sind nur Zugpferde, zum Rackern auf der Welt und – wenn nutzlos geworden – zum Abschlachten freigegeben. Ein Hühnerleiterleben! Kurz und beschissen. Gestern noch war ich ein kleiner Junge, der barfuß auf der Wiese Fußball spielte – als Tor zwei Kuhfladen, schmutziges Gesicht und hungrige Augen inmitten von Sommersprossen.

Und heute liegst du da, ein geschlagener Hund, der seinem Tod schon ins Auge gesehen hat. Äußerlich ruhig zählst du jeden Tag, jede Stunde, die dir noch bleibt, aber innerlich, tief drinnen hast du *Angst* vorm Sterben, vorm Nicht-mehr-Existieren, vor jenem Weltuntergang, der nur dich, nur dich allein betrifft.

Ich komme von einer Dienstreise, vielleicht der schwersten meines Lebens, und habe keinen Mut mehr, die Fülle der Erlebnisse und Erkenntnisse zu verkraften.

Gibt es wirklich Wahrsager? Nostradamus oder Wolf Messing oder wie sie auch immer heißen mögen ... Irgendwelche übersinnlichen Kräfte verleihen ihnen die Fähigkeit, in das Schwarze Loch zu blicken und uns, die Sterblichen, aufzuklären.

Haben Sie auch Angst, verehrte Propheten? Sind Sie nicht mit Ihrem Wissen überfordert? Möchten Sie nicht einmal Zyankali zum Kaffee serviert bekommen oder à la Anna Karenina sich genauer nach dem Fahrplan erkundigen, oder, im schlimmsten Fall, irgendeine »bridge« über den Hudson betreten? Seltsam, wie können Sie leben, wenn Sie gesehen haben, wie Ihre nächsten Verwandten sterben, Menschen, die man geliebt hat, die einem heilig waren, wie sie im Koma liegen, wie sie sich einnässen, wie sie vor Krebsschmerzen um einen Schuß Narkotika flehen ... Ist das so faszinierend, ein Hellseher zu sein?

Alles Lüge!

Es gibt keine Hellseher auf dieser Welt. Es gibt nur ein paar Halunken, die unseren Drang nach dem Wissen von morgen ausnutzen und uns die unsinnigsten Visionen zu verkaufen versuchen. Und wir sind gläubig, sogar die überzeugtesten Atheisten sind abergläubisch, wenn es um die Zukunft geht –

wir möchten wenigstens *etwas* von morgen wissen, damit wir heute vielleicht anders handeln und das Morgen besser meistern können.

Die ungläubige Minderheit hat ihre eigene Religion: die Wissenschaft. Die Wissenschaft ist ein Mittel zur Erforschung des Morgen. Heute mangelt es an neuen Erkenntnissen. Da gründen die Wissenschaftler ihre Sekten, Forschungsinstitute genannt, und versuchen, in die Zukunft einzugreifen: einen Motor von morgen zu entwickeln, Nahrungsmittel von übermorgen auszuprobieren, ein Virus, das erst morgen eine Pandemie auslöst, aus der Flasche zu befreien ... Aber alles umsonst. Sobald sie, diese Alchimisten der Gegenwart, ihr Ziel erreicht haben, sobald sie die neumodische Karosse mit dem neuen Motor ausgestattet haben, ist dieser Motor nicht mehr ein Motor von morgen, sondern ein Motor von heute.

Das ist eine Schande! Ein Fluch der Wissenschaft, der uns alle verdammt.

Aber die Wissenschaftler gelten gerade deshalb als besonders klug, weil sie eine neue, bis jetzt unbekannte Kaste der Heiligsten gebildet und ihnen die Aufgabe gestellt haben, die Zukunft zu erforschen, ohne dies vereinfachend auf Sachwerte zu beschränken. Sie wühlen im schwarzen Weißnichtwas und bringen Licht ins Dunkle, ohne dort irgend etwas anzufassen und ins Heute herüberzuholen. (Wie vernünftig haben sie das ausgeklügelt, diese Leute!) Das ist eine Kaste von Narren in Christo, von Schamanen ihres Gottes Futurum, die ihren Hexensabbat Brainstorming* nennen ...

Obwohl das relativ einfach und recht interessant sein könnte. Wir alle sind ein wenig Zukunftsforscher. Die Wissenschaftler sagen bloß (um uns einfache Leute zu ärgern und von den Geheimnissen der Futurologie fernzuhalten – eben Kaste!): »Wenn X, dann Y.« Oder noch komplizierter: »Wenn X, dann

---

* Brainstorming – eine der Methoden der Zukunftsforschung, das freie Assoziieren unter Ausschaltung hemmender Kritik.

tritt nach einer bestimmten Zeit Y, Z ein.« Aber das ist nur ein Versteckspiel. Im gewöhnlichen Leben heißt das: »Wenn ein Mann und eine Frau zu einem bestimmten Zweck zusammenkommen (X), dann wird nach einer bestimmten Zeit (nach neun Monaten) ein Kind geboren (Z).« Das ist dechiffriertes Vögeln auf futurologisch. Natürlich ist das Eintreten von Z problematisch, wenn wir die Sache nicht so eindeutig darstellen. Die Frau kann ja auch nein sagen, der Mann kann nicht in der Lage sein ... Das heißt, es gibt nicht nur deterministische Aussagen (2 x 2 = 4), sondern auch zufallsabhängige. Das beste Beispiel dafür ist der Wetterbericht. Im Vergleich zum Intimkontakt ist das beim Wetter wohl viel komplizierter. Man muß Wind, Wolken, Sonne, Regen, Tief, Hoch und vieles andere einkalkulieren, deshalb passiert es auch, daß wir trotz der Prognosen dieser Art Zukunftsforscher immer mal ohne Regenschirm ins Gewitter geraten.

Kleine Prognosen machen wir selbst täglich: Man muß heute tanken, morgen wird es teurer. Das System ist stabil, wie ein Mann und eine Frau und ihr Sex-Appeal.

Aber es gibt auch instabile – labile – Systeme. Es gibt ja nicht nur X und Y, sondern Tausende und Abertausende Summanden, die unberechenbar und nicht vorhersehbar erscheinen. Wir können eine Sonnenfinsternis auf die Sekunde genau voraussagen, aber eben nicht, ob man selbst morgen einen Schnupfen bekommt.

Tja, die Prognose ist etwas Sonderbares. So mancher wird versuchen, die Zukunft vorauszusagen, aber ...

Die Geschichte der Futurologie kennt viele interessante Beispiele. Dazu gehört Viscount Cherwell, Churchills wissenschaftlicher Berater im Zweiten Weltkrieg, Leiter der britischen Atomforschung, ein genialer Mann, der lange Zeit behauptete, größere Raketen könnten nur mit festem Treibstoff funktionieren. An die deutsche Flüssigkeitsrakete V-2 wollte er selbst dann nicht glauben, als er schon Fotografien von ihr gesehen hatte.

Um blamable Prognosen zu vermeiden, vertraut man heute nicht einem einzigen, sondern eher einer Gruppe von Experten,

die lange forschen, bevor sie sich äußern. Aber auch Experten-
gruppen können irren. Die erste größere technische Voraussage
einer solchen Gruppe, die 1937 in den USA publiziert wurde,
erbrachte ein Dokument, das keine der wirklich bedeutenden
Entwicklungen des folgenden Jahrzehnts – wie Antibiotika,
Radar, Düsenflugzeuge und die Atomenergie – auch nur andeu-
tete.

Bei der sogenannten Delphi-Technik handelt es sich um die
Integration vielfacher Expertenurteile. Die Leute sitzen zu
Hause vorm Fernseher und werden gefragt, wann die Elektromobile 10 Prozent des Automarktes einnehmen werden. Sie
überlegen kurz und legen los. Ihre Schätzungen werden ausge-
wertet und an viele andere Experten verschickt. Dann überlegen
diese und »sagen die Wahrheit«. Bei der Gordon-Helmer-Stu-
die (1964), der wir diese Frage entnahmen, hieß es im Endeffekt,
daß Elektromobile weit und breit schon 1983 rollen würden. 25
Prozent der Experten wählten die Formel »nach dem Jahre
1995«, dafür antworteten aber weitere 25 Prozent »vor dem
Jahre 1978«. Also, je mehr Experten eine Sache analysieren,
desto dunkler wird sie.

Manche Prognosen kann man ohne große Überlegungen
anstellen: Zwei bekannte Futurologen »prophezeiten« einmal,
daß die »Entwicklungsländer in 20 Jahren ebenso hungrig und
bedürftig sein werden, wie sie es heute sind«. Diese Prognose
stammt übrigens aus dem Jahre 1965 und nicht von gestern.[4]

Einige Prognosen sind allerdings schwierig. So hat vor zehn
Jahren niemand das größte Ereignis der zweiten Hälfte des
20. Jahrhunderts, den Niedergang des Sozialismus, vorhergese-
hen und vorausgesagt.

Aber, wie gesagt, Prognosen machen nicht nur Leute, die sich
Wissenschaftler nennen dürfen; Prophezeiungen sind auch
»Unbefugten« nicht untersagt. So hat beispielsweise vor rund
400 Jahren Leonardo da Vinci die Erfindung von Bohrmaschine,
Hochofen, Spinn- und Druckmaschinen, U-Boot, Panzer, Heli-
kopter, Taucherglocke, Fallschirm und Fahrrad vorausgesagt.

Einer der größten Zukunftsforscher war Jules Verne, der »ab 1863 mit utop. Abenteuer- und Entdeckerromanen bekannt wurde, die z. T. techn. Entwicklungen des 20. Jh. vorwegnahmen« (wie das Brockhaus-Lexikon bestätigt[5]). Der russische Schriftsteller Alexej Tolstoj faszinierte die Leser mit einem nadeldünnen Energiestrahl, der sowohl im Zivilleben als auch im Militärbereich angewendet wurde, was uns an medizinische und militärische »Laseroperationen« erinnert.

Futurologen waren Thomas More und Tommaso Campanella, Daniel Default und Karl Marx, Leo Trotzki und George Orwell ...

Heute lebt in Polen ein unübertroffener zeitgenössischer Prophet: Stanisław Lem, der uns in seinen Science-fiction-Romanen einen Blick ins Kommende gewährt. Lem selbst sagte: »In meinen Romanen gibt es nichts Fantastisches. Vieles, wovon ich schreibe, materialisiert sich mit der Zeit. So äußerte ich die Annahme einer Existenz der Gentherapie. Und 30 Jahre später stellte sich heraus, daß das keine Märchen sind.«[6] Dabei ist zu bedenken, daß diese Voraussage von Herrn Lem nicht die Entwicklung eines primitiven Motors oder einer Gasturbine betrifft, sondern soziale Systeme im Makromaßstab, wo Tausende von Variablen zu berücksichtigen sind: Politik und Wirtschaft, soziale und ökologische Werte, Errungenschaften der Wissenschaft und Einfluß der Persönlichkeiten usw. usf. Trotzdem ist es Lem geglückt, die 30 Jahre zu überspringen. Kein Forschungsinstitut, keine Befragungen – ein heller Kopf!

Also sind es oftmals Schriftsteller und Maler, die, gestützt auf ihre Intuition, erstaunliche Erfolge verbuchen können.

Beim Brainstorming gibt es von Wissenschaftlern erarbeitete Grundregeln, deren strikte Beachtung erst den gewünschten Effekt garantiert:

- Jede Idee beachten, ganz gleich wie unwesentlich und unrealistisch sie erscheint.
- Keine Kritik an irgendeiner Idee.
- Keine Diskussion über Folgen, die sich aus einer Idee ergeben könnten.[7]

Warum sollte ich es nicht wagen? Habe ich doch den Mut, ohne den keine Prophezeiungen zustande kommen können. Mut zur Vereinfachung. Mut zur ungenauen Messung. Mut zu Voraussagen.

Bei mir am Schreibtisch wird jede auftauchende Idee beachtet, weil mich niemand stört und weil das meine Ideen und mein Schreibtisch sind. Wenn diese Ideen jemandem unwesentlich und unrealistisch erscheinen, kann er dieses Buch zuklappen und schlafen gehen. Aber das Buch ist schon da! Die hier präsentierten Ideen mag man akzeptieren oder nicht – einfach wegwischen, vergessen, abschmettern kann sie niemand.

Die Aussagen unterliegen der Kritik. (»Mit dem Hinweis, daß nicht alle denkbaren Möglichkeiten berücksichtigt sind und daß die relevanten Systeme nicht völlig einsichtig und in ihren quantitativen Zusammenhängen bekannt sind, läßt sich jede Prognose attackieren.«[7]). Aber diese Kritik können Sie, liebe Leserin und lieber Leser, erst jetzt üben, sie hat mich nicht beim Schreiben gestört, obwohl sie sehr mutig, interessant und überzeugend sein kann. Sie können polemisieren, aber die Argumente von Ihrer und meiner Seite werden nicht in einen Topf geworfen und so miteinander vermischt, daß man am Ende nicht mehr weiß, »hat er den Mantel gestohlen, oder wurde ihm der Mantel gestohlen?«

Mit anderen Worten, wenn man sich lange und intensiv mit einem Problem beschäftigt (vgl. die volkstümliche Wetterprognose: »Die Schwalben fliegen tief – also wird es regnen«), kann man bestimmte Tendenzen beobachten, die über kurz oder lang zu definitiven Ergebnissen führen werden.

Ich kann mein Thema sehr präzise definieren: Wird Rußland in den nächsten zwei Jahrzehnten eine bedrohliche Supermacht sein oder nicht? Wenn ja, warum, welche Anzeichen sprechen dafür?

Dieses Interesse schwelt nicht nur aus allgemeiner Neugier in mir, sondern aus existentiellen Gründen: Ich fühle mich verpflichtet, meine aufgestöberten Gedanken weiterzugeben, da dadurch vielleicht diese oder jene Entscheidung anders ausfallen könnte. Bekanntlich fährt man sicherer in den Urlaub, wenn man weiß, welches Wetter und welche Gefahren einen auf dem Archipel Juan Fernandez erwarten. Braucht man dort zusätzlich einen Regenmantel oder lieber ein Antidot gegen Klapperschlangen, sind Sonnencreme oder Thermosocken vonnöten? In diesem Sinne bin ich, wenn man so will, ein selbsternannter Wetterdienst …

Doch Rußland ist kein Archipel Juan Fernandez. Sollte Rußland einmal unerwartet »husten«, gehen in allen Hauptstädten der Welt rasch die Kopfschmerzmittel aus. Vielleicht hat das gegenwärtige Rußland keine bewußt bösen Absichten, aber eine »Kaum-Demokratie« als Staatssystem, addiert mit mafiaähnlicher Wirtschaft, multipliziert mit Atomkraft und dividiert durch unberechenbare Führung, bereitet einen gefährlich starken Cocktail, den man sich nur in suizidaler Absicht unbeschwert auf der Zunge zergehen lassen kann.

Aber was nutzen Prognosen? Brauchen wir heute den Motor von morgen? Nein, wir brauchen etwas ganz, ganz anderes. So J. Heinrichs: »Nicht das, was in späterer Zeit einmal sein wird und uns noch unbekannt ist, sondern das, was jetzt und hier getan werden muß, um unsere Chancen für die spätere Zeit zu erhöhen.«[4]

Mit anderen Worten, in unserem Fall hat der Rest der Welt das Recht, Vorsorge zu treffen oder wenigstens Bescheid zu wissen, mit welchen Problemen er in nächster Zukunft konfrontiert wird. Wenn mein Nachbar einen Asthäcksler kauft, muß ich wenigstens für Gehörschutz sorgen, nicht wahr?

Einer der bedeutendsten Futurologen der Welt, der auch den Begriff »Futurologie« geprägt hat, Ossip K. Flechtheim, schrieb: »Die Futurologie muß die fünf ›challenges‹, die die Menschen bedrohen, beantworten – sie muß ihren Beitrag leisten

– zur Eliminierung des Krieges und Institutionalisierung des Friedens,
– zur Beseitigung von Hunger und Elend und zur Stabilisierung der Bevölkerungszahl,

– zur Überwindung von Ausbeutung und Unterdrückung und
  zur Demokratisierung von Staat und Gesellschaft,
– zur Beendigung des Raubbaus und zum Schutz der Natur und
  des Menschen vor sich selber,
– zum Abbau von Entleerung und Entfremdung und zur Schaffung eines neuen kreativen Homo humanus.«[4]
Von diesen Mindestanforderungen gibt es kein Abweichen.

Wie geht es Rußland eigentlich?

Bericht eines Insiders, der natürlich nicht objektiv sein kann ...

Geht Rußland unter?

Eine weltweit verbreitete Meinung, die hier vorsichtigerweise mit Fragezeichen versehen sein möge

Bei einer Lesung aus meinem Shirinowski-Buch im Chemnitzer Schriftstellerverband wurde mir die höfliche Routinefrage gestellt, woran ich denn momentan arbeite. Solche scheinbar anspruchslosen Fragen bergen große Gefahren in sich. Man versucht, ehrlich von seinen nächsten Plänen zu erzählen, aber die Pläne sind noch unklar und verschwommen, neblig und trüb ... Deshalb sind manche Erklärungen unzureichend, vor allem für die Kollegen. Aus diesem Grund ist unsere »Schreibgarde« so zurückhaltend und tut solche Fragen gewöhnlich mit nichtssagenden Floskeln ab.

Diesmal erzählte ich einiges. Es folgte eine andere Frage: Aus dem Buch gehe hervor, daß Shirinowski Rußlands nächster Präsident sein könne. Ja, das hätte ich angedeutet, habe ich damals in Chemnitz gesagt, aber für meine Forschungen sei das unerheblich. Ob Jelzin oder Sjuganow, ob Shirinowksi oder Gaidar, ob Makaschow oder Lushkow – das ist wesentlich für die nächsten fünf bis zehn Jahre. Aber für die nächsten 25? Ist es nicht egal, wie schnell sich die Reformen vollziehen und wie sich das Ministerkabinett zusammensetzen wird? Wenn der Präsident keine entscheidende Rolle in der Geschichte seines eigenen Landes spielt, wer (oder was) dann?

Schließlich kann ich den Präsidenten nicht mit einem Meteorologen vergleichen, der das Wetter prophezeit, es jedoch nicht beeinflussen kann. Aber mit einem Lokführer sicher. Er kann die Geschwindigkeit wählen, er kann Bremsen betätigen und eine

Ruhepause einlegen, er kann sogar eine Zeitlang manövrieren, ja auch rückwärts fahren. Aber auch er kann von den Gleisen nicht weg, er kann die Bahn nicht verlassen, er muß – über kurz oder lang – sich vorwärts bewegen. Und die Gleise führen aus der zentral gesteuerten Wirtschaft in die Marktwirtschaft, die Weichen sind gestellt. Wie sozial oder wie hart diese Marktwirtschaft gestaltet wird, ist eine Frage der Vernunft der Baumeister.

Wo waren die Weichen?

Eine davon war die Privatisierung der Wirtschaft. Wie sie vorgenommen wurde, ist eine ganz andere Frage, mit der wir uns im Rahmen dieses Buches ausführlich beschäftigen werden. Aber auch das, die Form, ist unwesentlich. Von Bedeutung ist nur, daß die Werke und Fabriken, die Kaufhallen und Kühe jetzt zum großen Teil Privatpersonen und nicht mehr dem Staat gehören. Das fördert die Arbeitsproduktivität und entfesselt die Eigeninitiative, bringt Waren und Dienstleistungen auf den Markt, sättigt ihn und bringt Profit, Gewinn, Geld. Wenn man genauer hinsieht, ist das Geld das Entscheidende, worauf es beim Aufbau der marktwirtschaftlichen gesellschaftlichen Verhältnisse ankommt.

Geld? Ich erzähle Ihnen, wie es im heutigen Rußland mit dem Geld aussieht. Heutzutage gibt es zahlreiche Zeitungen und Zeitschriften in Rußland. Das nennt sich Pluralismus. Sie können in den Zeitungen etwas über konventionellen Sex und die Homobewegung erfahren, es gibt Zeitungen für Astrologie und Hiromantie, über Hunde und Katzen, über Außerirdische und Vampire. Die neugewonnene Freiheit ist in Rußland ziemlich umfassend und unübersehbar in der Themenwahl.

Die »Komsomolskaja prawda« gehört ebenso wie die »Iswestija«, »Prawda«, »Argumenty i fakty«, »Ogonjok«, »Trud« zu den seriösen und populärsten Medien. Alles, was sie berichten, mag leicht subjektiv gefärbt sein, aber die Fakten stimmen. Ich nenne Ihnen hier nur Fakten und versage mir bewußt eine subjektive Darstellung.

Im Zentrum der russischen Stadt Artjom im Primorskij-Kreis wohnten ein Mann, eine Frau, ihre Kinder, ein altes Mütterchen, zwei Liebhaber der Frau – und Schnaps gab es in Hülle und Fülle. Manchmal schauten auch andere Alkoholiker vorbei. Eines Tages erstach der eine Liebhaber den anderen mit einem Messer. Die Leiche wollten sie zuerst verbrennen, dann entschieden sie sich anders: Die Frau machte Ragoût fin, das alte Mütterchen und die Kinder bekamen eine Woche lang Buletten und Fleischbouillon. Ein Mittäter wollte keine Buletten essen. Ihm sei übel gewesen, erzählte er später dem Untersuchungsrichter. Die Buletten hießen »Serjosha«, nach dem ehemaligen Saufkumpan.

Eine Woche später wurde auch der Hausherr umgebracht, zerlegt und aufgegessen. Die Mutter zeigte der Tochter vor dem Verspeisen das Haupt des Vaters: »An seinen alten Platz ist es jetzt nicht mehr zu bringen. Er hat dir nichts Gutes getan, brauchst ihn nicht zu bemitleiden.«

Die Tochter schrieb das auf einer linierten Schulheftseite an die Babuschka. Die erschrockene Großmutter verständigte schließlich die Miliz.

Einen Paragraphen für Kannibalismus gibt es noch nicht im Strafgesetzbuch ... Der Zeitungsartikel heißt »Mensch in Mayonnaise«.[8]

Rußland. Schnaps. Armut. Ausweglosigkeit. Wieder Schnaps. Rußland.

Die letzten Jahre vergleichen manche mit einer Katastrophe: Die Produktion sinkt und Millionen Menschen haben keine Arbeit.

Die alten Leute, die alle stalinschen Fünfjahrespläne und den Großen Vaterländischen Krieg mitgemacht haben, bekommen jetzt umgerechnet 40 Dollar Rente, die nur für Brot und Öl reichen. Keine medizinische Betreuung, Arzneimittel kosten 20, 40, manchmal auch 100 Dollar pro Packung. Die Krankenhäuser, die früher auch Obdachlose und Hungrige aufnahmen, verlangen jetzt Geld für jeden Aufenthaltstag. Manche werden vor die Wahl gestellt: entweder Arznei oder Essen. Viele entscheiden sich fürs Essen.

Die durchschnittlichen Arbeitslöhne[9] lagen nach Angaben des Amtes für Statistik (Goskomstat) im Oktober 1994 in der Volkswirtschaft bei 265 000 Rubel (etwa 60 Dollar), in der Gasindustrie bei 1 013 700 (220 Dollar), im Maschinenbau bei 215 000 (etwa 50 Dollar), im Gesundheits- und im Bildungswesen bei 195 000 (etwa 45 Dollar), in der Kultur bei 162 600 Rubel (etwa 35 Dollar). Ein Kilo Wurst aber kostet etwa 6 bis 10 Dollar, Milch und Zucker kosten etwa soviel wie im Westen und Obst und Gemüse (außer Kartoffeln) mehr als dort. Deshalb ist es nicht verwunderlich, daß der Pro-Kopf-Verbrauch an Fleisch, Fisch, Milchprodukten und Obst sinkt und an Zucker, Brot und Kartoffeln steigt. Der Reallohn, d. h. der Lohn im Verhältnis zur Kaufkraft, lag im April 1995 im Vergleich zu Dezember 1991 (vor den Reformen) bei 27 Prozent.

Die regionalen Unterschiede sind bei alledem gravierend. Während das Pro-Kopf-Einkommen in Moskau 1 275 000 Rubel beträgt (Juni 1995), liegt es im Gebiet Pensa lediglich bei 202 000 Rubeln. In manchen Regionen leben zwei Drittel der Bevölkerung unter der Armutsgrenze.

Aber auch in Moskau können sich nicht alle Leute Butter aufs Brötchen schmieren: Es gibt hier über eine Million Leute, die unter besagter Grenze leben.[10]

Rentner leben von Einkommen, die selten mehr als 150 000 Rubel im Monat betragen. Soviel kostet eine Fastfood-Schlemme zu dritt bei »McDonald's«. Wer Arbeit hat, ist oftmals nicht besser dran: Die Beschäftigten im »Moskwitsch«-Autowerk fahren Feierschichten. Dafür bekommen sie 140 000 Rubel monatlich.[11] Laut Umfrage des Instituts für sozialpolitische Forschungen der Russischen Akademie der Wissenschaften sagen zwei Drittel der Befragten, daß ihnen das Geld kaum für Nahrungsmittel reicht.

Das Amt für Statistik, Goskomstat, meint, daß unter der Armutsgrenze etwa ein Prozent der Bevölkerung lebt, während das Allrussische Zentrum für Lebensniveau (Wserossijskij zentr urownja shisni – WZUSh) des Arbeitsministeriums in Rußland mit 15 Prozent rechnet – ein Unterschied von etwa 40 Millionen Menschen.[12]

Es mangelt an Geld für die medizinische Betreuung, für Arzneimittel, für die älteren Leute. Die Notambulanzen sind viel langsamer geworden und kommen manchmal überhaupt nicht – es fehlt an Benzin und an Arbeitskräften. Deshalb steigt die Sterberate überproportional (alle weiteren Zahlen aus dem Russischen Statistischen Jahrbuch 1994[13]): 1993 starben 30 Prozent mehr Menschen als noch drei Jahre vorher. Und wenn die Sterberaten von Krebs- und Herzkrankheiten etwa auf dem gleichen Niveau geblieben sind, stiegen die Todesfälle infolge infektiöser und parasitärer Krankheiten um 70 Prozent (was auf entsetzliche sanitäre Zustände schließen läßt) und bei Unfällen und Vergiftungen von 134 Menschen pro 100 000 Einwohner auf 228, aber bei Menschen im arbeitsfähigen Alter bis auf rund 300. An den Folgen des Alkoholismus starben in drei Jahren etwa 53 000 Menschen pro 100 000 Einwohner. Die Rate der Alkoholtoten hat sich innerhalb von vier Jahren um das Dreifache erhöht.

Angst und Verzweiflung wachsen und damit der Drang, mit dem Leben kurzen Prozeß zu machen. 1990 nahmen sich 39 000, 1993 über 56 000 Menschen das Leben. Gleichzeitig wurden immer mehr Menschen umgebracht: In drei Jahren stieg die Zahl der Getöteten von 21 100 auf 45 100 pro Jahr – das ist eine Erhöhung der Mordrate um 213 Prozent!

Wenn die Mafia* mit Maschinenpistolen ihre Geschäfte tätigt, bleiben die Lebenserwartungen eben relativ niedrig.

Rapide sinkt zugleich die Geburtenrate (eine der bedeutendsten Kennziffern des Wohlstands): Während 1987 noch 2,5 Millionen Kinder geboren wurden, kamen 1993 lediglich 1,379 Millionen zur Welt.

---

* Hier und im weiteren steht das Wort »Mafia« für alle Formen der Organisierten Kriminalität und hat nur selten etwas mit der eigentlichen sizilianischen Mafia zu tun. Yakuza in Japan, Ndrangheta in Kalabrien und Triaden in China werden ebenso Mafia genannt wie organisierte Banden und andere Verbrechergruppen in Rußland.

Zur wenig bemittelten Schicht gehören heute auch Wissenschaftler, Ärzte und Lehrer. Darauf wird immer weniger studiert – sinkendes Bildungsniveau, Rückstand bei Neuentwicklungen und in der Technologie sowie mangelnde medizinische Betreuung sind die Folgen.

Die galoppierende Inflation (von mehr als 1000 Prozent 1993) machte alle Ersparnisse zunichte und zwingt dazu, das verdiente Geld sofort für die immer teurer werdenden Lebensmittel auszugeben.

In Rußlands Städten wimmelt es von Bettlern.

Aber es gibt auch andere Zahlen. Sie lassen Tendenzen erkennen und belegen, daß es in Rußland auch reiche Menschen gibt. Nach Experteneinschätzungen beträgt der Anteil der »reichen Leute« fast 10 Prozent, und der sehr reichen 5 Prozent, wobei schon ein monatliches Einkommen von etwa 1300 Dollar[12] als Reichtum gilt. Das Allrussische Zentrum für Lebensniveau (WZUSh) hat eine etwas andere Meinung: 4,6 Prozent der Menschen gehören danach zu den Wohlhabenden in Rußland, also fast 50mal mehr. Bei 0,1 Prozent der Beschäftigten übersteigt das Einkommen 700 Dollar.

»Der Unterschied zwischen Armen und Reichen klafft um das Dreißigfache auseinander«, schreibt der Experte A. Walentinow. »Wenn 10 bis 15 Prozent der Bevölkerung über ein gehobenes Lebensniveau verfügen, haben davon 3 bis 5 Prozent ein sehr hohes. Bei 30 Prozent der Bevölkerung sank das Niveau um das Dreifache, bei dem Rest um die Hälfte. Eine soziale Ungleichheit großen Ausmaßes ist zu beobachten.«[14]

Nach neuesten Angaben, schreiben andere Autoren, entfielen auf 10 Prozent der Bevölkerung 34,2 Prozent des Gesamtgeldeinkommens.[15] Nach einer anderen Quelle verfügen 10 Prozent der Bevölkerung über 38 Prozent der Geldeinkommen (April 1995). Na bitte, wir werden doch nicht um 3,8 Prozent streiten.

Rußland ist also ein Land krasser Kontraste, Sowjetbürger meiner Generation lernten ähnliches über New York.

Nein, Rußland geht es gut
Referat über den Inhalt der fremden Tasche

Die Entwicklung geht in Richtung Marktwirtschaft, die allein die Arbeitsproduktivität gewährleisten kann – ob mit Zuckerbrot oder mit wirtschaftlicher Peitsche ist in der Makroökonomie unwesentlich. In den letzten drei Jahren ist eine stetige Tendenz zu verzeichnen: Es wächst der Anteil der Bürger, die in Privatunternehmen arbeiten. Vor vier Jahren waren es erst 4 und dann 12,5 Prozent, bis Anfang 1994 waren es schon 17, ja kurz darauf 23,4 Prozent. Anders gesagt: 1990 arbeiteten in den Staatsbetrieben der Volkswirtschaft 83 Prozent der Beschäftigten, im Dezember 1994 nur noch 58 Prozent.

Das Gewicht der staatlichen Aktiengesellschaften wächst ebenfalls – von 22,2 Prozent im Dezember 1993 auf 24,4 im September 1994. Selbständig sind 3,5 Prozent (im Jahr zuvor 2,2 Prozent) der Bürger im arbeitsfähigen Alter. Der Anteil der Konsumgesellschaften wuchs innerhalb von zehn Monaten von 6,4 auf 8,4 Prozent, deutlich – um das Siebenfache – stieg auch der Anteil der Betriebe mit ausländischen Investitionen.[15]

Wir reden von Inflation. Aber wir sollten die fallende Tendenz nicht außer acht lassen. Alexander Liwschiz, Jelzins Berater in Wirtschaftsfragen, nennt die Zahlen[16]: 1992 – 2600 Prozent, 1993 – 940 Prozent, 1994 – 320 Prozent, 1995 – 60 Prozent. 1997 waren es 11 Prozent.

Liwschiz meinte zu ausländischen Investitionen: »Ausländische Firmen schlagen Geschäfte von Dutzenden Milliarden Dollar vor. Allerdings möchten sie nichts pachten, sondern die Erdölquellen, Metallurgiewerke etc. kaufen. Hier ist alles genau abzuwägen und zu kalkulieren. Die Hauptsache ist aber, daß der Konkurrenzkampf beginnt, die Agiotage am Zugang zum russischen Markt.«

Ja, die Produktion sinkt, aber im 1. Quartal 1995 waren es 5 Prozent, im 1. Quartal 1994 dagegen 23 Prozent. Der Rück-

gang der Industrieproduktion hat strukturellen Charakter. Die
Produktion sinkt dort, wo die ausländischen Waren besser sind:
Nähmaschinen, Fernsehgeräte, Videogeräte. Die Preise für die
einheimischen Produkte sind hoch, und die Qualität ist niedrig.
Liwschiz: »Das ist ein normales Signal der Marktwirtschaft: Such
dir eine Wirtschaftslücke oder verbessere deine Technologie ...
Gleichzeitig wächst die Produktion der Metallurgie und
Chemieerzeugnisse.«

Nach Meinung des italienischen »Corriere della sera« »stellen
die ausländischen Wirtschaftsexperten fest, daß abgesehen vom
rapiden Fall der Währungseinheit Rußlands, sie heute (Ende
1994) *finanziell viel stabiler* als gestern sei. Mehr als 90 Prozent
der kleinen und 70 Prozent der großen Unternehmen befinden
sich in Privathänden. In Rußland gibt es 40 Millionen Aktionäre.
Die Inflation flaut allmählich ab. Die Militärausgaben sind um
60 Prozent reduziert.«[17]

Und wo bleibt die Armut? Die Anzahl der Armen, die unter der
Armutsgrenze leben, sei auf 45 Millionen gewachsen, es gebe
etwa 5,5 Millionen Arbeitslose, wird öffentlich behauptet.[16] Liwschiz: »Ich bezweifle, daß die Zahl der Bettelarmen bei uns so
groß ist: Viele arbeiten inoffiziell und haben von der Statistik
nicht berücksichtigte Einkünfte.«

Andere Wissenschaftler, vom Institut für Investitionsprobleme
in Moskau, schließen sich dieser Meinung an: »Ein charakteristi-
sches Merkmal der russischen Reformen ist das niedrige Niveau
der Arbeitslosigkeit, das offensichtlich nicht dem Maßstab der
Wirtschaftskrise entspricht. Der Meinung einiger Wissenschaftler nach sind die Gründe solch einer geringfügigen Arbeitslosigkeit in der verdeckten Beschäftigung der Arbeitslosen zu suchen.
Das scheint die Spitze des Eisbergs einer intensiv arbeitenden
Wirtschaft zu sein.«[18]

Gründe dafür sind: Die Anzahl der Arbeiter, die einen kurzen
Arbeitstag, eine kurze Arbeitswoche haben, ist relativ hoch, auch
die Zahl der Beschäftigten, die im Zwangsurlaub sind. Ihre Einkommen tendieren gegen null. Doch bleibt die Lage in den

Betrieben relativ ruhig. Das ist kein Paradoxon. Die zweite Arbeit, die zweite Beschäftigung sichert der Familie nämlich ein Einkommensniveau, das keine scharfen sozialen Spannungen entstehen läßt.

Die Wissenschaftler überlegen mittlerweile sogar, welche der Beschäftigungen primär und welche sekundär sind. Man macht keinen Hehl daraus, daß die erste Arbeit sich auf die Aufbewahrung des Arbeitsbuches (was anschließend die Rente und einige andere Sozialleistungen sichert) beschränkt, und die zweite Arbeit das Einkommen beschert, das in keinem der offiziellen Papiere registriert ist.

Warum ist die zweite Beschäftigung so vorteilhaft? Die Antwort ist plausibel: Die Beschäftigung ist nur so lange profitabel, wie sie nicht versteuert werden muß. Die Steuerlast in Rußland ist so hoch, daß »der Ehrliche der Dumme ist«. Bei dem kleinen Nebengeschäft sind die »Geschäftsleute« nicht der Schutzgelderpressung ausgeliefert, denn da die kläglichen Gewinne dem Kleinunternehmer keine Zahlungen an Racketeers erlauben, sehen sie den vernünftigen Ausweg in der Geheimhaltung des eigenen »Business«, sowohl vor dem Staat als auch vor den Kriminellen. Immerhin betreiben 10 bis 14 Prozent der Bevölkerung versteckte Geschäfte.

Im Grunde genommen gibt es in Rußland keine Statistik – die Zahlen werden schon an der Quelle verzerrt und entstellt. Die Angaben geben im besten Fall nur die qualitativen und sehr selten die quantitativen Merkmale des Geschehens wieder. Aber im Fall der Einkommensberechnung haben sie nicht einmal qualitativ ausgereifte Ergebnisse gebracht, da hat sicherlich Herr Liwschiz recht.

Der staatliche Betrieb kann die Leute nicht mehr bezahlen, deshalb werden auch keine Arbeitsergebnisse verlangt. Man geht zur Arbeit, um am Arbeitsplatz Kaffee zu trinken und von dort aus zu telefonieren, seine kleinen und großen Angelegenheiten zu erledigen. Dort wird – privat – der Computer repariert und der Mantel genäht, werden Projekte erarbeitet und für den Nachbarn fehlende Autoersatzteile angefertigt. Während der Arbeitszeit wird gebaut und geliebt, werden Einkäufe gemacht und Zigaretten verkauft, man geht ins Kino und wickelt Geschäfte ab. Alles auf Privatbasis. Alles nebenbei. Alles, sagen wir, nicht geheim, aber für die Steuerbehörde (und damit auch für die offizielle Statistik) unsichtbar.

Riesige Einkünfte werden nicht versteuert (die Steuerhinterziehung werden wir noch ausführlich behandeln). Deshalb sieht das wirkliche Leben ganz anders aus als das statistische. Wie bereits erwähnt, zählt die Statistik auch Leute, die monatlich über 160 bis zu 700 Dollar haben, zu den reichen Personen. Sie sind natürlich nicht reich. Schon gar nicht reich genug, um Investitionen zu tätigen. Um das Land aus der Misere zu ziehen. Wie könnte das auch Reichtum sein – 700 Dollar monatlich?

Wer ist Herr des Lebens in Rußland?
Der Autor macht den Leser mit Krösussen, Scheichs und Rockefellers bekannt

»Alexis Zukov aus Moskau kaufte die Luxusvilla der Herzogin von Kent, gelegen am teuersten Strand der Welt. Die für die Villa auf Sardinien (Italien) geforderten 10 Millionen Mark waren ihm nicht zuviel: Der Russe zahlte sofort. Bis vor einigen Jahren arbeitete Zukov noch für den russischen Geheimdienst KGB. Reihenweise kaufen Russen die Villen an der Costa Smeralda, der ›Smaragdküste‹. 36 Häuser besitzen sie schon. Als Wachmänner haben sie sich ehemalige Soldaten der russischen Armee mitgebracht. Die Anti-Mafia-Kommission in Rom ist besorgt über die russischen Käufer. Es besteht der Verdacht, daß die russische Mafia auf Sardinien ihre Ferien verbringt.«[19]

»In dem Kurort Dubrovnik kursierte die Legende, daß eine Russin, die im Appartement des Hotels ›Präsident‹ wohnte, einem Dienstmädchen einen Hundertdollarschein Trinkgeld gab, weil es besonders gut aufgeräumt hatte. Die ausländische

Presse bezeugt: Durchschnittlich gibt ein Russe hier etwa 750 Dollar pro Woche nur als Taschengeld aus.«[12]

Über die Hundertdollarscheine als Trinkgeld schreibt ein Journalist aus Mexiko. Er berichtet von Russen, die in Acapulco, weil sie das Menü nicht lesen konnten, einfach alles von der Speisekarte bestellt haben. Kurios: Die Türkei liefert z. B. russischsprechende Uhren für Blinde, die gerade bei den sehenden »neuen Russen« beliebt sind. Weiter wird von Russen berichtet, die für zwei Personen ein Feuerwerk am Strand bestellt haben; von russischen Käufern, die 15 bis 20 Kilo Silberschmuck auf einmal kauften. Der Zeitungsartikel heißt: »Die neuen Russen fühlen sich in Acapulco wohl. Schade bloß, daß die Erholung hier zu billig ist.«[20]

»Trud« berichtet aus Frankreich, wie die neuen Russen in Nizza ihren Urlaub verbringen – unter der vielsagenden Schlagzeile: »Wechsel für die Erdölscheichs oder Mafiaavantgarde?«[21]

Wie sieht es in Rußland, in Moskau aus?

»Schlugen vormals die wenigen Restaurants in Moskau um halb elf die Gäste durch heftiges Lichtausknipsen in die Flucht, so geht es heute im ›Karo‹ und im ›Karussell‹, im ›Dolls‹ und bei ›Stanislawski‹ zu dieser Zeit erst richtig los. Eintrittspreise bis zu 100 Dollar pro Person, dem Monatsgehalt einer Lehrerin, sichern Exklusivität.«[11]

Ein Schweizer, der den »Club Royale« in Moskau führt, wollte keinen Nobelschuppen daraus machen, sondern nur für eine »schöne Mischung« sorgen: Geschäftsleute, jazzinteressierte Studenten, Models … Ergebnis: »Für 80 Prozent seiner Gäste spielt Geld keine Rolle: Sie prüfen nicht einmal die Rechnung, der Breitling-Chronograph für 29 700 Dollar in der Royal-Vitrine ist für sie keineswegs unerschwinglich.«

»Wie immer«, rufen die Neureichen im »Ostap«, wenn sie Roederer Kristall bestellen, die Flasche zu 500 Dollar. »Noch einmal«, jubeln die Frischfleisch-Freunde im »Dolls« – und lassen die ehemaligen Dolmetscherinnen und Kindergärtnerinnen auf den Tischen tanzen. Die Kunden haben gelernt, daß dafür eine 50-Dollar-Note unters Strumpfband gehört … Am Abend im »Arleccino« oder bei »Pjotr«, im »Romanow« oder im »Bojarensaal« wird eine Jahresrente ausgegeben … Das Moskauer Bürgerkind im vierten Jahr der Zeitrechnung nach Gorbatschow spielt mit Lego und Barbie, verlangt Popcorn und Snickers. Seine Eltern kaufen bei »Vadim« oder »Iceberg« Klamotten von Versace und Armani, die Vorzeigehose zu hundert Mindestlöhnen. »Unsere Kunden«, sagt »Iceberg«-Verkäuferin Natascha, unbefangen lächelnd, »sind Geschäftsleute und Banditen.«

1993 wurden in Rußland genauso viele Mercedes 500 und Mercedes 600 verkauft wie in ganz Westeuropa.[12] In zehn Monaten (Januar bis Oktober 1994) kauften die Russen Valuta für 39,2 Billionen Rubel. Im Oktober wurde jeder fünfte Rubel für den Valutakauf verwendet.[22]

Woher stammt dieser »fünfte Rubel«, wenn schon fürs Essen der erste Rubel fehlt? Kann es den russischen Unternehmen so schlecht gehen, wenn sich das dortige Erdölunternehmen LUKoil, laut »Iswestija«, die Aufgabe gestellt hat, »in den nächsten Jahren ›Shell‹, ›Exxon‹ und ›British Petroleum–BP‹ zu übertrumpfen«[23] und das monopolistische Erdgasunternehmen »Gasprom« die ersten russischen Investitionen in amerikanische Unternehmen getätigt und vier Millionen Dollar in ein Jointventure investiert hat?[24]

Ein wichtiges Merkmal für die Stärke eines Landes ist das Bruttoinlandsprodukt (BIP), und zwar nicht das gesamte (man kann Rußland nicht mit Liechtenstein vergleichen), sondern das Pro-Kopf-BIP. Wo steht Rußland? Hinter der Côte d'Ivoire? Welche Stelle nimmt es im Vergleich zum restlichen Osteuropa ein? »Die Welt« nennt die reichsten Osteuropäer.[25] Pro-Kopf-Bruttoinlandsprodukt (in Dollar, 1994): Slowenien – 9210, Tschechien – 8422, Ungarn – 5962, Slowakei – 5766, Weißrußland – 4962, Rußland – 4950, Polen – 4669, Bulgarien – 4193, Estland – 3803, Litauen – 3681, Lettland – 3070.

Alle anderen Länder liegen dahinter! Der sechste Platz in Osteuropa, vor den baltischen Staaten und Polen, die fünf Jahre eher mit den Reformen begonnen hatten – gar kein schlechtes Ergebnis, nicht wahr?

Dort, wo die Einkommen höher liegen, ziehen oft die Preise nach. In München ist eben alles teurer als in Leipzig. Deshalb ist es nicht verwunderlich, daß Moskau und Tokio die teuersten Städte der Welt sind, so »Die Welt«[26]. Berlin als teuerste Stadt Deutschlands rangiert erst auf dem sechsten Platz.

Da stimmt etwas nicht. Es kann doch nicht wahr sein, daß die Wirtschaft verkommt, Betriebe pleite gehen, die Leute aber trotzdem Geld haben. Im Sozialismus hatten die Leute kein Geld. Sie besaßen keine Betriebe und keine Latifundien, keine Banken und keine Aktiendepots. Sogar die Sparstrümpfe waren so dünn, daß sie nicht mal die Preisfreigabe 1993 überlebten – sie platzten einfach. Woher kommt das Geld, möchten wir wissen! Wo finden wir Antwort auf diese naive Frage?

Oder noch ein Rätsel[12]: In der ersten Jahreshälfte 1994 sank die Industrieproduktion um 26 Prozent, der Stromverbrauch aber nur um 8 Prozent. Wofür wurde soviel Energie verbraucht?

Es ist anzunehmen, daß parallel zur offiziellen Wirtschaft Rußlands eine inoffizielle Wirtschaft entstanden ist, die nach eigenen (marktwirtschaftlichen?) Regeln funktioniert. Sie ist längst privatisiert und kann riesige Gewinne erbringen. Ob es dort gewinnabhängige Abgaben gibt und ob ein Wirtschaftsminister all das steuert, bleibt vorerst ausgeklammert. »Es gibt einen inoffiziellen Wirtschaftssektor, der nicht von der offiziellen Statistik berücksichtigt wird.«[12] Wir verraten Ihnen eine Zahl: In der inoffiziellen Wirtschaft sind 40 Prozent des Bargeldes des Landes im Umlauf.[27] Diese Einkommen entgehen nicht nur der Statistik, sondern auch der Besteuerung. Wir können diese Wirtschaft durchaus als Schattenwirtschaft bezeichnen.

Zwischen beiden Wirtschaftszweigen gibt es keine festen Grenzen, es gibt keine Schattenunternehmen, die ihre Verwaltungen im Untergrund haben und deren Geschäftsführer eine falsche

Identität besitzen. Schattenwirtschaft heißt, daß relativ viele Geschäfte der für jedermann sichtbaren Unternehmen am Staat vorbei laufen und vom Staat unbemerkt bleiben. Die Gewinne werden nicht versteuert. Das bedeutet zum Beispiel, daß korrupte Staatsbeamte für bestimmte Waren, deren Ausfuhr eigentlich begrenzt ist, gegen ein Entgelt die benötigten Lizenzen erteilen, das heißt, daß ein Auge zugedrückt wird, wenn staatliche Betriebe bewußt und ohne Dank an die privaten Unternehmen exportrelevante oder gut im Land absetzbare Produkte zu einem Viertel des Marktpreises verkaufen und dann den Staat um Subventionen bitten ... Im übrigen geht es ganz offiziell zu. Deshalb wäre eine etwas andere Bezeichnung dieser Tätigkeit korrekter, und zwar »für den Staat undurchsichtige Geschäfte, die nur deshalb zustande kommen, weil sie existierende Gesetze ignorieren oder sich gesetzliche Freiräume durch Parlaments- und Behördenlobby kaufen. Im Grunde genommen stellen sie ein Kapital- und Wirtschaftsverbrechen dar«.[27]

Wir können auch feststellen, daß dieses Wirtschaftssegment relativ groß und gut ausgebaut ist.

Es mag verwundern, aber so eine Schattenwirtschaft hat durchaus nicht nur negative, sondern auch positive Seiten. Nachteilig ist, daß die Schattenwirtschaft die Autorität der Staatsmacht untergräbt, Gesetze ignoriert, ja sie ganz in Frage stellt, daß dabei kurzfristige Interessen langfristige, große Investitionen dominieren und eine wissensintensive Industrie praktisch ganz fehlt. Positiv ist aber zu werten, daß diese Erscheinung mit riesigen Anstrengungen die Wirtschaft überhaupt über Wasser hält. Die Stimuli für eine effiziente Arbeit im offiziellen Sektor werden immer schwächer. Allein die Schattenwirtschaftler sind flexibel, erfinderisch, anpassungsfähig – unter welchen Wirtschafts- und Finanzbedingungen auch immer.

Wir haben absichtlich die eindeutig kriminelle »Wirtschaft« außer acht gelassen: den Waffen- und Drogenhandel, die Schutzgeld- und andere Arten von Erpressung, die Geldwäsche, die Beteiligung von Kriminellen mit gewaschenen Geldern an offiziellen Unternehmen, die Prostitution und die Tätigkeit von Schlepperbanden, die Zweckentfremdung staatlicher Subventionen und zinsgünstiger Kredite, den Diebstahl größerer Geldmengen, den Kapital- und Immobilienbetrug, die Falschgeldherstellung (da Dollars im Lande sehr beliebt sind, befinden sich vermutlich etwa fünf Milliarden Blüten im Umlauf)[28] und den Immobilienraub, den Raub ganzer Wohnungen und Häuser …

Wir betrachten die russische Wirtschaft unter dem Aspekt der Möglichkeit einer Kapitalakkumulation, deshalb sind Taschendiebe für uns irrelevant.

Welche Größenordnungen interessieren uns also?

Ein Beispiel. Seit dem Fall der unsichtbaren Mauer zwischen Ost und West waren schon Millionen Russen im Ausland. Manche auf den Kanaren und den Bahamas, aber viel mehr in Polen, der Türkei, in Rumänien, China, den Arabischen Emiraten und anderen Ländern. Ende 1992 hatte ich das Pech, mit solch einem von »Touristen« überfüllten und mit Koffern, Säcken, Taschen, Rucksäcken, Beuteln und Kartons bis zur Decke vollgestopften Zug zu fahren. Die Leute lagen nicht – wie in den russischen internationalen Zügen üblich –, sondern saßen und standen sogar die ganze Fahrt nach Polen. In unserem Waggon mit 52 Plätzen befanden sich über 80 Passagiere, viele Plätze waren doppelt und dreifach verkauft worden. Alle diese Menschen fuhren nach Polen, um dort russische, ukrainische und weißrussische Waren zu verkaufen und polnische einzukaufen, die sie zu Hause gewinnbringend veräußern wollten. In meinem Waggon war ich der einzige, der durch Polen als Transitland nach Deutschland fuhr. Leute wie diese werden auf russisch »Tschelnoki«, Webschiffchen, genannt, weil sie sich hin und her bewegen und damit ihren Haushalt »weben«. Ausgeführt und verkauft wird alles, was sich verkaufen läßt: Glühbirnen und Töpfe, Lötkolben und Messer, Medikamente und Kinderspiele, Uhren und Hämmer … Bei Einkäufen setzt man in den verschiedenen Ländern verschiedene Schwerpunkte: Polen ist gut für Bekleidung und Teppiche; China für billige Elektronik,

Schuhe und Bekleidung; die Türkei ist wegen des billigen
Leders, Silbers und Goldes interessant; die Emirate besucht
man, um Markenelektronikgeräte, Kühlschränke, Waschmaschinen viel billiger als in Westeuropa zu erstehen. Aus Rumänien bringt man Valuta pur, anscheinend haben die Tschelnoki
dort sonst noch nichts anderes Attraktives gefunden.

Eine Lappalie?

1994 wurden allein von den Tschelnoki etwa 10 Milliarden Dollar ausgeführt, davon drei Milliarden in die Türkei und 3,7 Milliarden in die Arabischen Emirate.[28] Dieser »Wirtschaftszweig«
blühte aber seit 1991, und seinen Höhepunkt hatte er vermutlich
1992 und 1993. 10 Milliarden Dollar sind 10 Milliarden Dollar.
Sie sind, zum Beispiel, mit dem Kredit der Weltbank vergleichbar, den Jelzin im Westen ergattert hatte, um ihn dann während
der Wahlkampagne 1996 nach rechts und links an die Wähler zu
verteilen. Für die Analyse der Kapitalanhäufung in Rußland ist
damit das Ausmaß dieser im Schatten stehenden Außenhandels-
branche lohnend.

Aber warum dreht sich alles um den Dollar? Die Russen leben
doch nicht in den USA? Was hat der Dollar in Rußland zu
suchen?

1994 wurden offiziell 21 Milliarden Dollar nach Rußland eingeführt. Insgesamt wurden in anderthalb Jahren – seit Mitte
1993 – 33 Milliarden ins Land gebracht. Nicht überwiesen, nicht
per Scheck mitgebracht, sondern als Bargeld, in Säcken, Kisten
oder wie auch immer, mit Schiffen, Autos und in Eisenbahnwaggons nach Moskau verfrachtet. Die Hälfte wurde durch die
Tschelnoki auch bar aus dem Land ausgeführt. Daraus kann man
schließen, daß die Summe einem Viertel des russischen Exports
von 1994 gleichkommt. Um es noch einmal zu verdeutlichen:
Unorganisierte und nicht staatlich (steuerlich und nur zum Teil
statistisch) erfaßte Bürger, die alle irgendwo in der Weite Rußlands ihre Arbeit haben, brachten es fertig, nebenbei, in Taschen,
Säcken und Koffern, in ihren Händen und selten per Auto, so viel
auszuführen, wie das ganze Land mit allen seinen Exportunter-

nehmen und direkten Beziehungen russischer Betriebe an Erdöl, Erdgas, Mineraldünger, Walzgut, Aluminium, Maschinen und Ausrüstung etc. in einem Vierteljahr! So groß ist die Bedeutung des baren Dollars in Rußland!

»Die Summe des amerikanischen Bargeldes ist umgerechnet auf den Dollarkurs bereits doppelt so hoch wie vorhandene russische Währung. Nach Schätzungen der Amerikaner selbst ist in Rußland ein Viertel aller Bargeldvorräte der USA, die im Ausland im Umlauf sind, konzentriert. Die drei anderen Viertel sind in den übrigen 200 Ländern verteilt«, so »Trud«.[28] Da fragt man sich natürlich, wieviel Deutsche Mark in Rußland zu Hause sind? Offensichtlich ist ziemlich vielen Leuten der Umgang mit dem Dollar (sowie der DM) sehr vertraut. Millionen, vielleicht sogar Dutzenden Millionen.

Die offizielle Statistik berücksichtige etwa 40 bis 45 Prozent der Einkommen gar nicht[12], so das Allrussische Zentrum für Lebensniveau.

Aber das ist Statistik, und die Statistiker bedienen sich auch solcher Methoden wie Erhebungen, Befragungen, Analysen. Sie können ihre Ergebnisse durch vorhandene Zahlen aus anderen Branchen relativieren, d. h. »in Richtung nacktes Leben« korrigieren. Aber die Steuerbehörden, deren Aufgaben ausgerechnet auf nackten Tatsachen basieren und die die Staatskasse füllen sollen, was sehen sie von den heimlich ausgeführten und dann genauso heimlich eingeführten Milliarden Dollars? Werden die Einkünfte berücksichtigt? In keiner Weise. Offiziell »bezahlten etwa 95 Prozent der Bevölkerung Minimalsteuer«, so das Russische Institut für Wirtschaftsanalyse.[29]

Zwei Rußlands. Zwei Welten. Eine auf dem Papier, die andere »live«.

Jetzt eine andere Frage. Zusammengenommen stellen die »unorganisierten Händler« sicherlich eine makroökonomisch gewichtige Größe dar, aber einzeln? Wie stark ist die Kaufkraft ihres Portemonnaies? Die Tschelnoki heißen im Volksmund auch noch »Murawji«, Ameisen. Jeder schleppt sein kleines biß-

chen heran. Doch daß ausgerechnet sie es sind, die in Nizza Zim-
mermädchen mit Hundertdollarscheinen beglücken, wird doch
keiner glauben.

Wer aber dann? Wer besitzt heute das große Geld in Rußland?
Wer ist heute Herr seines Lebens?

Warum sind in einer verschwindend kurzen Zeit, in fünf Jahren,
die einen bettelarm und die anderen stinkreich geworden? Wo
lagen die unmerklichen Unterschiede in den Startpositionen?

»Unter den heutigen, in vielerlei Hinsicht ›merkwürdigen‹
Bedingungen ist das Schema der Anhäufung des Startkapitals von
folgendem abhängig: Erstens, wer warst du im früheren Leben –
gemeint sind deine Verbindungen, Kenntnisse der Verwaltungs-
struktur, nützliche Bekanntschaften; zweitens, vom Niveau des
Rechtsbewußtseins der Bürger, das, den Milizmitteilungen nach,
vieles zu wünschen übrigläßt«, meint die »Rossijskaja gaseta«.[15]

Eine für jeden Russen klare, eindeutige und zutreffende Feststellung, die für unsere weiteren Überlegungen maßgebend ist.

Woher kommt das ganze Geld?

*Ein überflüssiger Beweis, daß aus nichts auch nichts
entstehen kann*

Alles Gesagte stimmt. Zahlen und Fakten entsprechen der Wahrheit, die Quellen sind zuverlässig und die Tendenzen zutreffend, was viel wichtiger ist als Zahlen, Fakten und Quellen zusammengenommen. Dennoch bleibt ein unsicheres Gefühl: Ist das wirklich alles so einfach? Die riesigen Summen, die im größten Land der Erde hin und her geschoben werden, die den »Schattenwirtschaftssektor« in Schwung bringen, müssen doch irgendwoher gekommen sein ...

Die Geschichte Rußlands in ihrer sozialistischen Phase spielt die entscheidende Rolle bei unseren Überlegungen zur Herkunft des Kapitals. Während sich in den USA die multikulturellen Einwanderer auf familiäre Ersparnisse stützen, sich mit dem alten Familiensilber rechtfertigen, heute – nach 200 Jahren – ihre Millionen und Milliarden mit dem Fleiß der Generationen erklären können, haben die Russen nichts, womit sich ihr Reichtum erklären ließe.

Das ganze Volk war seit eh und je gleich arm. Die letzten Vermögen, wie beispielsweise das des Millionärs Korejko aus dem sozialistischen Satire-Epos »Das Goldene Kalb«, verschwanden in den dreißiger Jahren dieses Jahrhunderts endgültig. Die letzten Vermögenden aus der Zarenzeit und Lenins NÖP*-Periode wurden zum Humus auf Kolyma, der berüchtigtsten Insel des stalinschen Archipels GULAG. Nicht nur alle, die Millionen hatten, wurden zu Volksfeinden erklärt, sondern auch jene, die etwas mehr als der Durchschnitt besaßen. Die Armut in Gleichheit wurde zur Politik erklärt. Die Staatsmaschine arbeitete wie ein perfekter Rasenmäher – alles, was sich hervortat, wurde abge-

---

* »Neue ökonomische Politik«, die freie Produktion und Handel Anfang der zwanziger Jahre erlaubte.

schnitten und im GULAG zu Nährboden gemacht. Sie alle waren nicht sozialistisch genug, um in der sozialistischen Gesellschaft leben zu dürfen.

Zur Stalin-Zeit arbeitete die Maschine so tadellos, daß den Stalin-Ministern und Stalin-Kolchosvorsitzenden, den Stalin-Betriebsdirektoren und Stalin-Wissenschaftlern nicht einmal der Gedanke kam, sich etwas unter den Nagel zu reißen. Das ist typisch für Diktaturen: Ob Stalin oder Hitler – sie haben kaum Probleme mit Korruption und Verbrechertum.

Unter Chruschtschow, Stalins Nachfolger, versuchten die Leute erst mal, sich satt zu essen. Ich erinnere mich an schmackhafte Jägerwürstchen für 4 Rubel 80 Kopeken, aber auch an Maisbrot, als die Ernte »wegen der schlechten Wetterbedingungen« miserabel ausgefallen war. Damals entstand der russische Witz: Einer guten Ernte stehen nur vier Hindernisse im Wege. Das sind: Frühling, Sommer, Herbst und Winter.

Mit Breshnew begann auch die Zeit der korrupten Behörden und der staatlichen Diebe. Aber dieser Diebstahl und diese Korruption hatten ein sozialistisches Merkmal: Die Mauserei hielt sich in Grenzen. Der Grund dafür war: Man konnte die Gelder nicht investieren, man konnte damit keinen Betrieb kaufen, sie nicht auf der Bank fest anlegen, keine Aktien erwerben, man konnte sich kein Haus bauen, die Rubel nicht ins Ausland ausführen. Man konnte nur alles haben – für heute, vielleicht für morgen, aber nicht für übermorgen, geschweige denn für die nächste Woche.

Die Vergnügen der Parteinomenklatura sind mir bekannt: Kaviar, Cognac, Krebse, zehn Gänge bis zum Erbrechen, Männer, Frauen, Geschenke hierhin, Geschenke dorthin … Aber die regionalen Fürsten – die Parteisekretäre – hatten auch bloß Wohnungen mit vier, sechs, vielleicht auch acht Zimmern, eventuell eine Datscha, die in der Regel aber der Partei und nicht ihnen selbst gehörte. Wurde ein Funktionär abgesetzt, so verlor er nicht nur die Datscha, sondern auch die sogenannte Dienstwohnung und mußte dann in eine bescheidenere umziehen.

Also, auch zur Breshnew-Zeit gab es keine Reichtümer im
Sinne von Kapital, Vermögen, unerschöpflichen Finanzen. Man
kann Bücher, wie den authentischen Bericht »Kremlowskoje
delo« von T. Gdljan und N. Iwanow[30] lesen und sich über die
Kreml-Mafia empören, aber es wird eine Empörung über die
Bestechlichkeit, die Korruption und die Clan-Seilschaft bleiben
(wie es auf deutsch seit der Wende heißt), große Vermögen exi-
stierten damals nicht einmal im Moskauer Kreml.

Die wirkliche Bereicherung der Kreml-Mafia und der kriminellen Mafia begann erst in der Gorbatschow-Zeit.

Parteigeld: Was besaß die KPdSU eigentlich?

*Fast nach Lenin: »Partei ist Vernunft, Ehre, Gewissen und Mil-
liardär unserer Epoche«*
Fast nach Stalin: Geschichte der KPdSU. Kurzer Lehrgang

Seit ich in Deutschland lebe, habe ich viele Rußlandspezialisten
kennengelernt und mit ihnen über die russischen Probleme gesprochen. Sie besitzen gründliche Kenntnisse der Geschichte
Rußlands, seiner politischen und wirtschaftlichen Lage, der
Bodenschätze und des militärischen Potentials sowie der Persönlichkeiten von Iwan Grosnyj bis Lebed' inklusive. Aber selbst
diese Leute wußten relativ wenig über den Herrscher der Sowjetunion, über die mächtigste Institution der Welt: über die Kommunistische Partei, die nicht nur über die Schicksale von Menschen und Ländern entschied, sondern auch über das größte
Vermögen verfügte. Dieses blieb zum größten Teil auch dem
Sowjetbürger vorenthalten, nicht zuletzt, weil alle Dokumente
der Partei der Werktätigen vertraulich bis streng geheim und
manchmal nur in einem Exemplar angefertigt waren.

Aber um die Prozesse, die jetzt in Rußland vor sich gehen, richtig beurteilen zu können, muß auch die Frage beantwortet werden, wo denn das Parteivermögen nach der Umkehr vom Sozialismus zum Kapitalismus geblieben ist.

Für diese Frage haben sich viele Leute interessiert. Es gibt meiner Schätzung nach Hunderte Artikel, die alles ausführlich analysieren. Kein Forscher kam zu konkreten Ergebnissen. Wo das Geld liegt, konnte nicht geklärt werden. Auf der Grundlage dieser Publikationen und eigener Recherchen schrieb Igor Bunitsch das Buch »Parteigold«.[31] Dem entnehmen wir die Zahlen und Fakten, die für uns von Bedeutung sind.

Die wichtigste Frage für uns: Waren die Parteigelder überhaupt von erwähnenswerter Höhe? Sind die Mengen an Inflationsrubeln so groß, daß sie eine bestimmte Auswirkung auf die russische Geschichte haben werden?

Um eine Antwort zu finden, muß man nicht nur die letzten zehn Jahre analysieren, sondern auch die Geschichte der KPdSU genauer betrachten.

Mit dem Gold- und Valutatransfer auf ausländische Banken begann die Kommunistische Partei unmittelbar nach dem Sieg der Oktoberrevolution 1917. Es handelt sich dabei nicht um das umstrittene Zarengold, sondern um andere Geldmengen, die sich Lenin und die Bolschewiken in Rußland angeeignet hatten. Von diesem Geld lebten marxistische Parteien auf der ganzen Welt. Die Summen, die transferiert wurden, werden wir unten anführen.

Schon damals wurden Gelder in Milliarden-Dollar-Höhe in die Wirtschaft der kapitalistischen Länder investiert. Am 24. Januar 1921 schrieb die »New York Herald Tribune«: »Anscheinend ist die russische bolschewistische Revolution in der Tat eine gigantische Finanzoperation, deren Ziel es ist, die riesigen Geldmengen aus der Kontrolle Rußlands unter die Kontrolle der europäischen und amerikanischen Banken zu transferieren. Die tatsächlichen Gründe sind vielleicht nur im Kreml bekannt, aber schon jetzt kann man mit Sicherheit sagen: Welche kämpferischen Reden über die bolschewistische Weltrevolution und den unumgänglichen Zusammenbruch des Kapitalismus von Herrn Lenin und Co. auch gehalten wurden, sie haben, vielleicht ohne es selbst zu verstehen, alles getan, um die Jahre des schnellen

Wachstums unserer Wirtschaft zu verlängern und die Stabilität des Dollars erblühen zu lassen.«

Während der Hungersnot Anfang der zwanziger Jahre wurde bekanntlich kirchliches Gold und Silber verstaatlicht und verkauft – angeblich für den Getreideankauf im Ausland. Vorsichtigen Schätzungen nach erbrachte dieser Verkauf 2,5 Milliarden Goldrubel (bei dieser Aktion wurden 40 000 Geistliche und 100 000 Gläubige umgebracht, die die Heiligtümer nicht an Bolschewiken abgeben wollten). Offiziellen sowjetischen Angaben zufolge wurde im Ausland jedoch nur für eine Million Rubel Getreide gekauft, also für 0,04 Prozent der Gesamtsumme. Später erschien ein anderer Artikel in der »New York Times« mit einer Auflistung von Überweisungen auf Konten der bolschewistischen Anführer bei Banken der USA und der Schweiz. Trotzki – 11 Millionen Dollar und 90 Millionen Schweizer Franken, Sinowjew – 80 Millionen Schweizer Franken, Urizki – 85 Millionen Schweizer Franken, Dsershinski – 80 Millionen Schweizer Franken, Ganezki – 60 Millionen Schweizer Franken und 10 Millionen Dollar, Lenin – 75 Millionen Schweizer Franken. Lenin hat den Artikel selbst gelesen, schriftlich übersetzt (davon existiert auch das Manuskript) und nicht verlangt, die »kapitalistischen Lügner« in der russischen Presse zu brandmarken, sondern streng geheim nach den Informationsleckstellen zu fahnden!

Solche Fälle sind jetzt – erst jetzt! – in Dutzenden, gar Hunderten Varianten bekanntgeworden. Man kennt die Namen der Kontoinhaber, der Mittelsmänner und der Kreditinstitute, weiß aber natürlich noch lange nicht alles, doch genug, um zu behaupten, daß die Partei sogar in den schlimmsten Zeiten eine Menge Geld besaß.

Das Kreml-Geld wurde in verschiedene Banken (in besonders große in Frankreich, darunter in die Eurobank), und in Westfirmen (auch zweifelhafter Branchen) investiert. Seit kurzem gibt es Hinweise darauf, daß Parteigeld im Diamantengeschäft (in Südafrika, Israel und Holland), im Glücksspiel (in Monte Carlo, Las

Vegas, Hongkong), im Drogenhandel (in Lateinamerika, Afghanistan, Mittel- und Südwestasien) steckt. Die Kredite, die die Breshnewsche Parteiführung von den Westbanken für die Modernisierung der Industrie und Landwirtschaft bekam, verblieben ebenfalls größtenteils auf den Auslandskonten der Parteispitze. Die Milliardensubventionen für die befreundeten Kommunistischen Parteien und Regierungen wurden zum Teil auf Parteikonten geführt, über die auch die sowjetische Parteinomenklatura verfügen konnte.

Die Partei hatte alles, was sie brauchte und noch mehr: Ein ganzes Land stand ihr zur Verfügung. Wo ging das Geld hin? An die Kommunistische Partei der USA – 2 Millionen Dollar jährlich; an die Kommunistische Partei Frankreichs – ebenfalls 2 Millionen Dollar jährlich (außerdem kostete das Parteiorgan der französischen Kommunisten, »L'Humanité«, noch etwa 2 Millionen Franc jährlich); an die Kommunistische Partei Finnlands – 1,8 Millionen Dollar jährlich; außerdem an die Kommunisten in Ägypten, Chile, Dänemark, Griechenland, Indien, Irak, Israel, Italien, Libanon, Österreich, Peru, Portugal, Spanien, Syrien, Venezuela, Zypern, Jahr für Jahr rund 40 Millionen Dollar ... Von den Extrawünschen – die auch noch mehrere hundert Millionen Dollar verschlangen – ganz zu schweigen.

Das Geld wurde nicht nur für die Politpropaganda verbraucht, sondern auch investiert: Firmen (»Freundesfirmen«, so der Parteijargon), Banken, Druckereien, Zeitungen, Immobilien (allein in Frankreich mehr als 20 Häuser in Paris, Lyon, Marseille und anderen Städten) – alles wurde für das Geld gekauft, alles wurde vom ZK der KPdSU (und mitunter von einem heute in Deutschland lebenden ehemaligen ZK-Abteilungsleiter und nunmehr erfolgreichen Memoirenverfasser und Wahrheitssucher) überwacht, gesteuert, gemanagt. Alles lief über den KGB, alles über die Staatsbanken der UdSSR. Hinzu kamen die Ausbildung ausländischer Kader, Dienstreisen der Parteibonzen ins Ausland (Kosten 500 Millionen Dollar jährlich), Urlaubsplätze für die kommunistischen Parteispitzen aller Staaten der Welt ...

Selbstverständlich gingen die Hauptausgaben nicht auf das
Konto von Ausländern. Die Partei besaß allein in Moskau über
5000 Immobilien. In 114 Verlagen und 80 Druckereien arbeiteten 80 000 Mitarbeiter, die jährlich 450 Millionen Rubel in die
Parteikasse einbrachten. Die Partei war – neben der Armee –
einer der größten Arbeitgeber der UdSSR. Das Zentralkomitee
(ZK) verfügte über 19 prachtvolle Kureinrichtungen, Hunderte
von Polikliniken und Krankenhäusern, über 40 Erholungsheime
in besten Lagen der Sowjetunion (Krim, Kaukasus, Baltikum).
Allein im »Silbernen Wald« bei Moskau hatte das ZK 1800 Datschen und Urlaubshäuser. Diese Datschen sollten sich deutsche
Leser nicht als Wochenendhäuschen vorstellen: Das sind solide
Stein auf Stein gebaute mehrstöckige Villen mit zahlreichen
Nebeneinrichtungen und allem Komfort – Zentralheizung,
Warmwasserversorgung, Sauna, Tennisplätze, Teiche, Promena-
denalleen. Darüber hinaus war in Parteibesitz ein Netz von
Garagen, Versorgungseinrichtungen, Läden, speziellen Werkhallen, Fleischkombinaten, Bäckereien, Frisiersalons, chemischen Reinigungen, Schneidereien für repräsentative Kleidung
und vieles, vieles andere. Alle Immobilien waren vorwiegend
nach westlichem Standard und mit kapitalistischen Produkten
ausgestattet und mußten gewartet werden. In der Sowjetunion
wurden ungefähr 5 Milliarden Rubel und 1,5 Milliarden Dollar
lediglich dafür ausgegeben, die Parteiwirtschaft aufrechtzuerhal-
ten.

Nun denke man sich ähnliche Infrastrukturen der Regionalfür-
sten in den jeweiligen Gebiets- und Kreisstädten hinzu.

Nach dem Machtantritt Gorbatschows und seiner Wahl zum
Präsidenten der UdSSR hielten Demokraten Kundgebungen ab,
auf denen sie – ohne große Hoffnung – die Abschaffung des
Artikels 6 der Verfassung (über die KPdSU-Herrschaft in der
sowjetischen Gesellschaft) verlangten. Besonders Waghalsige
flüsterten hinter vorgehaltener Hand, die KPdSU sei ein Todes-
kandidat. Der Mehrheit jedoch erschien das höchst unwahrscheinlich.

Die einzigen Leute, die wirklich über den Abgang der KPdSU nachdachten, saßen im Zentralkommitee selbst. Schon 1989 hatten sie angefangen, die Parteigelder in Sicherheit zu bringen. Man traf geheime Entscheidungen, in denen von »anonymen Firmen« (ohne sichtbare Beteiligung der KPdSU), von Scheinfirmen, von Strohmännern und einer »Schattenparteiwirtschaft« die Rede war. »Mit den Strukturen der ›unsichtbaren‹ Parteiwirtschaft wird ein enger Personenkreis betraut, den der Generalsekretär selber ernennen kann«, hieß es in einem Geheimpapier.

Um die Sache ordnungsgemäß abzuwickeln, stützte sich das ZK auf das damals noch ergebene KGB.

Eines Tages wurde der KGB-Oberst Lachin[+*] zum stellvertretenden Vorsitzenden des KGB beordert. Lachin diente in der ersten Verwaltung des KGB (Kundschafterdienst) und erledigte ganz spezifische Aufgaben. Er war viele Jahre lang in verschiedenen Ländern tätig, in denen Aktivitäten der kommunistischen Parteien und diese selbst verboten waren. Ständig war er damit beschäftigt, legale wirtschaftliche Strukturen für die Existenz der illegalen Partei und für die »Wäsche« des Gel-

---

[*] In diesem Buch sind einige Personen- und Firmennamen geändert – Änderungen habe ich mit [+]Zeichen markiert. Das hat zweierlei Sinn:
Erstens will der Autor nicht ständig gegen Angesprochene prozessieren, wenn auch die beschriebenen Tatsachen mehrfach belegbar sind und von anderen Autoren vielmals genannt wurden. Recht haben und Recht bekommen sind, wie bekannt, auch im Rechtsstaat zwei verschiedene Dinge. Auch im Rechtsstaat gibt es Kniffe (z. B. von der Gegenpartei hoch angesetzte Schmerzensgeldsummen), die jeden in den Ruin treiben, bevor er den Prozeß gewonnen hat. Erfahrungsgemäß wird ein Prozeß nicht von demjenigen gewonnen, der mehr Geld hat (was den Rechtsstaat als solchen unterminieren würde), sondern von dem, der bessere Anwälte bekommt. Bessere Anwälte lassen sich bekanntlich aber besser bezahlen. Die neueste Geschichte beweist, daß ausgerechnet die Personen, die in Büchern wie diesem auftauchen, über genug Geld verfügen, um die besten Anwaltskanzleien in Europa und Übersee zu engagieren. Nach der Lektüre dieses Buches wird das jedem klar sein.
Und zweitens sind die Namen für uns ohne Belang. Der Autor hat nicht vor, die hier genannten Menschen anzuprangern, sondern will Tendenzen erkunden und ergründen, die für die Zukunft Rußlands wichtig sind. Ob die eine oder andere Person dabei Iwanow oder Petrow heißt, ist unerheblich.

des, das aus der UdSSR kam, zu schaffen. Wie erst in der Glasnost-Zeit bekannt wurde, scheute keiner weder vor Waffen-
und Drogenhandel noch vor der Erpressung von Prostituierten
und Kasinos, Bauern und Straßenhändlern zurück. »So ein
Geschäft durfte nicht auffliegen«, schreibt Igor Bunitsch.
»Wenn in Frankreich so etwas vor Gericht enden könnte, so
war das im Tätigkeitsbereich Herrn Lachins[+] anders: Gesetzes-
verletzer wurden gleich den Krokodilen zum Frühstück vorge-
worfen.«

Deshalb war Lachin der richtige Mann. Der KGB-Chef erklärte Lachin, daß er von nun an Nikolaj Krutschina, dem
Geschäftsführer der KPdSU, direkt unterstellt sei. Krutschina
organisierte die Umstellung der Parteigelder des ZK auf kommerzieller Basis.

Lachin, ein promovierter »Wissenschaftler in Uniform«, hatte
schnell begriffen, was man von ihm verlangte. Natürlich merkte
er, daß die Parteibuchhaltung zweierlei Finanzbücher führte. In
seiner ersten Analyse »Über zusätzliche Maßnahmen zur Bewah-
rung und effektiven Nutzung des Parteieigentums« riet er: »Die
Geldmittel, die in den Finanzdokumenten eingetragen sind, können ohne weiteres legal nur in gemeinnützige, soziale und wohltätige Fonds investiert werden, was eine Konfiszierung in der
Zukunft sehr erschweren würde. Die Mittel, die in die Parteikas-
sen fließen und nicht in den Büchern registriert werden, müssen
für den Kauf von anonymen Aktien, Anteilen an verschiedenen
Unternehmen und Banken verwendet werden. Das sichert einerseits stabile Einkünfte und ermöglicht andererseits jederzeit
einen Weiterverkauf und Investitionen in andere Unternehmen,
wobei man unerkannt bleiben und die Kontrolle behalten
kann ... Die Durchführung der oben beschriebenen Maßnahmen erfordert die rasche Wahl von Vertrauenspersonen, denen
die Erfüllung der einzelnen Programmpunkte obliegt. Die Möglichkeit besteht, einen Trupp inoffizieller Parteimitglieder zu bilden, die die Tätigkeit der Partei unter den Bedingungen der Son-
derperiode gewährleisten werden.«

Daraufhin bestellte Krutschina in der Druckerei des ZK gleich 50 000 (!) Formulare:

»Persönliche Verpflichtung vor der KPdSU.

Ich, ..., Parteimitglied seit ......, Parteibuch Nr. ......, bestätige hiermit meine gewissenhafte und freiwillige Entscheidung, eine Vertrauensperson der Partei zu werden ... Ich verpflichte mich, die mir anvertrauten Mittel aufzubewahren, im Interesse der Partei zu nutzen und bei der ersten Aufforderung zurückzugeben. Sämtliche durch die Nutzung der Parteigelder erwirtschafteten Mittel erkläre ich zum Parteieigentum und garantiere die Rückgabe an jedem Ort zu jedem Zeitpunkt ... Unterschrift.«

Ein Teil der Auflage erschien in verschiedenen westeuropäischen, aber auch in arabischen und anderen Sprachen der Welt.

Der Oberst riet weiter: »In einem Land mit schonender Steuergesetzgebung, z. B. in der Schweiz, geht es um die Bildung einer Aktiengesellschaft, die sich mit allen Bereichen der Informations- und Vermittlungstätigkeit befaßt: Trading, Brokerage, Vermittlung, Vertretung. Die Aktionäre sind Vertrauenspersonen. In der ersten Etappe sollen die Konten für die Vertrauenspersonen in dem jeweiligen Land eröffnet und aufgefüllt werden. Dann erfolgt unverzüglich die Gründung eines Joint-venture auf dem Territorium der Sowjetunion. Der größte Teil der Dividenden kann den Aktionären ausgezahlt werden, so daß die Nutzung der Dividenden von der sowjetischen Seite bestimmt wird. Das bedeutet auch, daß die Verwendung dieser Gelder, außer von der Partei selbst, von keiner Organisation oder Privatperson kontrolliert werden kann ...«

Konkret hat Oberst Lachin vorgeschlagen, ein Joint-venture mit einer schweizer-kanadischen Firma zu gründen, die über eine Bank, ein Luftfahrtunternehmen, ein internationales Handelshaus, Privatisierungsfonds, ein Netz von Holdings in den verschiedenen Regionen des Landes verfügen sollte ...

Halluzinationen der »ewig Gestrigen«? Wer so denkt, versteht die sowjetischen Verhältnisse und die Rolle und Macht des ZK

der KPdSU und des KGB kaum. Bald darauf tauchte Herr
Lachin wirklich als einer der Geschäftsführer einer Holding auf,
die genau so aussah wie beschrieben.

Das KGB selbst ruhte auch nicht. Man gründete den Konzern
ANT mit einem KGB-Offizier als Geschäftsführer für den selb-
ständigen Waffenhandel und plante den Verkauf von Waffen für
mindestens zwei Milliarden Dollar aus den eigenen Arsenalen.
Das Moskauer Parteikomitee war Mitbegründer der »Kompart-
bank« in Alma-Ata und der »Glawmoststrojbank« in Moskau.
(Nachfolger der »Glawmoststrojbank« ist die Geschäftsgruppe
»Most«, die heute als eine der reichsten in Rußland gilt.) Das
Parteikomitee in Leningrad gründete eine eigene Bank und
rüstete sie mit einem Stammkapital von 31 Millionen Rubel aus.
50 Millionen Rubel steuerte das ZK aus seinem Reservefonds bei.
Auf sehr originelle Weise wurden hier Parteigelder gewaschen:
Das Leningrader Parteikomitee als größter Teilhaber ernannte
seinen Spitzenfunktionär zum Bankratsvorsitzenden. Dann wur-
de ein Bankgesetz erlassen, das verlangte, Parteianteile aus dem
Stammkapital der Banken zurückzuziehen. Da das große Parteigeld wegfiel, entband man auch den Funktionär von seinen
Bankpflichten.

Dafür wurde ein neues Mitglied in den Bankrat berufen, der
stellvertretende Vorsitzende eines sowjetisch-belgischen Joint-
ventures, der seltsamerweise genauso hieß wie der ausgeschie-
dene Parteibonze. Das neue Mitglied zahlte anstelle des alten
Parteigeldes »neues«, gewaschenes Geld des Joint-ventures in
die Bank ein. Die gleiche Summe.

Die Moskauer Stadt- und Gebietsparteikomitees gründeten gemeinsam eine Aktiengesellschaft und zahlten als Stammkapital
116,6 Millionen Rubel ein. Im Geheimpapier des ZK heißt es,
daß 60 Prozent der Aktien der Kommunistischen Partei gehören
sollten. Auch KGB-Oberst Lachin war weiter aktiv tätig: Ein Bekannter von ihm, der ehemalige Technologe eines Gummibe-
triebes, erhielt aus der Parteikasse auf einen Schlag 400 Millionen Rubel und wurde gleichzeitig zum Geschäftsführer meh-

rerer Moskauer Firmen und einer Stiftung mit sehr nebulösen
Tätigkeitsgebieten. Einer der Mitbegründer war KGB-Oberst
Grjasew[+], der formell aus dem Sicherheitsdienst entlassen wurde,
aber seinen Dienstausweis und die Dienstwaffe behalten durfte.

Insgesamt gelang es Lachin und seinen Freunden innerhalb
einiger Monate, 1453 Joint-ventures, Aktiengesellschaften mit
ausländischer Beteiligung, zu organisieren. In diese kommerziellen Strukturen wurden 14 Milliarden Rubel und 5 Milliarden
Dollar investiert.

Das ZK der KPdSU organisierte gleichzeitig die Wissenschaft-
lich-Industrielle Union und einen Konzern. Zum Leiter der beiden Organisationen wurde ein Mitglied des ZK der KPdSU, ein
ehemaliger Berater Andropows ernannt. Lachin unterrichtete
das KGB über ihre Tätigkeit. Nach seiner Darstellung war die
Union eine Vereinigung der Betriebe des militärisch-industriel-
len Komplexes der Sowjetunion und handelt jetzt mit Waffen,
Militärausrüstung und Militärgeheimnissen. Der Konzern besitzt einen eigenen Sicherheitsdienst, in dem aus dem KGB ent-
lassene Offiziere (aber noch mit Dienstausweisen und Dienst-
waffen) ihre Arbeit leisten.

Das gesamte KPdSU-Vermögen wurde schnell und effizient in
den Privatisierungsprozeß einbezogen. Die Partei besaß 49 Indu-
strie- und Erholungskomplexe im Wert von etwa 800 Millionen
Rubel sowie die Druckereien und Verlagskomplexe »Prawda«,
»Panorama«, »Politisdat«, die Druckerei »Krasnyj proletarij«
im Gesamtwert von etwa 400 Millionen Rubel, den Gebäude-
komplex der Akademie der Gesellschaftswissenschaften (den
habe ich vor einigen Jahren besichtigt – wer das gesehen hat,
kann den Palast der Republik in Berlin ruhigen Gewissens abrei-
ßen lassen, so kümmerlich ist er verglichen mit jenem Prachtbau)
und andere Immobilien: Institute, Museen … Vorschlag Kru-
tschinas: »Auf der Grundlage einiger Objekte Gründung von
Gesellschaften mit beschränkter Haftung, Aktiengesellschaften
und Joint-ventures unter Beteiligung der sowjetischen und ausländischen juristischen Personen.«

Nikolaj Krutschina wuchs die Arbeit über den Kopf. Deshalb wurde zur Unterstützung sein Vorgänger, der 80jährige Georgij Pawlow, aus dem Ruhestand geholt. Zwei erfahrene Wirtschaftsmanager versuchten die immensen Geldmengen zu bewältigen. Das ZK gründete auch eigene Banken. So wurde das ZK mit einer Einzahlung von einer Milliarde Rubel praktisch zum Eigentümer der größten Privatbank IPD+. Es gibt eine Reihe KPdSU-eigener oder stark von der KPdSU abhängiger Banken, Fonds und Unternehmen, die auch Parteigelder verstecken mußten, darunter die Bank der Knappschaften+ 500 Millionen Rubel, die Kreditank+ 150 Millionen und 70 Millionen als Stammkapitalanteil, die Sparbank+ 275 Millionen, die Investbank+ 500 Millionen, die Landbank+ 30 Millionen, die Westbank+ 50 Millionen, die Hypo-Bank+ 100 Millionen, Sowjetische Fonds für die Entwicklung+ 40 Millionen, die Experimentalvereinigung »Rußland+« 40 Millionen, der Handelsbetrieb »Eruka+« 5 Millionen, die Allunionsassoziation für Anleger+ 60 Millionen, die Kooperation »Spass+« 200 Millionen usw. usf. Insgesamt wurden 3 634 125 000 Rubel (also mehr als 3,6 Milliarden) versteckt. Das ist nur eine Liste. Es gibt außerdem Listen Nummer 2, 2-a, 2A-6, 3B und so weiter.

Zu diesem Zeitpunkt florierte auch die »Zusammenarbeit der KPdSU mit den linken Parteien Zentral- und Osteuropas im Wirtschaftsbereich«, wie aus einem Geheimpapier des Sekretariats des ZK hervorgeht. Man gründete in den ehemaligen Staaten des Warschauer Pakts Joint-ventures, Fonds, AGs und GmbHs, gewann zur Mitarbeit auch die Unternehmen der Freunde aus dem fernen Ausland. So wurde das Hotel »Oktjabrskaja« in Moskau einem sowjetisch-amerikanischen Joint-venture übergeben, wobei die amerikanische Partnerfirma der KP der USA gehört. Der Bilanzwert des Hotels wurde auf knapp 3,5 Millionen Rubel festgelegt. Fachleute meinen bis heute, daß der Komplex (5700 Quadratmeter Nutzfläche) 25 Millionen Dollar wert sei. Also liegt das Umtauschverhältnis bei 7 Dollar zu 1 Rubel! Keine Bange, das Hotel ging aus dem Parteivermögen in private Hände über, und das ZK wird alles dafür tun, damit es nicht in fremde Hände geht.

Das Leningrader Stadtparteikomitee war ähnlich aktiv: Hotels im Wert von 130 Millionen Dollar gingen ins Stammkapital der parteinahen Firma mit einem Bilanzwert von 13,5 Millionen Rubel ein.

Auch die heute bekannten Namen der Reichen Rußlands tauchen in den Parteiunterlagen auf.

Anfang der neunziger Jahre wurde beim KGB eine spezielle Abteilung »Neue Wirtschaftsstrukturen« aufgebaut. Zum Leiter ernannte man den KGB-General Sterligow. Sterligow hatte alle Hände voll zu tun, da zu diesem Zeitpunkt schon einige reiche Leute auf dem eintönigen UdSSR-Schauplatz aufgetaucht waren. Eine der grellsten Figuren war der Unternehmer Artjom Tarassow. Als ehrlicher Kommunist zahlte Tarassow seine Parteibeiträge in Höhe von 90 000 Rubel, was auf ein monatliches Gesamteinkommen von über einer Million Rubel schließen ließ. Das KGB wollte den Abgeordneten Tarassow unbedingt vor Gericht stellen. Die Anklage lautete: »Beleidigung des Präsidenten der UdSSR« Gorbatschow …

In der Presse erschien eine unauffällige Mitteilung, daß Tarassow der ersten sowjetischen Warenbörse »Alisa« 3 Millionen Rubel geschenkt habe, die der 23jährige German Sterligow, der Neffe des Generals, leitete. Danach verschwand der Millionär. Und als die Sowjetbürger sich schon an den Gedanken gewöhnt hatten, daß Tarassow umgebracht worden sei, tauchte er als Auslandsvertreter der Warenbörse »Alisa« in London wieder auf, die von den freiwilligen Geschenken sicher wie ein Hefeteig aufging und schon über die Grenzen der Sowjetunion hinaus mit Milliarden Rubel agierte.

Zur Zeit des Putsches im August 1991, nach dem Jelzin die Kommunistische Partei verbot, die Parteivermögen nationalisierte und die Bankkonten sperrte, hatte die Partei nicht mehr viel in ihrem Besitz: Fast alles gehörte mittlerweile privaten Wirtschaftsstrukturen, gemeinnützigen Fonds, die alte Nomen-

klatura belegte führende Posten in der neuen russischen Wirtschaft. Igor Bunitsch faßt die Situation in wenigen Worten zusammen: »Im Sommer 1991 ging das gigantische, gut einge-
spielte, todsicher korrumpierte und mit der derzeitigen Macht
verschmolzene, ›unsichtbare‹ Parteiland ›Nomenklatura‹ mitsamt seiner Wirtschaft in den Untergrund.«

Von den 12 000 Tonnen Gold, die Stalin und seine Henker mit
Blut gesammelt hatten, waren 240 Tonnen übriggeblieben. Der
Rest landete zum großen Teil nicht im Nirgendwo, sondern auf
gut vorbereiteten, meist privaten »Landebahnen« der Nomenklatura.

Nikolaj Krutschina, der Mann, der alle Fäden des Deals in der
Hand und im Kopf hatte, stürzte vom Balkon seiner Wohnung
im fünften Stock. Das gleiche passierte kurz darauf mit seinem
Vorgänger und Mittäter Georgij Pawlow. Danach fiel aus dem
zwölften Stock der Mitarbeiter der internationalen Abteilung des
ZK Dmitrij Lisowolik, der »die Freundesfirmen« im Ausland be-
treute. Auf der anderen Seite der Erde ertrank der Milliardär Robert Maxwell, dem engste Beziehungen zum sowjetischen Parteigeld nachgesagt wurden, unter mysteriösen Umständen im Meer.

Von August bis Oktober 1991 begingen insgesamt 1746 ehemalige Parteibonzen auf rätselhafte Weise Selbstmord, was fast
genau der Zahl der gegründeten Joint-ventures entspricht.

Einer der Krutschina-Helfer wurde zum Aufsichtsratmitglied
der AG, die seinerzeit das Hotel »Oktjabrskaja« privatisiert
hatte. Der Parteisekretär aus Leningrad behielt einen so kühlen
Kopf, daß er es sogar am Tage des August-Putsches fertigbrachte,
an der von ihm selbst gegründeten Landwirtschaftsgemeinschaft
Partei-Immobilien im Bilanzwert von 22 Millionen Rubel zu
übergeben ...

Genau so sind auch viele, viele andere Kommunisten wohlbe-
stallte Geschäftsführer, Aufsichtsratsvorsitzende, Generaldirektoren, Präsidenten geworden.

Der beste Freund der Deutschen, Michail Sergejewitsch Gorbatschow, hat das alles gewußt und selbst angeordnet ...

Im Dezember 1991 schloß die russische Regierung Jegor Gaidars einen Vertrag mit der Firma »Croll Associates«[32] ab mit dem Ziel, Parteigelder auf westlichen Banken zu suchen. Diese Firma genießt hohes Ansehen in der Welt wegen ihrer Erfolge bei der Fahndung nach gestohlenen Staatsgeldern. Bereits im Sommer des darauffolgenden Jahres wurde der Vertrag auf Initiative der russischen Regierung außer Kraft gesetzt.

Die Militärmafia
Alles, was vom Volke geschaffen wurde, gehört uns,
den Generälen ...

Als man begriffen hatte, daß Ordnung nicht mehr gefragt war, daß man sich alles, was sich bot, unter den Nagel reißen konnte, wurde das Signal auch in Militärkreisen empfangen. Die Armee, die 70 Jahre lang fett gefüttert worden war, besaß und besitzt solche Reichtümer, wie sie kein anderer Staatszweig aufweisen kann. Immobilien und Grundstücke, Panzer und Autoreparaturwerke, Benzin und Flugzeuge, Waffen und Munition, Flugplätze und Marinehäfen, Schiffe und Eisenbahnkapazitäten, ein unerschöpfliches Billigarbeitspotential und über allem strengste Geheimhaltung allen Geschehens und die Berufung auf das Militärgeheimnis im Interesse des Staates, selbst wenn es um die Verschiebung größerer Güterladungen ins Ausland geht.

Ein derartiges Potential nicht zu eigener Bereicherung zu nutzen, wäre nach Ansicht der hohen Militärs geradezu ein Verbrechen. Wer Zeitungen liest, weiß genug über die krummen Geschäfte. Dazu zählen Rauschgiftherstellung und -handel, Verschieben von Waffen und seltenen Metallen im großen Stil[33], Verkauf von Armeeeigentum zu ihren Gunsten, Verleih von Soldaten an Privatunternehmen, Zweckentfremdung (oder einfacher gesagt: Diebstahl) von Geld durch eigene Banken oder Geldwäsche für organisierte kriminelle Strukturen, Wirtschaftsdelikte der Generäle in Milliardenhöhe, unter anderem Waffen-

verkauf an Gegner, Abschreibung der Technik als »vernichtet«
und ihr Verkauf während des Tschetschenienkrieges.[34]

Eine andere Geschichte ist die Zweckentfremdung der Gelder
in Tschetschenien selbst: Allein bis Anfang 1996 wurden in die
tschetschenische Wirtschaft *zusätzlich* 16 Billionen Rubel und
eine Milliarde Dollar – zum großen Teil in bar! – investiert. Rußland hat damit eine neue Seite in der Kriegsgeschichte aufge-
schlagen: In Tschetschenien hat der russische Staatshaushalt
gleichzeitig beide Kriegsparteien finanziert.[35] Was heißt aber
»investiert«? Keiner hat Geld investiert, d. h. etwas damit produziert, hergestellt. Solche Unsummen konnte man in so kurzer
Zeit gar nicht »investieren«. Wo sind die Gelder jetzt? Unauffindbar sind auch die Gelder (etwa 0,8 Billionen Rubel, 200 Millionen Dollar), die allein die Haupthandelsverwaltung des Verteidigungsministeriums beiseite gebracht hat[36] und die für die
Verpflegung der ganzen Armee für zweieinhalb Monate ausrei-
chen würden. Unterschlagen, entwendet und veruntreut wurde
überall in der Sowjetarmee und ihrer Nachfolgerin, der russischen Armee. Besonders aufgefallen ist jedoch die seinerzeit in
Ostdeutschland stationierte Westtruppe der russischen Armee
unter der Leitung von Oberbefehlshaber Generaloberst Burlakow. Von den erwähnten Vergehen abgesehen, waren Militärs in
Deutschland auch an Zigaretten- und Schnapsdeals sowie an
Autoschiebereien beteiligt. Zigaretten und Schnaps kamen steu-
erfrei in die »handelsfreien Zonen« der Militärstädte. Und von
dort aus wurden sie an Kneipen der Bundesrepublik oder an viet-
namesische Verkäufer im großen Stil geliefert. Zu den Raffines-
sen der Westtruppe gehörten auch die Geschäfte, die durch die
russische orthodoxe Kirche abgewickelt wurden.

Da die Gelder in Deutschland bezahlt wurden, hatten es die
Militärs auch leichter – sie brauchten das unrechtmäßig erwor-
bene Geld nicht über die Grenze zu schmuggeln (was manchem
Geschäftemacher schlaflose Nächte bereitete). Das Geld lag
gleich auf dem Auslandskonto. Und weil die Geschäfte auf höchster Ebene abgewickelt wurden, schwieg auch die militäreigene

Justiz: Was kann ein Untersuchungsrichter im Rang eines Majors schon gegen einen Marschall ausrichten?

Das Ausmaß der Verbrechen war so riesig, daß die Verwaltung des Innenministeriums zur Bekämpfung der Organisierten Kriminalität und das KGB die »privaten« Militärgeschäfte der Westtruppe seit 1990 überwachten. Es wurde festgestellt, daß der verbrecherischen Gruppe nicht die Marschälle selbst, sondern ihre Berater und Adjutanten, selbst Oberste, angehörten. (Schwer vorstellbar, daß die Diener nicht im Auftrag ihrer Herren handelten, aber das möchte ich nicht weiter recherchieren, weil es für uns nicht von Bedeutung ist.) Die Gruppe hat Valuta, scharfe Feuer- und Gaswaffen sowie Munition nach Rußland verschoben – Tausende von Waffen, die für konkrete Verbrechergruppen bestimmt waren. Ins Ausland wurden Edelmetalle, Antiquitäten, Kaviar und andere Waren verschoben. Natürlich hatten die Oberste und ihre Vorgesetzten entsprechende Beziehungen zu allen nötigen Stellen. Ihre illegalen Waren wurden mit Militärtransportflugzeugen und ohne jede Zollkontrolle befördert. Insgesamt zählte die Gruppe (ohne die Marschälle) 30 Mann. »Dieser Kriminalfall geriet ebenso wie viele andere, dank der politischen Instabilität und verschiedener Umstrukturierungen, in Vergessenheit«, so Kriminalbeamter Gurow.[37] Nach Auflösung der Westtruppe wurden mehrere Waffenladungen nicht nur nach Rußland, sondern auch auf verschiedene Kriegsschauplätze geschmuggelt. Die Zeitung »Segodnja« behauptete, ein Regierungsmitglied kassierte dafür mindestens 20 Millionen Dollar, die auf einem Konto bei der Deutschen Bank in Zossen (Brandenburg) lagen.[38]

Eines der einträglichsten Geschäfte war der Bau von Wohnungen für die Offiziere, die Deutschland verlassen mußten. Wir sprechen nicht vom Geld, das die deutsche Regierung zur Verfügung stellte, und nicht von der Verwendung dieser Gelder in Rußland. Aber es gab auch einen Beschluß, daß die Gelder aus der Veräußerung des Eigentums der Westtruppe – Grundstücke, Kasernen, das ganze Militärzeug – ebenfalls für die Finanzierung des Wohnungsbaus verwendet werden sollten. Aber man konnte natürlich nicht zulassen, daß das ganze Geld für irgendwelche Offiziere ausgegeben würde. Deshalb beschloß Verteidigungs- minister Gratschow zum Beispiel, sich dafür zwei »Mercedes 500 SEL« zuzulegen, die über 300 000 Mark kosteten. Um diese Autos zu erwerben, mußte etwas verkauft werden. Was hat Herr Burlakow (der nach dem Verlassen der Westtruppe zum stellver- tretenden Verteidigungsminister befördert wurde) für sie ver- kauft und zu welchem Preis?

»Stahlbehälter, 2000 Stück mit einem Gesamtgewicht von 8000 Tonnen für 42 DM pro Tonne; Stahlrohre, 21 Tonnen, für 65 DM je Tonne; Dieselpanzermotoren, 2000 Stück für 65 DM pro Tonne [50 Mark für einen Panzermotor!]; Automobile (Zehntonner-Lkw) ›Ural‹ 500 Stück für je 4500 DM; Stahlblech, 7 Tonnen, für 320 DM pro Tonne«.[39]

Bei der Geschäftsabwicklung verschwanden noch zusätzlich 15 000 DM, und die Mercedes wurden über den Militärflugplatz »Tschkalowsk« zollfrei eingeflogen, keine Zollabfertigung gab es auch am Flugplatz »Sperenberg« in Deutschland. Der stellver- tretende Chefredakteur der Zeitung »Moskowskij komsomolez«, Wadim Poegli, schrieb einen Artikel »Pascha-Mercedes«, mit der Zwischenüberschrift »Der Dieb soll im Gefängnis sitzen und nicht Verteidigungsminister sein«.

Solche Artikel wären wohl kaum gedruckt worden, hätte sich nicht etwas Schreckliches ereignet: Im Oktober 1994 wurde ein Journalist des »Moskowskij komsomolez«, Dmitrij Cholodow, durch eine Briefbombe getötet. Die Untersuchungsrichter bestätigten, daß der Mord mit der Arbeit Cholodows in Verbin- dung stehe.[40] Cholodow hatte für seine Zeitung schon seit lan- ger Zeit die Delikte der Militärmafia auf höchster Ebene unter- sucht. Er hatte auch die Machenschaften um den ehemaligen Oberbefehlshaber der russischen Militärtruppe in Deutschland Burlakow und den Verteidigungsminister Rußlands Pawel Gra- tschow enthüllt. Briefbomben sind in Rußland nicht sehr ver- breitet. Die kriminelle Mafia benutzt Maschinengewehre und

Pistolen, gelegentlich Autobomben. Außer den Militärs hatte Cholodow keine Feinde. Es wurden Verdächtige festgenommen – aber nicht aus Militärkreisen. Ein Prozeß fand nie statt.

Genauso kam es nie zu einem Prozeß um den rechtswidrigen Kauf und den Schmuggel der zwei Nobelkarossen: Präsident Jelzin deckte seinen Schützling und Intimus Gratschow, mit dem er nicht nur Tennis spielte, sondern auch in der Banja schwitzte.

Einen Prozeß gab es allerdings: Gratschow verklagte Poegli wegen Beleidigung und gewann den Rechtsstreit, ohne daß die veröffentlichten Anschuldigungen dementiert wurden: Er sei kein Dieb. Poegli bekam zwei Jahre auf Bewährung.

Andere hohe Militärs nahmen sich an ihrem Vorgesetzten ein Beispiel. Die Militärstaatsanwaltschaft stellte mehrere Fälle fest, in denen Mitarbeiter des Verteidigungsministeriums in dubiose Geschäfte verwickelt waren.[41] Die Militärs des Sicherheitsdienstes des Präsidenten, die die Devisenquellen kontrollieren sollten, sind an diesen Geschäften beteiligt.[42] Jelzin selbst nennt die Militärspitze korrupt.[43] Mehrere Generäle wurden vom Dienst suspendiert. Doch genau wie im Falle Gratschows kam es zwar zu Enthüllungen, aber ein Urteil wurde nicht gefällt. Die rechtswidrig erlangten Gelder wurden nicht zurückgezahlt. All das geschah nicht mehr in der Breshnew-Zeit, sondern unter dem Zaren Boris, den fälschlich die Aura eines Demokraten umgibt.

Schattenwirtschaft und Zechowiki
Kapitalismus und Kapitalisten unter Chruschtschow, Breshnew und Tschernenko

In Rußland gibt es eine Redewendung, deren Herkunft keiner kennt: »Schön zu leben, kann man nicht verbieten.« Ein »schönes Leben« ist der Wunschtraum vieler Generationen von Sowjetbürgern, die von ihrer Geburt bis zum Tod in Armut lebten: Auf Revolution und Bürgerkrieg folgten die ersten Fünfjahrpläne »zum Wohle des Volkes«, wo mit Spaten und Schaufel gewaltige Wasserkraftwerke, Dämme, Eisenhüttenwerke und Kanäle gebaut wurden. Kurz vor dem Zweiten Weltkrieg war es einigermaßen erträglich geworden ... Bis zum Jahre 1945 wurde alles für den Sieg und bis zu Stalins Tod 1953 für den Wiederaufbau geopfert. In der Chruschtschow-Zeit hätten sich die Leute etwas mehr leisten können – Wurst, Kleidung, Kino –, aber da waren die amerikanischen Imperialisten, und man mußte »die Verteidigung stärken«. In der Breshnew-Zeit waren zehn Jahre wie ein Tag – heute wie gestern und morgen wie heute: kein Geld, keinerlei Reichtum, keine Weltreisen, keine Lebensfreude. Aber auch keine Hungersnot, keine Obdachlosigkeit. Auf der anderen Seite – das ersehnte, schillernde, bunte »schöne Leben«, mit reichgedecktem Tisch und in guter Gesellschaft, mit viel Geld in der Tasche und der Möglichkeit, sich alles zu leisten: Kaviar und Kognak, Erholung und Reisen, teure Geschenke für die Geliebten und eine sorglose Zukunft.

Das Verlangen nach dem »schönen Leben« ist die Keimzelle der »Schattenwirtschaft«. Man schreibt das Jahr 1961, das Jahr des 22. Parteitages der KPdSU, auf dem das Programm der Erbauung des Kommunismus angenommen wurde. In den ernstereichsten Schwarzerde-Regionen wird das Brot knapp. Brotmarken werden eingeführt – pro Kopf gibt es 400 Gramm täglich. Wegen Futtermangels werden die Rinder geschlachtet, eine Zeitlang gibt es Fleisch genug, dann jahrzehntelang nicht mehr. Die Betriebe arbeiten schlecht, es fehlt an Rohstoffen und der entsprechenden Technik. Eine gute Hose und ein gutes Kleid kann man einmal im Jahr auf Bezugsschein kaufen. Wer es sich leisten kann, einen Teppich zu ergattern, gilt als Krösus. Es mangelt an allem: an Sitzplätzen in den Eisenbahnen, an Äpfeln im Herbst, an Material zum Häuslebau, an Milch ...

Die Sowjetbürger schlagen auch aus der Knappheit Profit. Die Bestechung blüht. Ich erinnere mich an eine Reise mit meinem Vater nach Moskau, wir fanden dort kein Hotelzimmer. Zwölf Stunden standen wir ohne jede Hoffnung an der Rezeption Schlange, bis zum Abend, plötzlich bekamen wir ein Zimmer. Ich fragte Vater, wie das möglich war, er antwortete verschämt: Er habe der Empfangsdame einen »Tscherwonez«, einen Zehnrubelschein, zugesteckt. Zehn Rubel waren damals viel Geld. Meine Mutter verdiente in jener Zeit 62 Rubel monatlich.

Not und Verhältnisse führten schließlich dazu, daß Staatseigentum entwendet wurde, aber nicht von Dieben, sondern von Betriebsdirektoren und Buchhaltern, Spediteuren und Wachmannschaften. Unterschlagung hieß das, wenn man gefaßt wurde, und Lebenskunst, wenn man ungeschoren davon kam.

Bei dem ständigen Warenmangel konnte man nichts mehr kaufen, sondern nur noch »beschaffen«, wobei man dem »Beschaffer« ein kleines Entgelt geben mußte. Die Schaufenster waren leer, alles blieb unter dem Ladentisch. Man beschaffte Schuhe und Anzüge, Apfelsinen zum Neujahrsfest und Fahrkarten, ein Stück gutes Fleisch (auf dem Ladentisch sah man nur Knochen) und guten Wein, man beschaffte Möbel, Kühlschränke, Waschmaschinen, Ferienplätze, Zucker, Pralinen, Kindergartenplätze, Watte, Buchweizen (für viele Leute damals eine Delikatesse), Schulplätze in einer besseren Schule, Penicillin, harte Wurst, Theaterkarten für Gastspiele, gezuckerte Kondensmilch, Käse, Bücher, Telefonanschlüsse, Sonnenblumenöl …

Stets gab es auch Leute, die das alles besorgen, »organisieren« und beschaffen konnten. Da es vorwiegend um Lebensmittel und Konsumgüter ging, waren Beziehungen zu einem Verkäufer äußerst wichtig. Ingenieure und Ärzte, Schauspieler und Maler, Schriftsteller und Lehrer waren sehr stolz, mit einem Fleischverkäufer befreundet zu sein. Bei Theaterpremieren saßen Vertreter dieser Zunft dann auf den besten Plätzen. Es entstand ein Untergrund- oder besser gesagt Schattenmarkt für Waren und Dienstleistungen. Der staatliche Handel teilte sich in den offziellen und den Schattenhandel. Ausgerechnet hier bildeten sich Clans von Gleichgesinnten, die sich mit kleinen Tricks ein ansehnliches Kapital zusammengerafft hatten. Die Beziehungen reichten vom kleinen Verkäufer bis zum Direktor der Handelsvereinigung in der Stadt und dem Gebiet. Das war der erste, kaum bewußte

Schritt bei der Akkumulation von Schattenkapital. Als Ergebnis entfalteten sich unterschwellig marktwirtschaftliche Beziehungen, die die Schattenwirtschaft stärkten. Leute, die auf die Verteilung der materiellen Werte Einfluß hatten, begnügten sich nicht mehr mit Geschenken, sondern verlangten Bares. Schmiergeld ist seitdem ein fester Bestandteil der sowjetischen Gesellschaft.

Die Destabilisierung wurde zum Dauerzustand. Als erste begriffen das die Geschäftemacher, die bereits über ein gewisses Grundkapital verfügten. Sie gründeten in verschiedenen Städten Fabriken und produzierten Mangelwaren. Der Vertrieb lief über den staatlichen Handel, jedoch ohne Lieferscheine. Diese Sorte von Waren nannte man »linke Ware«. Die »linke Ware« ging nicht durch die Bücher, dafür wurde sofort bar bezahlt. Die Verkäufer bekamen dann Extraprämien zu ihrem kläglichen Lohn.

So verursachte die große Nachfrage zuerst die Schummelei und Schieberei mit den vorhandenen Waren im täglichen Leben und dann auch die Organisation der illegalen Produktion. Diese kleinen Fabriken oder einzelnen Abteilungen der sozialistischen Betriebe hießen »Zech« (»Werkhallen«). Der Kleinunternehmer der sozialistischen Zeit, der mit Beziehungen und wirtschaftlicher Tollkühnheit das Ganze organisierte, wird »Zechowik« genannt. »Zechowiki« waren diejenigen, die sowjetische Behörden samt Parteisekretäre korrumpierten oder einfach kauften. (Anmerkung: Die Partei- und Sowjetnomenklatura unter Chruschtschow, Breshnew, Gorbatschow war auch bereit, sich selbst zu verkaufen. Ebenfalls ein sozialistischer Markt.)

Vielleicht kann man sich in Deutschland das Ausmaß der Korruption und Bestechlichkeit in der damaligen Sowjetunion nicht vorstellen. Das ist nicht verwunderlich: zwei verschiedene Länder, verschiedene Völker, unterschiedliche Geschichte, unterschiedliche Anschauungsweisen. Das äußert sich manchmal auch in der Sprache. Für das Wort »pripiski«, wichtig, um die Entstehung der Schattenwirtschaft zu verstehen, gibt es im Deutschen kein Äquivalent. Das Wörterbuch erklärt »pripiski« als »über-

höhte (verfälschte) Berichterstattung über die Planerfüllung«.
»Wie kann man aus zwei hergestellten Traktoren drei machen –
das ist doch nicht möglich«, würde ein Deutscher sagen.

Doch! Man kann …

Auf diesen »verfälschten Berichterstattungen« beruhte die
ganze Schattenwirtschaft. Sie wurden benötigt für die Auszah-
lung der nicht verdienten Löhne, für die Prämien bei der Planerfüllung. Durch »pripiski« konnte man große Geldsummen
direkt abzweigen. Aber es waren »pripiski« für die Abschreibung
der angeblich aufgewendeten Rohstoffe, Materialien und Ausrüstungen, die anschließend direkt in die Schattenwirtschaft gingen
und klingende Münze brachten.

Einer der besten Kenner der Szene, General Alexander Gurow,
der ehemalige Chef der bekannten 6. Hauptverwaltung zur Bekämpfung des Organisierten Verbrechens und der Korruption,
schreibt, »die verbrecherischen Organisationen haben ihre Wur-
zeln in der legalen Wirtschaft«.[37]

Während die Schattenwirtschaft sich allmählich in der
Chruschtschow-Zeit entwickelte, kann man die Korruption zur
Breshnew-Zeit als ihre prachtvollste Blüte bezeichnen. Vom
Staatsposten bis zum Titel »Held der sozialistischen Arbeit«
wurde alles verkauft. Das Land war mit einem dichten Netz von
illegalen Fabriken und Werken überzogen, die illegale Produktion wurde nicht nur durch den illegalen Handel (mit Milliarden
Rubel-, sprich Milliarden Dollarumsätzen), sondern auch durch
den legalen sowjetischen Handel vertrieben. Es gab auch genug
korrumpierte einflußreiche Leute in den Rechtsschutz-, Sowjet-
und Parteiorganen, die ebenfalls Verbrechen verschleierten und
verbargen, nicht unentgeltlich, versteht sich.

In der Glasnost-Zeit wurde auch bekannt, daß es laut Sonder-
befehlen dem KGB und dem Innenministerium verboten war,
gegen die Parteinomenklatura rechtliche Schritte zu unternehmen. Informationen über die verbrecherischen Taten der
Nomenklatura wurden nirgendwo registriert und mußten umgehend vernichtet werden.

Einer der spektakulärsten Kriminalfälle war die Strafsache des Chefs der Moskauer Handelsverwaltung Tregubow. Es stand außer Zweifel, daß jeder Laden in Moskau täglich Geld an die Kreishandelsverwaltung zahlte; die Kreishandelsverwaltung wiederum zahlte an die Moskauer Stadthandelsverwaltung. Die Moskauer Handelsverwaltung verteilte das Geld an die verschiedenen Ministerien und Behörden. So entstand eine geschlossene Kette, in der jedes Kettenglied seine Rolle spielte. Das System funktionierte tadellos. Auch eigene Richter und Schnüffler wirkten dabei mit. Übrigens wurden letztere oft (samt Information) einfach von der Milizbehörde zur Bekämpfung der Wirtschaftskriminalität gekauft. »Der Kriminalfall Tregubow« zeigte, daß an dem Verbrechen praktisch alle 300 000 Mitarbeiter der Handelsbetriebe in der Hauptstadt beteiligt waren.

Ähnliche mafiose Strukturen wurden in der Fleisch-, der Milch-, der Holz-, der Baumwoll-, der Getreideverarbeitungsindustrie, in der Dienstleistungsbranche und der Gastronomie beobachtet. In Karaganda flog Anfang der siebziger Jahre eine mafiaähnliche Organisation für die Unterschlagung von Karakulfellen auf. Nach Plan und gut organisiert war der Raub vollzogen worden. Als Hauptberater der Verbrecher hatte ein leitender Mitarbeiter der Karagandaer Milizhochschule fungiert.

Bei Wirtschaftsverbrechen wurden die Beweismaterialien aus Panzerschränken gestohlen, durch Brände vernichtet, oder sie gingen einfach unter ungeklärten Umständen verloren. Die Diebe konnten die Untersuchungsakten einsehen, Zeugen und Richter kaufen oder umbringen, Untersuchungsrichter aus Rechtsschutzorganen jagen. Einige staatliche Leiter wurden – laut Gurow – schon 1976 von der Wirtschaftsmafia bestens versorgt.

Ständig wuchs die Zahl des »Raubes von Volkseigentum in der Gruppe in großem und besonders großem Ausmaß«, wie Wirtschaftsmafiaverbrechen auf sozialistisch hießen: 1976 waren es 986 Fälle, 1977 bis 1982 – 6920, 1983 bis 1987 bereits 13 314.

Von 1986 bis 1988 wurden 2,3 Millionen Eigentumsdelikte registriert, darunter 200 000 Unterschlagungen, davon 20 000 in
großem und besonders großem Ausmaß. 15 500 Fälle von Bestechung wurden registriert und Gelder sowie Wertgegenstände in
Höhe von 353 Millionen Rubel beschlagnahmt.

1988 berichteten die Generalstaatsanwaltschaft, das Innenministerium und das KGB dem ZK der KPdSU: »80 Prozent der Personen, die an der Spitze der organisierten Verbrechergruppen
standen, waren die Leiter von Organisationen und Betrieben.«
Einerseits setzten sich die »Zechowiki« in Marsch Richtung
Kapitalismus innerhalb des Sozialismus, andererseits bahnte die
Parteimafia den Weg dahin.

Die bekannteste Geschichte ist der sogenannte Baumwollkri-
minalfall. Von Anfang an hatten zwei mutige Untersuchungsrichter – Telman Gdljan und Nikolaj Iwanow – die dreiste Vernetzung der Parteimafia in Usbekistan untersucht. Am Ende
wurde die Sache von der Nomenklatura und von Gorbatschow
persönlich niedergeschlagen, viele Parteifunktionäre blieben
vom Gesetz verschont. Die beiden Untersuchungsrichter konnten schließlich nur noch ein Buch darüber schreiben.[30]

Zwei Dinge sind dabei für uns wichtig: wie das Schmiergeldsystem organisiert war, und um welche Beträge es da ging.

1983 wurde in Buchara (Usbekistan) der Chef der Miliz-Abtei-
lung »Wirtschaftskriminalität« während einer Schmiergeldübergabe festgenommen. Darauf folgten Verhaftungen von Handels-
verwaltungsleitern und des Innenministers, von Parteisekretären
und Kolchosvorsitzenden, Mitarbeitern des ZK der KPdSU und
des Schwiegersohns von Breshnew. Verursacher des Skandals
waren unscheinbare Baumwollfasern. In der Republik mit der
höchsten Baumwollproduktion blühten die »Pripiski«, also die
verfälschten Angaben über angebaute und an die Baumwollkom-
binate gelieferte Rohstoffe. Die Betriebe produzierten viel weniger Baumwolle als vorgesehen, die Spinnereien viel weniger
Garn, die Webereien viel weniger Stoff. Dafür bekamen alle
Gehälter, Prämien und Orden.

Hat das niemand bemerkt? Doch. Alle wußten es – von ganz unten bis nach ganz oben, bis zu Michail Gorbatschow, der seinerzeit im Zentralkomitee für die Landwirtschaft zuständig war. Aber alle schwiegen, weil sie für ihr Schweigen fette Geschenke bekommen hatten.

An diesen Baumwoll-Machenschaften waren Millionen Menschen beteiligt. Und die Geschenke gingen auch in die Millionenhöhe. Dabei muß nochmals betont werden, daß die damaligen Millionen nicht mit den heutigen Millionen zu vergleichen sind. Damals kostete ein Gramm Gold etwa 10 Rubel, heute 100 000. Übrigens gab es viele Geschenke gleich in Gold: Goldmünzen, Goldringe, Gold- und Diamanten-Ohrringe, Goldketten … Nach der Verhaftung des Ersten Parteisekretärs des Bucharaer Parteikomitees Karimow konnten die »Ersparnisse« in Milchfässern, Asbestrohren, in den Aryken, dem usbekischen Bewässerungssystem, unter Bäumen in Form von Gold, Diamanten und Bargeld – des »ärmsten aller Parteisekretäre«, so Karimow selbst – beschlagnahmt werden, insgesamt im Wert von 6 Millionen Rubel, oder in Goldäquivalent – 600 Kilo Gold.

Der Erste Parteisekretär Usbekistans Raschidow bekam Schmiergelder nicht in Kuverts, sondern im Koffer: 800 000 Rubel, 1 Million, 1,5 Millionen. Nach operativen Angaben[*] besaß der »beste Kommunist Usbekistans« ein Vermögen von etwa 100 Millionen Rubel. Einmal hat die Untersuchungsgruppe

---

[*] Auf diesen Ausdruck werden wir des öfteren treffen. Zu allen Zeiten hatten Polizei und Sicherheitsdienste eigene Leute im anderen Lager. Verdeckte Ermittler, inoffizielle Mitarbeiter, Denunzianten, Geheimagenten, oder wie sie alle auch heißen mögen, liefern in allen Ländern der Welt vertrauliche Informationen über die Gegenpartei. Die Betreuung dieser Leute heißt »operative Arbeit« und die von ihnen gelieferten Berichte »operative Informationen«. Diese Informationen entsprechen im höchsten Grade der Wahrheit, können aber aus verschiedenen Gründen dem Gericht nicht als rechtskräftige Beweise vorgetragen werden, da damit das Leben des Informanten aufs Spiel gesetzt wird. Sowjetische Geheimdienste und die sowjetische Miliz hatten ein besonders breites und dichtes Netz an Informanten, die nach dem Zerfall der Sowjetunion an russische Rechtsschutzorgane übergegangen sind.

Gdljan-Iwanow eine Ausstellung mit dem beschlagnahmten Geld und Gold organisiert. Alle großen Schätze waren schon in der Zentralbank abgegeben, deshalb mußten sich die Fachbesucher mit dem begnügen, was allein bei zwei der kommunistischen Parteisekretäre konfisziert wurde. Insgesamt waren es 4,7 Millionen Rubel in bar und 43 Kilo Gold sowie Diamanten und andere Edelsteine.

Aber die Parteisekretäre in der mittelasiatischen Unionsrepublik waren von den Vorgesetzten in Moskau abhängig. Und so bekamen Schmiergelder und Geschenke unter anderen Mitarbeiter des ZK der KPdSU, der Vorsitzende des Obersten Gerichts der Sowjetunion, der Innenminister der UdSSR Stscholokow, der Schwiegersohn Breshnews, der seinem Schwiegervater den Posten des stellvertretenden Innenministers verdankte. Auch für Breshnew wurden Extrageschenke – meist in Gold – vorbereitet.

Der Kriminalfall in Usbekistan war typisch für die sowjetischen Verhältnisse. Aber die Moskauer Führung unter Gorbatschow wollte diesen Fall nur zu einem Fall »einiger korrupter Funktionäre« herunterspielen. Auf dem 1. Kongreß der Volksdeputierten ergriff T. Gdljan das Wort. Im Stenogramm heißt es:

Gdljan: »Und merken Sie sich, Herr Generalstaatsanwalt, es gab und gibt keinen ›usbekischen Kriminalfall‹. Der von uns untersuchte Fall ist ein Moskauer Fall, und noch exakter gesagt, ist das ein ›Kremlkriminalfall‹ …«

Gorbatschow: »Aber Genosse Gdljan, das geht doch wohl zu weit …«

Gdljan und Iwanow hatten aber Namen von Sekretären des ZK der KPdSU, von Sekretären der Moskauer und Leningrader Parteikomitees, eines Politbüromitglieds, des Vorsitzenden der Parteikontrollkommission, zweier hoher Mitarbeiter der Generalstaatsanwalt und des Obersten Gerichts sowie kleinerer Parteifunktionäre genannt.

Unter Gorbatschow wurde der größte Teil der beschlagnahmten Werte den früheren Besitzern – usbekischen Kommunisten,

den Familien Stscholokow, Breshnew und anderen – zurückgegeben.

Woher stammten all die Millionen, fragt man sich. Das Geld,
das Parteifunktionäre privat besaßen, kam nicht aus der Parteikasse und gehörte nicht in das Kapitel Parteigeld. Waren es nur
Schmiergelder? Aber von wem?

Die »Schlüsselworte« dafür sind bereits genannt: »Zechowiki«,
»Pripiski«, zwei verbrecherische Methoden der Geldbeschaffung.

Der usbekische Skandal ist nur ein Fall, dem mutige Untersuchungsrichter auf den Grund zu gehen versuchten. Ähnliche
Betrugs- und Korruptionsfälle gab es in allen Sowjetrepubliken,
aber vor allem in Moskau, der Hauptstadt selbst. Analog zu
Usbekistan wurde z. B. die Krasnodarmafia in Rußland ausgehoben. Auch in anderen Gebieten spielte sich Vergleichbares ab:
mit Diamanten und Goldförderung in Tschukotka, mit Erdgas
und Erdöl in Tjumen, mit dem Außenhandel in Moskau, mit
Fischfang und Fischhandel, im Dienstleistungssektor, in der
Wohnungszuteilung ...

Einer der Schmiergeldgeber, der Leiter der Lebensmittellager,
beschrieb, wie korrumpierte Behörden (seine Schutzengel) es ihm
ermöglichten, weiter zu stehlen, wie sie ihn deckten und »ent-
lohnten«: mit Staatsorden, mit einem Abgeordnetenmandat, mit
der Mitgliedschaft im Parteikomitee ... »Mich fragte keiner,
woher Geld und Geschenke kommen, und keiner hat es abgelehnt ... Ich habe das Schmiergeldsystem weder erfunden noch
eingeführt. In der Stadt, wo ich lebte und arbeitete, blühte die
Bestechung.« Die Summen, die im Schattenumlauf waren, beliefen sich auf Dutzende von Milliarden.[37] Als die illegale Wirtschaft
schon ein solches Ausmaß angenommen hatte, daß man sie nicht
mehr verheimlichen konnte, wurde unter Gorbatschow ein Gesetz über die Kooperative angenommen, das kriminell erwirtschaftetem Geld grünes Licht in die legale Wirtschaft gab.

Dieses Gesetz passierte die Legislative ohne juristische Begründung, ohne kriminologische Analyse, ohne Umsetzungsmecha-

nismus. Plötzlich, fast über Nacht durfte man in der Sowjetunion Privatunternehmer werden. Über solche »Kleinigkeiten« wie Scheinkooperative, Scheinkonkurs, fingierte Geschäfte und ähnliche Dinge wurde nicht mal nachgedacht. In Moskau kursierten Gerüchte, daß für die Annahme des Gesetzes 20 Millionen Rubel »ganz oben« gezahlt worden seien. Das mag wahr sein oder nicht – etwas anderes ist interessanter: Die Russen können sich alles Unerklärliche nur mit Schmiergeld erklären. Das ist schon ein nationaler Charakterzug. In kurzer Zeit wurden vor aller Augen kriminelle Geschäfte legalisiert, und die »Zechowiki« begannen eiligst, »schmutziges« Geld zu »waschen«.

Etwas später, als das Privatunternehmertum in Rußland erstarkte, wurde die Baumwolle noch einmal zu einer reichen Geldquelle für geschäftstüchtige Leute. Das beschreibt die »New York Times« in dem Artikel »Russisches Roulett«[44]: »Russische Firmen, die früher billige Baumwolle aus Usbekistan erhielten, bekommen jetzt Subventionen von der Regierung, damit sie diese Baumwolle zu Weltmarktpreisen kaufen können. Und was dann? Die Firmen bekommen 30 Prozent Subventionen vom Staat, importieren Baumwolle aus Usbekistan, damit sie diese nach Europa zu Weltmarktpreisen reexportieren können. Sie erzielen erhebliche Gewinne. Eben deshalb wurde Rußland, das keine Baumwolle anbaut, zum größten Baumwollexporteur.«

Das Schrecklichste an der Kooperationsbewegung war, daß einige ehrliche Leute, die an die Buchstaben des Gesetzes glaubten, versuchten ihre ersten und mangels Startkapital sehr schwachen Kooperativen zu gründen. Solch eine Konkurrenz jedoch wurde rigoros vernichtet. Die kleinen Verkaufsbuden und legalen Produktionsstätten gingen in Flammen auf, die Kooperatoren wurden von Mafiakillern umgebracht und von der Miliz und der Steuerbehörde verfolgt. Die ehemaligen Zechowiki mit ihren korrumpierten Beziehungen, mit dem großen Geld und der Unterstützung von Kriminellen witterten Morgenluft. General Gurow bestätigt: »Nach etlichen kurzen Auseinandersetzungen, einigen Bränden, Morden und anderen Terroranschlägen behielten auf dem Kooperativfeld nur Schurken die Oberhand.« Die Öffentlichkeit hat erst später erfahren, daß bis zu 60 Prozent der Kooperativmitarbeiter Leute mit krimineller Vergangenheit waren. Viele Experten sind der Meinung, daß gerade dieses Gesetz den einheimischen Banditen und Zechowiki dazu verhalf, zur Mafia von internationalem Rang aufzusteigen.

Schutzgelderpressung wird gang und gäbe. Gangster kontrollieren jetzt nicht nur das illegale, sondern auch das legale Business. Schutzgelderpresser werden, nachdem sie genug Geld angehäuft haben, zu Teilhabern legaler Geschäfte. Mehr noch, die Schutzgelderpresser gründen selbst Scheinkooperativen und werden zu Generaldirektoren und Präsidenten.

»Diebe im Gesetz« – russische Mafiapaten
Kapitalisten und Banditen vereinigten sich, um dem Druck des Staates zu widerstehen. Das hat nicht schlecht geklappt ...

Die Tätigkeit der Zechowiki konnte nicht reibungslos laufen, ohne die Aufmerksamkeit der professionellen Kriminellen zu wecken. Die Banden verlangten einen Anteil von dem gesetzwidrig erwirtschafteten Geld. Mit der Zeit wurden die Zechowiki zur Melkkuh der Organisierten Kriminalität.

Die Anhäufung von Kapital in der Verbrecherwelt hat eine lange und erfolgreiche Tradition. Im Grunde besaßen die russischen Gemeinden ein sehr hohes moralisches Potential. Morde zum Beispiel waren Ende des 19. Jahrhunderts so selten, daß über jeden unbedingt in der Presse berichtet wurde. Die erste große Welle gewalttätiger Bereicherung kam mit der Oktoberrevolution. »Enteignen und verteilen«, »Expropriation der Expropriateure« wurden zum Leitmotiv der bolschewistischen Moral. Banditen und Bankräuber wie Kamo wurden zu Heiligen, weil sie für die Revolution Geld geraubt hatten. Im Leningrader Revolutionsmuseum wurde eine von Bolschewiken gefälschte Ban-

knote ausgestellt, die aus einem Bankraub stammte und in
Umlauf gebracht werden sollte. Die zweite Welle kam mit der
leninschen Neuen Ökonomischen Politik (NÖP), als sich die
alten-neuen Unternehmer und Händler, aber auch die Banditen,
in den teuersten Restaurants vergnügten.

Sehr kurz war die Pause während des stalinschen Terrors der
dreißiger Jahre, aber schon nach dem Vaterländischen Krieg
gedieh das Banditentum wie nie zuvor und treibt bis heute seine
schlimmen Blüten.

Verschiedene Verbrecherclans bildeten sich: Diebe und Kartenspieler (die sich später zu Hütchenspielern qualifizierten),
Räuber und Gelderpresser. Sie hatten jeweils ihre eigenen
»schwarzen Kassen« und »Banken«. Die Verbrecher waren
organisiert und hatten jederzeit die Möglichkeit, ihren verhafteten und verurteilten »Brüdern« Geld und Rauschgift ins Gefängnis zu bringen.

Die Banditen waren oft länger im Gefängnis als auf freiem Fuß.
Anfang der achtziger Jahre hatte ein Drittel der Insassen der
Freiheitsentzugsanstalten vier und mehr Verurteilungen hinter
sich. Deshalb organisierten sie auch in der Gefangenenzone eine
besondere Art von Gesellschaft nach eigenen Gesetzen. Die
Rückfalltäter, für die das Diebesleben und das Leben in der
Gefangenenzone etwas Normales ist, haben einen eigenen Eid,
eigene Vorstellungen von Gerechtigkeit, eigene Gerichte, eine
eigene Post, eine eigene Hierarchie, eigene Paten und eigene
Vollzugsbehörden, die illegalen, aber allen bekannten Voll-
strecker in den legalen Vollzugsanstalten. Alexander Gurow war
ein Henker bekannt, der in den Zonen, nach dem Urteil des Ban-
ditengerichtes, 22 Menschen umbrachte.

Diese Gesetze verlangen die Unterstützung der »Diebesidee«.
Für Verrat, auch unter Folter, im Rausch oder bei gestörter Psy-
che, gibt es keine Entschuldigung. Ein »Dieb« darf keine sozial
wichtige Arbeit leisten und nur von Verbrechen leben, er darf
keine Familie haben und keine Beziehungen zu seinen Verwandten pflegen. Die Gesetze verbieten Kontakte mit Rechtsschutz-

organen; ein echter Dieb darf nicht einmal als Zeuge oder Ge-
schädigter vor Gericht auftreten. Er muß sich von der Politik
fernhalten, soll keine Zeitungen lesen, keinen Armeedienst leisten, keine staatlichen Auszeichnungen annehmen.

Der Dieb muß ehrlich gegenüber anderen Dieben sein und darf
alles tun, um die Autorität der Diebesgemeinschaft zu festigen.
In den Freiheitsentzugsanstalten sollen die zur Gruppe gehörenden Diebe auf Ordnung im Sinne der Diebe achten. Sie haben
auch für den Nachwuchs, für neue Diebe zu sorgen. Das Einbe-
ziehungssystem ist relativ effektiv. Die Neulinge werden von der
Diebesromantik –»schönes Leben«, Reichtum und Kult der Gewalt – verführt. Sie werden an Wodka und Rauschgift gewöhnt
und von Huren verwöhnt. Auch Erpressung und Prügel sind
üblich, manchmal müssen die jungen Straftäter die Verbrechen
der alten auf sich nehmen. (Diese Tradition, sowie die Tradition
des bedeutungsvollen Tatoo erinnert an die japanischen Mafia,
die Yakuza.)

In den Strafvollzugsanstalten durften und dürfen die Diebe auf
keinen Fall arbeiten. Sie sicherten deshalb ihre Existenz, indem
sie die »schwarze Kasse« gründeten und diese durch Gelderpressung von den anderen Häftlingen füllten.

Die Verbrecher, die reiche Erfahrungen bei der Konfrontation
mit Staat und Gesetz gesammelt hatten und die Diebesgesetze
respektierten, wurden »Diebe im Gesetz« genannt. Ausgerechnet »Diebe im Gesetz« wurden zu Kristallisationspunkten bei
der Bildung großer krimineller Vereinigungen in Rußland, die
heutzutage als »Russische Mafia« bekannt sind.

Wie gesagt, die Entstehung der Schattenwirtschaft und damit
die große Anzahl der Reichen, die ihre Reichtümer verheimlichen wollten, führte dazu, daß kriminelle Banden sie erpreßten,
ihnen »Schutz« anboten.

Die materiellen Interessen rückten die Kriminellen, die sozialistischen Kapitalisten »Zechowiki« und die korrumpierte Parteinomenklatura immer näher zusammen. Später sollten sie
gemeinsam den unteilbaren Stamm der russischen Mafia bilden.

Tschetschenien, Erdöl, Krieg

*Der größte Fehler Dudajews war, daß er über die Erdöl-
lieferungen selbst entscheiden wollte ... Krieg als unkonven-
tioneller Weg, Geld zu scheffeln*

Ähnliches wie mit der Baumwolle geschah auch mit dem Erdöl.
Vergleicht man die Löhne als wichtigsten Ausgabenposten in
Rußland mit denen der anderen Erdölproduzenten, so stellt sich
heraus, daß hier billig produziert, jedoch zu Weltmarktpreisen
verkauft wird. Da die Gewinne himmelhoch sind, ist die Mafia
immer dabei.

Zu einem der absonderlichsten Geschäfte wurde der Krieg in
Tschetschenien, wo Erdöl, Mafia, Veruntreuung des Geldes in
Milliardenhöhe durch Zivilisten und Militärs, Waffenkäufe und
-verkäufe im Spiele waren.

Viele Forscher im Osten wie im Westen beschreiben den Verlauf des Krieges in Tschetschenien, die Partisanenüberfälle auf
Budjonnowsk und Kisljar, aber nur wenige fragen, warum die
Russen dieses »Abenteuer« überhaupt angefangen haben? Wegen der Unabhängigkeitsbestrebungen Dudajews? Wohl kaum.
Andere Republiken wie Tatarstan und Baschkortostan haben
auch ihre Unabhängigkeit von Rußland deklariert und genauso
ihre Präsidenten gewählt, ohne daß es zu einer so massiven
Kriegskampagne gekommen ist wie in Tschetschenien.

Andere Forscher und manche nicht sehr anständige Politiker
sagen, die Offensive sei ein Schlag gegen die Tschetschenienma-
fia gewesen. Diese Herren sind zu fragen, wo denn die meisten
tschetschenischen Mafiosi sitzen: in Grosny oder in Moskau?
40 000 Tschetschenen leben in der russischen Hauptstadt und
stellen die sogenannte Tschetschenenmafia dar. Wo immer der
Begriff »Tschetschenische Gruppierung«, eine der brutalsten
kriminellen Vereinigungen Rußlands, auftaucht, sind stets die in
und um Moskau lebenden Tschetschenen gemeint.

Wenn dem so ist, warum hat Verteidigungsminister Gratschow
dann auf Anweisung von Herrn Jelzin nicht den Jushnyj Port, den

Südhafen in Moskau sowie die Residenz der bestialischsten Mafia-
gruppierung in Solnzewo bei Moskau bombardieren lassen?

Oder: Warum haben die Generäle und ihre zivilen Vorgesetzten den blutigen Krieg erst im Dezember 1994 und nicht schon
früher angefangen? Es war doch bekannt, daß Dudajew Unmen-
gen von Militärtechnik und Munition aus den Beständen der russischen Armee unterschlagen hatte. Er ließ die Militärstädtchen
abriegeln, die Munitionslager bewachen, die Landebahn auf dem
Flughafen blockieren, so daß die Flugzeuge mit Militärtechnik
nicht nach »Kontinentalrußland« (Tschetschenien bleibt de jure
ein Teil Rußlands) fliegen konnten. Es erheben sich auch andere
Fragen, z. B. nach den Waffenlieferungen Richtung Tschetschenien.[45]

Ende 1993, also vor dem Krieg, traf sich General Otschirow im
Auftrag von Gratschow mit Dudajew, um mit ihm einige militärische Aspekte zu besprechen.

»Dudajew sagte: ›Ich denke, wir können den Krieg nicht vermeiden‹, und erklärte, ›weißt du, daß durch Grosny eine spezielle Luftroute in die Türkei, die Arabischen Emirate, nach Jordanien und in andere Länder führte? Wir haben keine
Zollbehörde, keine Grenztruppen, und offiziell keinen internationalen Flughafen, aber die Flugzeuge, die von und nach Rußland fliegen, machen hier eine Zwischenlandung. Wer hier ein-
und aussteigt, was die Leute mitführen, weiß niemand. Und erst
danach landet das Flugzeug in Scheremetjewo [Internationaler
Moskauer Flughafen, V.T.], wo die übrigen Fluggäste den üblichen Formalitäten unterzogen werden. Wenn das in drei Jahren
angeblich keiner in Rußland gemerkt hat, bedeutet das, daß solch
eine Flugroute sehr nötig war. Ohne Deckung von ganz oben ist
so etwas gänzlich unmöglich.‹«[45]

Dudajew erwähnte noch die Ausplünderung von Güterzügen
auf tschetschenischem Territorium, sie würden nach ganz präzi-
sen Anweisungen aus Rußland ausgeraubt. Die Banden konzentrierten sich anfangs nur auf die zwei, drei Waggons mit den teuersten Gütern, und erst im dritten Jahr, im Rausch der

Straflosigkeit, plünderten sie ganze Züge. »So kann es nicht endlos weitergehen«, sagte Dudajew zu Otschirow. »Bald ist es an
der Zeit, die Spuren zu verwischen und die Zeugen zu beseitigen.
Deshalb wird uns Moskau, von wo das alles ausgeht, nicht in
Ruhe lassen. Alles wird man auf mich schieben.«[45]

Der berichtende Journalist bemerkte am Rande: »Diese Äußerungen Dudajews ergänzten die Reihe der heimlichen, aber
offensichtlichen Interessen verschiedener Kreise an dem Erdöl
und den Pipelines in Tschetschenien.«

Was das Spurenverwischen betrifft, so ist auch der Beginn des
Tschetschenienkrieges bezeichnend. In den ersten Tagen nach
dem Überfall auf Tschetschenien habe ich darüber einen Artikel
geschrieben. Der Artikel wurde von einer renommierten Zeitung
honoriert, aber nicht gedruckt. Bekanntlich brennen Manu-
skripte nicht (Bulgakow), schon gar nicht im Computerzeitalter.
Hier ein Abschnitt daraus:

»Der zweite, aber nicht minder wichtige Grund ist das Erdöl in
Grosny. Energieträger aus Baku, aus Grosny, aus Baschkor-
tostan, aus Tatarstan zu bekommen, ist heute problematisch für
Rußland. Deshalb unterstützt Rußland die ›Opposition‹ in allen
Teilen des ehemaligen Imperiums, versorgt sie mit Waffen und
Treibstoff, damit sie sich nach dem Sieg aus Dankbarkeit unter
die Hoheit Rußland begibt. So ist es mit Aserbaidschan, Geor-
gien, Tadschikistan … So steht es mit Tschetschenien.

Warum hat Jelzin gerade diesen Zeitpunkt für den Angriff
gewählt? Moskau hat drei Jahre lang die Unabhängigkeit Tschetscheniens geduldet. Warum müssen ausgerechnet jetzt alle
militärische Kräfte dorthin geschickt werden? Was will Rußland
zeigen? Was will Rußland vertuschen?«

Die folgende kleine Geschichte wurde den Deutschen vorenthalten. Bevor Jelzin seine Offensive startete, war ein anderer
Angriffsversuch unternommen worden, und zwar von der tschetschenischen »Opposition«, versteht sich. Als sich die Panzer der
»Opposition« nach Grosny in Bewegung setzten, erklärten russische Politiker das zur »inneren Angelegenheit Tschetscheni-

ens«. Sie hofften, daß die »Opposition« siegen und der unliebsame Dudajew im Artilleriefeuer (oder auf der Flucht, oder auf andere Weise) umkommen würde. Aber die Dudajew-Anhänger gewannen diese Schlacht. Mehr noch: Dudajew nahm einige »Oppositionelle« gefangen und stellte fest, daß das gar keine Oppositionellen waren, sondern ausgebildete Soldaten und Offiziere russischer Eliteeinheiten. Bilder und Dokumente wurden gezeigt. Die Gefangenen gaben zu, daß sie vor kurzem noch bei Moskau ihr Brot verdient hatten. Dudajew sagte, daß die russischen Soldaten Kriegsverbrecher seien und den harten Gesetzen des Krieges unterlägen. Aber Dudajew sagte auch, daß er alle Soldaten freilassen wolle, sobald Jelzin zugebe, daß die Russen heimlich an der Seite der »Opposition« gekämpft hatten.

Die Öffentlichkeit war zutiefst empört und wollte von Jelzin, seinem Verteidigungsminister und dem Chef des Sicherheitsdienstes wissen, wie so etwas geschehen konnte. Wer hatte die Befehle gegeben, wer hat für den Krieg in Tschetschenien geworben, wer sollte den »Oppositionellen« die versprochenen Tausende von Dollars bezahlen? Fragen über Fragen …

Jelzin und Gratschow bestritten die Einmischung der russischen Militärs in die »inneren Angelegenheiten Tschetscheniens«. Die Lüge war so offensichtlich, daß sogar die projelzinschen russischen Zeitungen »Iswestija«, »Komsomolskaja prawda« und »Trud« Jelzin und seine Minister als Lügner bezeichneten. Jelzin ging nicht gerichtlich gegen sie vor. Er startete eine großangelegte Offensive (aber erst nachdem Dudajew die Häftlinge großzügig nach Hause geschickt hatte), um alle Fragen und damit die Wahrheit im Blut von Grosny zu ertränken.

Noch Anfang 1995 schrieb die »Iswestija«[46]: »Der tschetschenische Krieg ist ein Krieg der Schatteninteressen.« Und fragte:»Ist es sicher, daß russische Soldaten für die staatliche und territoriale Integrität Rußlands sterben und nicht für irgendwelche anderen Ziele, die der Gesellschaft verborgen bleiben sollen? Wer profitiert von dem Tschetschenienkrieg? Wir leben in einer Epoche, in der die Schatteninteressen – wirtschaftliche, gesellschaftliche, politische – die Entwicklung des historischen Prozesses viel stärker beeinflussen als die legalen Verhältnisse. Vor unseren Augen werden in der Sphäre dieser Schattenverhältnisse die Geschäfte über Kauf und Verkauf nicht nur von Parlamentssitzen, sondern auch von Präsidentenstellen in einigen kleinen (vorläufig nur in den kleinen) Republiken vollzogen. In der Schattensphäre entwickelte sich auch die ganze Vorgeschichte der tschetschenischen Tragödie.«

Am Tschetschenienkrieg sind viele Moskauer steinreich geworden.[47] Man verdiente an Lieferungen von Lebensmitteln, Waffen, Medikamenten, Hilfsgütern und der angeblichen Hilfe für Hinterbliebene. Allein 1996 sollten, laut Jelzin-Ukas, 7,4 Milliarden DM in der Kaukasusrepublik investiert werden. 1995 wurden statt der geplanten 330 Millionen 3,8 Milliarden Mark ausgezahlt. Diese Gelder kamen jedoch meist nicht in Grosny an, so der russische Rechnungshof. Sie flossen auf Umwegen in die Taschen der Kreml-Beamten und behördennahen Firmen und Banken. Einmal kamen sogar den Beteiligten Zweifel: Bei einer Kabinettsitzung wurde festgestellt, daß ausgerechnet das Kraftwerk zerbombt wurde, das angeblich kurz vorher wiedererrichtet und in Betrieb genommen worden war.

So haben die Kriegsführer doppelt für die eigene Tasche gespart: einmal am Wiederaufbau und zweitens an den Bomben.

Privatisierung – die beste Erfindung für die Bereicherung der Mafia

Alles vollzog sich schnell, unauffällig und am Volk vorbei. Damit wachsen die Dollarmilliardäre schneller als die Pilze in der freien Natur

Das Privateigentum ist eine kapitalistische Prämisse. Im Sozialismus gehört allen alles und, wie die Sozialisten in den letzten Jahren festgestellt haben, niemandem etwas konkret. Dieses niemandem gehörende Eigentum zeitigte keine besonderen wirtschaftlichen Erfolge, der Sozialismus verlor den Wettlauf mit dem Kapitalismus. Und nicht zuletzt deshalb ist er – nicht ohne unauffällige fremde Hilfe – untergegangen.

Zur Steigerung der Arbeitsproduktivität braucht man Privateigentum. Um Privateigentum zu erwerben, braucht man viel Geld. Im Sozialismus besaßen die Leute kein Vermögen, mit dem sie nun Werke und Fabriken hätten kaufen können. Das Geld hatten westliche Investoren, aber die ordentlichen Russen wollten ihr Land nicht an die Kapitalisten verkaufen. Welcher Ausweg blieb?

Der Ausweg wurde in der Ausgabe von aktienähnlichen Anteilscheinen gefunden.

Die Privatisierung verlief in Rußland ganz anders als in Ostdeutschland. In Rußland wurde das gesamte Staats-(Volks-!) Vermögen des Landes geschätzt und die Summe durch die Bevölkerungszahl dividiert. Darauf wurde jedem ein Wertpapier zur freien Verfügung ausgehändigt.

Das war gerecht. Das war sozialistischer Kapitalismus. Jeder konnte für sein Voucher, so hießen diese Papiere, ein Stückchen von irgendeinem Betrieb kaufen und dann Dividenden bekommen. Theoretisch war das gar nicht schlecht. In der Praxis konnte es freilich nicht funktionieren, weil die Leute keine Ahnung hatten, in was sie ihr Voucher investieren sollten. Wer in einem Dorf bei Kaluga hockte, konnte natürlich keine Anteile von »Gasprom« erwerben. Er hätte nur Anteile an seinem eigenem Fettkombinat kaufen können, aber das Kombinat war sowieso pleite.

Deshalb blieben für die Vouchers nur wenige Verwendungsmöglichkeiten, die meisten konnten sie eigentlich nur an Treuhandgesellschaften verkaufen: für 10 Dollar, höchstens für 20, manchmal auch bloß für eine Flasche Schnaps. In Amerika hatten die Indianer seinerzeit die Erdölfelder an die Weißhäute auch nicht viel teurer verscherbelt. Nur sehr wenige intelligente Leute haben ihre Vouchers irgendwo angelegt, aber ohne die notwendige Transparenz der Wirtschaft waren diese Anlagen auch nicht besonders profitabel. Allenfalls 500 Dollar werden einige Leute dabei kassiert haben, aber mehr nicht.

Die Sache lief folgendermaßen ab (wie es nicht anders sein konnte): Die Vouchers wurden von den schillerndsten Gesellschaften aufgekauft und in großen Paketen in die wichtigsten Betriebe und Branchen investiert. Erst danach haben die Gutgläubigen zum ersten Mal gehört – und manche auch verstanden –, daß ein Voucher in Rußland mehr als eine Flasche »Moskowskaja« und nicht bloß 10 Dollar wert war.

Rußland hatte inzwischen sehr große Kapitalmengen angesammelt. Tausende Betriebe, Erdgas- und Erdölvorkommen waren damit verteilt. Diamanten und Gold, Stahl und Holz, Landwirtschaftsmaschinen und Werke, Fabriken, Institute, Schulen, Kindergärten, Telefonverbindungsstellen, Sportanlagen, Hotels, Stadien, Straßen, Flotten, Pipelines, Flugzeuge, Raumschiffe, Kernkraftwerke, Stromnetze – alles wurde vergeben. Und all das kostete Geld. Und zwar nicht nur Rubel, all das hatte auch einen Wert in Valuta, in Dollar. Und das haben viele, ja fast alle nicht sofort begriffen.

Es gibt noch einen zweiten Grund für den nutzlosen Einsatz der Wertpapiere: Die Menschen waren vor der Privatisierung finanziell so in die Enge getrieben, daß sie froh waren, ihre Anteile am Staatsvermögen gegen – wenn auch geringes – Geld eintauschen zu können. Es kam also, wie es kommen mußte: Die Vouchers und damit die Ansprüche auf Eigentum konzentrierten sich in den Händen einer bestimmten Gruppe von Leuten. Was das für Leute sind, können Sie sich sicher denken. Doch unser Thema ist viel sensibler: Wie sind diese Vorgänge zu bewerten?

Wichtiger als meine persönliche Meinung dazu ist die Feststellung, daß die Vouchers nicht in den Händen der Werktätigen und der Hausfrauen geblieben sind. Wären sie dort verblieben, wären die Investitionsmöglichkeiten viel geringer ausgefallen. Es ist schwer vorstellbar, daß Millionen von Menschen ihr Geld ausgerechnet in die wichtigsten Wirtschaftszweige investiert hätten. Eine so große Masse unterschiedlicher Menschen läßt sich nicht

managen. Ich vermute, daß wenn die äußerst zwielichtigen Treu-
handgesellschaften die Vouchers nicht abgekauft hätten, die
Investitionstätigkeit (und nicht nur sie) über Jahre, wenn nicht
Jahrzehnte, blockiert gewesen wäre.

So ist das Leben: Was objektiv gut ist, kann subjektiv für den
einzelnen schrecklich sein. Objektiv ist es für Rußlands Zukunft
sicher gut, daß sich das Eigentum schnell und in großen Mengen
in wenigen Händen konzentriert hat.

Diese Entwicklung bringt aber mehr menschliche Tragödien
mit sich, als im ganzen Shakespeare zu finden sind ...

Jegor Gaidar, Sohn eines kommunistischen »Prawda«-Korre-
spondenten und Enkel eines bolschewistischen Schriftstellers,
begrüßte als Chef der reformorientierten Partei »Wahl Rußlands« diese Entwicklung: Es ist überall so, es gibt keine Fairneß
und Gerechtigkeit bei der Beschaffung von Startkapital.[48] Gaidar
ist heute einer der bekanntesten Politiker Rußlands, er war ein
Weggefährte Jelzins und dessen Ministerpräsident. Die Meinung
Gaidars ist wichtig, weil er die Information nicht aus Zeitungen,
sondern aus der Quelle schöpfte: »Unsere Privatisierung ist die
Privatisierung der Nomenklatura.« Daß das Staatsvermögen
nicht in die Hände aller Werktätigen, sondern in die ausgewählten Hände der Parteinomenklatura gelangen sollte, wußte Gaidar von Anfang an. Und noch mehr: »Eine andere Privatisierung
gibt es nicht: Überall und immer lag die Umverteilung des
Eigentums im Interesse der herrschenden Elite.«

Gaidar bestätigte, daß nach den Gesetzen des Marktes das
Eigentum letztlich an den übergeht, der damit am effektivsten
umzugehen versteht. Über die Wege der Anhäufung des Startkapitals aber wird der Mantel des Schweigens gebreitet, wie darüber, daß dieses Eigentum auch durch Morde, Schmiergelder,
Bestechung der Behörden, Erpressung erlangt werden könnte
und konnte. Das läßt der russische Politiker außer acht.

Übrigens, nach Schätzungen der Experten ist ein Drittel des
Startkapitals in Rußlands privatem Wirtschaftssektor krimineller
Herkunft.[49] (Ich teile diese Meinung grundsätzlich nicht, bis mir

jemand erklärt, woher denn die anderen zwei Drittel des Kapitals kommen.)

Die Industrie- und Handelskammer Rußlands drückt sehr euphemistisch aus, daß den Armen keine Chance zum Überleben bleibt: »Effektive Eigentümerschaft könnte nur dann entstehen, wenn sich das privatisierte Eigentum in den Händen eines relativ engen Personenkreises befände.«[50]

Natürlich gibt es Grenzen, denken wir. Was kann ein einzelner schon aufkaufen? Ein Industriebetrieb kostet viel Geld, viel Kraft, es bedarf vieler Verbindungen und großen Geschicks. Ein Werk muß man schon mindestens zu zweit kaufen. Oder?

Herr Brynzalow, der Präsidentschaftskandidat Rußlands bei den Wahlen 1996, kaufte, erhandelte oder wie auch immer nach verschiedenen Schätzungen etwa ein Drittel, wenn nicht fast die Hälfte der ganzen russischen Pharmaindustrie. Selbst wenn Sie diese Bereiche bei einigen westeuropäischen Firmen zusammennehmen, werden Sie noch keine Vorstellung von dem Imperium des Herrn Brynzalow haben. Haben Sie früher schon einmal von Herrn Brynzalow gehört?

Oder nehmen wir Kacha Bendukidse. Ein Mann, der vor fünf Jahren genau so reich oder so arm war wie alle anderen Sowjetbürger. Was mag er heute besitzen? Kacha Bendukidse kaufte 51 Prozent der Aktien des »Uralmasch«[49], des größten Maschinenbauwerks mit einem Teil der Waffenproduktion im Ural, das Werk »Speztechnika«, ebenfalls ein Rüstungsbetrieb, die Tomsker Raffinerie, die Werft »Almas« in Sankt Petersburg, »Sapoljarneftegasgeologija«, ein Erdölförderungsunternehmen, und etliche Chemiewerke. Die Liste ist unvollständig, meinen die Experten.[51]

Eine privilegierte Kategorie von Leuten, denen die Privatisierung etwas mehr gebracht hat als den anderen, waren auch die Betriebsdirektoren, »rote Direktoren« genannt. In Sankt Petersburg gibt es das Werk »Arsenal«, das allen Einwohnern sehr wohl bekannt ist. Aber im Telefonbuch sucht man »Arsenal« vergebens. Man geht recht in der Annahme, daß »Arsenal« ein geheimes Militärwerk ist. Aber »Arsenal« ist kein gewöhnlicher Rüstungsbetrieb, sondern ein Werk, das für militärische Weltraumprogramme arbeitet. Da man an oberster Stelle der Meinung ist, daß ein solches Werk nicht in private Hände gehört, gibt es in Rußland eine Liste, wo schwarz auf weiß steht, daß »Arsenal« niemals privatisiert werden darf! Das ist nicht nur irgendeine Liste, das ist ein Gesetz Rußlands. So sieht die Theorie aus.

Und so die Wirklichkeit: Rußlands Vizeministerpräsident O. Soskowez (inzwischen entlassen, blieb aber als zweiter Mann in Tschernomyrdins Partei) hat eine Anordnung unterzeichnet, in der er die Privatisierung des Werks »Arsenal« erlaubte. Warum? Gibt es einen triftigen Grund dafür? Nein, keinen – außer dem Bestreben, das Werk zu privatisieren. Wer braucht das? Die Belegschaft braucht das nicht, die Gewerkschaft ist dagegen. Dagegen ist auch der Vorsitzende des russischen Staatskomitees für Rüstungsindustrie. Dafür jedoch ist der Generaldirektor des »Arsenals« Sytschow. Die Gründe? Es gibt keine! Sytschow sagte einmal: »Den Wert des Werkes macht der Boden aus, auf dem es steht.«

Warum will gerade der Generaldirektor diese Abbruchbude privatisieren? Logischer wäre, das Werk im Staatseigentum zu belassen und die Verluste, die es bringt, aus dem Staatshaushalt zu bezahlen. Wer soll Aktien von diesem verfallenen Schuppen kaufen? Ein Mann mit gesundem Menschenverstand kauft solche Aktien nicht, weil sie keine Dividende erbringen. Da könnte man besser eine freie Fläche erwerben und wenigstens die Abbrucharbeiten sparen.

Vermutlich ist das alles nicht so. Sytschow war schon einmal Direktor eines Betriebes und hat als solcher bereits ein Werk des Konzerns – »Arton« – in eine Aktiengesellschaft umgewandelt mit dem Ergebnis, daß das Werk in große Schwierigkeiten geraten ist. Ist das schlecht? Ganz und gar nicht. Je schlechter es dem Werk geht, desto besser, weil die Aktien dann billiger werden und in großem Umfang aufgekauft werden können. Für »Wessis« ist das eine Binsenweisheit, die sich die »Fernossis« in Rußland erst mit Blessuren erkämpfen müssen.

Aber das haben sie schon begriffen. Deshalb ging der Gewerkschaftsvorsitzende zum Generalstaatsanwalt Rußlands. Mit welchem Erfolg? Der Antrag wurde zurückgewiesen: »Wenn ich dem nachgehe«, sagte ein Mitarbeiter der Staatsanwaltschaft, »werde ich mit Sicherheit meinen Arbeitsplatz verlieren. ... Der Druck von seiten Tschubais [erster Vizeministerpräsident, ehemaliger Privatisierungschef Rußlands, Liebling Jelzins, der dank seinem Patron auch aus der jüngsten Buchhonoraraffäre vom Herbst 1997[51-1] ungeschoren davonkam – V.T.] ist stärker als jedes Gesetz.«[52]

Nichts Außergewöhnliches.

Wie Sie schon bemerkt haben werden, ist dies kein Lehrbuch, kein Buch über Gut und Böse. Deshalb werde ich nicht behaupten, daß die Gewerkschafter gut sind und die Herrschaften Sytschow, Soskowez und Tschubais böswillig. In dieser Recherche ist das ohne jede Bedeutung. Wichtig ist nur die Feststellung: Das Kapital gelangt in eine Hand, das Kapital wird akkumuliert. Für die Zukunft ist nur das interessant. Und die Beobachtung: Die Menschen sind nicht mehr so dünnhäutig und sentimental; sie handeln hart kapitalistisch. Bei der Heranbildung marktwirtschaftlicher Verhältnisse spielt die Mentalität keine bestimmte Rolle. Die oben angeführten Beispiele zeigen, daß die russischen Kapitalisten diese moralische Hürde schnell und mühelos genommen haben.

... Ein Werk für Zement-Spanplatten.[53] Wohnungen werden vergeben. Die Leute warten Jahrzehnte auf ihre eigenen 10 Quadratmeter Wohnfläche. Die Warteliste ist dutzendfach länger als die Zahl der zur Verfügung stehenden Wohnungen. Für den Kauf einer Wohnung braucht man 10 000 Dollar. Der Monatslohn ist bei 40 Dollar eingefroren. Und sogar die werden seit Monaten nicht mehr gezahlt. Können Sie sich vorstellen, was für ein Aufstand um die *kostenlosen* Wohnungen vom Werk herrschte?

Der Direktor aber hatte »demokratisch« anders entschieden: Die Leute, die sowieso »abgewickelt« werden sollten (der Betrieb hatte keinen Absatz, keine Aufträge, kein Geld), wurden aus der Warteliste gestrichen. Laut Gesetz hätten sie weiter auf der Liste bleiben müssen, aber der Herr Direktor berief eine Versammlung nur für Weiterbeschäftigte ein und verkündete seinen Beschluß, alle anderen gleich aus der Liste auszuixen. Die Versammlung war einstimmig dafür, weil sie, die ihre Arbeit behalten durften, dadurch viel größere Chancen auf eigene vier Wände hatten. Gerechtigkeit ist bei der Wohnungsverteilung nur ein leeres Wort.

Können Sie sich die Reaktion der Rausgeworfenen vorstellen? Dutzende Wohnungen, Hunderte Betroffene! Hungerstreiks, Gerichtsverfahren, Nervenzusammenbrüche, Entlassungen, Krankenhäuser ... Sergej Karakulew bekam mehrere Monate keinen Lohn, wurde in den unbefristeten unbezahlten Urlaub geschickt, von der Warteliste gestrichen und, als er sich dagegen wehrte, gekündigt. Sergej Karakulew beging Selbstmord ...

Was unternahm Herr Tschesnokow, der Betriebsdirektor? Beschwichtigte er die Leute? Erfüllte er den Staatsplan? Nichts dergleichen. Herr Tschesnokow privatisierte das Werk zusammen mit einem Freund. Die beiden Männer wurden zu Besitzern des Werkes, und den restlichen 100 Mitarbeitern gehören weniger als vier Prozent der Aktien.

Uns interessiert die Frage, warum die Arbeiter so wenig von diesem Kuchen abbekommen haben. Oder anders formuliert: Wären die Privatisierungsergebnisse anders ausgefallen, wenn es das Ärgernis mit der Wohnungsverteilung nicht gegeben hätte? Einer der Besitzer: »Nach unseren Berechnungen konnte die Belegschaft nicht mehr als 10 Prozent der Aktien aufkaufen. Die Leute haben kein Geld.«

Sehr richtig. Und warum das so ist – siehe oben! Obwohl es nicht um astronomische Summen geht: Das neue, vollautomatisierte, im Ausland gekaufte und vor einigen Jahren erst in Betrieb genommene Werk wurde auf 100 Millionen Rubel (30 000 DM) geschätzt und für diese Summe verkauft. Das Kontrollpaket kostete etwa genauso viel wie eine Dreizimmerwohnung auf dem Wohnungsmarkt.

Die Journalisten stellten fest: »Prinzipiell läßt sich daran nichts ändern.« Die Privatisierung in Rußland ist wie ein Beschluß des Verfassungsgerichts – Beschwerden sind nicht zulässig. Damit bekamen die Inhaber des Werkes übliche Rechte: Sie brauchten keine Rechenschaft vor der Belegschaft abzulegen, trugen keine Verantwortung für ihre Entscheidungen, konnten eigenmächtig die Löhne festlegen, die überflüssig gewordenen oder sehr vorlauten Arbeiter entlassen.

Die Situation in dem Werk ist typisch. Und das ist beängstigend. Weil die Eigentumsumverteilung schärfste Konflikte und Opfer in sich birgt – viel ernstere, als man auf den ersten Blick vermuten könnte.

Oft stecken hinter den Privatisierungsintrigen nicht nur Betriebsdirektoren, und die Verhandlungen gehen nicht immer auf diese eben beschriebene feine Art vor sich. Wostokrybcholodflot – WRCF (Östliche Fischereiflotte) hat als Grundkapital Dutzende von Transport- und Gefrierschiffen.[54] Wer das Aktien-Kontrollpaket hat, verfügt zugleich über ein riesiges Eigentum. Gerade deshalb wollte verständlicherweise ein russischer Bürger namens Lomow+ diese Flotte privatisieren.

Diese Flotte heißt »Ostflotte« und befindet sich auch im Fernen Osten, in Wladiwostok. Ein Wladiwostoker Geschäftsmann sagte unumwunden: »Jeder versteht: Der Bissen, den er heute an sich reißt, wird seine Lebensbedingungen und die Lebensbedingungen seiner Kinder auf mehrere Jahre bestimmen. Und wenn es um die Zukunft unserer Kinder geht, können wir sehr hart sein.«

Also erarbeitete Lomow einen Privatisierungsplan. Die Sache mußte so organisiert werden, daß eine kleine Gruppe den größten Teil der Aktien bekäme. So einfach ist das.

Die Gruppe bestand aus 59 Mitgliedern. Während die restlichen Mitarbeiter jeweils bis zu 17 Aktien kaufen durften, war es den 59 Auserwählten erlaubt, einige Tausende zu besitzen. Aber wie sollten die auserwählten einfachen Mitarbeiter die unerreichbar hohe Summe für den Kauf aufbringen? Da hatte Herr Lomow auch vorgesorgt. Ein Joint-venture nahm bei der Bank einen Kredit und überwies ihn der Kooperative »A.⁺«. »A« wiederum überwies das Geld an die Firma »Z.⁺«. Diese schloß mit den Auserwählten Verträge ab. Die Konditionen waren einfach: Die Firma gibt dem Auserwählten für den Aktienkauf einen Kredit, aber wenn er das Geld zum Jahresende (innerhalb von anderthalb Monaten!) nicht zurückzahlt, muß er seine Schulden mit Aktien tilgen. Wer konnte schon in so kurzer Zeit 10 bis 20 Millionen Rubel auftreiben? Praktisch übergaben fast alle ihre Aktien gleich an »Z.«. Ich kann mir wohl die Bemerkung sparen, daß »Z.s« faktischer Besitzer Herr Lomow war.

Lomows Anhang besteht nicht nur aus wenigen Strolchen. Die Gruppe hat Kundschafter (Chef des Dienstes war ein ausgebildeter Kundschafter, ehemaliger Offizier der Hauptverwaltung Aufklärung – GRU – des Generalstabs der russischen Armee), die Gruppe hat Sicherheitsdienstleute (ihr Chef war der ehemalige Untersuchungsrichter der Bezirksstaatsanwaltschaft), sie verfügt über eine besondere »Gruppe der Krafthandlungen«, der Gewaltanwendung (der Chef war ein ehemaliger Armeeleutnant, der die Militärhochschule mit einer Goldmedaille absolviert hatte), deren Aufgabe es ist, Menschen zu erschießen, zu erdrosseln, zu verbrennen, zu vergiften, kurz: schnell umzubringen ... Als Berater der Gruppe fungierte der stellvertretende Leiter des fernöstlichen Kundschafterzentrums der russischen Marine.

Formell besaß Lomow nur 29 Aktien, praktisch, so Insider, ein Kontrollpaket. Lomow ist in Wladiwostok als harter Brocken bekannt, aber andere Firmen wollten auch etwas abbekommen. So zum Beispiel der Direktor der Firma »Skif« Sacharenko. Diesem Sacharenko verwehrten Lomows Diener sogar den Zugang zu der Bank, wo die Aktien verkauft worden waren. Sacharenko protestierte bei der Goskomimuschtschestwo, einer allrussischen

Treuhand. Wenige Tage später explodierte vor seinen Füßen eine Handgranate. Und als Sacharenko in den Straßengraben rollte, flog noch eine hinterher ... Der Geschäftsmann blieb am Leben. Die Ärzte zogen 18 Splitter aus seinem Leib, 12 weitere konnten nicht entfernt werden ...

Die Reaktion der Miliz kann man sich unschwer vorstellen, wenn man weiß, um welche Summen es ging: Eine Woche nach dem Überfall leitete die Miliz ein Ermittlungsverfahren ein – wegen »Beschädigung von Privateigentum«. Noch am selben Tag wurde das Verfahren »zeitweilig eingestellt« wegen »Nicht-identifizierung der Person, die als Straftäter zur Verantwortung gezogen werden soll«.

Sacharenko ist kein Einzelfall. *Täglich* fallen 10 bis 15 Menschen, vor allem begüterte, einem Mordanschlag zum Opfer: Bankdirektoren und Unternehmer, Volksabgeordnete und führende Köpfe in den Regionen ...

Privatisiert wurde auch – mit politischer Erpressung und Auftragsmord am Direktor – der Erste Fernsehkanal, dessen Werbe-einnahmen mit ca. 400 Millionen Dollar pro Jahr beziffert werden.[55]

Der Lada-Hersteller AutoVAZ ist eines der markantesten Unternehmen Rußlands, ein Filetstück der Industrie. In der Zeit, als dem Hauptwerk Konkurs drohte, blühte der Handel ringsum unter glänzenden Verkaufsbedingungen auf. Wie wurden solche Bedingungen ausgehandelt, wie hoch ist die Handelsspanne, wie und wer wird für solche großzügigen Verträge entlohnt? Das wird noch lange ein (übrigens offenes) Geheimnis blieben. Da das Filet-stück zu saftig war, ereigneten sich hier schon vorher, in der ersten Privatisierungsphase, merkwürdige Dinge. So baute AutoVAZ z. B. noch in der Breshnew-Zeit in Finnland eine Reparaturwerk-statt, die eigentlich ein riesiges Werk war. Das Werk stand auf keiner der Privatisierungslisten, wurde jedoch privatisiert – durch einen ehemaligen Minister und zwei seiner Stellvertreter.[56]

»Das Programm zur beschleunigten Privatisierung ist ein weiterer wichtiger Faktor, der das Eindringen des Organisierten

Verbrechens in diverse soziale Lebensbereiche begünstigt«, schrieb Juri Daschko, wissenschaftlicher Mitarbeiter der Akademie für Wirtschaftssicherheit, Moskau.[57] »In vielen Branchen sollen kurzfristig bis zu 60 Prozent der Kapazitäten privatisiert werden. Auch hier bietet sich dem Organisierten Verbrechen die Möglichkeit, sein Kapital in das normale Geschäftsleben einfließen zu lassen. Die Privatisierung, zumal eine hastige, ist geradezu eine Goldgrube für das Organisierte Verbrechen und bedeutet eine weitere Kriminalisierung des ohnehin im erheblichen Maße kriminellen russischen privaten Geschäftsbereichs. Nach Angaben des Analytischen Zentrums der russischen Akademie der Wissenschaften sind 55 Prozent des Kapitals und 80 Prozent der stimmberechtigten Aktien in der Hand von Kriminellen oder von ausländischen Geschäftsleuten konzentriert. Erstmals könnte auf diese Weise ein Staat mit einer vollständig kriminalisierten Wirtschaft entstehen.«*

»Zugleich muß man der weit verbreiteten Meinung zustimmen«, so Juri Daschko weiter, »daß jeder durchgreifende Versuch, den Zustrom kriminellen Kapitals in die Wirtschaft zu unterbinden, diese Form der Wirtschaftsreformen durchkreuzen würde. Die finanzielle Basis vieler großer russischer Konzerne stellt sich so dar, daß die Besitzer sich lieber darüber ausschweigen.«

In privatisierten Unternehmen wird weiter großes Geld gemacht: Waren, die mit billigen Arbeitskräften, billiger Energie, billiger Grund- und Bodensteuer, niedriger Abnutzung und Abschreibung, niedriger Lohnsteuer und hinterzogener Gewinn-

---

* Was die Beteiligung der ausländischen Investoren anbelangt, so ist ein Fall bekannt geworden, den die »Komsomolskaja prawda« so darstellt[58]: Das Balachna-Papierkombinat wurde für einen Preis verkauft, der faktisch 100mal niedriger als der Preis der Grundfonds ist. »Der Preis des Kombinats ist niedriger als der Preis der neuen Papiermaschine (aus Österreich), die hier montiert ist. Westliche Fachleute staunen: Nirgendwo wurden die Grundfonds und Immobilien so billig angeboten wie im heutigen Rußland.« Aber das ist eher die Ausnahme. In der Regel wurden solche Kombinate an einheimische Kaufinteressenten abgegeben.

steuer, fast ohne notwendige Rücklagen für die Schaffung von Investitionsgütern produziert worden sind, werden fast zu Weltmarktpreisen verkauft. Zu den größten Anbietern gehören Erdöl-, Erdgas- und Chemieunternehmen, Auto- und Holzhändler, Aluminium- und Walzgutverkäufer, Diamantenkönige ...

Übrigens, nach offiziellen Angaben werden 20 Prozent des Erdöls, 34 Prozent der Düngemittel und 45 Prozent der Buntmetalle schlichtweg aus dem Land geschmuggelt ...[27, 59, 60]

Trusts, die Blutegel: Was wird getan und wie

These: Es gibt in Rußland Gesellschaften, die auf betrügerische Weise viel Kapital angesammelt haben und bereit sind zu investieren.
Man weiß, daß die größte Pyramide der Welt Cheopspyramide heißt. Aber man hat vergessen, wie Rußlands erste Finanzpyramide hieß

Das ist sehr schade, da die Neuentdecker der pyramidalen Geschäfte – in Deutschland wird das »Schneeballsystem« genannt – ein brillantes Kapitel in der neuesten Geschichte Rußlands geschrieben haben.

Alles begann ganz im Sinne der Marktwirtschaft: Junge russische Unternehmen brauchten Geld. Das Geld mußte irgendwie beschafft werden. Dafür gibt es in der Welt Investmentgesellschaften, die in Rußland ebenso wie in Amerika Trusts genannt werden, weil die russische Sprache bis dahin eine solche Form des Betruges nicht kannte.

Die Prellerei ist sehr simpel aufgebaut. Man gründet ein Unternehmen und nennt es zum Beispiel »Diamanten-Erdöl-Investment«, mietet ein Zimmer in einem guten Moskauer Hotel und setzt eine Anzeige in die Zeitung, die 200 Prozent Zinsen jährlich verspricht. Da die Leute große Angst um ihr Geld haben, muß ihnen versichert werden, daß das Geld in Stahlwerke, Chemieindustrie, Außenhandel und Immobiliengeschäfte investiert wird und daß sie schon nach zwei Monaten an ihr Geld herankommen.

So entsteht eine »Pyramide«.

Die ersten wenigen Anleger bekamen in Rußland ihre Zinsen von dem Geld ausgezahlt, das die zweite Welle der Anleger einbrachte. Die ersten Anleger erzählten nun ihren Arbeitskollegen von dem Wunder, die wiederum kamen nach Hause und überraschten ihre Familien: »Im Kapitalismus liegt das Geld auf der Straße. Man muß nur mutig und risikobereit sein. Obwohl ... Wer hat da von Risiko gesprochen! Wasja, den ich persönlich kenne, hat waaahnsinnige Gelder bekommen. Morgen gehe ich auch hin.«

Morgens standen vor den Wechselstuben Schlangen von Menschen, die gutes russisches Geld gegen Schuldverschreibungen eintauschten.

Ein weiterer Monat verging. Auch die zweite Welle der Anleger bekam ihr Geld. Die großzügigen Trusts zahlten und zahlten, Zinsen und Zinseszinsen, 20, 30, 40 Prozent monatlich! Heiliger Himmel, können Sie sich eine Rendite von 500 Prozent jährlich vorstellen? Könnten Sie sich zügeln, wenn Sie aus einem Dollar am Ende des Jahres fünf gewönnen?

Der Ansturm auf die Wechselbuden war so groß, daß die Leute die ganze Nacht anstanden, um ihr Geld abzugeben.

Die dritte Welle von Anlegern erzählte schon niemandem mehr von ihrem Glück, die Adressen der besten Treuhandgesellschaften wurden geheimer gehalten als die Lottozahlen. Eine neue Welle von Trusts kam auf den Markt: Die Zinsen kletterten auf 50, 60, 70, 100 Prozent. Monatlich! Die »Welt« berichtet: »Der *MMM-Fonds* hatte Anlegern 1000 Prozent Rendite im Jahr versprochen, *Hermes-Finanz* 1600 Prozent, *Techinvest-M* 1000, *Swiridow* gar 3750 Prozent in Rubeln und 250 Prozent in Dollar.«[61]

Solch ein lukratives Geschäft wollten sich auch die Banken nicht entgehen lassen. Sie wollten es unbedingt den Trusts gleichtun und gründeten Tochterunternehmen, die ebenfalls treuhänderisch fremdes Geld zu verwalten wünschten.

Mehr! Noch mehr! Immer mehr! Ganz Rußland wollte vom Kapitalismus profitieren. Nicht nur betuchte Mitbürger, sondern auch Studenten und Rentner, Kriegsveteranen und junge Mütter brachten ihr Geld, um an den Reichtümern im erneuerten Rußland teilzuhaben ... Die Fernsehwerbung brachte Tag und Nacht die kuriosesten Geschichten vom einfachen Anleger, der über Nacht ein Vermögen gewonnen habe. Der in der Fernsehwerbung des Finanzunternehmens »MMM« auftretende Ljonja Golubkow wurde zum Nationalhelden. Niemand in Rußland kannte den richtigen Namen des Schauspielers. Für alle war er einfach Ljonja Golubkow. Und die Sicherheiten? Wie sollte man an einem Trust zweifeln, der »Erdöl-Diamant-Invest« heißt und beteuert, Eigentümer der größten Unternehmen eben dieser Branchen zu sein ...

Dann nahm die Sache ihren Lauf. Die ersten 10 000 Dollar gewannen die Trusts im ersten Monat. Zum Investieren, das sie ja gar nicht beabsichtigten, war das zu wenig, zum Untertauchen war es zu früh. Die Hälfte der Gläubiger hatte natürlich Angst und forderte ihr Geld zurück. Die Trusts gaben großzügige Zinsen und wünschten den Anlegern weiterhin gute Geschäfte.

Würde der geneigte Leser so etwas initiieren, verfügte er in zwei Monaten bereits über ein Vermögen von 100 000 Dollar. Seien Sie ja nicht knauserig. Bezahlen Sie die versprochenen Zinsen! Die beste Werbung ist nämlich die Mundpropaganda. Dann haben Sie nach weiteren zwei Monaten Ihre erste Million zusammen. Das ist auch noch nicht sehr viel, deshalb also lieber noch eine Runde. Erst wenn Sie 10 Millionen haben, können Sie mit ruhigem Gewissen untertauchen.

Allen ist inzwischen klar, daß es so nicht weitergehen kann. Alle haben längst begriffen, daß es am Ende ein böses Erwachen geben wird. Alle wissen, daß man solche ausgezahlten Renditen einfach nicht erwirtschaften kann, daß das Geschäft also irgendwie anders läuft, nicht ganz legal, nicht ganz nach marktwirtschaftlichen, sondern nach anderen Prinzipien ... Aber keiner will glauben, daß es ausgerechnet ihn trifft.

Das System heißt »Pyramide«, denn von der obersten Spitze, wo die Betrüger angefangen haben, rutschen sie nun die immer breiter werdende Pyramide hinunter. Wenn sie genug Geld beisammenhaben, wenn die Pyramide ihnen voluminös genug erscheint, machen sie sich aus dem Staube oder lassen sich zu Volksabgeordneten wählen, die Abgeordneten-Immunität genießen. Wenn jemand so dumm ist, ihnen sein Geld anzuvertrauen, braucht er keines. Mit diesem Gedanken leben sie recht unbeschwert weiter, wie die Realität zeigt.

Keine Warnungen der Zentralbank, keine Verordnungen des Präsidenten können die angeborene Leidenschaft des Homo ludens – des spielenden Menschen – dämpfen. Ihren Höhepunkt hatten diese pyramidalen Geschäfte im Sommer und Herbst 1994. Dann kam der Krach.

Über Nacht platzten die Trusts »MMM«, »Tibet«, »Hermes«, »Wlastilina«, »Chopjor«, »Erdöl-Diamant-Invest«, »Swiridow« ... Über Nacht gingen die kommerziellen Banken »Tschara«, »Gornyj Altaj«, »Kapital«, »Promyschlennyj« bankrott. Die pfiffige Idee zeitigte Resultate besonderer Art.

Das Bilderbuchbeispiel einer Pyramide in Rußland war »MMM«, geleitet von dem Vorstandsvorsitzenden Sergej Mawrodi und gestärkt durch das Fernsehimage, das ihm ein Durchschnittsrusse namens Ljonja Golubkow verschaffte. Sie sind seitdem zu Gattungsnamen geworden: »MMM« für Betrugsfirma, Mawrodi für einen genialen Geschäftemacher, Golubkow für das dumme russische Volk, das betrogen werden will. Ende 1993 wurden im Fernsehen die ersten Werbespots der »MMM« gesendet. Als Mawrodi beschloß, einen Tag lang sämtliche Metrofahrten in Moskau zu bezahlen, erreichte die Werbung bald die gesamte Einwohnerschaft der Hauptstadt. Zuerst wurden bis 100 Prozent monatlich, d. h. 1200 Prozent jährlich, ausgezahlt. Die Wertpapierkäufer nannte man »Partner der MMM«. Sie waren von dem Glauben beseelt, ohne Arbeit große Profite einzuheimsen. Ein Traumkapitalismus, wie sie ihn sich immer gewünscht hatten. Als die sogenannten Aktien zu teuer wurden, ging Mawrodi noch einen Schritt weiter: Er emittierte »Billets«, die nur ein Hundertstel der Aktien wert waren. Und das Geschäft lief weiter.

»Moskowskij komsomolez« schrieb damals[62]: »Die Aktie *MMM* ist eine Droge, die sofort abhängig macht. Sehen Sie die ›Partner‹ an: Sie sind bereit, jeden zu ermorden, der dem Wohltäter zu nahe kommt, von dem sie ihre tägliche Dosis bekommen.«

Im Juli 1994 wurden die Aktien auf Mawrodis Geheiß fast auf Null gesetzt. Mawrodi zahlte kein Geld aus, versprach aber, seine Schulden bei dem »Partner« zu begleichen. Mawrodi wurde wegen Verdachts der Steuerhinterziehung ins Gefängnis gesperrt, kam jedoch als Volksabgeordneter der Duma – er kandidierte und gewann in der Gefängniszelle – bald wieder heraus und setzte seine Geschäfte fort ... (»Moskowskij komsomolez«: »Bleibt die Dosis aus, wird es Entzugserscheinungen geben, ein Heulen und Mit-dem-Kopf-gegen-die-Wand-Schlagen. Und – die Bereitschaft zu jeder Art von Gewalt, jeder Erniedrigung, um die Droge zu bekommen.«)

Unter dem Zwang, das eigene Geld wiederzukriegen, wurde sogar eine Partei – erwartungsgemäß unter der Leitung von Mawrodi selbst – ins Leben gerufen. Die Parteiwerber verteilten einen Fragebogen unter den »Aktionären«: »Bist du bereit, von Wohnung zu Wohnung zu gehen, um für die Partei zu werben?«, »Bist du bereit, dich an einer Unterschriftensammlung zu beteiligen?«, »Bist du bereit, an einer Demonstration zur Unterstützung der Parteikandidaten teilzunehmen?« Die Kandidaten der Parteiliste für die nächste Dumawahl waren: auf Platz 1 Herr Mawrodi, auf Platz 2 seine Frau, auf Platz 3 sein Bruder ...[63]

Auf dem Markt gab es noch einen Fonds mit dem Namen »Russkij dom selenga (RDS)«. Auch hier glaubte man, Dividenden zu bekommen und die Papiere jederzeit an den Trust verkaufen zu können, wie es schwarz auf weiß auf diesen Papieren geschrieben stand. Eines Tages (nachdem genügend Zeit für die Anhäufung von Geld verflossen war, keinesfalls eher) merkten die Finanzorgane, daß »Russkij dom« gar keine Lizenz für Wertpapierhandel besaß und deswegen seine Operationen mit Wertpapieren ungültig waren.

Alle, die ihr Geld abgegeben hatten, wurden davon in Kenntnis gesetzt, daß sie keine Wertpapiere, sondern nur wertlose Zettel besaßen. Die Betrüger brauchten das Geld nicht zurückzuerstatten, weil ihre Geschäfte ja ungültig und rechtswidrig waren. *RDS* beschloß, »den Ankauf und Verkauf von Wertpapieren vorübergehend einzustellen«. »Vorübergehend« heißt in Rußland für immer. Das ist, so der Pressesprecher des *RDS*, »eine *Protestaktion*«. Schuld an allem sind – so *RDS* – die Machthaber, die erstens die Lizenzvergabe nicht kontrolliert und zweitens den Betrug zu spät bemerkt haben. Die Betrüger selbst kamen ungeschoren davon.[64]

Die Zeitungen in Rußland haben, um Leser zu gewinnen, begonnen, Analysen mit Sicherheitsprognosen zu veröffentlichen: Diese Bank ist gut, jene Gesellschaft verdächtig ...

Auch über die Handels-Finanzgesellschaft »Geros«[65] wurde berichtet. Diese Gesellschaft begann im August 1993 mit einem Stammkapital von 10 000 Rubeln (also etwa 4 Dollar). Seit Februar 1994 mischte sie sich stark in die Finanzgeschäfte ein und emittierte Aktien. Ende 1994 stellte sie die Auszahlungen ein (sie hatte also genug angehäuft und sperrte vor dem Abgang selbst die Konten). Die »Initiativgruppe der Anleger« schrieb einen Brief an den Direktor der AG »Geros« mit der Bitte, seine Versprechungen einzulösen. Die Investoren boten ihre Hilfe bei der Geldauszahlung an (als ob es daran lag) und drohten mit einer gerichtlichen Klage. Der »Geros«-Chef hüllte sich vernünftigerweise in Schweigen. Die Zeitung: »Die Firmenleitung verfolgt wahrscheinlich eine andere Politik: Sie nimmt Geld für neue Verträge, bezahlt jedoch nichts für die alten.«

Seit Dezember 1993 befaßte sich die Firma »NB-Trust« – ja, da kann man nur staunen – mit »kosmischen Technologien, Schiffsbau, Sanierung von Häusern«, aber auch mit Wertpapierhandel.[66] Wie gehabt: pompöse Werbekampagne, Anlageversicherung, nach einem halben Jahr Einstellung der Geldauszahlung.

Aber die Geldanlage war doch versichert! Versichert? Der Vertrag enthielt eine Klausel: Wenn die Firma »NB-Trust« dem Versicherer keine vollständige Namensliste der Anleger aushändigt, ist der Vertrag null und nichtig. »NB-Trust« hat das nicht getan. Deshalb braucht der Versicherer nicht zu zahlen. Warum haben die Anleger nicht daran gedacht? Manchen Institutionen kam dieser Betrug sehr gelegen. Die Politiker fingen an, mit dem Leid der Menschen Politik zu machen und stellten mehrere Forderungen an die Regierung[67]: »Untersuchung aller Betrugsfälle« (wer soll das machen?), »Fahndung nach den Betrügern« (kaum einer wurde gefunden und die gefundenen – besser gesagt, die nicht untergetauchten – gingen straflos aus), »unverzügliches Verbot der Werbung von Finanzinstituten« (wie kann man so etwas fordern, wenn in der Werbebranche Hunderte von Millionen, gar Milliarden Dollar im Umlauf und ausgerechnet Banken und Trusts die besten Kunden sind), »Sperrung aller Konten der Gesellschaften, die auf dem Pyramidenprinzip basieren« (das läßt sich wohl nur am Ende des Spiels feststellen, keiner der Firmengründer verrät seine Absichten, oder ...), und das Wichtigste, die Investoren sollten die Politiker anrufen oder anschreiben und die Programme der Parteien anfordern. Kostenlos?

Der »Business-Trust«[65] kam relativ spät auf den Wertpapiermarkt – im Mai 1994. Deshalb mußte er mit extrem hohen Gewinnversprechungen locken. Was er auch tat. Er versprach 40 Prozent monatlich und den ganz naiven Idealisten sogar 1000 Prozent in einem Jahr, sofern sie ein Jahr warten konnten. (In diesem Fall, da die Gelder ohnehin nie zurückgezahlt wurden, hätte man auch 3000 oder gar 5000 Prozent Zinsen bieten können, aber – die Zeitungen hatten gewarnt! – das wäre höchst verdächtig gewesen). Um das Vertrauen der Kunden zu festigen, stellte die Firmenleitung sogar eine Liste der angeblichen Investitionsbereiche zur Verfügung: Bauwesen, Immobiliengeschäfte (Sicherheit!) und Wertpapiermarkt (Erklärung für die hohe Rendite). Um die Klientel endgültig in Sicherheit zu wiegen, prahlte das Unternehmen mit dem Versicherungsvertrag der renommierten russischen Versicherungsgesellschaft Abc⁺. Viele Bürger hielten diese Versicherungspolice für die Garantie einer guten Anlage ihres Geldes.

Welch ein Irrtum!

Anfang 1995 stellte die Firma die Geldauszahlung ein. Der Versicherungsvertrag war im Oktober des Vorjahres abgelaufen. (Ich vermute stark, daß sowohl der »Business-Trust« als auch die Abc-Gesellschaft von vornherein wußten, wie die Sache ablaufen würde). Daß die Absichten durchaus nicht »gentlemanlike« waren, ist auch aus der Telefonnummer auf den Werbeprospekten zu schließen: ein Privatanschluß, dessen wirklicher Besitzer nichts mit der Firma zu tun hatte. Kein Kunde hatte damals angerufen.

Es gibt zahlreiche Varianten der Pyramiden. Die ersten geplatzten Finanzpyramiden riefen andere Pyramidenarten ins Leben. Eine solche, gut florierende, war die Auto-Pyramide. Ein nagelneues Auto wird angeboten.[68] Bares auf die Hand – und schon ist der Zündschlüssel in der Tasche. Und wo ist der Haken? Wo der Köder? Die Zahlungsmodalitäten sehen folgendermaßen aus: Wer am nächsten Tag kaufen möchte, bezahlt die volle Summe, wer einen Monat warten kann, bezahlt 90 oder nach zweimonatiger Wartezeit 80 Prozent. Bei einem halben Jahr entrichtet man nur die Hälfte des Preises.

Wie oben beschrieben, läßt man das Geschäft in den ersten Monaten ohne viel Aufhebens anlaufen. Immer mehr Leute möchten solch ein Auto für billiges Geld haben. Der Termin zum Untertauchen kann in aller Ruhe geplant werden. Wie die »Iswestija« schreibt, ist die »Geldbeschaffung mit Verkaufsvertrag eine rechtlich unbedenkliche Sache, und ausgerechnet hier werden die Pyramiden vor allem errichtet«[69]. Aber der Autokauf gilt immer noch als ein Geschäft für reiche Leute, die genau solche Halunken wie die Autoverkäufer selbst sind und ihr Geld auf ähnlichem Wege erworben haben. Deshalb ist man den Autohändlern gegenüber stets mißtrauisch. Man versucht lieber, die einfachen Leute, die nicht viel Geld haben, von denen es aber unzählige gibt, übers Ohr zu hauen. Der russische Volksmund sagt dazu: »Nimmt man von jedem nur einen Faden, reicht es für den Nackten zum Hemd.«

Eine typische Geschichte aus Sewerodwinsk (Kola-Halbinsel) berichtet »Trud«. Es geht um eine Firma aus Kursk, die ausgezeichnete Strickmaschinen zum Kauf anbot. Frau Rodionowa, die gerade arbeitslos geworden war, überredete ihre Mutter, ihre – für das Begräbnis vorgesehenen – Ersparnisse vom Sparbuch abzuheben und ihr das Geld für den Kauf einer Strickmaschine zu geben. »Mutter war erst nicht einverstanden«, schreibt die Tochter, »aber dann habe ich sie damit überzeugen können, daß ich mit dieser Maschine ja Kleidungsstücke stricken werde, die ich auf dem Markt verkaufen wollte, um mit dem Erlös unseren Unterhalt abzusichern. Das Geld habe ich an die angegebene Adresse überwiesen, aber eine Antwort bekam ich nicht. Zwei Jahre lang ›bombardierte‹ ich diese Firma mit Briefen, belog meine Mutter, redete mich heraus. Ich hatte Angst, sie traurig zu machen. Dann entschloß ich mich, ihr die Wahrheit zu sagen, doch bevor ich zu Ende gesprochen hatte, fiel meine Mutter um. Der Notdienst kam, und die Ärzte konstatierten ihren Tod durch Schlaganfall. Der Betrug hat sie getötet. Als ich hinter Mutters schäbigem Sarg herging, wollte ich nur eines: diesen Leuten einmal in die Augen schauen.«[70]

Wer so etwas macht
Der Autor versucht (nicht ohne Erfolg), den Prozentanteil der Verbrecher an den Finanzgesellschaften zu ermitteln. Etwas über offene Geheimnisse, die auch spannend sein können

Genau wie bei einer Weltmeisterschaft gibt es auch bei einem schmutzigen Spiel um Geld Gewinner und Verlierer. Die Gewinner sind Finanzgesellschaften und Treuhandgesellschaften. Die Verlierer sind die russischen Bürger (oder die Bürger der Ukraine, Polens, der Slowakei, Albaniens, wo es 1997 landesweit

wegen solcher »Pyramiden« zu blutigen Unruhen und zum
Machtwechsel kam ...), die derartigen Gesellschaften zuviel Vertrauen entgegenbrachten.

Wie so etwas passiert, haben wir schon gezeigt. Jetzt möchten
wir auch wissen, wer die Betrüger sind. Wie viele Gesellschaften
gibt es in Rußland, die unsaubere Geschäfte betreiben? Daraus
läßt sich prozentual errechnen, wie frevelhaft die Gesellschaft ist,
wie tief sie der Rechtswidrigkeit verfallen ist ...

Praktisch birgt jede Aktie Gefahren in sich. Du kaufst Aktien,
die Aktiengesellschaft geht pleite, dein Geld ist futsch. Was tun
die risikofreudigen westlichen Kollegen? Richtig: Sie streuen
ihre Aktienkäufe, kaufen für 10 000 Dollar Aktien von nicht nur
einer Firma, die pleite gehen kann, sondern von fünf Firmen, die
nicht gleichzeitig pleite gehen können. So arbeiten auch die
westlichen Investmentfonds: Streuung ist angesagt.

Wie meine 94jährige Bekannte aus Mark Zschiesewitz in der
Dübener Heide seinerzeit sehr richtig bemerkte, ist »der Russe
aber auch nicht mehr dumm«. Die Russen haben ebenfalls bei
zwei Trusts, manche bei drei, die vernünftigsten gleich bei fünf
Gesellschaften Wertpapiere gekauft.

Ein Beispiel[71], das der Autor als »klinisches Beispiel der Epoche des Frühkapitalismus« bezeichnen möchte: Ein intelligenter
Mensch, 65 Jahre, mit zwei Hochschulabschlüssen (in den Bereichen Technik und Wirtschaft), hatte Aktien von 15 Gesellschaften auf einmal gekauft. Er investierte nicht sehr viel, etwa
100 000 bis 200 000 Rubel (25 bis 50 Dollar) pro Gesellschaft,
und das war, wie er sagte, das gesamte Vermögen der Familie. Die
Unternehmen, die er mit seinem Geld beglückt hat, hießen:
»LLD-Bank«, Firma »Moskauaußenhandelsconsulting«, Finanzgesellschaft »Planeta Plus«, »Erste Finanz-Bau-Gesell-
schaft« und ähnlich gut klingende Gesellschaften. Also insgesamt 15 Trusts.

Was meinen Sie, wie viele Trusts ihn betrogen haben? Drei hätten schon gereicht, um den Glauben an das Gute zu verlieren.
Fünf ist ein Schlag unter die Gürtellinie. Wäre die Hälfte mög-

lich? Zehn bedeuteten den wirtschaftlichen Ruin. Nein, der Mann bekam von 14 Gesellschaften nicht eine Kopeke zu sehen. Schwindet da nicht jede Hoffnung? Der Betroffene fügt hinzu: »Ausgenommen ist die *MMM*. Aber wenn man auch Mawrodi dazu rechnet, dann sind es 15.«
100 Prozent.

Wie viele Betroffene gibt es überhaupt?
Man denkt, daß es in der Welt sehr viele kluge Leute gibt ...

Die ganze Angelegenheit ist nicht unser Thema, und da dieser Betrug nur in seltenen Fällen gerichtlich festgestellt wurde, können wir auch nur von unsauberen Geschäften reden. Ansonsten jedoch sollen keine ethischen Probleme erörtert werden. Unser Bereich ist die Volkswirtschaft, weil nur makrowirtschaftliche Kategorien zählen. Deshalb tun uns die Betroffenen zwar leid, aber auf das Schicksal des Landes hat das kaum Auswirkung. Wie viele Menschen sind insgesamt betrogen worden? In Wolgograd sind es allein 100 000. Die Firma »Fin-Paks« ergaunerte 5 Milliarden Rubel, »Newskij Lombard« – 500 Millionen, »Blitz« über 2 Milliarden, »Rarität« über 4 Milliarden Rubel.[72]
Zuerst sprach man von Hunderttausenden, dann von Millionen. »Neft'-Almas-Invest« (Erdöl-Diamanten-Invest) hatte 2,5 Millionen Anleger. Dort wurden zwei Bilanzbücher gefunden – in dem einen waren die Gewinne des Fonds (für die Anleger) registriert, in dem anderen die Verluste (für das Finanzamt). Insider behaupten, daß mit ähnlichen Tricks mehr oder weniger *alle* Fonds arbeiten.[64]
Dann wurde festgestellt, daß nur der »MMM« zwischen einer und zehn Millionen Anleger hatte. Zehn Millionen sind für Rußland schon eine relevante Zahl. Das heißt, daß etwa jeder sechste Haushalt des Landes betroffen war.
Bis schließlich die »Iswestija« im Februar 1995 mit sensationellen Zahlen aufwartete[69]: In Rußland gibt es 24 Millionen betro-

gene Geldanleger, also jeder dritte Haushalt wurde angezapft und ausgenommen. Aber das war noch nicht alles: Im Dezember 1995 nannte die Zeitschrift »Ogonjok« die Zahl 35 Millionen![73] So viele Leute wurden reingelegt. Wenn jeder nur 10 Dollar angelegt hätte ...

Einige politische Parteien nennen Zahlen von 40 bis 80 Millionen betrogenen Anlegern,[74] aber damit sollen wohl eher politische Ziele verfolgt werden.

Die Geldmenge läßt sich ebenfalls schwer feststellen. Die großen Anleger, die ihr Geld nicht gerade auf rechtmäßigem Wege »zusammengekratzt« haben, möchten über ihre Anlagen selbstverständlich nicht offen reden. Diejenigen, die offen reden, haben beim Gericht Anträge auf Entschädigung gestellt. Zu Anfang des Jahres 1995 waren es in Rußland 200 000 Anträge, in denen es um eine Summe von rund einer Billion (also 1000 Milliarden) Rubel oder – bei einem durchschnittlichen Umtauschkurs von 3000 Rubel für einen Dollar (siehe Anhang) – über 330 Millionen Dollar ging. Das heißt, nach einfachen Berechnungen, 1650 Dollar pro Anleger, was ungefähr auch den gewöhnlichen Vorstellungen entspricht.

Und jetzt rechnen wir zurück – auf die Gesamtmenge der Betrogenen und bekommen über 57 Milliarden Dollar, die sich die »Blutegel« angeeignet haben.

Natürlich kommt es uns nicht darauf an, ob es nun 50 Miliarden oder 60 Milliarden Dollar waren, aber die Größenordnung stimmt. Und noch eins steht fest: Das Geld gelangte in unsaubere Hände.

Auf dem Gewissen dieser Schieber (falls sie überhaupt eins haben) lastet nicht nur Betrug. Auch Morde und Selbstmorde, in Armut und Obdachlosigkeit getriebene Menschen, seelisch und geistig zerrüttete, wahnsinnig gewordene Erwachsene und in Mitleidenschaft gezogene Kinder gehen auf ihr Konto ...

Geld stinkt zwar nicht, aber der Gestank dieser Geldgeschäfte wird volens nolens die ganze weitere Geschichte Rußlands prägend überlagern.

Betrug: Zweite Runde
So viele sind es nicht ...

Da die Anleger der »MMM« um ihr Geld und ihre Dividenden bangten, entstand eine neue Betrügerkolonne, und zwar in der Stadt Samara an der Wolga.[75] »Das Fondshaus Mittelwolga« (MFH) hatte den »MMM«-Anlegern vorgeschlagen, die »MMM«-Papiere mitzubringen und zu kopieren. Jede Kopie kostete 5000 Rubel (etwa 2 DM, deutsche Copyshops können die findigen Russen nur beneiden). Wie gesagt, die Zahl der Betrogenen lag allein bei »MMM« zwischen einer und zehn Millionen. Da jeder Anleger nicht nur eine Aktie und ein sogenanntes Billet besaß, belief sich die Anzahl der gewünschten Kopien allein in Samara auf mehrere hunderttausend (die Gesamtzahl der von »MMM« emittierten Papiere ist bis jetzt unbekannt und liegt möglicherweise bei Hunderten Millionen). Dabei spielten einige nebensächliche Dinge eine Rolle: Samara ist eine Provinzstadt, und um die Wahrheit zu finden, muß man, wie jeder weiß, nach Moskau fahren. Die Fahrkarten sind sehr teuer, die Betrüger vorwiegend in Moskau ansässig, aber unsere einheimische Firma wird uns doch nicht reinlegen ...

Versprochen hatte man den Leuten, die Kopien nach Moskau zu bringen und dort, im Zentraldepot der Firma, von Experten des »MFH« überprüfen zu lassen, in welches Geschäft das Geld für jede einzelne Aktie investiert worden war.

Aber »der Russe ist nicht mehr dumm«: »Warum macht das *MFH* das«, haben sich die Anleger gefragt. »Was bringt ihnen das?«

Aber die Russen auf der anderen Seite der Barrikade sind nicht weniger schlau: »Wir möchten dann die gut angelegten Aktien den Anlegern für 50 000 bis 150 000 Rubel abkaufen«, hieß es aus dem Haus.

Die »MMM«-Kunden, die schon jede Hoffnung aufgegeben hatten, an ihr Geld zu kommen, erhielten gegen ein paar Dollar (für die Kopien, die Fahrtkosten, den Arbeitsaufwand der Fir-

menexperten) die Möglichkeit, die wertlosen Papiere loszuwer-
den. Sie hielten sich sogar für etwas findiger als die Firmeninha-
ber und wollten das Risiko jetzt auf die Firma »MFH« abwälzen.
Zwar tat ihnen die Firma ein bißchen leid, aber, wie im Kapitalismus üblich, dachten sie zuerst an ihren eigenen Vorteil. Sicherlich hätten manche in der Kirche eine Kerze für das Wohl der
Firmenbesitzer aufgestellt, wenn sie ihr Geld mit Gewinn zurückbekommen hätten.

Die Geschichte soll sehr gut gelaufen sein, bis jemand einige
Haken dabei aufspürte: Erstens sind die Wertpapiere der Firma
»MMM« keine rechtmäßigen Wertpapiere, zweitens gibt es im
Zentraldepot kein Register, wo alle »Scheinchen« eingetragen
sind, und drittens ist das »eine offenkundige Gaunerei, keine einzige Nummer der Aktien ist zu finden«, so die Depotverwalter
aus Moskau.

Betrug: Dritte Runde
*Nur wenige Personen können als »nicht dumm« bezeichnet
werden. Und ausgerechnet sie sind die Betrüger*

Ersten Enttäuschungen folgen auch erste Selbstschutzreaktio-
nen. Die Betrogenen wollen ihr Schicksal nicht einfach hinnehmen. Im Petersburger Büro der Finanzgesellschaft »Russkaja
nedwishimost'« (Russische Immobilien) übergoß sich eine Anle-
gerin mit Benzin und zündete sich an. Wie die Miliz feststellte,
hatte die Frau wochenlang angestanden, um ihr Geld wiederzu-
bekommen, und nun eine Ablehnung wegen der schlechten
Finanzlage der Firma erhalten. Mit schwersten Verbrennungen
wurde die Frau ins Krankenhaus gebracht.[76]

In der streng abgeschotteten russischen Stadt Shelesnowodsk
(früher hieß sie Krasnojarsk-26 und war, wie die Nummer zeigt,
für jedermann top-secret), wo Plutonium – auch waffenfähiges –
hergestellt wird, hatte ein Physiker, Anleger bei »MMM«, 30 Millionen Rubel Schulden. Um die Schulden bezahlen zu können,

erpreßte er das Oberhaupt der Nachbarstadt Krasnojarsk mit der Drohung, Millionen Menschen zu vergiften (was mit Plutonium nicht kompliziert ist), und verlangte 110 000 Dollar.[77]

Alleingänger haben aber bekanntlich kaum Chancen. Ganz im Sinne von Marx, der lehrte, daß die Ideen nur dann zu einer materialisierten Kraft werden, wenn sie die Massen ergreifen, gab es auch kollektive Proteste. Die Gesellschaft »Wosmesdije« (Rache) wurde gegründet: »Da die Machthaber und Rechtsschutzorgane den Machenschaften zahlreicher Finanzgesellschaften und Banken, die Bevölkerung um ihr Geld prellen, tatenlos zusehen, werden wir gegen diese Organe selbst und deren Familien harte Maßnahmen ergreifen, bis zur physischen Vernichtung ... Es reicht.«[70]

Ganz Schlaue versuchten, aus dem Elend Geld zu schlagen – und das gelang ihnen auch. Diese Leute gründeten unter den Betrogenen und Ausgebeuteten, die ihr Geld zurückhaben wollten, Rettungsgesellschaften. Das Geld sollte zurückerobert und gerecht verteilt werden. Die Gründer hatten damit jedoch etwas andere Pläne.

Nach dem Verschwinden der »Eledon« (einer kleinen Firma, die uns – gerade weil sie klein ist – sehr gut als Beispiel dienen kann), die »nur« 2000 Menschen aus Moskau und Umgebung geprellt hatte, wurde eine »Initiativgruppe der Anleger« unter der Leitung des ehemaligen Mitarbeiters der Staatsanwaltschaft W. Fatjuschkin aktiv.[78] Ziel des Unternehmens war die Rückgewinnung der Gelder, mit welchen Mitteln auch immer. Um heute in Rußland zu Geld zu kommen, muß man zuerst zahlen. Deshalb bekam der einstige Staatsanwalt Fatjuschkin 10 000 Rubel von jedem Anleger, die »für Ausgaben der Gruppe für die Zurückgewinnung der Geldanlagen« gedacht waren. In privaten Gesprächen erklärte Fatjuschkin, der selber natürlich ehrenamtlich helfen wollte, daß das Geld für das »Schmieren« bestimmter Reibstellen verwendet würde, damit die Sache schneller vorankomme.

Die Initiativgruppe staunte nicht schlecht, als sie erfuhr, daß ihr Retter samt »Schmierstoff« – etwa 15 Millionen Rubel – verschwunden war. Die Wohnung, in der er seines »Amtes gewaltet« hatte, war nur für kurze Zeit gemietet worden, und nach der Adresse des Staatsanwalts haben die »erfahrenen« Anleger nicht gefragt. Wer fragt schon nach der Adresse von Jesus?

Kleine Trusts haben kleine Initiativgruppen, große Trusts haben große. Es ist nicht übertrieben, wenn ich sage, daß jede Treuhandgesellschaft, jede bankrotte Bank eine Nachfolgestruktur hatte, die von den geprellten Anlegern ins Leben gerufen wurde. Ich behaupte auch, daß in ganz Rußland keine einzige dieser Gruppen Erfolg hatte (nur wenige Einzelpersonen – fragt sich welche – erhielten stattliche Summen zurück), statt dessen gibt es unzählige Beispiele dafür, daß solche »Initiativgruppen« Anleger ein zweites Mal betrogen haben. Dabei wurden die verschiedensten Methoden angewendet – bis hin zur Gründung eines neuen Trusts der »Pyramidalstruktur«, wo die alten geneppten Anleger den Betrug der neuen, »später gekommenen« Investoren von vornherein in Kauf nahmen – was tut man nicht alles, um sein Geld zurückzubekommen.

Es sind Fälle bekannt, daß auf den Ruin der zweiten Welle der »Initiativgruppen« – vor allem durch den offenen Betrug der »Gruppenältesten« – die doppelt gebrannten Kinder eine dritte Initiativgruppe gründeten – mit dem gleichen heiligen Ziel. Der Betrug nahm kein Ende und schien ewig zu blühen … Es heißt, man lernt auch aus den Fehlern der anderen. Das ist offensichtlich falsch. Man lernt nicht einmal aus dem eigenen Irrtum.

Was tut der Staat?
Wie (und warum?) der Staat – Urheber vieler Absurditäten – förmlich dazu einlädt, die Leute zu betrügen.

Also, wie gesagt, die Anleger geben dem Staat die Schuld an ihren Verlusten. Mehr noch: Sie verteidigen Mawrodi und ähnliche Geschäftemacher und beschuldigen Zentralbank, Wirtschaftsministerium, Ministerkabinett und Jelzin persönlich. Es scheint nur so, als sei das ein Protest von Hitzköpfen – die Leute haben doch selbst ihr Geld in unseriöse Gesellschaften investiert, sollen sie auch selbst die Verantwortung tragen.

Blicken wir kurz nach Deutschland: Wenn Sie Aktien kaufen wollen, warnt die Bank vor möglichen Gefahren. Denen, die mit Optionen zu tun haben möchten, wird eine weitere Information gegeben.

Und in Rußland? Was macht der Gesetzgeber, nachdem er gemerkt hat, daß die Finanzgesellschaften in der Regel Gesellschaften der Betrüger sind? Bis zum 11. Juni 1994 durften Sparkassen, Sparfirmen und Trusts in Rußland ohne Lizenz des Finanzministeriums arbeiten.[79] Wer wollte, durfte also eine Firma gründen, etwas Geld in die Werbung stecken, großzügige Zinsen versprechen und Geld von leichtgläubigen Mitbürgern einstreichen, um dann an der Côte d'Azur (noch besser in Paraguay) unterzutauchen.

In Rußland gibt es keinen effektiven Mechanismus, die Firmen zu bestrafen, die Schuldigen zu suchen und einzusperren und die Opfer zu entschädigen. Die betrogenen Anleger können vor Gericht gehen, und wenn sie diesen Prozeß gewinnen, die Firma aber kein Geld hat, bekommen sie selbstverständlich nichts. Die Firma wird einfach für bankrott erklärt. Die Streitigkeiten können ewig dauern. Sollte der Firmendirektor das Geld gerade nach Hawaii transferiert haben, bleibt für die Anleger sowieso nicht viel übrig.

Wenn das Gericht den Betrug seitens der Firma feststellt, kann auch ein Kriminalverfahren eröffnet werden, aber (und da steckt der Haken!) für die Firmen arbeiten in der Regel Buchhalter und Juristen, die viel mehr von Geldgeschäften verstehen als die Untersuchungsrichter. Die »Iswestija« meint: »Die Untersuchungsorgane und Gerichte haben zu wenig Erfahrung in solchen Dingen.«[79]

Unter solchen Umständen müssen Anleger, Untersuchungsorgane der Miliz und Gerichte nolens volens diese Probleme lösen. Doch die Initiativgruppen und anderen Vereinigungen der Anleger machen weiterhin nur unerfreuliche Erfahrungen. So platzte der »Unabhängige Erdölkonzern« Ende März 1994, als sein Direktor mit dem größten Teil des Geldes verschwand. Schon im Juni/Juli 1994 haben die Anleger die Gerichtsprozesse zwar gewonnen, aber kein Geld bekommen: Das Konkursverfahren ist noch nicht abgeschlossen und die Frage der Geldaufteilung noch nicht geklärt.

Manche Firmendirektoren fahren nicht einmal ins Ausland. Sie bleiben straffrei in Rußland, um weiter Geld zu machen. Ein Beispiel dafür ist die »Volksbauinvestgesellschaft NISK«. Im Juni 1994 stellte sie »zeitweilig« die Geldauszahlungen ein. Bis Dezember 1994 konnten die verärgerten Anleger keine Kopeke von der Firma bekommen. Und im Oktober 1994 begann »NISK«, neue Wechsel zu emittieren.

So konnte es nicht weitergehen, und deshalb erließ Jelzin im Juni 1994 einen Ukas »Über den Schutz der Interessen der Investoren«. Von diesem Tag an wurde die Tätigkeit der Firmen ohne Lizenz für rechtswidrig erklärt. Die Firmen bekamen die Auflage, bis zum 1. 1. 1995 ihre Tätigkeit in Einklang mit dem Gesetz zu bringen.

Was sollte geschehen? Die unseriösen Unternehmen ohne Chance auf eine Lizenz sollten ihre Aktivität langsam reduzieren und bis zum 1. 1. 1995 ganz einstellen. Auf dem Markt, auf dem Hunderte von Trusts agierten, wären so nur einige Dutzend übriggeblieben ... Das ist logisch, aber unrealistisch.

Gerade nach dem Jelzinschen Ukas vermehrten sich die Investmentfirmen – so die »Iswestija« – wie die Viren. Der stellvertretende Ministerpräsident Tschubajs sprach von 750 »Wilderern«.[61]

Selten hat ein Gesetz solche Gegenwirkung ausgelöst. Wo liegen die Ursachen für die weitere Ausbeutung des schon ausgebluteten Volkes? Wer hat da seine Hand im Spiel? »Der vor einem halben Jahr verabschiedete Ukas wurde bis jetzt nicht, wie sonst üblich, durch entsprechende gesetzgebende Akte, die die Umsetzung des Ukasses regulieren, unterstützt«, schrieb die

»Iswestija«.[72] »Deshalb stellten die lizenzlosen Firmen ihre
Tätigkeit nicht ein, bewarben sich aber auch nicht um eine
Lizenz, sondern entfalteten eine noch umfangreichere Werbe-
kampagne zur Geldbeschaffung als vorher, schöpften eilig die
Sahne ab.«

Der Staat selbst hat den Betrügern erst durch lückenhafte
Gesetzgebung die Möglichkeiten eingeräumt, die Leute zu
betrügen.

Zweitens verfolgt der Staat die Betrüger nicht, selbst wenn sie
als »Falschspieler« entlarvt sind. »Bis zum heutigen Tag«, so die
»Iswestija«, »ist kein einziger Fall eines abgeschlossenen
Gerichtsprozesses bekannt.«[71]

Jedes Phänomen hat seine Ursachen und Folgen.

Eine sehr interessante Beobachtung über die Ursachen der mil-
deren, lückenhaften russischen Gesetzgebung zum Finanzbetrug
hat Dr. oec. Kriwoschejew angestellt: »Man braucht sich nicht
den Kopf darüber zu zerbrechen, warum die staatlichen Behörden den Finanzbetrügern nicht sofort die Köpfe abgeschlagen
haben. Vielleicht wußten sie nicht, wie die Finanzpyramiden
enden und glaubten zusammen mit Ljonja Golubkow an eine
schnelle Bereicherung der Bürger? ... Diese Erfindung der amerikanischen Gauner ist hundert Jahre alt und den Finanzexperten
wohlbekannt. Aber in russischen Landen wollte man den
zynischsten der zweitausend Hochstapler nicht wegen Raubes
von Hunderttausenden am hellichten Tage, sondern wegen
Steuerhinterziehung vor Gericht stellen. Da liegt der Hund
begraben – aus den Raubgesellschaften flossen riesige Steuer-
summen in den kommunalen und staatlichen Haushalt. Aber das
ist nicht der einzige Grund, warum die Machthaber die Berau-
bung der Bürger zuließen. Staatliche Interessen haben für die
Staatsdiener höchste Priorität. Ihre Überlegungen waren
schlicht und einfach: Diese Gesellschaften ziehen den Bürgern
das Geld aus dem ›Sparstrumpf‹, akkumulieren auf ihren Konten
riesige Summen und investieren das Geld, das dann für die
Gesellschaft arbeiten wird.«[73]

Unterschwellig ist noch ein Gedanke zu den Ursachen präsent: War der Staat nicht selbst daran interessiert, das Geld aus dem Nachfragebeutel der Bevölkerung zu räumen, um die Inflation zu bändigen? Das Geld auf dem Konto der Trustinhaber verursacht keine zusätzliche Belastung für den Konsumgütermarkt. Objektiv haben also die Betrüger dem Staat kräftig aus der Inflationsklemme geholfen. Wollte sich der Staat womöglich mit der idiotischen Gesetzgebung bei den Betrügern revanchieren?

Die Folgen waren für den Rechtsstaat verheerend. Nachdem die Pleiten Massencharakter annahmen, stellten Hunderttausende erbitterte Kämpfer Anträge auf Entschädigung. Damit wurden die Untersuchungsbehörden und Gerichte überflutet und praktisch paralysiert. Während die Fahnder nach Betrügern suchten, blieben viele Killer nicht gefaßt und verurteilt. Die Richter waren rein zahlenmäßig nicht in der Lage, für Gerechtigkeit zu sorgen.

Der Staat ist den Verbrechern ausgeliefert. Die Betrüger sind bestens ausgerüstet; von dem erbeuteten Geld können sie sich die besten Rechtsanwälte des Landes leisten; sie haben eine Lobby im Parlament und gekaufte korrupte Behörden. Die Regierung hätte nichts Schlimmeres tun können, als den Betrügern zu erlauben, sich zu etablieren und zu erstarken. Jetzt sind sie gegen etliche legislative Veränderungen bestens geimpft.

Aus der Analyse einer Expertengruppe des Instituts für die Forschung der organisierten Märkte: »Der Staat kann diese oder jene konkrete Form von Geldanlagen verbieten. Aber die Geschäftsleute [verzeihen wir den Wissenschaftlern diese Höflichkeit – V. T.] werden neue Formen finden, die nicht im Widerspruch zu dem Gesetz stehen. Sogar jetzt haben die Finanzfirmen, die den Buchstaben des [unzulänglichen Jelzinschen – V.T.] Ukasses nicht verletzen möchten, einige annehmbare Wege gefunden ...«[79]

Für wen die Wege annehmbar sind, wird nicht näher erläutert.

Die Gesellschaft besiegelte damit ihre erste schwere Niederlage gegenüber den Verbrechern.

Geld aus Luft
Ein kleiner Lehrgang für Anfänger, deren Gewissen noch nicht allzu belastet ist

Es scheint nur so, als ob allein die Trusts, die Treuhandgesellschaften, in Verruf gekommen sind. Leute, die sich im Geschäft gut auskennen, könnten Ihnen erzählen, wie leicht man auch in der Bank an Geld herankommt.

Ein Student knackte z. B. 19 Banken – und das ohne Gangsterausrüstung.[80] Er nahm mit gefälschten Papieren Kredite in Höhe von 560 Millionen Rubel (über 100 000 Dollar) auf. Kredite sind in Rußland in der Regel nicht rückzahlpflichtig, besonders für Studenten, weil, wie jeder weiß, Studenten kein Geld zur Rückzahlung haben. (In Klammern möchte ich hier anmerken, wie froh ich bin, daß ich mich für die Quellenangabe – siehe Einleitung! – entschieden habe: Die Storys sind so unglaublich, daß man sie am besten nicht mit Zeitungsartikeln, sondern gleich mit Gerichtsurteilen belegen sollte!) Dabei war der Student gar nicht mal besonders gerissen.

Ich kann Ihnen verraten, daß auch mir einmal von einem Bankangestellten ein Kredit angeboten wurde, den ich nicht zurückzuzahlen hätte. Davon wollte der Bankmensch 80 Prozent kassieren. Ich aber sollte zurück nach Deutschland fahren und nie wieder in Rußland auftauchen. Ich habe das abgelehnt. Erstens war mir die Summe zu gering, um meine reine Weste zu beschmutzen (bekanntlich ist alles käuflich, es geht nur um die Summe – ich verweise auf den Robert-Redford-Film »Ein unmoralisches Angebot«). Zweitens fand ich es unverschämt, daß ich nur 20 Prozent behalten sollte. Und drittens möchte ich doch hin und wieder mal nach Rußland fahren, schließlich ist es angenehm, eine reine Weste zu haben … Wichtig an der Geschichte war für mich die direkte, geradezu phantastische Bestätigung, daß Bankbetrug gang und gäbe ist, und daß die Initiatoren – wie viele kriminalistische Untersuchungen zeigen – ausgerechnet Bankmitarbeiter sind.

Eine der bekanntesten russischen Banken, »Gornyj Altaj«[81], gehörte zu den 20 größten Banken Rußlands. Plötzlich stellte sie die Geldauszahlungen ein. Das konnte doch nicht wahr sein! Die Anlagen der Privatkunden betrugen rund 23 Milliarden Rubel, allein in Moskau gab es 25 000 Kunden und weitere Tausende in Bijsk, Barnaul, Gornoaltajsk … »Gornyj Altaj« hatte Aktiva über 75 Milliarden Rubel, das Stammkapital belief sich auf 30 Milliarden Rubel und 9 Millionen Dollar. Die Bank war Mitinhaber des Bijsker Chemiekombinats, des Barnauler Flughafens, der Aktiengesellschaften »Eisenbeton« und »Kredo« und machte Umsätze von etwa 400 Milliarden Rubel jährlich. Trotzdem bekamen die Leute kein Geld. Wie war das möglich?

Die Filialleiterin in Moskau, Frau Stopanowa+, war schon Bankdirektorin der »Brjanskbank« gewesen, bis diese pleite ging. Als Chefin der »Gornyj Altaj« vergab sie 30 Milliarden Rubel »an Personen ihrer Wahl«. Wie gesagt, vergebene Kredite sind in Rußland nur mit Hilfe von Banden einzutreiben. Der Verdacht liegt nahe, daß die Kredite ausgerechnet an Kunden aus dieser Szene vergeben wurden. Damit bekam Frau Stopanowa ein sicheres »Dach« – eine bestimmte Gruppe von Kriminellen würde für entsprechendes Entgelt oder eine Beteiligung an den Gewinnen den Schutz des Unternehmens versprechen und oft auch gewährleisten. (Diese Leute kann man m. E. nicht mehr »Schutzgelderpresser« nennen, da sie heute in Rußland kein Geld erpressen: Die Unternehmer gehen freiwillig zu den Banditen und schlagen Gewinnanteile vor.) Unter dem Schutz dieses »Daches« hat Frau Stopanowa nach den Finanzschwierigkeiten bei der »Gornyj Altaj« noch zwei Banken übernommen.

Soweit zum Kredit.

Einen simplen, aber effizienten Geldbetrug bei den Banken stellt die Bankenpleite dar. Ein Beispiel dafür ist die »Rosakadembank«.[82, 83] Die Bank machte einen sehr seriösen Eindruck: gute Werbung, guter Name (»dort sitzen nur Akademiemitglieder!«), gute Zinsen. Selbstverständlich besaß die Bank eine Lizenz der Zentralbank Rußlands. Eines Tages erklärte die Bank sich für bankrott und löste sich auf. Und das Geld der Anleger ...? War futsch.

Eine Auflösungskommission wurde gar nicht erst gegründet. Die Kunden, überzeugt, daß das ein gezielter, beabsichtigter Bankrott war, pochten auf Rückgabe ihres Geldes ... Natürlich haben sie nichts bekommen.

Gefälschte Avis und andere Bankpapiere sind ebenfalls gang und gäbe.* Von der Primitivität der Fälschungen (gekaufte oder mit schlechtem Kopierer vervielfältigte und bestempelte Blanko-Vordrucke, gefälschte Unterschriften ...) will ich gar nicht reden. Auf diese Weise wurden allein 1992 in Rußland 70 Milliarden Dollar veruntreut, gestohlen.[84] Die Bankangestellten sind *immer* daran beteiligt (einschlägig auch Quellenverzeichnis [85, 86, 87, 88]).

Eine der bekannten Methoden, Geld aus Luft zu machen, wurde in dem Gerichtsprozeß gegen die Generaldirektorin des Finanzunternehmens »Wlastilina«, Walentina Solowjowa, beschrieben. Die Direktoren vieler staatlicher Unternehmen brachten ihr die Löhne der Arbeiter in bar, damit sie das Geld innerhalb von einigen Wochen vermehren konnte. (Bei 10 Prozent Bankzinsen monatlich war das kein Wunder.) Die Arbeiter warteten währenddessen auf ihr Gehalt und schickten Demonstranten vor das Haus der Regierung. Viele Chancen gegen die Finanzmafia hatten die Arbeiter schon damals nicht. Unter den Namen, die die Finanzjongleurin als Mitbeteiligte genannt hatte, war auch der des »großen Reformers«, Intimus Jelzins und einstigen Vorsitzenden

---

* Juri Daschko, Akademie für Wirtschaftssicherheit: »Der Verlust oder die Vernichtung von Zahlungsdokumenten sind heute noch weit verbreitete Erscheinungen, obwohl sich die Zentralbank in jüngster Zeit bemüht, in diesem Bereich Ordnung zu schaffen. Das Organisierte Verbrechen ist heute die wichtigste Kraft im Kredit- und Finanzbereich. Die besten Möglichkeiten für kriminelle Profite bietet die Fälschung von Bankbelegen. Bankdokumente sind gegen kriminelle Eingriffe praktisch völlig ungeschützt. Die Angestellten sind unzulänglich ausgebildet und verfügen nicht über die technische Ausstattung, um etwa gefälschte Siegel, Stempel, Vordrucke, Ausweise oder Vollmachten von Firmen, Organisationen und Unternehmen, die Bankoperationen tätigen und riesige Beträge in bar ausgezahlt bekommen, zu überprüfen. Der Schaden, der dem Staat allein durch gefälschte Zahlungsbelege zugefügt wurde, ging in Hunderte von Milliarden Rubel.«[57]

der oberen Kammer des Parlaments, Anführer der Bewegung »Reformen – neuer Kurs«, Wladimir Schumejko.[89]

Kriminell verdächtige Geschäfte, die zu Bankpleiten führen, werden nicht von ein oder zwei, sondern von Hunderten russischen Banken getätigt. Den Banken, die mit ihren dunklen Geschäften und daraus resultierenden Schulden der Zentralbank aufgefallen sind, wird die Lizenz entzogen (sein Geld bekommt man sowieso nicht wieder). Nach offiziellen Angaben wollte die Zentralbank 1995 (nachdem 1994 schon 65 Banken geschlossen worden waren) weiterer 100 Banken die Lizenz entziehen. Ihre Schulden überstiegen damals 350 Milliarden Rubel.

Die Internationale Konföderation zum Schutz der Verbraucherrechte (KonFOP) hält die Angaben zum Verschuldungsvolumen für zu niedrig. Nach Schätzung von Experten der KonFOP verloren allein die Anleger der »LLD-Bank« 30 bis 40 Milliarden Rubel, der uns bekannten »Gornyj Altaj« 60 Milliarden, der »Tschara« 130 Milliarden. Und all das ohne Zinsen, sonst würden sich die Zahlen mindestens noch verdoppeln. Mit Billionen Rubel wurde die Verschuldung der »Meshregionbank« und »Agroprombank« beziffert.

Andere Finanzunternehmen stellten ihre Bilanzen nicht zur Verfügung, deshalb kann man die Verluste der Anleger nur annähernd schätzen: bei »Tibet« auf 485 Milliarden Rubel, bei »Ronika« auf 60 Milliarden, bei »Wlastilina« auf einige Billionen Rubel; für »Russkaja nedwishimost'« und »MMM« gibt es keine Angaben.[90]

Wir sind nicht kleinlich und wollen nicht jede Kopeke in fremden Taschen zählen. Die Größenordnung kennen wir ohnehin. Allein die ungetilgten Kredite (denken Sie an den oben erwähnten Studenten!) beliefen sich (bis 1996) auf 43 Billionen Rubel (etwa 9,5 Milliarden Dollar).[27]

Da die Banken die größten Mitspieler bei krummen Geschäften sind (1994 wurden in der Finanzsphäre 6000 Wirtschaftsdelikte registriert – die Spitze des Eisbergs![91)], bleibt das auch den großen Haifischen nicht verborgen. Juri Daschko schreibt: »Ausländische kriminelle Gruppen, vor allem aus dem Rauschgifthandel, sehen in Rußland eine Region, in der sie das kriminelle Geld besonders einfach waschen und zudem erfolgreich investieren können, da Rußland die Herkunft von Kapital nicht effizient kontrollieren kann und es außerdem ein hohes Maß von Bestechlichkeit auf verschiedenen Ebenen der staatlichen Bürokratie gibt, existieren günstige Möglichkeiten zum Einstieg in besonders profitable russische Geschäftsbereiche.«

Die russischen Banken, über die Kredite und Investitionen in Milliardenhöhe abgewickelt werden, sind heute vor dem Zustrom krimineller Gelder faktisch in keiner Weise geschützt. Daraus erklärt sich das große Interesse der Organisierten Kriminalität, korrupter Beamter und Schwindler am Bankwesen.

Das Zerbrechen des einheitlichen wirtschaftlichen, finanziellen und rechtlichen Raums der UdSSR, eine unzulängliche Kontrolle der Bankoperationen und die durchlässigen Grenzen begünstigen das Waschen schmutzigen Geldes. Die widersprüchliche staatliche Kredit- und Geldpolitik sowie die rechtlichen Lücken in den Finanzstrukturen sind leicht zu erfüllen. Der Ursprung des Gründungskapitals wird praktisch nicht kontrolliert, und es gibt keine Mittel zur Verhinderung der Geldwäsche.[57]

Geldwäsche ist nur für Nichteingeweihte ein kniffliges Verfahren, das sie in seiner Kompliziertheit nicht verstehen zu können glauben. Es bedeutet jedoch einfach, das Geld so lange von einem Konto auf andere Konten zu überweisen (möglichst auch ins Ausland, was in den GUS-Staaten recht unproblematisch ist) bis die Herkunft vollkommen »verwaschen«, also nicht mehr feststellbar ist.

Eines ist aber zu bedenken. Als zum Beispiel die Suche nach den 30 Millionen Mark Erpresserbeute der Reemtsma-Entführer begann, meinten einige Fachleute, daß die Gelder längst in Rußland gewaschen seien. Ihnen entgegnete ein nicht weniger erfahrener Experte: Falls die Gelder tatsächlich in Rußland seien, würden die Entführer nur die »gewaschenen« kläglichen Reste abbekommen – die »Wäsche« ist nicht kostenlos. Dem kann ich nur zustimmen: Die »Waschgebühren« liegen meines Wissens in solchen Fällen (fremde Konten, keine Sicherheiten, kein »Dach« …) bei 20 Prozent der Summe. Nach dreimaliger Überweisung sind schon 48 Prozent des Betrages verschwunden. (Es sind nicht 60 Prozent, wie man auf den ersten Blick denken würde, sondern nur 48 Prozent, weil bei der zweiten Überweisung 20 Prozent von der Restsumme, also im Reemtsma-Fall, von 24 Millionen abgezogen werden, und so weiter.) Notabene: Diese »Geldwäschegebühren« aus den Geldern, die von der Drogen- und Waffenmafia im Ausland »erwirtschaftet« wurden, bleiben in der »Wäscherei«, d. h. weiterhin in den Händen der Kriminellen.

Wenn man sich mit der Problematik nicht beschäftigt, kann man auch nicht annähernd die Umlaufvolumen schätzen. Um Ihnen diese Mühe zu ersparen: Die Gewinne der Mafia werden weltweit auf weit über eine Billion Dollar beziffert.[92]

Die Geldwäsche hat in Rußland noch eine schreckliche Seite. In Moskau sind alle Säulen mit Anzeigen beklebt: Kaufe Gold, goldene Zahnprothesen, Platin. Ich begann, von diesen Anzeigen die Telefonnummern abzureißen, nicht gezielt, nur wenn ich auf einen Bus wartete oder durch Moskau lief. Innerhalb von zwei Wochen besaß ich über 50 Telefonnummern. Goldkauf hielt sich die Waage mit Wohnungskauf und -verkauf.

Bei so einer Nachfrage gibt es auch ein entsprechendes Angebot. Die »Iswestija« bemerkte verwundert: »Wahrscheinlich ist Goldhandel momentan sehr profitabel.«[93] In diesem »wahrscheinlich« liegt die Würze: Sogar für die erfahrenen Wirtschaftsanalytiker ist das ein Rätsel. Viele Läden verkaufen Gold ohne entsprechende Lizenz, ohne Registratur der Prüfstellen, wo man die Qualität des Goldes feststellen lassen kann. Die Handelsinspektion stellte fest, daß Gold sogar in Apotheken angeboten wird. Wie kommt es zu dieser Epidemie? Wird das Gold von Leuten gekauft, die ihr Geld sicher aufbewahren wollen? Kaum. Die meisten Russen haben kein Geld. Und die, die Geld haben? Wollen sie damit Profite erzielen? Gold ist bekanntlich nicht gerade die günstigste Geldanlage, die Spanne zwischen Ankauf und Verkauf ist groß, viel besser ist der Kauf von Valuta, die man innerhalb von fünf Minuten wieder in Rubel umtauschen kann.

Das Geheimnis ist leicht zu lüften, wenn man bedenkt, daß das ein sehr einfaches Mittel für die Geldwäsche ist. Das Gold dient nicht zur kurzfristigen, sondern zur mittel- und langfristigen Geldanlage. Und der zweite Vorteil: Valuta in solchen Mengen sind nur an der Währungsbörse zu bekommen, wo man nicht bar bezahlen kann. Anders beim Gold. Und schließlich würde beim Valutaankauf in solchen Dimensionen der Dollarkurs steigen, und man müßte beim zweitenmal auch die selbstgemachte Inflation mitbezahlen. Gold ist derzeit in Rußland sehr billig. Bei Notverkäufen werden durchschnittlich etwa 6 Mark pro Gramm geboten. Deshalb ist eine Anlage in Gold für die Mafia viel interessanter als jede andere Geldanlage.

Auch der gorbatschowsche »menschliche Faktor« wurde beim Goldkauf berücksichtigt. Was heißt »kaufe Zahnprothesen«? Wer verkauft schon seine eigene Zahnprothese, seine Zähne? Mit großer Wahrscheinlichkeit gerade die, die nichts mehr zu beißen haben. ... Meine Telefonnummernsammlung läßt mich unwillkürlich an die Berge von Zahnprothesen in Buchenwald denken. Menschen werden Zähne ausgerissen – in physischer oder in finanzieller Unfreiheit. Ist der moralische Unterschied so groß?

Die kriminelle Mafia

Weißer Schnee, rotes Blut, schmutziges Geld. Einführung in die Tautologie-Problematik

Der Begriff »kriminelle Mafia« bedarf zunächst einer Erklärung. Wenn es eine kriminelle Mafia gibt, muß es zwangsläufig auch eine nicht kriminelle geben. Welche Mafia ist nicht kriminell?

Gar keine, aber ... Ich verstehe unter Mafia den Oberbegriff für das Organisierte Verbrechertum, das sich mit vielfältigen Methoden riesige Mengen an Geld und Wirtschaftsgütern verschafft. In Rußland sind zwei Flügel der Mafia zu unterscheiden, und zwar die *kriminelle Mafia*, die ausschließlich aus der Branche kommt: vorbestrafte Diebe, Killer, Schutzgelderpresser, Rauschgifthändler, Räuber, Waffenschmuggler, Zuhälter, Schwarzbrenner – und die *Mafia der Staatsdiener*: »rote Direktoren«, Bankiers, korrupte Regierungsmitglieder und Milizoberste, Trustmanager, Militärs, die Waffenhandel zum eigenen Vorteil in viel größerem Stil als Kriminelle betreiben, Erdölverkäufer, Diamantenschieber, Holzhändler, die Staatseigentum als ihr eigenes verscherbeln ...

Die Bonzenmafia, die Beamtenmafia ist in viele Geschäfte der kriminellen Mafia verwickelt – bei der Geldwäsche der Rauschgifthändler, der Benutzung von Gelderpressern und Killern für die »Klärung« »sauberer« Geschäfte, bei der Herstellung und dem Vertrieb von selbstgebranntem und nicht versteuertem Schnaps, bei der verdeckten Prostitution und der Urkundenfälschung ...

Die Trennlinie zwischen beiden Flügeln ist nebulös, unpräzis, aber sie existiert noch. Sie ist noch zu sehen.

Was in der nächsten Zeit geschehen wird, ist leicht vorstellbar: Die Beamtenmafia wird tiefer in die kriminellen Geschäfte eindringen, und die Kriminellen werden zu ehrenwerten Leuten aufsteigen. Es dauert nicht mehr lange, bis die Mafiosi, die die Hände bis zum Ellenbogen im Blut haben, wohltätige Abendessen für die Waisenkinder veranstalten werden, deren Eltern sie umgebracht haben.

Aber heute unterscheidet sich die kriminelle Mafia noch von der Weißkragenmafia. Wodurch?

Aller Anfang ist schwer!
Unter den »Dieben im Gesetz« gab es auch früher relativ viele reiche Leute

Während in der Nachkriegszeit in Rußland etliche Banden ihr Unwesen trieben und Banken, Staatsbetriebe und reiche Leute ausraubten, ging diese Form der Organisierten Kriminalität in den sechziger und siebziger Jahren entschieden zurück.[*] Aber auch in dieser Zeit blieben die »Diebe im Gesetz« mächtig und reich, vor allem, weil sie über »Obstschaki«, gemeinsame »schwarze Kassen«, verfügten.

Diese »schwarzen Kassen« wurden von den profitabel agierenden Dieben gefüllt und waren vorgesehen als Schmiergelder für Behörden, für den Kauf notwendiger Informationen, zur Finanzierung der »S'chodki« – das sind die allunions- oder allrussischen Zusammenkünfte der Spitzen der Verbrecherwelt – und für »podogrew«, also die Versorgung verhafteter und verurteilter Mitglieder der Verbrechergemeinschaft mit Lebensmitteln, Rauschgift und Geld. In den sechziger Jahren begann die Unterwelt die Gewinne der Schattenwirtschaft abzuschöpfen: zum Teil als Schutzgelderpresser »irregulärer« Produzenten und Händler, zum Teil auch als Mitinhaber der illegalen Fabriken.

---

[*] Diese Tendenz kann man mit statistischen Zahlen belegen, aber ich möchte davon absehen, weil die Statistik zu diesem Zeitpunkt besonders politikhörig war: 1961 erklärte Chruschtschow den Weg zum Kommunismus, in dem es keine Verbrecher mehr geben werde, für eröffnet. Nikita Sergejewitsch wollte den Tag noch selbst erleben, an dem er dem letzten Verbrecher bei der Entlassung aus dem Gefängnis die Hand drücken würde. Deshalb entsprach die Statistik von damals nicht der Realität.

Die Mißerfolge der staatlichen Wirtschafts- und Rechtspolitik ebneten dem Schattenkapital Ende der achtziger Jahre den Weg in die Legalität. Die zugelassene unkontrollierte und spontane Übernahme und Akkumulation von Kapital, ausstehende Steuererklärungen sowie andere Umstände ermöglichten Kriminellen den Zugang zum privaten Geschäftsbereich. Renommierte Wirtschaftsfachleute forderten, daß das Schattenkapital in die legalen Wirtschaftsbereiche fließen solle. Sie versprachen sich von diesem Geldzufluß einen zusätzlichen Anschub für die Wirtschaft. Zugleich fühlten sich organisierte kriminelle Gruppen von den neuen Wirtschaftsstrukturen angezogen. Gangsterclans verflochten sich mit dem legalen Unternehmertum und förderten das kriminelle Geschäftsgebaren. Da nicht der Mensch das Kapital steuert, sondern umgekehrt, verlangt das kriminelle Kapital immer seine kriminelle Anwendung.

Neue Methoden und Tendenzen
Wie viele Mafiosi gibt es heutzutage?

In der neuen Zeit, der Zeit des »Großen Geldes«, bildet die kriminelle Unterwelt äußerst streng organisierte Banden, die man in Rußland »Gruppirowka«, Gruppierung, und »Brigade« nennt. Zu einer Gruppierung gehören zwischen 50 und 500 Mann. Die Brigaden sind kleiner und können auch mit zehn Mann effizient »arbeiten«. Die Gruppierungen kontrollieren Märkte und Verkaufsbuden, die sich auf »ihrem«Territorium befinden, ein oder zwei Banken, Dutzende bis Hunderte Unternehmen, die ihnen Schutzgeld zahlen. Für diese Unternehmen heißen die Gruppierungen »Dach«. In Rußland ist unter Geschäftsleuten die grammatisch etwas zweifelhafte Frage üblich: »Unter wem stehst du?« oder »Wer ist dein Dach?«
    Der Kontrollbereich einer Gruppierung geht kaum über eine Stadt oder einen Kreis hinaus. In großen Städten gibt es mehrere Gruppierungen, die die Einflußzonen untereinander aufteilen.

Die Einflußzonen müssen nicht unbedingt mit geographischen Grenzen übereinstimmen: Einige Betriebe, die von der Gruppierung »A« kontrolliert werden, befinden sich manchmal auf dem Territorium, das vorwiegend unter der Kontrolle der Gruppierung »B« steht. Streitigkeiten um gewinnbringende Unternehmen gibt es relativ selten, da sie oft von den Paten geschlichtet werden. Ein neues Unternehmen, ein neuer Laden mit blitzenden Schaufenstern und goldenen Türgriffen, ein Restaurant, aber auch eine Schuhreparaturbude erregen unweigerlich die Aufmerksamkeit der Mafia-Gruppierung, die über viele in allen Bereichen erfahrene Leute verfügt. Mir wurde berichtet, daß die Schutzgelderpresser immer ziemlich genau über den Umsatz des Unternehmens informiert sind. Bevor sie über Schutzgeld reden, wird vorab eine unauffällige »Wirtschaftsprüfung« durchgeführt.

Der »Spiegel«-Reporter Erich Wiedemann beschreibt die Erlebnisse eines westlichen Geschäftsmanns in »Chicago an der Moskwa«: »Jan van Kraacht hatte noch nicht einmal die Jalousetten im Schaufenster seines eben eröffneten Joint-venture-Fachhandels für Industriethermostate aufgehängt, als ein gewisser Jewgenij Jakowlew in Begleitung von sechs kräftig gebauten Herren bei ihm erschien.

Der Besucher stellte sich dem Niederländer als Direktor der zuständigen ›Autorität‹ vor, sprach ihm seinen Glückwunsch dafür aus, daß er in Rußland unternehmerisch tätig sein wolle, und gab seinem Wunsch nach guter Zusammenarbeit Ausdruck. ›Welche Zusammenarbeit?‹ fragte van Kraacht mit gespielter Ignoranz. Daraufhin sagte Jewgenij Jakowlew mit einer Schärfe, die ganz und gar nicht zu seiner gemütlichen roten Nase und seinem eleganten dunkelblauen Anzug paßte: ›Ich meine, die Zusammenarbeit, die erforderlich ist, damit ihr Sohn Hendrik gesund und unversehrt bleibt.‹ Er zog ein Blatt Papier aus der Tasche und knallte es van Kraacht auf den Schreibtisch. Darauf standen Name, Anschrift und die Öffnungszeiten von Hendriks Kindergarten. Darunter war der Heimweg skizziert.

›Choroscho‹, sagte Jan van Kraacht, na gut. ›Choroscho‹, sagte Jewgenij Jakowlew, ›dann zeigen Sie meinem Mitarbeiter jetzt bitte Ihre Bücher.‹«[94]

Wenn man schon »unter jemandem steht«, bezahlt man Schutzgelder nur an eine Adresse. Wer zu spät kommt, den bestraft das Leben – der zweite Mafioso bekommt nichts. Das »Dach« kann gewechselt werden, aber nicht vom Unternehmer, sondern von der Gruppierung selbst, diese Fragen klären die Gruppierungen unter sich. Die Unternehmer sind von den Verhandlungen ausgeschlossen. Dazu kommt es aber relativ selten. Der zweiten Mafiagruppierung, falls sie den Laden besucht und Schutzgeld fordert, wird gesagt, mit wem, mit welcher Gruppierung sie weitere Gespräche führen solle. Man darf natürlich nicht schwindeln: Wenn man kein Schutzgeld zahlt, darf man kein »Dach« nennen. Sonst bleiben Strafmaßnahmen nicht aus. Eine dieser Maßnahmen ist der sogenannte Zähler. Wenn man hört, daß »der Zähler an ist«, muß man um sein Leben bangen: Bei angeschaltetem Zähler verdoppeln sich Schulden monatlich, manchmal wöchentlich, selten täglich. Der Zähler kann auch rückwirkend angeschaltet werden, d. h. der Unternehmer, der eine Zeitlang keine Schutzgelder gezahlt hat, muß die Rückstände schnellstens begleichen.

Den Gruppierungen entgeht kaum eine neue Geldquelle. Sie verlangen auch, daß die Neuansiedler sich gleich bei der zuständigen Gruppierung (oder der Gruppierung ihrer Wahl) melden oder vorab um die Erlaubnis bitten, an einem bestimmten Ort eine Kneipe, einen Laden, eine Wechselbude eröffnen zu dürfen. Um unbehelligt arbeiten zu können, kommen die Unternehmer diesen Forderungen nach.

Seit Anfang der neunziger Jahre gibt es in Rußland eine neue Art von »Dach«, und zwar von der Miliz oder sogar von der Staatssicherheit. (Ich nenne die Nachfolger des KGB »Staatssicherheit« oder weiterhin »KGB«, weil die unzähligen Umstrukturierungen und Umbenennungen kaum die Aufgaben und Methoden des Dienstes geändert haben, aber die Abkürzungen wie »FSK« oder »FSB« in Deutschland kaum bekannt sind.) Die Unternehmer, die mit den gemeinen Kriminellen nichts zu tun haben möchten, sondern lieber mit kultivierten Leuten von der Abteilung zur Bekämpfung der Organisierten Kriminalität des KGB arbeiten, schließen einen Vertrag (auch ein mündlicher gilt) mit den bekannten Offizieren. Diese klären dann in Privatgesprächen selbst alle »Dach«-Angelegenheiten mit den Kriminellen. Die »Schutzgebühren« der Behörden (oft durch Staatsdiener a. D. vertreten) unterscheiden sich kaum von denen der Kriminellen. Wie bei den Kriminellen fließen die Gelder nicht in die staatliche, sondern in die private Tasche. Die Gruppierungen, die ihre Umsätze größtenteils mit Schutzgelderpressung machen, gründen »Wach- und Schließgesellschaften«, die die Bewachung der Unternehmen übernehmen. Oft steht kein Wächter an der Tür, aber keine Verbrechergruppierung traut sich, das Unternehmen zu überfallen oder zu erpressen – alle wissen, »unter wem« das Unternehmen steht. Mit der Gründung der »Sicherheitsgesellschaften« gewinnt die Schutzgelderpressung den Anschein der Legalität: Die Verträge werden hier schriftlich abgeschlossen, die Schutzgelder kann man von der Steuer absetzen, die »Gesellschaften« haben ein Büro und eine feste Adresse und führen sogar angemessene Steuern an die Staatskasse ab.

Alles verläuft in der Regel problemlos. Je leiser die Geschäfte laufen, desto weniger erregen sie die Aufmerksamkeit der Miliz. Nur die »Otmoroski« verstehen das nicht. (Die neue russische Sprache hat ihre eigenen Reize! »Otmorosok« nennt man heute in Rußland Bandenmitglieder, die keine moralischen Skrupel kennen. Kein Gewissen, kein Mitleid, keine Gefühle. Sie töten seelenruhig und kaltblütig. »Otmorosit« heißt: »sich Frostwunden holen, sich einen Körperteil erfrieren«. Ein »otmoroshennyj« (erfrorener) Finger muß amputiert werden, er wird schwarz und funktioniert nicht mehr. Ein »Otmorosok« ist einer, der sich Verstand, Gefühl und Gewissen »erfroren« hat. Sein Leben besteht nur aus Essen, Trinken, Sex, Besitzgier … Verzeihen Sie diesen philologischen Exkurs.)

Wenn geballert wird, muß sich der Experte nach höheren Gewinnen umschauen; wenn es nicht um Tausende, sondern um Millionen Dollar geht, haben die Schlichtsprüche der Paten oft keine Bedeutung mehr. Da die meisten Gruppierungen von jeweils anderen Paten geführt werden, gibt es natürlich auch Streitereien unter den Paten selbst. Einige relativ kleine Probleme werden von den übergeordneten Paten oder der »S'chodka«, der Verbrecherversammlung, gelöst – manchmal auch blutig und brutal. Wenn es jedoch um große Geldmengen geht, ziehen sich die blutigen Fehden monatelang hin und fordern Dutzende Tote.

Eine typische Gruppierung wurde in der »Iswestija« beschrieben. [95] In der Stadt Nachodka bildete sich unter der Leitung des kriminellen Stankow[+] eine Bande, die ein Drittel der Stadt beherrschte: »Alle kleinen und mittelständischen Unternehmen zahlten ihnen Tribut«, schreibt die Zeitung. (Für die weiteren Überlegungen ist wichtig, daß *alle* zahlten.) Sie führten kleine und große Kriege mit einer anderen Bande um die Einflußzonen. Um den Behörden nicht aufzufallen oder aus anderen oben erwähnten Ursachen gründete die Bande Wirtschaftsgesellschaften, Banken und kontrollierte die Geschäftswelt. Wie schon gesagt, ist einer der leichtesten Wege, an Geld zu kommen, die Zweckentfremdung der Kredite. In Rußland vergibt der Staat zinsgünstige oder zinsfreie Darlehen für humane Zwecke: für die Landwirtschaft und den Kauf von Energieträgern, für die Lebensmittelverarbeitung und den Straßenbau, für die Lohnzahlung und soziale Einrichtungen. Das Problem ist, diese Kredite zu bekommen.

Man stellt einen Antrag und behauptet, man möchte im Ausland Arzneimittel für Nachodka kaufen. Wenn zur gleichen Zeit aber die Stankow-Verbrechergruppe durch ihre legalen Firmen solch einen Antrag stellt, bekommt in Nachodka meist sie die Kredite. Und andere Unternehmer, die an Stankow Schutzgelder zahlen, ziehen entweder ihre Anträge zurück, oder sie bekommen kein Geld.

Um auf Nummer Sicher zu gehen, kauften die Banditen die
Milizbehörden: Die Bank, die der Gruppe gehörte, gab den
Milizchefs über 25 000 Dollar zinsverbilligte Darlehen. Milizionäre sind Staatsdiener und müssen bisweilen auch Einsatzeifer
zeigen. Sie möchten die Gruppe, die weit über die Stadtgrenzen
hinaus bekannt ist, zerschlagen. Aber in dem Fall bekämen die
Milizleute keine Kredite mehr für ihre Einkäufe. Deshalb
erreichte die Information über die bösen Absichten der Miliz
zuallererst die Verbrecher selbst. Stankow und 12 weitere Bandenmitglieder wurden nicht festgenommen. Bei Durchsuchungen wurde das Telefonat eines Anführers aus der Wohnung eines
einheimischen Richters abgehört. Als untadeliger Bürger erteilte
der Richter die Erlaubnis, seine Wohnung zu betreten, aber erst
nach drei Stunden – Richter genießen in Rußland Immunität.
Selbstverständlich wurde dort keiner mehr gefunden.

Die Gruppierungen schließen sich zu verbrecherischen Vereinigungen zusammen. Einige Vereinigungen haben bis zu
3000 Mitglieder – wie z. B. die Solnzewo-Vereinigung bei Moskau – und kontrollieren gesamte Wirtschaftszweige und admini-
strative Gebiete. Die Vereinigungen haben in der Regel Beziehungen zum Ausland, nicht nur zum »nahen«, den ehemaligen
Sowjetrepubliken, sondern auch zum »fernen«. In Moskau,
Sankt Petersburg und einigen anderen russischen Großstädten
gibt es mehrere Vereinigungen, die nicht unbedingt in Moskau
ihren Hauptsitz haben. Die geographische Lage des Büros ist
ganz unwichtig.

Die Zahl der Gruppierungen wächst ständig: 1993 meldete die
CIA 4000 mafiaähnliche Gruppierungen in Rußland, zur selben
Zeit sprach Shirinowski von 5000.[96] (Leider habe ich mich bei
meinem Shirinowski-Buch auf die Angaben der CIA gestützt).
1994 wurden, so Walerij Kolmakow, Vorsitzender des Unterkomitees der Staatsduma für die Bekämpfung der Kriminalität und
Korruption, 8000 verbrecherische Gruppierungen, 35 000 Anführer und aktiven Mitglieder registriert. 400 Gruppierungen und
Vereinigungen haben internationale Beziehungen.[49] Die ameri-

kanisch-russische Konferenz für die Probleme der Organisierten Kriminalität nannte 9000 organisierte verbrecherische Gruppierungen.[97] »30 Prozent der Bandenanführer sind als Generaldirektoren und Geschäftsführer der Aktiengesellschaften, GmbHs und ähnlichem tätig«, erklärte der Volksabgeordnete.

Wie gesagt, es geht um den kriminellen Flügel der Mafia. Betriebsdirektoren, die Steuern unterschlagen und Geschäfte auf eigene Faust abschließen, die mit Staatseigentum umgehen, als wäre es ihr Privatbesitz, sind aus dieser Statistik ausgeschlossen. Es geht nur um die Banditen, deren Bandenzugehörigkeit erwiesen ist, und die als Aushängeschild eine legale Firma haben. *Ein Drittel aller Paten sind also Geschäftsführer.*[49]

Die Frage ist: Woher kommt diese Statistik? Professionellen Schnüfflern ist das bekannt, einige Hinweise können auch Fachfremde bekommen: Sowohl KGB als auch Miliz hatten immer (die politische Polizei auch in der Zarenzeit, der bekannte Wan'ka-Kain) inoffizielle Mitarbeiter im Einsatz. Deshalb ist die Szene eigentlich allen Insidern bestens bekannt. Den Namen des Anführers, der eine Stadt oder einen Stadtteil »regiert«, kann Ihnen in Rußland jedes Schulkind nennen. Das ist nicht das Problem. Das Problem ist, die Paten in flagranti zu überführen. Und das gelingt selten, fast nie: Die Paten selbst begehen keine Verbrechen, sie sind die Geschäftsführer und Generaldirektoren, Präsidenten und Vorsitzenden gemeinnütziger Fonds. Der erschossene Moskau-Pate Otari Kwantrischwili war z. B. der Vorsitzende des gemeinnützigen Vereins für die Unterstützung der ausgeschiedenen Sportler.

Ein Beispiel soll zeigen, daß alle bestens im Bilde sind.[98]

Im April 1995 haben in Sankt Petersburg Banditen drei Milizangehörige der Verwaltung für die Bekämpfung der Organisierten Kriminalität mit Maschinenpistolen beschossen. Einer der Milizionäre erlag seinen Verletzungen. Die Verbrecher wurden nicht gefaßt. Da die Milizionäre Einblick in die Geschehnisse hatten, sollte der für den Anschlag verantwortlichen Kasan-Gruppierung eine Lehre erteilt werden.

Zwei Tage darauf haben Milizeinheiten während einer Groß-
razzia in Banjas (Schwitzbädern, in denen es heutzutage nicht nur
Dampf und Reisig, sondern auch Cognac, Kaviar und Mädchen
gibt, eine der beliebtesten Erholungseinrichtungen der Neureichen), in Restaurants und Hotels 300 Mitglieder der Kasan-
Gruppierung festgenommen. Es wurden 13 Schußwaffen, darunter ein israelisches »Usi«, beschlagnahmt. In der nächsten Nacht
wurden die Vorstadtvillen der Mafiabosse durchsucht. 255 Mafiamitglieder wurden verhaftet.

Aber ganz so schlimm ging es für die Kasan-Gruppierung doch
nicht aus: Man weiß, wer zur Gruppierung gehört, aber es gibt
kein Gesetz, jemanden nur wegen der Zugehörigkeit zu einer
Gruppierung zu verhaften. Deshalb wurden kurz darauf alle freigelassen. Die überwiegende Mehrheit hatte »saubere Hände«.

Die Miliz hatte einfach ihre Wut abreagiert. Es gab in jüngster
Vergangenheit in Rußland und im Ausland mehrere ähnliche
Vorfälle: Das Äußerste, was die Behörden sich erlauben können,
ist, die Personalien der Festgenommenen zu notieren, die auch
ohne dies hinlänglich bekannt sind. Wir richten unser Augenmerk auf etwas anderes: Die Miliz wußte genau, welche Häuser,
welche Banjas, welche Datschen sie zu durchsuchen hatte. Die
Miliz wußte, wen sie wo festnehmen sollte. Die Verbrecher sind
der Miliz (und dem KGB) namentlich und visuell bekannt.

Deshalb stimmt die Statistik, die von 8000 russischen Banden
spricht.* Jedoch nur für 1994. Aber wenn die Zahl der Gruppierungen von 4000 oder 5000 im Jahre 1993 bis 1994 auf 8000
angestiegen ist, kann man nicht davon ausgehen, daß wir es 1998
mit der gleichen Anzahl zu tun haben.**

---

* Siehe auch Quelle [99]. Der Generalmajor der Miliz und stellvertretende Verwaltungsleiter des Innenministeriums Rußlands für die Bekämpfung der
Organisierten Kriminalität, Alexander Dementjew, sagt: »Es wurden mehr
als 8000 verbrecherische Gruppen registriert, darunter etwa 400 Banden, in
unseren Dossiers sind mehr als 14 000 *Anführer* der verbrecherischen Gruppierungen.« Von 8000 russischen mafiaähnlichen Gruppen spricht auch der
BND.[100]
** Die Angaben bestätigte auch Gennadij Tschebotarjow, stellvertretender Ver-

Die Frage eines Journalisten: »Es heißt, daß es in Moskau 400 Banden gibt. Warum liquidieren Sie sie nicht?«[101]

Die Antwort Tschebotarjows: »Es findet ein Reproduktionsprozeß statt: Einige werden verhaftet, neue kommen hinzu. Aber die Gefängnisse sind voll ...«[***]

Wie viele Banditen es in Rußland gibt, ist sicherlich auch bekannt, aber die Zahl ist vermutlich so erschreckend hoch, daß sich keiner traut, sie zu nennen. Der stellvertretende Innenminister Michail Jegorow spricht von 100 000 Banditen in Rußland.[103] Einige Experten meinen, daß es in der GUS und Osteuropa insgesamt etwa drei Millionen Bandenmitglieder gebe.[104]

Eine andere Rechnung: Im 10 Millionen Einwohner zählenden Moskau sind offiziell 10 000 Banditen bekannt.[11] Da in Rußland insgesamt 150 Millionen Menschen leben, sind ... Aber mit 150 000 sind wahrscheinlich doch nicht alle erfaßt.

Die Kriminalität wächst: Wurden unter Gorbatschow in Moskau jährlich 250 bis 350 Menschen umgebracht, so waren es 1994 schon 1820 Morde und 3000 ungeklärte Todesfälle, rund 1000

waltungsleiter der Hauptverwaltung des Innenministeriums Rußlands für die Bekämpfung der Organisierten Kriminalität.[101] Seit 1990 stieg die Zahl der Banden um das Zehnfache und zählte im Januar 1995 mehr als 8000. In der Hauptverwaltung sind 4315 kriminelle Anführer und 749 »Diebe im Gesetz« (darunter 380 in Rußland) registriert.

[***] Der Ruf nach neuen Gefängnissen ertönt übrigens nicht von Milizobersten und von Herrn Shirinowski, sondern auch von liberalen Schriftstellern wie Arkadij Weiner[102]: »Eine genauso dringende Aufgabe wie der Bau von Krankenhäusern und Schulen ist der Bau von Gefängnissen. Inhaftierte und unter unmenschlichen Bedingungen gehaltene Menschen bekommen dort nur eine zusätzliche Ladung von Haß auf die Gesellschaft. Es ist klar, daß ein Teil von denen, die diese Hölle erlebt haben, fest entschlossen sind, alles zu tun, um nie wieder in sowjetischen Gefängnissen zu landen, die überwältigende Mehrheit aber sind Leute, die sich an der Gesellschaft rächen wollen.« In fast 1000 Gefängnissen und Arbeitslagern sitzen in Rußland, das bevölkerungsmäßig nicht mal doppelt so groß wie Deutschland ist, über eine Million Verbrecher ein (1996[280], vgl. Deutschland – 60 000[196]). Mehr als 40 Prozent Verurteilte haben Mord, Vergewaltigung, Raub, schwere Körperverletzungen auf dem Gewissen. Über die Hälfte sind Wiederholungstäter. Über 105 000 sitzen im direkten Sinne des Wortes – denn für sie gibt es in den russischen Vollzugsanstalten keine Lagerstatt. Ich beneide das Land nicht, das diesen Trupp irgendwann einmal aufnehmen soll ...

Bürger erlagen schweren Verletzungen, etwa 2000 verschwanden spurlos. Diese Rate von rund 8000 Leichen jährlich[105] läßt vermuten, daß die Zahl der Verbrecher in Moskau weit höher als 10 000 sein muß, da sie sich ja auch mit Rauschgift, Erpressung, Folter, Prostitution, Schmuggel, Spielgeschäft und anderen Dingen befassen mußten.

Wie der Staat uns zu Verbrechern macht

Europäer merken nicht, daß sie weißhäutig sind, so wie Afrikaner ihre braune Hautfarbe als normal empfinden. In der Herde fällt nur das schwarze Schaf auf. Und was passiert, wenn bei allen die einst weiße Weste mit Schmutz befleckt ist?

Die Frage ist offensichtlich: Warum geben die Unternehmer nach, warum gehen sie nicht unter das offizielle »Dach« des Staates?

Warum können Miliz, KGB, Steuerpolizei die Gewalt gegen die Unternehmer nicht unterbinden? Die Miliz ist korrupt? Aber es sind doch nicht alle Staatsdiener bestechlich!

Um diese Fragen beantworten zu können, müssen wir unbedingt die Rolle des Staates in Rußland näher untersuchen, die Beziehungen zwischen Staat und Unternehmer, besonders hinsichtlich der Steuern. Wir müssen vorausschicken, daß das Renommee des Unternehmertums im Lande nicht sehr hoch ist: 70 Jahre kommunistischer Propaganda, daß Reichsein etwas Schlimmes sei, sind an den Menschen nicht spurlos vorüber gegangen. Im Bewußtsein der Bürger ist fest verankert, daß man die Reichen abzocken muß, um den Armen auch etwas zu geben. Und deshalb findet die fiskale Steuerpolitik breite Unterstützung bei den wenig bemittelten Schichten.

Nach offiziellen Angaben soll die Steuerquote 42 Prozent des Bruttosozialprodukts und die Steuerbelastung der Bruttoeinnahmen von Produzenten 58 bis 62 Prozent betragen. »Die tatsächliche Belastung ist jedoch bestimmt höher (insgesamt mindestens

75 bis 80 Prozent des Gewinns)«, schreibt der Wissenschaftler Vladimir Pankov in der Zeitschrift »Osteuropa-Wirtschaft«.[106]

Ein anderer Autor, der Jungunternehmer W. Kusnezow, schlägt in die gleiche Kerbe: »In der Steuerpolitik sehe ich das große Verlangen, die ›goldene Kuh‹ zu melken ... So muß ich, ohne einen Gewinn zu haben, die Gewinnsteuer im voraus bezahlen. Und wenn ich meinen ersten Gewinn gemacht habe, muß ich an jedem Quartalsende Strafe bezahlen. Abgesehen von dem fehlenden Gewinn in den ersten Monaten werde ich auch dafür bestraft, daß ich mir in den Monaten keinen Lohn gezahlt habe. Ich habe Hochschulabschluß, 35 Arbeitsjahre, ich war 10 Jahre lang Leiter eines großen Baubetriebs, aber ich habe Schwierigkeiten, mit der Flut der oft sich selbst widersprechenden Anordnungen in Buchhaltung und Steuerwesen klarzukommen. Viele Unternehmer steigen nur deswegen aus dem *legalen* [kursiv von mir – V. T.] Geschäft aus. Das ganze System richtet sich wieder gegen jene, die ehrlich (wenn auch nicht ohne Fehler) ihr Geschäft führen.«[107]

Ein Journalist beschreibt die Tätigkeit eines kleinen Unternehmens, und zwar einer Verkaufsbude: »Plötzlich sehe ich, daß auf dem Kassenbon statt 10 000 Rubel nur 100 Rubel stehen.

›Der Kassenbon stimmt nicht, siehe an!‹

›Ich lasse die zwei Nullen absichtlich weg, um das Finanzamt zu umgehen und den Gewinn zu verstecken.‹

›Schämst du dich nicht, so etwas zu machen?‹

›Kannst du dir vorstellen, was passiert, wenn alle Buden plötzlich Steuern aus dem reellen Gewinn abführen würden? Kein Inhaber würde sich mit dem sinkenden Gewinn zufriedengeben. Die Preise würden gleich in die Höhe schnellen. So kommt unser Betrug doch den Käufern zugute. Überhaupt basiert das ganze Kleinunternehmertum auf Betrug.‹«[108]

Aber die Steuerabgaben sind von Stadt zu Stadt unterschiedlich, weil noch kommunale Abgaben dazukommen. So ist ein Fall beschrieben worden, in dem, nach Angaben des Rates der Stadt selbst, die Unternehmen für jeden Rubel Gewinn einen Rubel und drei Kopeken Steuern zahlen müssen.[91] Genau 103 Prozent.

Je mehr Gewinn sie also machen, desto ärmer werden sie. Ist das nicht ein Irrsinn?

Die eindeutige Schlußfolgerung: In Rußland kann niemand ehrlich arbeiten. Unehrliche Arbeit wiederum liefert die Unternehmer den Schutzgelderpressern aus. Mitarbeiter des Instituts für Investitionsprobleme, Moskau, schreiben wörtlich: »Mit der Beibehaltung des höheren Steuerniveaus bilden wir die Basis für die Kriminalisierung der Gesellschaft.«[18]

Die Steuern, die man aus dem reellen Gewinn abführen muß, sind von nun an für die Schutzgelderpresser bestimmt. Alle kriminellen Brigaden haben, wie schon erwähnt, sehr erfahrene Fachleute in ihren Diensten, die aus Standort und Angebot den Gewinn ableiten können. Ich habe mit vielen Budeninhabern gesprochen, fast alle sind mit der Abmachung, mit dem »Dach«, zufrieden.

Bis heute ist die Steuerlast nicht gesunken. Viele Leute sind überzeugt, daß die Steuern nicht aus Unkenntnis so hoch sind. Von allen Märchen scheint mir das von dem guten Zaren und dem bösen Fürsten am wenigsten glaubhaft. Die Regierenden sind daran interessiert, höhere Steuern zu verlangen und damit den Nährboden für die Mafia zu erhalten.

Die Unternehmer sind also Freiwild für Verbrecher.

Erpressung und Erpresser
Das leichteste aller Geschäfte: dem Kontrahenten die Finger in der Tür einzuklemmen

In einem Zeitungsbericht[110] heißt es: In Kemerowo wurde der Geschäftsmann Tarassow gekidnappt. Die Kidnapper forderten Rückgabe der Dollars. Anschließend stürzte Tarassow unter mysteriösen Umständen aus der oberen Etage eines mehrstöckigen Hauses. In derselben Stadt wurde der Geschäftsmann Polywjanski entführt, der jemandem 16 000 Dollar geschuldet haben sollte. Die Erpresser wollten ihm eigentlich nur Angst einjagen, aber dann erstickte Polywjanski in einer Garage ... Der Artikel heißt: »Es werden sowohl Erwachsene als auch Kinder gekidnappt.«

Die Schutzgelderpressung der Reichen ist nur eine Art der Erpressung. Von einer »Robinhoodisierung« der Verbrecher – obwohl sie sich gern als Kämpfer für die Gerechtigkeit darstellen – kann jedoch keine Rede sein, da in Tausenden und Abertausenden von Fällen arme Schlucker genauso brutal erpreßt werden wie ihre reichen Mitmenschen.

In dem reichen Rußland besitzen auch arme alte Leute große Reichtümer, und zwar Wohnungen. Das Wohnungsgeschäft blüht, die Makler verdienen an Tausch, Kauf und Verkauf riesige Summen. Das Angebot ist groß, weil die alten Leute lieber auf ihre Wohnungen verzichten, als an Lebensmittel- oder Arzneimangel zu sterben. Deshalb verkaufen sie ihre Wohnungen oder tauschen sie gegen kleinere und lassen sich die Differenz in bar auszahlen. Bei diesen Käufen und Verkäufen passieren unwahrscheinliche Dinge. Um Steuern zu sparen, werden die Wohnungen z. B. nicht zum Marktpreis, sondern – auf dem Papier – zu einem Bruchteil des Marktpreises gehandelt. Dem Verkäufer wird eingeredet, daß er auf diese Weise 1000 Dollar sparen kann. Ein Mensch, der noch nie im Leben einen Hundertdollarschein gesehen hat, stimmt zu und unterschreibt den angeblich fiktiven Kaufvertrag. Am Ende bekommt er für seine Wohnung nur die auf dem Papier stehende Summe.

Oder bei der Geldübergabe – in Rußland wird nur bar gezahlt – wird dem Wohnungsverkäufer nach der Vertragsunterzeichnung eine »Kukla«, ein Bündel Zeitungspapier, in die Hand gedrückt, wo nur der erste und der letzte Schein echtes Geld sind. Unter den Betrügern gibt es Spezialisten, die »Kuklatschi« (von »Kukla«) oder »Kidaly« (von »Kidat«, was im Verbrecherjargon »anschmieren« bedeutet) heißen. Wenn die Betrüger sich Mühe geben, malen sie eine zusätzliche Null auf die Zehndollarbanknote – nicht alle Leute in Rußland können Englisch lesen. In der Aufregung sind sie auch nicht sehr aufmerksam.

Da die Wohnungen im Zentrum von Moskau genauso teuer sind wie im Zentrum von Berlin oder Bonn, kann der Leser sich eine Vorstellung von den Geldsummen machen – es handelt sich um Hunderttausende Dollar. Deshalb schrecken die Banditen vor keiner räuberischen Erpressung zurück. In der Regel wird das Opfer bedroht, geschlagen, mit Wodka betrunken gemacht und manchmal auch einer »Spezialbehandlung« unterzogen[11]: Den Rentner Krysanow etwa schleppten junge Muskelmänner in den Wald und übergossen ihn bei eisiger Kälte mit Wasser; danach war der Alte mürbe für den Notar und verschenkte dort für einige hunderttausend Rubel (etwa 100 bis 300 Dollar) seine Wohnung, die auf dem boomenden Markt leicht 50 000 Dollar bringt.

Die Miliz berichtet routinemäßig: »In Moskau wurden 4 Bandenmitglieder verhaftet, die lange rechtswidrig Wohnungen durch Mord, Erpressung und Betrug ihren Besitzern entzogen haben. Auf diese Art und Weise haben sie sich 150 Wohnungen angeeignet. In Sankt Petersburg wurde eine Bande aus 14 Personen ausgehoben, die 16 Morde begangen hat, um an die Wohnungen zu gelangen.

Im Gebiet Tscheljabinsk wurde eine Bande aus 29 Personen dingfest gemacht, die 15 Menschen aus ähnlichen Gründen umgebracht hatte. Vergleichbare Gruppen wurden auch in Wladiwostok, Samara, Nowgorod, Omsk, im Gebiet Kaliningrad und anderen Regionen unschädlich gemacht«.[280]

100 000 Obdachlose nennt selbst die offizielle Statistik, »mehr als ein Drittel davon sind Opfer der Immobilienhaie«, so »Der Spiegel«.

Damit wir nicht in Versuchung kommen, das Geschäft als »Peanuts« abzutun, wollen wir mal schnell die 10 000 (bei durchschnittlich drei Mitgliedern pro Familie) von Verbrechern erpreßten Wohnungseigentümer mit 50 000 Dollar (also keineswegs der Höchstsumme in Moskau) multiplizieren, dann ergibt sich eine Summe von schlichten 500 000 000, also von 0,5 Milliarden Dollar.

Wie sehen Erpresser in natura aus? Haben sie – wie Cesare
Lombroso lehrte – Banditenvisagen? Oder gleichen sie den Piraten aus Stevensons »Schatzinsel«?

In Rußland kennt jeder einige Erpresser persönlich. Nicht weil
er selbst erpreßt worden ist, sondern weil es Leute aus dem
Bekanntenkreis sind: Kinder von Bekannten und Verwandten,
ehemalige Mitschüler und Kommilitonen, Sportfreunde, Nachbarn – irgendwo trifft man immer einen. Natürlich kenne auch
ich manche und könnte sie genau beschreiben. Aber ich gebe das
Wort der Journalistin Jewgenija Shurawljowa, die in Anlehnung
an den Ausdruck »Dieb im Gesetz« einen Artikel mit dem Titel
»Erpressung im Gesetz« veröffentlicht hat.[111]

Vorher jedoch eine Bemerkung über die russische Sprache.

Die russische Sprache
… auch ein Spiegel der Kriminalisierung

Die russische Sprache war immer etwas grob, dabei aber sehr
flexibel und nuancenreich. Viele Leute in der Welt gebrauchen
russische Schimpfwörter, das sogenannte *Mat*. Es gibt Wörterbücher des Mat, wo man Dutzende von Nutzungsmöglichkeiten
und Wendungen für den Penis oder die Vagina findet. Ich habe
einige Erzählungen gehört, die ausschließlich aus Mat bestanden:
alle Substantive, alle Verben, alle Adjektive, alle Adverbien. Ausgenommen waren lediglich Pronomen und Zahlen. Heutzutage
entwickelt sich die Sprache in rasantem Tempo. Wenn man ein
halbes Jahr nicht in Rußland war, versteht man manche Dinge gar
nicht mehr. So bedeutet z. B. das Wort »najechat« (auffahren)
neuerdings: »von einer Bande bedroht, geschlagen, erpreßt werden«. Noch eine Bildung ist »pajalnik w shopu«. Diesen Ausdruck gebrauchen nicht nur Kriminelle, sondern immer mehr
auch anständige, gar kultivierte Leute. Wörtlich übersetzt heißt
das, jemandem einen Lötkolben in den Arsch stecken. Das stammt
aus den Schutzgelderpressermethoden und ist keineswegs eine

außergewöhnliche Art des Analverkehrs: Der Lötkolben wird selbstverständlich an die Steckdose angeschlossen … Wer das am eigenen Leib erlebt hat, fürchtet sich nicht mehr vorm elektrischen Stuhl oder der Nadel unterm Fingernagel.

Wir möchten hier weder Grausamkeiten des Lebens in Rußland bestaunen noch philologischen Studien nachgehen. Ich füge das nur hinzu, um die durchgehende Kriminalisierung der Gesellschaft zu verdeutlichen. Die Sprache der Gefängnisse, die Sprache des kriminellen Milieus, nicht nur der Jargon, sondern das Argot der Verbrecher dringt mit Macht in die Sprache Tolstojs, Tschechows und Pasternaks ein.

Erpressung und Erpresser
… Fortsetzung

Also, Jewgenija Shurawljowa erzählt eine Geschichte von zwei jungen Leuten aus »einem Gebietszentrum im nordwestlichen Rußland«. Die Leute sind Erpresser, sie erpressen, wie sie selbst sagen, nicht nur Schutzgeld, sondern mehr noch Schuldengeld. Ein Unternehmer borgt einem anderen eine Geldsumme, die dieser, nach Ablauf der Leihfrist, nicht zurückzahlen kann oder will. Dann kommen die jungen Leute aus dem Nordwesten (oder Südosten oder von sonstwoher), stecken ihm einen Lötkolben in den bewußten Körperteil, und der Schuldner hat drei Möglichkeiten: erstens, die Summe sofort zurückzuzahlen, zweitens, einen weiteren Kredit zu nehmen und damit die Schulden zu tilgen, und drittens, sich umzubringen. Wie die jungen Leute (beide 23) ungerührt bemerkten: »Mit dem Leben bezahlen, ist auch bezahlen.« Die jungen Leute verlangen für ihre Dienste 40 Prozent der Summe, das ist der übliche Satz. Einige Details (z. B. wenn der Kreditnehmer sich ebenfalls eine Bande mietet) lasse ich außer acht.

Wichtiger ist für uns ein Zitat über den Aufbau der Organisation, die üblicherweise auch hier »die Brigade« heißt: »Die Bri-

gade selbst, wie auch *anderthalb bis zwei Dutzend* ähnliche Organisationen [kursiv von mir; die Rede ist von einer Gebietsstadt,
die in der Regel 200 000 bis 500 000 Einwohner hat – V. T.], befindet sich auf der niedrigsten Stufe der Hierarchie. An der Spitze
steht der Boß, gefolgt vom Schatzmeister. Danach kommt die
Mittelschicht der Pyramide, die sogenannte ›goldene Schicht‹ der
Organisation, sie ist das ›offizielle Gesicht‹ der ganzen ›Brigade‹,
ihre Repräsentanten und die Kapitalbesitzer ... Ein Großteil der
›Mittelschicht‹ stand früher in der Organisation an unterster
Stelle, weil sie sich jedoch besonders gut in der schmutzigen
Arbeit bewährt hatte, gewann sie die Gunst der Spitze und erober-
te ›Aufsichtsposten‹. Offiziell sind ›die Leute in der Mitte‹ Eigentümer von Unternehmen, Betrieben, Läden, Bars, Restaurants, Kasinos etc. Ihr eigenes Kapital ist mit dem Geld der
›Brigade‹ verschmolzen, und die Einkünfte aus der legalen
Geschäftätigkeit fließen zum Teil in die Kasse der Verbrecher-
organisation. In der Organisation, von der hier die Rede ist, gehören 16 Männer zur ›Elite der Mittelschicht‹. Sie sind in der Stadt
gut bekannt, haben nutzbringende Beziehungen zu städtischen
Behörden, sind Kontakten mit der Presse nicht abgeneigt ... Zu
den ›Mannschaften‹, der untersten Schicht einer Brigade, gehören heute etwa hundert Mann.

›Der Boß ist mein Ideal‹, sagte Peter. Seine Mannschaft will
geschlossen das Recht erkämpfen, in die Mitte der Pyramide aufzusteigen. Schon heute arbeiten die Mannschaftsmitglieder mit
dem Nachwuchs, bereiten sich auf die Ablösung vor.«

Nach den Angaben der Journalistin Jewgenija Shurawljowas
gibt es in einer großen Stadt selten weniger als 10 bis 12 Brigaden, also mindestens 1000 gewaltbereite Menschen, die die
»schmutzige Arbeit« erledigen, etwa 200 Mann, die, laut Shurawljowa, Büros, Firmen und verschiedenes Eigentum besitzen
und die Unterstützung der Machthaber genießen, aber es gibt
auch die Bosse, die an der Spitze sitzen und das ganze Ensemble
dirigieren. Sind das wohl die Stadtoberhäupter und ihre Stellvertreter selbst?

Wieviel Geld bekommen die Erpresser?
Die entscheidende Frage

Aus verschiedenen Quellen ist bekannt, daß die Schutzgeld-erpresser zwischen 10 bis 50 Prozent des Gewinns bekommen. Aber die entscheidende Frage für uns ist nicht, wieviel Prozent vom Gewinn sie einheimsen, sondern wie viele Geschäftsleute (in Prozent) Schutzgelder bezahlen und welche Summen dabei insgesamt zusammenkommen.

»Spiegel«-Reporter Erich Wiedemann schreibt[94]: »Die alten Frauen, die auf dem Platz vom Bolschoi-Theater Dauerwürste, selbstgestrickte Socken und auf Bindfaden gezogene Pilze verkaufen, haben Sozialtarife, die sich zwischen null und zehn Prozent der Einnahmen bewegen. Für die anderen gilt als Normal-satz ein Viertel. Mogeln ist fast ausgeschlossen, weil die Mafia ihre eigenen Buchhalter in die Betriebe entsendet.«

Ein anderer Autor bestätigt[112]: »Am Theaterplatz, früher Platz der Revolution, geht Wladimir Iljitsch Lenin spazieren. Der Doppelgänger sieht wesentlich besser aus als der Verstorbene in der Gruft. Anatoli Kaklenkow selber ist überzeugt, daß er ›Lenin ähnlicher sieht als Lenin selbst‹, und lebt nicht schlecht davon. Es hätte mehr sein können, aber die *Hälfte* seiner Einnahmen muß er an die Mafia abliefern. Ein Schnappschuß mit ›Lenin‹ kostet 20 000 Rubel (6 Mark).«

Wiedemann[94]: »Es ist fast unmöglich, in Moskau Geschäfte zu machen, ohne die Mafia am Ertrag zu beteiligen.«

Sein »fast« macht uns Hoffnung.

Aber der Reporter schreibt weiter: »Wenn die Kaufleute noch nicht erpreßt werden, dann liegt das auch am Auftragsstau. In Teilbereichen boomt das Busineß in der russischen Hauptstadt so stark, daß die zuständigen Stadtteilbanden mit der Erfassung nicht nachkommen.«

Wie gesagt, die Zustände sind bekannt, keiner macht ein Hehl daraus. Aber diese Kenntnis ist von besonderer Art: Alle wissen davon, und zugleich weiß keiner etwas.

Vor kurzem fragten mich die Mitglieder eines Leipziger Wohl-
tätigkeitsklubs, die mich zu ihrem turnusmäßigen Forellenessen
eingeladen hatten, bei dem ich über Probleme Rußlands sprechen sollte, warum sie von dem, was ich erzählte, noch nichts
gehört hätten? Das könne doch wohl nicht stimmen – sie waren
vor zehn Jahren selbst übers Wochenende in Moskau, es war alles
wunderbar. Das ist doch wohl nur Schwarzmalerei des Referen-
ten. Ich konnte nur auf ähnliche Erfahrungen des »Spiegel«-
Journalisten verweisen[94]: In Moskau sitzt der BKA-Verbindungs-
mann. Aber sogar er erfährt nichts von der Schutzgelderpressung
der deutschen Geschäftsleute. Warum nicht? »Spiegel«: »Die
deutschen ›Bisnesmeni‹ haben auch ihre Omertà, ihr Gesetz des
Schweigens.«

Jetzt ist es an der Zeit zu fragen: Wie viele Unternehmer – von
der Babuschka bis zum Konzerninhaber – zahlen Schutzgelder?
Diese Frage wird ständig gestellt, es geistern verschiedene Studien, Schätzungen, Analysen, Hochrechnungen herum. Ich kann
eine Reihe von Zahlen, von 10, 30, gar 50 Prozent nennen.

Ist das so?

Man sollte wohl besser fragen: Wer bezahlt in Rußland keine
Schutzgelder? Ich kenne einen Geschäftsmann, nennen wir ihn
Walerij, der seinerzeit, zu Recht oder zu Unrecht, fünf Jahre
lang gesessen hat. Anfang der neunziger Jahre wollte er ein
Geschäft aufmachen. Er versuchte es mit einer kleinen Möbelbude – drei Leute, etwas schief gebaute Sessel. Das klappte
nicht. Danach wollte er eine kleine Ziegelei aufmachen. Ich
habe sogar die ersten Ziegel gesehen. Dann trennten sich unsere Wege.

Vor kurzem traf ich ihn. Nachdem wir einen Tag zusammen
verbracht hatten und ich ihn bei seinen dringenden Geschäften
begleitet hatte, sagte er mir: »Du siehst doch, was ich jetzt tue.
Anders ging's nicht. Eines Tages kamen Leute zu mir und verlangten ein Drittel. Dann die Steuern, Schmiergelder bei den
Behörden … Ich war auch ohne diese Forderung finanziell
nicht sehr flüssig. Soviel Geld konnte ich nicht aufbringen. Das

Komische daran war, daß derjenige, der das Geld verlangte, mit mir in einem Lager gesessen hatte. Er kannte mich, ich kannte ihn. Ich sagte ihm, daß ich nach der Hierarchie unter Kriminellen über ihm stünde und ihm das Geld nicht zahlen würde. Und für mich entschied ich, daß ich ein paar Leute brauchte, um diesen Kerlen den Marsch zu blasen.«

Die Pistole im Handschuhfach des Autos habe ich inzwischen auch gesehen.

»Und dann kamen zu mir andere, die meine Hilfe brauchten.«

Hernach hat er begriffen, daß nicht die Möbelbude oder die Ziegelei, sondern das Schutzgeldgeschäft die größten Gewinne bringt. Und blieb dabei.

Walerij zahlt nicht. Er nimmt. Aber er hat andere Verpflichtungen gegenüber dem Milieu, in dem er verkehrt. Er zahlt das Geld in den »Obstschak«, ein Zehntel der Gewinne. Es gibt auch andere Sätze.

Ich frage: Wer zahlt nicht? Wenn selbst die Babuschkas ihre Sätze haben, wenn ehemalige Gefängnisratten, die aussteigen wollten, zahlen, wenn Ausländer, die ihre Konsulate, Botschaften und BKA-Verbindungsleute haben, zahlen, wenn die Banken zahlen und die größten Märkte zahlen ... Wer zahlt nicht?

Ich habe nicht nur Walerij gefragt, ich habe auch andere Leute, die entsprechenden Kreisen angehören, die Frage gestellt: Wer zahlt nicht?

Und die Antwort lautete immer: Alle zahlen.

Das war erstaunlich, ich habe krampfhaft nach Leuten gesucht, die nicht zahlen.

Und tatsächlich, es gibt Betriebe, die nicht zahlen. Das sind vor allem total heruntergewirtschaftete staatliche Werke, die nicht mal die Löhne zahlen können – sie zahlen wirklich nicht. Aber die Direktoren solcher Betriebe, die ab und zu doch ein Schnäppchen mit Rohstoffen oder auch anderen hochbegehrten Produkten mit Ausländern machen und einen guten Teil davon in die eigene Tasche stecken, die zahlen brav. Die sind brav. Wer es nicht tut, ist tot.

Ich habe dann doch eine Formel, was die Schutzgeldzahlung anbelangt, in »Newsweek«[113] gefunden: »Wladimir Sipatschow, Inhaber von 30 großen Firmen, sagte, daß er keine Kopeke an die Mafia zahle. ›Es ist leichter, einen Gangster umzulegen, als ihm Geld zu zahlen‹, behauptet er.«

So wird Mord zum wichtigsten Geschäftsmechanismus des Landes eingestuft. Einer der bekanntesten Auftragskiller, der Killer Nummer eins der Russischen Föderation, war Alexander Solonik.

Beruf: Killer
Eine neue Berufsgruppe, die hoch in der Gunst der Jugendlichen steht

In Rußland herrscht ein Krimiboom, die Bücherregale sind vollgestopft mit einheimischen und importierten Reißern. Im Filmgeschäft sieht es ähnlich aus: Krimi, Sex, Krimi … Aber am liebsten lesen die russischen Bürger wahre Geschichten über ihre eigenen Robin Hoods. Alexander Solonik – ein starker und cooler Typ – ist ein Vorbild der jungen Generation. Die »Istwestija« dazu: »Falls es stimmt, daß es in Rußland eine Killer-Gewerkschaft mit einer bestimmten Hierarchie gibt, würde Solonik wahrscheinlich den Titel ›Verdienter Killer der Russischen Föderation‹ tragen.«

Hier sein Porträt.[114,115] Man zeigte Solonik in einer der bekanntesten Moskauer Diskos »U LIS'Sa« den »Dieb im Gesetz« Dlugatsch alias Globus. Solonik schoß mit einem Karabiner mit optischer Zielvorrichtung aus 40 Meter Entfernung. Dlugatsch war auf der Stelle tot. Genauso kaltblütig wurde auch Dlugatschs Komplize, Wanner, alias Bobon, erschossen. Nach seiner Festnahme gestand Solonik zwei weitere Morde: an Pritschinin, dem Anführer einer Gruppierung aus Ischim, und an Nikiforow, alias Kalina, der von Wjatscheslaw Iwan'kow, alias Japontschik, zum »Dieb im Gesetz« gekürt worden war. Wären diese

Morde nicht von ebenso grausamen Gruppierungen in Auftrag gegeben worden, könnte man ihn wirklich als Robin Hood sehen.

Sein Lebenslauf: Alexander Solonik wurde 1960 in Kurgan, einer abgelegenen russischen Provinz, geboren. Sein Vater war Lokführer, ein arbeitsamer Mensch, seine Mutter Krankenschwester. Alexander begann mit 15 Jahren zu ringen. Durch ständiges Training – in der Sportschule, in der Armee, im Straflager – brachte er es zur Meisterschaft. Ausbildung: Fachschule für Bauwesen. Armeedienst bei Panzereinheiten in Deutschland. Nach der Armeezeit – Arbeit bei der Miliz. Wegen unsittlichen Verhaltens in der Milizhochschule (sexuelle Belästigung) aus der Miliz entlassen. 1988 Verhaftung und Verurteilung wegen Vergewaltigungen in vier Fällen – acht Jahre Freiheitsstrafe. Im Prozeß erklärte er, daß er bestimmt nicht »sitzen« werde und drohte der Richterin, sie zu vergewaltigen. Nach der Urteilsverkündung tat er so, als wollte er seine Frau zum Abschied küssen, stieß den Wächter beiseite und floh aus dem Gerichtssaal. Die Fahndung blieb zunächst erfolglos; dann wurde er zwar verhaftet, konnte aber durch ein Abwasserrohr aus dem Straflager entfliehen. Vier Jahre wurde nach ihm gefahndet.

Vorletzte Tat: Solonik und der Schutzgelderpresser Monin erhielten den Auftrag, einige Kriminelle aus einer anderen Gruppierung »unschädlich zu machen«. Sie warteten vor dem Büro. Durch Zufall wurden sie festgenommen. Die Miliz, die eine Razzia auf dem Flohmarkt nebenan machte, hielt sie für Taschendiebe. Ohne sie zu durchsuchen, führten drei Milizionäre die Killer zum Revier. Solonik hielt seine 9-Millimeter-»Glock« unter dem Regenmantel bereit. Er schoß aus nächster Nähe, tötete alle drei und rannte davon. Mitarbeiter des Sicherheitsdienstes, die den Markt überwachten, jagten den Mördern nach. Die Killer verletzten noch drei Verfolger und erschossen einen Wachmann, der ihnen in die Quere kam.

»Moskau hat seit Oktober 1993 [dem von Jelzin angeordneten Kanonenbeschuß des Obersten Sowjets – V. T.] nie wieder so eine blutige Schlacht erlebt«, so die Zeitung. Monin entwischte. Solonik wurde in den Rücken getroffen und verhaftet.

Die »Istwestija« nennt Solonik »den idealen Liquidator«: unauffälliges Aussehen, gute Umgangsformen – raucht nicht, trinkt nicht, kifft nicht, starke Selbstdisziplin –, angepaßte, unscheinbare Lebensweise. Schließlich wurde ständig nach ihm gefahndet.

Geld: Allein für die Ermordung von Globus soll Solonik 50 000 Dollar bekommen haben. »Die Epidemie von Auftragsmorden, die in industriellen und kriminellen Zentren grassiert, zeigt: Der Killerberuf wird für unser Land zu etwas Alltäglichem – die Nachfrage fördert das Angebot. Höchstwahrscheinlich wird die Kunst des Tötens als hochprofitables Handwerk sogar gelehrt. Als die Miliz in Kurgan die Suchinformation ›schießt ausgezeichnet mit beiden Händen‹ erhielt, staunten Soloniks ehemalige Kollegen nicht schlecht. Solonik hatte sich während des Milizdienstes nicht gerade durch gute Treffsicherheit ausgezeichnet. Wenn er jetzt tatsächlich so hervorragend mit der Waffe umgeht, kann das nur bedeuten, daß man ihn ausgebildet hat, während nach ihm gefahndet wurde.«[*] Daß die Kriminellen nicht nur Killerschulen und »Waffenwaschanlagen«, die die Identität der einmal benutzten Waffen verschleiern, besitzen[116], sondern ein ganzes Hilfsnetz aufgebaut haben, zeigt allein die Tatsache, daß Solonik immer neue Identitätsdokumente und Unterkünfte nicht nur in Moskau, sondern auch in anderen Städten bekommen hat, irgend jemand hat ihn mit Geld und Waffen versorgt, irgend jemand hat ihn mit »nützlichen« Leuten bekannt gemacht.

Die Geschichte von Solonik hat noch eine Fortsetzung: Am 4. Juni 1995 floh er aus dem streng bewachten Sicherheitstrakt des berühmten Moskauer Gefängnisses »Matrosenruhe«. Die

---

[*] Nach meinen Informationen gibt es in der ehemaligen Sowjetunion tatsächlich eine Killerschule in Mittelasien, wo selbstverständlich nicht nur mittelasiatische Killer ausgebildet werden. Die »Iswestija« spricht – wenn auch mit Vorbehalt – von Killerausbildungszentren im Plural und von einer »Dispatcherabteilung«.

Moskauer Kriminalpolizei MUR bestätigte, daß Kriminelle dem Untersuchungsrichter schon seit langem eine große Summe für Soloniks Freiheit geboten hatten.[117, 118] Nach operativen Erkenntnissen stellte die Kurgan-Bande für die Befreiung Soloniks 1,5 Millionen Dollar zur Verfügung. Zur Flucht verhalf ihm ein Wächter.

18 Monate suchte die russische Kriminalpolizei nach Solonik und ortete ihn in Athen. Mit der griechischen Polizei wurde das weitere Verfahren abgesprochen. Am 31. Januar 1997 flog eine Mannschaft der Moskauer OK-Bekämpfer nach Athen, um die Verhaftung Soloniks zu begleiten. Als das Flugzeug bereits in der Luft war, erdrosselten Mafia-Killer Solonik in seiner Villa: Ihnen war Solonik im Gefängnis zu gefährlich.

Mit der absolut geheimen Information über die bevorstehende Verhaftung Soloniks waren nur je zwei bis drei Leute im Außenministerium, vom FSB (KGB-Nachfolger), in der Generalstaatsanwaltschaft und in den Grenztruppen vertraut. Irgend jemand von ihnen hat die Information an die Mafia verkauft. Einer der Ermittler – ohne Rang und Namen: »Wir wurden wieder verraten. Und man braucht nicht sehr delikat zu bleiben: Alle, ich betone, alle Staatsstrukturen, darunter das Innenministerium, sind mit Banditeninformanten vollgestopft.«[118-1]

Ein paar Zahlen aus der Statistik[119]:

- 1994 wuchs die Anzahl der Morde und Mordanschläge im Vergleich zu 1993 um das Doppelte – auf über 32 000 Fälle.
- 1992 wurden in Rußland 102 Auftragsmorde registriert, 1993 bereits 289 (Wachstumsrate zum Vorjahr 283 Prozent), 1994 gar 562 (Wachstumsrate zum Vorjahr 194 Prozent), darunter in Moskau 96 und in Sankt Petersburg 68.
- Die Aufklärungsquote liegt bei 22 Prozent.
- Die Mehrzahl der Morde wurde mit Feuerwaffen durchgeführt (386 Fälle) und mit Sprengsätzen (143 Fälle). Die Opfer sind:
- »Autoritäten« der Verbrecherwelt – 185,

- Geschäftsleute – 177,
- Menschen, die aufgrund der Privatisierung von Wohnungen getötet wurden – 49,
- Staatsdiener – 22,
- Finanzmanager – 12,
- Erdölhändler – 10.
- Allein in Jekaterinburg gibt es ungefähr 200 professionelle Killer.[120]
- Die Preise für ein Menschenleben sinken. Heute kostet ein »einfacher« Mord 500 Dollar, ein »komplizierter« etwa 10 000. Wenn das Opfer Leibwächter hat, werden pro Bodyguard 1000 Dollar zusätzlich gezahlt.

Drogen ...
Eines der profitabelsten Geschäfte der kriminellen Mafia sind inzwischen Drogen, obwohl ein Hütchenspieler auch bis zu 2000 Dollar täglich verdient

Früher war Rußland mehr auf Schnaps spezialisiert. Drogen waren einfach nicht »in«. Die Süchtigen nahmen höchstens Marihuana und ganz coole Typen Haschisch. Von Hanf hörte man in Rußland erstmals vor zehn Jahren, als Tschingis Aitmatows Roman »Die Richtstatt« erschien: Die Intellektuellen in Rußland erfuhren wieder einmal aus der schöngeistigen Literatur, was es im Leben alles gibt. Nach dem fast überall in Rußland wild wachsenden Mohn bestand überhaupt keine Nachfrage.

Rauschgiftabhängig waren meistens Verbrecher, die schon einmal im Gefängnis gesessen hatten. Ich kann mich erinnern, daß in meiner Kindheit ein bekannter Mann, der einmal wegen Mordes, also relativ lange, »gesessen« hatte, in der Apotheke ständig bestimmte Tabletten kaufte, die man damals ziemlich einfach bekommen konnte. So idyllisch und harmlos war das noch vor ein paar Jahrzehnten ... Die alten Kriminellen haben den Drogenmarkt weder erkannt noch erschlossen.

Aber die neuen Geschäftsleute sind bestens informiert. Der Gesamtumsatz der Drogenmafia in der Welt beziffert sich auf mindestens 400 Milliarden Dollar, so die internationale UNO-Konferenz für die Bekämpfung der Organisierten Kriminalität.[121] Das war Grund genug, der jungen und älteren Generation in Rußland Drogen anzubieten. Seitdem stieg (in den letzten fünf Jahren) die Menge der beschlagnahmten Drogen von 15 Tonnen auf 85 Tonnen pro Jahr[122], mehr als 20 000 Verbrechen jährlich geschehen im Zusammenhang mit Rauschgift. Marihuana ist für die Kinder geblieben, im Kommen sind harte synthetische Drogen mit in Rußland ungewöhnlichen Namen: LSD, Trimethylphentanyl, Phencyclidin. Unter den beschlagnahmten Drogen ist »Synthetik« mit weniger als 800 Kilogramm vertreten, aber dazu muß man wissen, daß die Dosis oftmals nur einen Bruchteil von einem Gramm beträgt und mehrere hundert Dollar kostet: bis 400 Dollar für eine Dosis Kokain.

Rußland hatte immer sehr gute Chemiker. Jetzt sind die chemischen Forschungsinstitute stillgelegt, viele Chemiebetriebe, auch aus dem Militärbereich, laufen auf Sparflamme – man hat genug Rohstoffe und Halbfabrikate, sogenannte Präkursoren, für die Drogenherstellung auf Lager, und es gibt genug arbeitslose Chemiker. Die Mafia stellt sie ein.

1979 haben amerikanische Chemiker 0,2 Gramm Trimethylphentanyl hergestellt – und waren begeistert ... Zehn Jahre später lieferten junge russische Chemie-Genies schon 600 Gramm »weiße Chinesen« (wie Trimethylphentanyl manchmal genannt wird) – auf Bestellung der Mafia. Und das hatten sie nach einer absolut originellen Methode hergestellt, unter Umgehung der elf lästigen traditionellen Phasen der organischen Synthese.[123]

Ein einziges Labor in Kasan (es gab auch noch andere) stellte 150 000 Einheiten »weiße Chinesen« her. Miliz und Spezialdienste konnten nur etwa ein Zehntel davon abfangen. Wenn wir annehmen, daß auf der Straße in Moskau eine Dosis Trimethylphentanyl mindestens 200 Dollar kostet, dann muß man das mit 150 000 multiplizieren ... Schon 1991 erzielten die Bosse dieses

Syndikats durch den Vertrieb von Trimethylphentanyl über eine Milliarde Rubel (damals Dutzende Millionen Dollar) Reingewinn. Wie gesagt, es handelte sich nur um ein einziges Labor ... In Moskau, Sankt Petersburg und anderen Städten produzierten Chemiespezialisten auch Phencyclidin. Eine Dosis kostet heute 350 Dollar.

Es versteht sich von selbst, daß der Vertrieb von Drogen in solchem Ausmaß auch entsprechende Vertriebsnetze und Infrastrukturen erfordert: Kuriere, Dealer, Geldwäschemechanismen ... Die großen Verdienstmöglichkeiten ziehen junge Leute, die Geschäftsmänner werden möchten, zur Mafia. Statistiken der Miliz zufolge werden 80 Prozent von ihnen drogenabhängig, was schließlich der Mafia auch Gewinn bringt – sie konsumieren.

Wenn früher alle 5 bis 10 Jahre ein neues Rauschgift-Produkt auf dem sowjetischen Markt auftauchte, so sind es heute bis zu drei Präparate jährlich.

Wir wollen soziale und gesundheitliche Folgen außer acht lassen und unser Augenmerk nur auf die für die Akkumulation des Kapitals ausschlaggebenden Gewinne und den relativ engen Kreis der an den Gewinnen beteiligten Personen richten. Ein weiterer wesentlicher Aspekt ist, daß die Gelder in das kriminelle Milieu fließen. Wir wissen also genau, mit welchen Geldern und durch wessen Hände in die Zukunft Rußlands investiert wird.

Die Drogengeschäfte sind so profitabel, daß auch »Weißkragen«–Verbrecher davor nicht zurückscheuen. Um die Größenordnung ihrer Drogengeschäfte zu verstehen, um das Ausmaß zu überblicken, erinnern wir an einen Artikel in der »Komsomolskaja prawda«[124]. Der tschetschenische Rebellenführer Dshochar Dudajew wurde wahrscheinlich von der internationalen Drogenmafia ermordet, vermutet die Zeitung. Demnach waren Dudajew und die mit ihm verbündeten Rebellen in den Drogenhandel verwickelt, hatten mit ehemaligen ranghohen KGB-Offizieren im Herbst 1991 die Gruppe »Sodrushestwo« (Gemeinschaft), einen weltweiten Rauschgiftring, aufgebaut. Als Dudajew und seine Männer sich selbständig machen und die Drogenmafia ausbooten wollten, sollen die Narko-Barone den Mordbefehl erteilt haben. Man mag diese sehr politisch gefärbte Geschichte glauben oder nicht, interessant ist noch etwas anderes.

Die Drogen wurden aus Afghanistan, Birma, Pakistan und Kolumbien nach Tschetschenien gebracht und von dort nach Rußland, Deutschland, in andere europäische Staaten und in die USA weitergeleitet. Nach Europa wurde Heroin – 1994 etwa 30 Tonnen – hauptsächlich über Beirut geliefert, später wurden Heroin und Kokain vor allem über Georgien und Litauen westwärts geschleust. Dem Bericht zufolge benutzten die Tschetschenen zum Drogenschmuggel Militärhubschrauber und die russischen Armeeflugplätze in ihrem Gebiet sowie in Usbekistan.

1994 sollten die Tschetschenen den Drogentransit durch den Kaukasus gen Westen auf eigene Rechnung organisiert haben. Bis zur Zerstörung durch russische Bomber im Januar 1995 hatten die Tschetschenen bei Kurtschaloj eine Drogenfabrik, die aus Opium Heroin und Morphin herstellte ...

Handelsbeziehungen bestanden zur sizilianischen Mafia und zu kriminellen Banden der Kosovo-Albaner sowie zur rumänischen Zigeunerbande »Guaredija« des Ex-Securitate-Mannes »Doktor Dumitru«. Noch heute sollen die kriminellen Tschetschenen Heroin mit Mi-8-Hubschraubern über die abtrünnige georgische Region Abchasien via Rumänien nach Westeuropa liefern, früher wurden 15 Tonnen unter zypriotischer Flagge nach Amerika verschifft.

Im Gegenzug transportierte die kolumbianische Narko-Mafia ein Drittel des 1994 nach Europa gelieferten Kokains über Georgien. Seit 1995 wird kolumbianisches Kokain vor allem über das Balitkum nach Westeuropa geschleust. 1995 gelangten auf diesem Wege – vor allem vom Hafen Klaipeda nach Rügen – 15 Tonnen Drogen nach Westen.

Einige aufschlußreiche Fragen: Welche Hubschrauber sollen eingesetzt werden, um von Tschetschenien aus Drogen in die Welt zu liefern? Woher kommt der Sprit, wenn die Tanks leer sind? Wo sind die Landeplätze? Wer erteilt die Genehmigungen zum

Überflug der Grenzen? Wie werden die Navigationsprobleme gelöst – man kann doch nicht weltweit blind, ohne Funkverbindung mit der »Erde«, fliegen? Wer koordiniert das Ganze? Wer steckt dahinter?

Die Story ist so konzipiert und zu einem bestimmten Zeitpunkt – der Präsidentenwahl in Rußland – herausgebracht worden, daß man die politischen Absichten der Drahtzieher in der Nähe des jelzintreuen Geheimdienstes FSB, eines KGB-Nachfolgers, vermuten kann. Deshalb würde ich von politischen Schlußfolgerungen Abstand nehmen. Das einzige, das wir daraus entnehmen dürfen, ist der Maßstab: Der Drogenhandel in Rußland wird nicht von zwei Studienabgängern betrieben. Es geht nicht um Kilogramm und ein paar tausend Dollar. In Rußland gibt es offiziell 300 000 *Hart*drogenkonsumenten, zwei Millionen Drogenabhängige; die Dunkelziffer wird zusätzlich auf vier Millionen geschätzt.[125] In Moskau gab es 1994, nach Angaben der Miliz, 500 000 Drogensüchtige[126], medizinisch behandelt wurden etwa 3000; in einigen Regionen machen die Konsumenten 11 bis 15 Prozent der Bevölkerung aus. Allein 1994 wurden in Rußland etwa 500 geheime Labors und über 700 Drogenlokale und Rauschgifthöhlen von der Miliz ausgehoben.[122]

Die Milizexperten beziffern die Drogenumsätze (1995) auf 750 bis 800 Millionen Dollar. Dabei gehen sie von seltsamen Preisen aus, wonach eine Einwegspritze mit Amphetamin nur zwei Dollar wert sei[122-1], obwohl in der Szene das billigste Zeug – Haschisch, Mohnopiate – unter 10 Dollar pro Dosis nicht zu bekommen ist. Das Kapital, das in Rußland im Drogenspiel ist, beläuft sich mit Sicherheit auf Milliarden Dollar. Allein von Anfang 1996 bis Herbst 1997 wurden in Rußland ca. 50 Tonnen kolumbianischen Kokains[211-1] im Marktwert von 10 Milliarden Dollar beschlagnahmt. Solche kolumbianischen Lieferungen, so die »Washington Post« im Herbst 1997, sollen mit U-Boot, Hubschrauber und Boden-Luft-Raketen von der Mafia bezahlt werden.[211-2] Die Tendenz – rapide steigend. Der Direktor der Moskauer Spezialklinik für Opiumabhängige, Sergei Mostschewitin, prophezeit: »Es ist möglich, daß der ›Rauschgift-Boom‹, der in den sechziger und siebziger Jahren Westeuropa und die USA erfaßte, uns und der ganzen Welt im Vergleich zu Rußland bald als ein naiver Streich von Studenten und Rockstars anmutet.«

Autodiebstahl ...
Etwas weniger profitabel, dennoch für die Mafia nicht uninteressant

Im Dezember 1996 fand in Moskau ein kleines Fest der verbrüderten deutschen und russischen Polizisten statt. Die Russen übergaben den deutschen Kollegen anläßlich der Feier einen Mercedes 200 E mit dem markanten Kennzeichen B-3000. Das war kein Geschenk: Das Auto gehörte dem Berliner Polizeipräsidenten Hagen Saberschinski und war auf Bestellung gestohlen und per Flugzeug nach Rußland gebracht worden.[127] Der Autoeigentümerwechsel wird vorwiegend in Deutschland vollzogen. (Frankreich ist zu weit weg, Polen und Tschechien sind nicht so gut mit Mercedes etc. bestückt und werden nur als Lager und Werkstatt benutzt). Für uns ist wieder die Größenordnung maßgebend. Die Zeitung »AiF« befragte dazu Generalleutnant Wladimir Fjodorow, den Verwaltungsleiter der Verkehrsinspektion des russischen Innenministeriums.[128]

»AiF: Es gibt eine Information, wonach 90 Prozent der Mercedes und BMW im Land gestohlene Autos sind ...

Fjodorow: Zum Glück ist das eine Legende ...

AiF: Wie stehen die Chancen, ein Auto wiederzufinden?

Fjodorow: Fifty-fifty. 1993 fanden wir 60 000 Autos, die als gestohlen gemeldet waren.«

Also werden jährlich insgesamt etwa 120 000 Autos gestohlen! Wenn man bedenkt, daß der Preis durchschnittlich bei 10 000 Mark liegt (3000 bis 4000 für einen Lada und 30 000 bis 40 000 pro Mercedes) sind das 1,2 Milliarden Mark. Aber damit sind nur die in Rußland gestohlenen Autos erfaßt, die Autos, die die russische Mafia im Ausland stiehlt, sind nicht berücksichtigt! Beweise für ihren Transport nach Rußland fehlen selbstverständlich. Wenn also ein Auto gefunden wird, das auf der Interpolliste steht, kommt es nicht in die russische Statistik.

Wie viele Autos im Ausland gestohlen und nach Rußland gebracht wurden, ist unbekannt.

»Fjodorow: In Krasnodar haben wir an die 50 Autos gefunden, die von Interpol gesucht wurden ...«

Krasnodar ist zwar eine sehr kriminelle Gegend, aber noch viel krimineller sind zum Beispiel Moskau und Sankt Petersburg. Das legt die Vermutung nahe, daß die Zahl der gestohlenen (und wiedergefundenen) Autos mindestens bei 2000 bis 3000 liegt. Schätzung, Überschlag, Überblick ... Wie nah sind wir damit der Wahrheit?

Total daneben!

Es gibt verläßliche Zahlen: 1993 wurden allein in Deutschland, Italien und Frankreich 751 000[129] Autos gestohlen, die Kapazität eines Autowerks von Weltrang! Sie glauben doch nicht, daß der Anteil der von der Russenmafia geklauten Autos nur bei 0,3 Prozent liegt. Nach Erkenntnissen der russischen Miliz haben 40 Prozent der in Westeuropa gestohlenen Autos in Rußland neue Besitzer gefunden.[115] Also sage und schreibe 300 000 Autos bester Qualität.

Wieviel Dollar mag das der Mafia gebracht haben?

Waffenschieberei ...
Illegaler Waffenverkauf ist selbstverständlich die Domäne des Militärs, aber ...

Die kriminelle Mafia hat auch dabei beide Hände im profitbringenden Spiel. Es gibt verschiedene Wege, Waffen »zu beschaffen«, vom Diebstahl in den Militärwaffenlagern bis hin zu eigenen illegalen Waffenwerken – wie z. B. in Udmurtien und Tatarstan.[106]

Die Waffen wurden von der Mafia vorwiegend dorthin geliefert, wohin man legal nicht liefern darf, so in UN-Embargo-
regionen, jedoch stehen bei Waffenbeschaffung, Bereitstellung
von Transportmitteln und Kontakten zu den Käufern staatliche
Behörden der Mafia zur Seite. Das ist – auch für die staatlichen
Stellen – in mehrfacher Hinsicht vorteilhaft. Erstens, wenn der
Deal schiefgehen sollte, geben sich die Behörden unbeteiligt,
zweitens braucht der Staat sich nicht um den Transport und die
finanzielle Abwicklung zu kümmern, und drittens können die
Staatsdiener dabei Bares auf die Hand bekommen. Folglich engagieren die Staatsdiener selbst die Mafiosi zur Erledigung solcher Geschäfte.

Es werden nicht nur Kalaschnikows und Panzer, Granatwerfer
und Raketenkomponenten verscherbelt, sondern auch sensiblere
Sachen.

Russische und ausländische Rechtsschutzorgane – darunter
Georg Weiss, der Chef des Zollamtes der USA – haben Spuren
der Mafia auch bei der Veräußerung von Kernwaffen- und Bio-
waffenkomponenten, seltenen Metallen und Raketensystemen
gefunden. [42, 59, 130] Vor kurzem wurde auch der Diebstahl von
Atomwaffen[131] bestätigt, was früher alle zwar vermutet, die russischen Behörden aber immer wieder geleugnet haben. Der Journalist Alexejew beschreibt, wie sich die Banditen als Herren der
größten und bis in die letzte Zeit geheimsten Chemiewaffenfa-
brik in Tschapajewsk (mit dem schlichten Namen »Werk für
Meßgeräte«) aufführen.

Nicht nur der Export, sondern auch der Import von Waffen
bringt Gewinne. Aus den USA, aus Deutschland, den baltischen
und anderen Staaten wurden Waffen nach Rußland geliefert.[99]
An dem Deal sind vorwiegend die »ausländischen Filialen« der
russischen Mafia beteiligt.

Und so läuft das ab. In Tallinn (Estland) gibt es ein Handelshaus
»Kontor+«. Es ist den russischen Behörden bekannt, weil es
Schußwaffen von Estland nach Rußland schmuggelt.[132] Mal
befinden sich in einem Heringsbehälter fünf bis sechs Pistolen,

mal liegen in einem Karton mit Sprottenkonserven »zufällig«
Dutzende von fabrikneuen, gut eingefetteten Pistolen »TT«.
Eines Tages wurde auf dem Moskauer Flughafen der Chef des
Handelshauses Kontor festgenommen – wegen unerlaubten
Waffenbesitzes. Die Staatsanwaltschaft leitete ein Kriminalver-
fahren ein. Aber bald ließen die barmherzigen Diener der Justi-
tia den Geschäftsführer gegen eine Nichtausreiseerklärung frei.
Selbstverständlich floh er als estnischer Bürger sofort nach Tal-
linn.

1994 verschwanden in Estland spurlos 30 000 offiziell eingeführte Pistolen »TT«, schrieb eine estnische Zeitung. Ein gewisser Teil versickerte im kriminellen Milieu Estlands, der Rest aber
in Rußland, im Gebiet von Pskow und Moskau.

In letzter Zeit stellte Estland zwei Rekorde auf, die für das
Guinnessbuch geeignet wären. Erstens belegte Estland, ohne
eigene Erzvorkommen zu besitzen, einen vorderen Platz im
europäischen Buntmetallexport – dank dem Schmuggel aus Rußland. Und zweitens ist das kleine Estland der absolute Champion
im Waffenschmuggel nach Rußland. Natürlich sind an den
Schmuggelgewinnen auch russische Kollegen beteiligt. Nach
Schätzungen von Fachleuten nähert sich der Jahresumsatz der
Millionen-Dollar-Grenze.

»TT« wird zur Lieblingswaffe der Sankt Petersburger Banditen. Die »Tambow-Gruppierung«, die »Kasan-Gruppierung«
und andere bestellen regelmäßig 40, 70, 100 Pistolen. Nicht selten hat ein Gangster zwei oder drei Schießeisen. 1994 wurde
jeder fünfte Ermordete erschossen, insgesamt 183 Menschen,
fünfmal mehr als 1990. Aber »TT« und »Makarow«, »Stetschkin« und »Walther«, »Parabellum«, »Glock« und »Magnum«
reichen den kriminellen Gruppierungen nicht mehr, sie bestellen
schon große Ladungen Maschinenpistolen und Maschinengewehre, so die Zeitung.

Das ist nicht verwunderlich: Die Waffen kommen aus Tschechien, der Slowakei, Jugoslawien, Polen, China, Österreich und
bringen den Schiebern bis zu 400 Prozent Gewinn.

Die Jagd nach Kunstschätzen ...

Wenn die Deutschen genug bezahlten, würde die Mafia ihnen auch den Goldschatz von Troja auf den Pergamonaltar legen

Im Dezember 1994 wurde Dmitrij Jakubowski, bekannt als »General Dima«, in Moskau festgenommen. Man warf ihm vor, den Diebstahl wertvoller Bücher aus dem 7. bis zum 19. Jahrhundert aus der Russischen Nationalbibliothek in Sankt Petersburg vorbereitet und ausgeführt zu haben. Der Gesamtwert der gestohlenen Bücher liegt zwischen 100 und 300 Millionen Dollar.[133]

Jakubowski ist kein Krimineller, sondern der ehemalige Immobilienverwaltungschef der Westgruppe der russischen Streitkräfte, der ehemalige Berater des ersten stellvertretenden Verteidigungsministers sowie der russischen Regierung und ehemaliger Berater des Generalstaatsanwalts von Rußland in internationalen Rechtsfragen, der zu Auswertungen geheimer Unterlagen in den Sicherheitsrat Rußlands geladen wurde.

Vielleicht machte erst dieser Fall der Öffentlichkeit das Problem des Raubs und der Ausfuhr von Kunstschätzen aus Rußland bewußt, obwohl schon in den ersten Perestroika-Jahren vor allem Kirchen-Antiquitäten *zugweise* nach Ostdeutschland gingen, die dann mit Hilfe der Westtruppe der sowjetischen Streitkräfte verscherbelt wurden. Offiziell ist nur ein Fall bekannt, in dem zwei Eisenbahnwaggons mit Ikonen, Kirchenliteratur, Kirchenutensilien am Grenzübergang Brest von einem Militärzug mit Waffen und Uniformen abgekoppelt wurden.[134] Die Experten bezeichnen diesen Eifer des Zolls als Ausnahme.

Laut russischen Sonderdiensten gibt es in der Szene mehrere Dutzend von kriminellen Gruppierungen mit Verbindungen ins Ausland, vorwiegend nach Deutschland, England und die USA. Daß es sowohl in Rußland als auch im Westen hart auf hart geht, beweisen die Morde an Galeriebesitzern und Kunsthändlern in Frankreich, Deutschland, Kanada. In Moskau wurden der weltberühmte Sammler Kostaki und der Besitzer einer der besten Fotosammlungen Sinowjew umgebracht. Nur durch ein Wunder

blieb der Sammler Magiz am Leben, wurde aber ausgeraubt; Seltenheiten aus seiner Sammlung tauchen jetzt regelmäßig auf den
Londoner Auktionen auf.[134] Wie die Analysen zeigen, nimmt der
Schmuggel von ausgewählten Sammlungen, von einmaligen
historischen und kulturellen Werten, die Gemeingut des russischen Volkes sind, immer größere Ausmaße an.

1992 wurden die Verbrecher festgenommen, die Gemälde von
Aiwasowski, Polenow, Wassiljew, Sawrassow aus der Moskauer
Tretjakow-Galerie ins Ausland verschieben wollten. 1993 wurden auf einen Schlag 200 Bilder und Kunstwerke des russischen
Goldschmieds Carl Fabergé beschlagnahmt.[42] Seine Miniaturen,
unter anderem Ostereier, hatte er seinerzeit für die Zarenfamilie
angefertigt. Mitte 1997 hat die Bremer Polizei einen Mann festgenommen, weil er drei Bilder – vermutlich aus der Staatlichen
Kunstsammlung Dresden – anbieten wollte. Die Bilder wurden
den Angaben zufolge 1945 als Kriegsbeute nach Rußland transportiert.[109] Jetzt kommen sie auf anderem Wege zurück. Die
Sache mit den Troja-Schätzen ist eben kein Witz …

Leichte Beute haben die Diebe auch deshalb, weil es in Rußland kein Verzeichnis der Kunstschätze gibt, die sich in den
2 500 Museen, 20 000 Kirchen und ungezählten Galerien, Ausstellungen und privaten Sammlungen befinden. Im Dezember
1994 benachrichtigte die polnische Interpol ihre russischen Kollegen, daß Gemälde von Tropinin, Fedotow und Glasunow nach
Polen eingeführt worden seien. Die Russen fanden aber die Bilder nicht unter den als gestohlen gemeldeten. Im Dezember 1995
wiederholte sich das gleiche mit 19 Ikonen. Einige Ikonen sind
bekanntlich etwa eine Million Dollar wert.

Zur selben Zeit wurden bei »Sotheby's«, einem der bekanntesten Auktionshäuser der Welt, vier Gemälde russischer Meister
zum Kauf angeboten. Die russischen Behörden konnten nicht
nachweisen, daß die Bilder gesetzwidrig aus dem Land ausgeführt worden waren – eben weil sie nicht registriert sind.[135]

Die Tendenz ist eindeutig steigend: Wurden 1993 »nur«
4 500 Kunstgegenstände an den Grenzen vom Zoll beschlag-

nahmt, so waren es in der ersten Hälfte 1994 schon 7000, »die vorwiegend«, so die Sachkundigen, »von großem künstlerischen und historischen Wert sind«.[42] Die Erfolge der Zollbeamten verblassen aber vor der unter den Kunsthändlern bekannten Tatsache, daß an den Grenzen – auf beiden Seiten – auch »Schmuggelfenster« für zahlungskräftige Kunden existieren. Für 7000 bis 10 000 Dollar schaut keiner in den geschlossenen Container, so die Insider. Zur Zeit (1997) schmuggelt *jeder* Händler zwischen 30 und 500 Antiquitäten *wöchentlich*. In Rußland gibt es ca. 10 000 legale, halblegale und illegale Kunsthändler.[134] Im Ausland – in Italien, Deutschland, Israel, den USA, Frankreich, England – gibt es mehr als 100 legale Geschäfte, die mit Kunstschätzen aus Rußland und der GUS handeln.[168-1]

Diamanten und andere edle Sachen ...
Die Ausstrahlung der Steine hat eine unwiderstehliche Anziehungskraft

Schon in den siebziger und achtziger Jahren gab es Verbrechergruppen, die sich mit Diamantendiebstahl befaßten. Rohdiamanten wurden direkt aus den Förderunternehmen gestohlen.[136] Später fand man andere, noch effizientere Möglichkeiten, Diamanten zu entwenden. Um Hunderte Millionen Dollar wurde der Staat betrogen, weil Spezialisten den Preis der Diamanten bewußt weit unter Wert ansetzten. Als dies aufgedeckt wurde, war nicht mehr festzustellen, ob die Betrüger drei oder 30 Jahre in dieser Weise verfahren waren.[137]

Mit den neuen Zeiten entwickelten sich auch neue Ideen der Bereicherung. Eine davon war die Idee der russischen Unabhängigkeit von dem Diamanten-Weltmonopolisten »De Beers«. »De Beers« hatte die russische Diamantenindustrie 30 Jahre lang bluten lassen. 95 Prozent der Rohdiamanten wurden aufgekauft und – nach dem Schliff – auf den Markt gebracht. Die russischen Verluste (Scheinverluste nach dem Prinzip, »was wäre, wenn ...«)

wurden auf Milliarden Dollar beziffert. Die neuen unabhängigen russischen Staatsdiener denken an ein neues Konzept der Verkaufsstrategie: Selber fördern, selber schleifen, selber verkaufen. Wenigstens einen bedeutenden Teil der Produktion. Man fand eine amerikanische Firma, »DAD⁺«, die bereit war, die Schleifarbeiten zu übernehmen und die Steine geschliffen zurückzugeben. Jahrelang lieferte Rußland die Steine nach den USA, die Firma aber wollte die Steine nicht zurückliefern. Verlust (für Rußland, bzw. Gewinn für die Firma): zwischen 180 und 400 Millionen Dollar. Die Geschichte wäre nicht so interessant, wäre der Firmenchef nicht ein ehemaliger Russe und ein Verwandter des Stellvertreters des russischen Finanzministers, der für Diamanten zuständig war.[138] Der »diamantene« Geschäftsführer der »DAD«, glänzt seitdem durch Abwesenheit.

Allein 1994 wurden von Miliz und Zoll 1400 Fälle von Edelmetall- und Edelsteinschmuggel aufgedeckt, dem Staat wurden Hunderte Kilogramm Gold, Platin, Silber und 360 Karat Diamanten zurückgegeben – insgesamt im Wert von etwa 300 Millionen Dollar.[109] 1996 waren es schon immerhin über eine Tonne Gold und Silber, die beschlagnahmt wurden ... Man arbeitet nicht mit Kleinkram: Ein Geschäftsmann mußte sich auf einmal von unrechtmäßig erworbenen 61 Kilo Gold verabschieden.[280] Aber, wie man weiß, würde kein Schmuggler weiter schmuggeln, wenn man seine ganzen Vorräte beschlagnahmt hätte. Der Schmuggel hört aber nicht auf, also gibt es immer noch genug zu schmuggeln, und das bringt Geld. Die Fachleute reden von einem Milliardendollargeschäft.

Schnäppchen Schnäpschen!
Ohne Wodka läßt es sich in Rußland schwer leben

Das ist eine alte Tradition: Geburtstag, Hochzeit, Begräbnis, 1. und 2. Mai, 23. Februar (Tag der Sowjetarmee, der als Vatertag gefeiert wird), Frauentag am 8. März, Silvester, Weihnachten,

Urlaubsanfang, Urlaubsende, Lohntag, Sonnabend und Sonntag, ein guter Kauf, 7. November (Tag der Oktoberrevolution), Ostern, eine gute oder eine schlechte Nachricht, Treffen mit Freunden, Geschäftsabschlüsse, Reparatur des Wasserhahns, Sieg der Fußballmannschaft und erst recht die Niederlage – alles ist ein Grund zum Trinken. Aber auch ohne Grund wird in Rußland fast jeden Tag tüchtig gebechert. Nach der russischen Fachstatistik passiert die Hälfte der schweren Verletzungen und Totschläge bei gemeinsamen Saufgelagen.

Es geht uns hier keinesfalls um moralische Werte. Im Gegenteil, wir haben die Moral als solche weit weg geschoben, da wir mit diesem Instrumentarium vielen unmoralischen Dingen, die sich peu à peu entwickeln, nicht beikommen können. Ich bitte die Leser, die Untersuchungsmethoden nicht mit meinen Überzeugungen und Ansichten zu verwechseln, wenn sie das Gefühl haben, ich redete unmoralisch oder ginge bis an die Grenze des Zynismus. Wenn ich z. B. über das Sterben von Armen und Kranken, von Verkrüppelten und völlig Gesunden in dieser Gesellschaft spreche und sage, daß das »für die Entwicklung des Landes vorteilhaft ist«, so heißt das nicht, daß ich diese Entwicklung begrüße, daß ich die Entwicklung und die Interessen des Landes über das Leben des einzelnen Menschen stelle. Der Mediziner, der einem Kranken die Diagnose stellt, wird auch nicht daran gemessen, wie er zu dieser Krankheit und ihrer Ursache persönlich steht.

Also viel Wodka zu trinken, ist schlimm (und auch Rauchen gefährdet die Gesundheit), und das wissen alle Leute in Rußland. Und trinken dennoch … Wodka ist in Rußland traditionsgemäß billig. Er war immer billig, stieg etwas höher im Preis zur Zeit Gorbatschows, der das Saufen verbot. In den USA war die Zeit der Prohibition die Blütezeit des Gangstertums, und so ist es auch in Rußland. Zur Zeit ist eine Flasche »Moskowskaja« für durchschnittlich zwei bis drei Dollar zu haben.

Ausländischer Wodka, Sekt, Whisky, Kognak, Rum, Likör, Wein ist ebenfalls reichlich im Angebot: In jeder Bude, die Alkohol vertreibt, gibt es etwa 20 Prozent »russische« Erzeugnisse, der Rest kommt aus aller Herren Länder.* Auf den Etiketten kann man alle Sprachen der Welt erkennen, für Geographieschwache eine gute Lektüre. Und die Aufmachung! Etiketten in Gold, Silber, Rot, Blau, Gelb, Grün, Pink und vielen allen anderen kaum vorstellbaren Farben! Ein Papagei ähnelt im Vergleich zu den Schnapsbuden einer unauffälligen grauen Maus. Ich würde manche Flasche nur wegen des Etiketts kaufen, doch wohin mit dem Inhalt ...

Um die einheimischen Produzenten vor der penetranten westlichen Konkurrenz zu schützen, hat die Regierung hohe Zölle und Akzisen eingeführt. Ich dachte, nun würden alle Pompadour-Sekte und Rasputin-Schnäpse verschwinden – aber nein! Alles ist beim alten geblieben. Und der Rachenputzer ist nicht einmal teurer geworden. Ist das ein genauso unerklärliches Phänomen wie das der russischen Seele?

Also noch mal: Die Produktion einer Flasche Korn kostet in Europa auch einen Dollar. Für einen Dollar könnten Sie die Flasche eventuell, wenn es Ihnen gelingt, beim Großhändler bekommen. Aber das ist sehr knapp gerechnet. Hinzu kommen noch die Transportkosten, sagen wir ein Dollar pro Flasche. Die Zölle für Schnaps betragen in Rußland 300 Prozent.[139] Das heißt, der Einfuhrpreis an der Grenze beträgt allein schon 6 Dollar. Rechnet man noch einen Dollar für den Transport innerhalb Rußlands, die Handelsspanne und andere Ausgaben dazu, so müßte die Flasche mindestens 10 Dollar kosten. Aber sie kostet

---

* Eine Nebenerscheinung, die dem Schmuggel wirtschaftlich gleichgestellt ist, ist der Import von akzisefreiem Schnaps. Solche Vergünstigung wurde den gemeinnützigen Vereinen – den Sportvereinen, der Gesellschaft der Gehörlosen, dem Fonds der Veteranen des Afghanistankrieges und vielen anderen – gewährt. Milliarden Dollar werden hier umgesetzt. Die Verluste, die der Staatshaushalt wegen dieser Vergünstigungen hinnehmen mußte, beliefen sich allein 1994 auf mehr als 400 Millionen Dollar.[139-1] Diese Tätigkeit, die riesige Gewinne bringt, ist stark kriminalisiert. Dafür sprechen nach Angaben der Untersuchungsrichter die Auftragsmorde an dem Vorsitzenden der Afghanistankämpfer Lichodej, seinem Nachfolger, dem Präsidenten der russischen Hockey-Föderation, Sytsch, und mehrere andere Terroranschläge.[140]

eben nicht 10 Dollar, sondern nur 2 und ist damit eine sehr starke Konkurrenz für das einheimische Feuerwasser. Wie ist das möglich? Wird geschmuggelt? Beim Schmuggel entfällt die Akzise, aber Transportkosten und Handelsspanne bleiben. Die Schmuggler selbst müssen entlohnt werden und zwar nicht schlecht. Wie also kommt man zu diesem wundersamen Preis?

Ganz einfach: Der meiste »Importkorn« wird in russischen »Hausbrennereien« hergestellt. Auch Flaschen sind das Werk einheimischer Erfinder, die Etiketten wurden zum Teil im Ausland gedruckt, zum Teil in russischen mit westlichen Maschinen ausgestatteten Druckereien. Mehr steckt nicht dahinter.

Kaum zu glauben?

Ich war total perplex, als ich im Freundeskreis (siehe Kapitelanfang) eine mitgebrachte Flasche »Rasputin« öffnen wollte und jemand mich fragte: »Sind auf dem Etikett ein Rasputinporträt oder zwei?« – »Zwei«, sagte ich verwundert. »Ist das so wichtig?« Die Freunde überhörten meine Bemerkung. »Ist auch ein Rasputin auf dem Flaschenhalsaufkleber?« Ich sah mir die Flasche noch einmal genauer an und stellte fest, daß auch der dritte Zarenliebling auf dem Etikett abgebildet war. »Und zwinkert er?« Das war mir zuviel. Warum sollte Rasputin mir noch zuzwinkern? Da ich zögerte, nahm mir jemand die Flasche aus der Hand und wendete sie sorgfältig hin und her, so wie einen Geldschein, wenn man feststellen will, ob die notwendigen Sicherheitsmerkmale vorhanden sind.

Sicherheitsmerkmale? Tatsächlich, man erzählte mir, daß die Produktionsfirma sich jetzt einige pfiffige Methoden einfallen ließ, um ihr Fabrikat zu schützen. Das Handelshaus der Nachfolger P. Smirnows, die den berühmten »Smirnoff« herstellen, füllen ihre Erzeugnisse nur in außergewöhnliche Flaschen ab und verschließen sie mit einem raffinierten Korken und Alufolie, auf der Smirnow selbst zu sehen ist.

Aber man muß ja nicht gerade diesen Wodka fälschen. Mit einem billigen Gesöff läßt sich eher schnelles Geld machen. Auf welche Weise? Vor Silvester 1996 wurde in Moskau die Flasche

»Kristall«-Wodka – angeblich aus Moskauer und Kalugaer Betrieben – für 8000 Rubel (etwa 1,7 Dollar) die Flasche verkauft. Relativ preiswert, dachten ausgerechnet jene, die sogar für ein Stück Brot jeden Rubel zusammenhalten müssen. Sie wußten natürlich nicht oder dachten nicht daran, daß schon seit Sommer 1996 eine Flasche Schnaps ab Werk 8000 Rubel kostet, d. h. der Schnaps kann im Einzelhandel nicht genauso viel kosten!

Man fälscht nicht nur Schnaps, sondern auch edlere Getränke wie Champagner, Kognak, Sekt. Die Zeitungen veröffentlichen lange Listen von gepanschten Weinen, die man lieber zum Zaunstreichen oder zur Insektenvertilgung verwenden sollte.

Das Geschäft floriert nicht nur im Lande, sondern hat auch schon Produzenten (auch vielleicht nur aus eigener Küche) im Ausland gefunden. Gefälscht wird alles: der einst berühmte georgische Kognak »Varziche«, der Kognak »Gremi« aus Rostow-am-Don, der moldauische Kognak »Weißer Storch«, der ukrainische Wodka »Kiew star«, sowie der kristallklare »Kristallnaja« aus Belgien, in dem man auch die Fuselöle fand, die die erlaubten Werte um das 27fache überstiegen.[141] Ob die Belgier sie selbst probiert haben, ist ungewiß …

Ist die Menge überhaupt der Rede wert? Nach Angaben von Fachleuten der Aktiengesellschaft »Rosalko« (Russische Alkoholhersteller) besteht *die Hälfte* des im Land verkauften Schnapses aus gesundheitsgefährdenden Surrogaten. Anderen Angaben zufolge enthalten *zwei von drei* Flaschen im besten Falle Selbstgebrannten.[141] Die Behörden haben 20 000 Schwarzbrennereien aufgedeckt, in denen giftiger Wodka aus Industriealkohol gepanscht worden ist, der unter anderem in Toilettenreinigungsmitteln Verwendung findet.[142] Die Schwarzbrennerei hat solche Ausmaße angenommen, daß man schon einige der besten Leute aus der Branche ins Parlament delegieren konnte.

Einer davon war Sergej Skorotschkin, ein Bekannter von mir aus der Zeit, als ich über Shirinowski in Moskau recherchierte. Skorotschkin, Duma-Abgeordneter der Shirinowski-Partei, wurde umgebracht. Die Miliz hatte gleich drei Versionen parat.

Erstens: Es war ein Bandenstreit, in dem ein Krimineller den anderen umbringt (demzufolge war der Tätigkeitsbereich des Abgeordneten der Miliz von vornherein bestens bekannt ...). Zweitens – die Rache der Konkurrenz – unterscheidet sich kaum von der ersten Version. Und drittens: Mord aus politischen Gründen (was das Herz des Parteivorsitzenden höher schlagen ließ). Als die Täter verhaftet wurden, trat das Tatmotiv klar zutage: Umverteilung des Alkoholmarktes, da der Ermordete Inhaber einiger Brennereien war und oft mit dieser Gruppe von Kriminellen zu tun hatte.[143]

Emotionen sind hier nicht unser Thema. Wichtig ist die Erkenntnis, daß die Gelder vom Schnapsverkauf in das kriminelle Milieu fließen.

Bei der folgenden kühlen Rechnung kommt es uns weniger auf genaue Zahlen, als vielmehr auf die Größenordnung an. Pro Jahr trinkt man in Rußland offiziell etwa 10 Liter reinen Alkohols, was einem Pro-Kopf-Verbrauch – alle Säuglinge und alten Mütterchen inklusive – von 50 Flaschen eines 40prozentigen Getränks entspricht. Bei 150 Millionen Einwohnern sind das 7,5 Milliarden Flaschen. Die Hälfte davon – siehe oben den Anteil des kriminellen Schnapses! – sind 3,75 Milliarden Flaschen. Wenn man pro Flasche mit einem halben Dollar Gewinn rechnet (was bescheiden ist), sind das weit über 1,5 Milliarden Dollar pro Jahr.

Eine andere Rechnung[139]: Staatliche Brennereien produzieren in Rußland (1995) eine Milliarde Liter Wodka. Aber der Konsum liegt zwischen 2,4 und 3 Milliarden Liter. Eine halbe Milliarde Liter können wir großzügig den Küchenschwarzbrennereien für den Eigenbedarf zurechnen. Die verbliebenen eine Milliarde Liter- oder zwei Milliarden Halbliterflaschen bringen wieder mehr als eine Milliarde Dollar Jahresgewinn.

Nehmen wir nur Wodka und Kognak – kein Bier, keinen Wein, keinen Sekt –, so liegt der Verbrauch (siehe »Russisches Statistisches Jahrbuch 1994«[13]) bei 4 Milliarden Flaschen pro Jahr. Die Hälfte sind 2 Milliarden. Bei einem Gewinn von einem halben Dollar liegt der Profit bei einer Milliarde Dollar. Also stimmt es.

Zu diesen Statistiken kommt noch ein interessantes Moment: Nach offiziellen Angaben wurden 1980 in Rußland 10,5 Liter reinen Alkohols pro Kopf getrunken, 1993 aber nur 6 Liter. Ähnlich war es mit dem Rauchen: 1991 rauchten die Leute 1600 Zigaretten pro Kopf, aber 1992 nur noch 400!

Ist das ein Erfolg der Propaganda für gesundes Leben? Sollten die russischen Erfahrungen überall in der Welt Schule machen? Aber jedes Kind weiß doch, daß nicht weniger getrunken wurde, und es ist einfach nicht glaubhaft, daß drei von vier Leuten so rasch mit dem Rauchen aufgehört haben! Wie ist dieses Kuriosum zu erklären?

Es ist natürlich alles beim alten geblieben oder noch schlimmer geworden. Die Sterbestatistik zeigt: 1993 starben in Rußland 24 000 Menschen mehr an Alkoholvergiftungen als 1992, also 70 Prozent mehr. In vier Jahren – von 1990 bis 1993 – stieg die Zahl der Alkoholtoten ums Dreifache.[13] Manche Experten meinen, daß in Rußland inzwischen pro Kopf 18 Liter reiner Alkohol getrunken werden, was nach meinen Beobachtungen auch mehr der Wahrheit entspricht – zur Zeit wird in Rußland *besonders viel* getrunken. Anfang 1996 berichtete Reuter: »Wodka hat in den letzten Jahren etwa 50 000 Russen das Leben gekostet«.[142] Einspruch! Nicht in den letzten Jahren: Jährlich sterben über 50 000 den Fuseltod.[13]

Würden wir diese Zahlen in unsere Berechnungen aufnehmen, wären wir logischerweise gezwungen, die Gewinne der Wodkamafia zu multiplizieren. Für uns ist das aber unwesentlich – eine Milliarde Dollar oder zwei, es geht nicht um jede Kopeke.

Eine letzte Bemerkung, die auf den ersten Blick mehr mit Demographie als mit Wirtschaft und Kriminalität zu tun hat: Die Russen trinken zur Zeit pro Kopf viel mehr als 10 Liter reinen Alkohol. Ab 8 Liter Pro-Kopf-Verbrauch, so die anerkannten Werte, wird der degradierende Verfall offenbar, was an manchen führenden Köpfen in Moskau leicht zu bemerken ist.

Wir werden später darzustellen versuchen, daß das Sich-tot-Trinken auch positive Auswirkungen auf das Land haben kann …

Die Ware Frauen …

Man weiß, manche mögen's heiß. Uns sollen auch hier nur das Ausmaß und das Milieu interessieren

In Rußland ist die Prostitution offiziell verboten, es gibt sogar einen entsprechenden Paragraphen im Strafgesetzbuch (226, Teil 1, »Kuppelei zwecks Gewinnerzielung«, wird mit Freiheitsentzug bis zu 5 Jahren bestraft), falls das jemanden interessiert. Jedoch Annoncen solcher Unternehmen kann man häufig lesen.

Wolgograd, 800 000 Einwohner. Großes Metallurgiewerk »Krasnyj Oktjabr« (Roter Oktober). Für russische Verhältnisse eine Provinzstadt, da die Provinzialität nicht an der Einwohnerzahl gemessen wird. Laut Angaben der Miliz gibt es hier mehr als 50 »Intim-Firmen«, wie die illegalen Puffs in der russischen Marktwirtschaft heißen. Jede Firma hat Mitarbeiterinnen des horizontalen Gewerbes, Bodyguards, einen Dispatcher und Telefon. Und natürlich eine Marketingabteilung, die die Annoncen zusammenstellt und an die Zeitungen gibt, aber selbstverständlich hat sie keinen Stempel, kein Briefpapier. Und keinen Chef. Als die Milizionäre versuchten, den Chef zu ermitteln, wurde ihnen gesagt, daß es auch ohne Vorgesetzen sehr gut »rutscht«. Wenn die Miliz kommt, wird, wie üblich im Rotlichtmilieu, sogar das Rotlicht abgeschaltet. Es herrscht totale Dunkelheit.

Wir nehmen also nur eine Firma unter die Lupe, zumal im Ministerium für Statistik keine Angaben für ganz Rußland vorliegen.

Ein junges Mädchen wurde umgebracht[144] – mit einem Beil wurde ihr der Schädel eingeschlagen und mit einem Messer die Brust zerstochen. Das Mädchen war in solch einer Firma beschäftigt und hatte zufällig gesehen, wie Banden(Firmen-)angehörige drei andere mit einem Beil töteten. Deshalb wurde sie als Zeugin gleich mit beseitigt.

Die Staatsanwaltschaft ermittelte. Sie ermittelte vorwiegend die Arbeitsweise der Firma und stellte fest, daß die Mädchen nicht nur sexuelle Dienstleistungen verrichteten, sondern auch die

Vermögensverhältnisse der Kunden ausspionierten. Da ein »Liebesdienst« für die Männer mehr als den Monatslohn eines Stahlarbeiters im »Krasnyj Oktjabr« kostete, waren die Kunden im Durchschnitt nicht gerade arm. Die Firma führte auch ein Großbuch mit den Adressen sämtlicher Kunden. Es stellte sich heraus, daß bei zwei Wohnungseinbrüchen die Besitzer erdrosselt worden waren. Eigentlich waren das nur zwei kleine Betriebsunfälle, so die Mörder. Die Lustdamen sollten den Kunden beim gemütlichen Kaffeetrinken ein bißchen Klofelin, ein Schlafmittel, verabreichen. Entweder war die Menge nicht groß genug, oder die Männer hatten eine zu robuste russische Konstitution, denn sie erwachten wieder, als die Einbrecher kamen. Selbstverständlich wurden sie von diesen umgebracht.

In der Firma wurden auch noch Audio- und Videoaufnahmen zum Zwecke der Erpressung gemacht, da die Klientel, so die Miliz, oft hohe offizielle Posten bekleidete. Und noch eine Erkenntnis der Behörden ist für uns prinzipiell wichtig: Die Inhaber der Puffs sind keineswegs nur Kriminelle, die oft schon Freiheitsstrafen abgesessen haben, sondern auch Staatsdiener aus den Führungsetagen. Die Untersuchungsrichter stellten ferner fest: »Die Intim-Firmen erzielen riesige Gewinne.« Nach meinen Erkenntnissen erbringt eine »Mitarbeiterin« durchschnittlich 6000 bis 8000 Dollar monatlich. Die Firma rentiert sich, wenn sie mindestens fünf bis sechs Mädchen hat. Also 50 Firmen erwirtschaften monatlich etwa 2,5 Millionen Dollar, soviel wie kein anderer Betrieb in Wolgograd.

In Rußland gibt es etwa 80 Gebietsstädte. Manche sind viel größer als Wolgograd, manche sind kleiner. Aber wir können Wolgograd als Maßstab nehmen, da die Anzahl der »Gewerbetreibenden« in der für uns relevanten Branche nicht nur von der Einwohnerzahl, sondern auch vom Temperament abhängig ist (im Süden ist es wärmer und die Liebe demzufolge heißer). Es gibt auch noch die Hafenstädte, die den südlichen Städten nicht nachstehen (bekanntlich gibt es im nördlichen Hamburg die »sündigste Meile« Deutschlands).

Wir haben keine Statistik über Intimfirmen, dafür aber eine
Statistik von Syphilis- und Gonorrhöe-Erkrankungen. In Tatarstan z. B. – nicht weit entfernt von Wolgograd – ist die Quote der
Syphilis-Erkrankungen im Vergleich zu den siebziger Jahren um
das 76fache[145] und die Zahl der betroffenen Minderjährigen
1994 im Vergleich zum Vorjahr um das Fünffache gestiegen. Sind
in Rußland durchschnittlich 88 Kranke auf 100 000 Einwohner
registriert, so sind es in Moskau und Sankt Petersburg doppelt
und dreimal so viele. Ähnlich ist es in der Nord-West-Region,
die dem Fernen Osten ähnelt. Sowie in Krasnodar und Kabar-
dino-Balkarien im Süden Rußlands, in den Hafenstädten und in
Samara, Twer', Kursk, Petrosawodsk und Abakan ...

Deshalb können wir durchaus mal 80 multiplizieren – 200 Millionen monatlich und 2,5 Milliarden Dollar jährlich beträgt der
Umsatz des Gewerbes.

Die Beute von Raubüberfällen und den bezahlten Intimbedarf
der Kreisstädte lassen wir erst mal außer acht.

Natürlich ist die russische Mafia auch an den Schlepperbanden
beteiligt (Umsatz weltweit über eine Milliarden DM jährlich[146]),
die Mädchen nach Westeuropa schicken und zur Prostitution
zwingen. Russische Schleuser sind aber keine Grenzschleuser:
Sie sind kaum einmal Grenzverletzer – russische Mädchen tauchen z. B. fast gar nicht in den Berichten des deutschen Grenz-
schutzes auf. Sie fahren ganz legal nach Westeuropa: mit Einladungen und Visa. Nur daß die Einladungen fingiert und die Visa
gekauft sind. (Einige Deutsche, die das Manuskript dieses Buches
gelesen haben, haben nicht verstanden, was »gekauft« heißt.
Vielleicht gefälscht? Nein, das Visum kann man nicht fälschen,
es hat genug Sicherheitsmerkmale. Deshalb bekommt man ein
echtes Visum, das einem rechtmäßig nicht zusteht. Man bezahlt
dem Vermittler Geld und bekommt ein Visum. Was die Vermittler mit dem Geld machen, bleibt unklar. Genauso wird z. B. mit
Führerscheinen verfahren: Man bekommt keinen gefälschten,
sondern einen echten Führerschein mit allen nötigen Unterschriften und Stempeln. Nur eine Kleinigkeit fehlt, die Fahrprü-

fung. Der Unterschied zwischen Visum und Führerschein liegt nur darin, daß der Führerschein von den bekanntlich käuflichen russischen Behörden ausgestellt wird und das Visum von den bekanntlich »unbestechlichen« deutschen – französischen, englischen, holländischen ... – Konsulaten. Wie die Prostituierten zu ihren Visa kommen, mag der Leser selbst herausfinden.)

Alle Reisevorbereitungen sind sehr kostspielig, bis zu 25 000 Dollar müssen bezahlt werden[146], das übernimmt die Mafia. Die Mädchen werden im Westen gleich an die Puffbesitzer verkauft oder müssen »privat« die Reise ins »Paradies« abarbeiten. Jeden Tag kommen neue Bewerberinnen an. Davon kann man sich auf den Berliner Bahnhöfen überzeugen, wenn Züge aus den GUS-Staaten oder aus Wien eintreffen ... Jährlich gelangen so bis zu 20 000 Sex-Sklavinnen in die Bundesrepublik.

In Österreich sind Scheinehen russischer Mädchen mit einheimischen Männern so verbreitet, daß die Fremdenpolizei sich mit Fragen wie »Haben Sie mit Ihrem Partner Geschlechtsverkehr und wo?« befassen muß, um den Scheinehen auf die Spur zu kommen.[148] Österreichische Männer melden sich bei den Sexklubs, und schon nach wenigen Tagen haben sie eine Heiratskandidatin. Die Trauung erfolgt gegen Bezahlung. Bis zu umgerechnet 5000 Mark zahlen die Bordellbesitzer dem glücklichen Ehegatten. Drei Jahre lang brauchen sie sich vorerst nicht um eine Aufenthaltsgenehmigung für das Freudenmädchen zu kümmern. Nach drei Jahren wird problemlos die Scheidung vollzogen.

Jetzt die Zahlen: In Europa werden rund 500 000 Frauen, vorwiegend aus Nicht-EU-Ländern, von organisierten Gangs zur Prostitution gezwungen.[149] Allein in Deutschland werden im Rotlichtmilieu jährlich schätzungsweise 1,8 Milliarden Mark umgesetzt. Laut Bundesgrenzschutz hat eine Prostituierte in der Bundesrepublik einen monatlichen Umsatz von rund 13 000 Mark, wovon ihr weniger als 1000 Mark bleiben.

Bei einem so profitablen Geschäft im Ausland sind die Russen natürlich dabei, aggressiv verdrängen sie die »guten alten« deutschen Zuhälter aus den Puffs und von den Straßen ...[150]

Nicht mehr Banditen, sondern Geschäftsleute

Es gibt keine Banditen, die nur rauben, und es gibt keine Geschäftsleute, die nur gesetzestreu Geld machen. Die stärkste Entwicklungstendenz dieser zwei Parteien ist die Symbiose

In der Zeitung »Iswestija« stand eine Geschichte.[151] Die Namen der Verbrecher wurden nicht genannt – zur Zeit der Veröffentlichung saßen sie in einem Untersuchungsgefängnis. Nach den Bestimmungen des Rechtsstaates sind sie damit noch nicht Angeklagte, sondern nur Verdächtige, ob schuldig oder nicht.

Juni 1994. Drei Unbekannte fahren zur Wechselstube der Ersten Professional Bank und machen von Schußwaffen Gebrauch, doch zwei Wachposten schießen zurück. Der Überfall mißlingt. Die Miliz sucht nach den Tätern und findet sie. Der Chef ist ein Mann vom Lande, der in Moskau sein Glück sucht. Er hat nichts in der Tasche, besitzt aber zwei »ehrenwerte« Charakterzüge – er ist zynisch und mitleidlos. (In seinem Heimatdorf z. B. hatte er ein seltsames Hobby, er grub sterbliche Überreste von im Krieg gefallenen deutschen Soldaten aus.) Der Chef der in Moskau bekannten Solnzewo-Gruppierung wurde auf ihn aufmerksam. »Für den Anfang« überließ man ihm eine Spielautomatenhalle. So eine Halle ist ein Geschäft, das auf *legale* Weise viel Geld bringt. Das ist für uns wichtig. Gleichzeitig sucht der Neuling nach Helfern und findet sie unter seinesgleichen in den Dörfern um Smolensk und Jaroslawl. In kurzer Zeit hat er etwa 30 »Otmoroski« zusammen, aber er macht sich selbst auf, Schulden einzutreiben und eine Wechselstube auszurauben. Das war eigentlich kein Raub, sondern Schutzgelderpressung, also eine Bagatellsache. Parallel dazu *erweitert der Neuling sein legales Geschäft*, errichtet Zweigstellen in der Moskauer Umgebung. Aber es gab auch Überfälle auf Büros, Lager, andere Wechselstuben und Wohnungseinbrüche. Die »Otmoroski« besaßen Kalaschnikows und Pistolen »TT«. Die »Iswestija«: »Unheimliche Grausamkeit, Verachtung fremden Lebens, mangelndes Gefühl für die Strafbarkeit ihrer Taten zeichneten diese Streifzüge aus.«

In einem Lager wurde ein Milizionär getötet. Wehrlos lag er auf dem Fußboden im Visier der Maschinengewehre. Einer der Banditen wollte einfach einen »Polypen kaltmachen« und drückte auf den Abzug.

Einmal machten sie eine Pause am Bierkiosk. Der Verkäufer gefiel ihnen nicht. Er wurde mit der Maschinenpistole durchlöchert. Ein zufällig anwesender Passant ebenfalls.

Der Anführer der verbrecherischen Aktion legte das Geld gleich danach in Autogeschäften an. Die allerdings gerieten bald ins Stocken, er wurde verhaftet und wird hoffentlich vor Gericht stehen.

Die beiden Untersuchungsrichter, die die Gruppe eingesperrt haben, Konjaschin und Karasjow, hingegen sind schon tot: ein Autounfall. Zeugen sagen, daß ein »Jeep« – der Dienstwagen der russischen Mafia – den winzigen »Tawrija« gegen einen Baum gedrängt habe ...

Uns interessiert die Verflechtung der legalen und der illegalen Geschäfte der Mafiosi. In letzter Zeit beteuern die Theoretiker immer wieder, daß die »Diebe im Gesetz« und kriminellen »Autoritäten« nicht mehr so seien wie früher. Sie beschäftigten sich nur noch mit dem legalen Business und der Bewachung kommerzieller Strukturen vor Überfällen und Übergriffen der »wilden« Banden.

Aber das ist nur Wunschdenken. Allerdings ist es möglich, daß manche Kriminelle, *die schon genug geraubt haben*, so ein Leben führen möchten. Die Organisierte Kriminalität besitzt heute genügend Banken und Fabriken, Treuhandgesellschaften und Supermärkte. Aber sie hat sich von den kriminellen Handlungen noch nicht endgültig losgesagt, die Geschäfte laufen parallel, die Erlöse aus den legalen Geschäften fließen in die »schwarze Kasse« der Verbrechergemeinschaft und die Beute aus dem Drogenhandel in die legalen Gewerbe.

So nehmen z. B. zwei bekannte »Paten«, Gamascha[+] und Zwetok[+], eine sehr ernstzunehmende Position in der Verbrecherwelt ein.[151-1]. Ihre Leute kontrollieren zum Teil die Geschäfte mit

Zucker und Lebensmitteln sowie die Erdölgeschäfte. Bekanntlich werden etwa 20 Prozent des Erdöls über die Grenze ins westliche Ausland geschmuggelt.[27] Diese »Diebe im Gesetz« haben einen sehr großen Einfluß in Süd- und Westsibirien, in den »goldenen« Städten Surgut, Tjumen, Jekaterinburg, Nishnij Tagil, Sotschi. Außerdem liefert Zwetok die Drogen aus Mittelasien und Baschkirien nach Moskau. Gamascha. tätigt die Bankgeschäfte: Über Strohmänner hat er z. B. in Samara einen Kredit über 1,2 Milliarden Rubel (damals etwa 240 000 Dollar) in bar (!) bekommen, den er nicht zurückzahlt.

Die Banditen auf der untersten Stufe der Mafiahierarchie, deren Haupteinnahmequelle bewaffneter Raub, Gelderpressung, Mord auf Bestellung sind, wollen nicht ihr Leben lang dieses Geschäft betreiben. Sie möchten sich legalisieren, möchten an die Öffentlichkeit treten.

Das können und dürfen sie aber noch nicht. Doch je höher die Stufe der Hierarchie, desto größer die Infiltration des Mafiageldes in legale Geschäfte, desto respektabler wird es. Die Banden müssen bis zu 70 Prozent des Geraubten »nach oben« geben. Oben ist aber nicht ganz oben, und so wird das Geld von Stufe zu Stufe immer weiter nach oben gegeben.

Bis wohin? Das ist die Frage, auf die wir kaum eine Antwort finden, denn je höher wir gehen, je weiter oben wir nachforschen, desto schwieriger wird es, desto härter wird gehandelt, durchgegriffen, desto höher das Risiko für den Neugierigen. Die Leute, die eine bestimmte Grenze überschritten haben, weilen nicht mehr unter uns. Die Untersuchungsrichter Konjaschin und Karasjow mußten vermutlich gerade deshalb sterben, weil sie jenen zu nahe gekommen waren, die mit allen Mitteln versuchen, ihre Verbindungen zum blutigen und grausamen Business zu vertuschen.

Und zu vertuschen gibt es genug: In Rußland kontrollieren die Mafiagruppierungen – mit Hilfe der korrupten Behörden – 50 000 Betriebe und Organisationen, wie die Rechtsschutzorgane Rußlands selbst bestätigen.[42]

Steuerhinterziehung
Ein neuer Volkssport, bei dem fairerweise die kleinen Fische kleine Gewinne machen und die großen Fische große

Die einfachste Methode, zu Geld zu kommen, ist natürlich, keine Steuern zu bezahlen. In Rußland gibt es fast perfekte Methoden, die nicht einmal im Buch der »1000 Steuertricks« beschrieben sind. Die allersicherste ist, einfach nicht zu bezahlen. 602 000 russische juristische Personen – Betriebe! – bezahlen keine Kopeke Steuern (Angaben von April 1997[152]). Wenn ein Atomkraftwerk keine Steuern zahlt, hat es keinen Zweck, es zu schließen, den Konkursverwalter zu schicken oder es für bankrott zu erklären.

Das Beispiel AKW ist nicht an den Haaren herbeigezogen. Fragt man Menschen, die wenig Ahnung von der Ausfuhrstruktur Rußlands haben, was Rußland wohl am meisten exportiere, so antworten sie spontan: Erdgas und Erdöl. Wir können diese Liste erweitern, trotzdem werden Erdöl und Erdgas an erster Stelle stehen. Die Firmen, die diese Rohstoffe ins Ausland liefern, sind weltweit die reichsten. Herr Rem Wjachirew, Chef des russischen *Gasprom*, kann es sich sogar erlauben, Geld in die US-Wirtschaft zu investieren. 1994 exportierte Rußland wichtigste Güter (außer Waffen) für mehr als 45 Milliarden Dollar.[13]

Und jetzt raten Sie mal, wer in Rußland die meisten Steuerschulden hat. Die 46 größten russischen Betriebe, darunter die Eisenbahn und Stromgiganten, sind Rußlands säumigste Steuerzahler. Aber zu den ersten zehn gehören: Nishnewartowsk*neftegas*, Jugansk*neftegas*, Komi*neft'*, Nojabrsk*neftegas*, Moskauer Raffinerie, Tomsk*neft'*, Orenburg*neft'*, Megeon*neftegas*, Samara*neftegas*, Perm*neft'*.[153] Dabei heißt *neft'* im Deutschen »Erdöl« und *gas* eben »Erdgas«.

26 Betriebe aus dem Erdgas- und Erdölbereich schuldeten 1994 dem Staat 7536 Milliarden Rubel (mehr als 2,5 Milliarden Dollar). Und 1997 schuldete allein das allmächtigste Gasprom – 20 Milliarden DM Jahreseinnahmen aus dem Westeuropa-Han-

del, 90 Prozent der russischen Gasförderung und etwa ein Drittel der weltweiten Gasreserven – Steuern in Höhe von 4,7 Milliarden Mark.[154] Die Steuerschulden dieser Betriebe sind Verschlußsache. »Wer die Zahlen kennt, gibt seine Kenntnisse ungern preis«, meinte eine Journalistin.

Wie funktioniert der Mechanismus?

Das Rjasaner Kraftwerk war hoch verschuldet. »Tulakohle« beschloß seine Außenstände beim Kraftwerk einzutreiben. Auf dem Rechtsweg, per Schiedsgerichtsentscheidung. Der Gerichtsvollzieher kam und stellte fest, daß es im Kraftwerk außer den Turbinen nichts zu holen gibt. Das Werk besitzt kein Eigentum, alles gehört den Tochterunternehmen, über die alle Abrechnungen laufen.

Auch die Eisenbahnunternehmen verbuchen ihre Einkünfte nicht auf ihre eigenen Konten, wie die Vorschriften es verlangen, sondern auf die Konten anderer Organisationen. Im Ergebnis zahlt von den 14 Eisenbahnunternehmen, die es in Rußland gibt, nur ein einziges rechtzeitig und im vollen Umfang seine Steuern.

Ebenso lassen die Erdölunternehmen ihre Valutaeinkünfte auf die Konten von Tochterunternehmen gehen.

Ein großer Verlust für den Staat?

»Die über Tochterunternehmen hinterzogenen Gelder sind Groschen im Vergleich zu dem, was durch geschickt formulierte Verträge in die Taschen der Vermittler fließt. Hiernach sind schätzungsweise Summen im Umlauf, die mit dem BIP vergleichbar sind!«, so »Ogonjok«. Das Bruttoinlandsprodukt beläuft sich in Rußland, einem der reichsten Länder der Welt, auf 721,2 Milliarden Dollar (1994, laut Schätzungen der Weltbank, denen auch der größte Wirtschaftsprüfer, die CIA, zustimmte[155]).

»Die Vermittlerfirmen sind echte blutgierige Piranhas, die alle Produzenten in Stücke reißen. Von dieser Plage sind alle Branchen befallen, vor allem aber die Rohstoffbranchen sowie das Eisen- und Buntmetallhüttenwesen. Hier gibt es nicht weniger Kriminelles als im Schnapshandel«, so der Leiter der Verwaltung für Steuereintreibung in Rußland W. Popow. »Dieses Publikum

macht ja gerade die ›Schattenwirtschaft‹ aus, und der Staat zahlt
ihnen reichlichen Tribut für seine eigene Unfähigkeit, ihre Die-
besneigungen zu unterbinden.«[152]

Übrigens sind die Vermittler – über Strohmänner – gleichzeitig
auch die Hersteller der Ware. Wie ist sonst diese »Dummheit«
der Produzenten zu erklären? Um das Lada-Autowerk gibt es
z. B. etwa 500 Vermittlerfirmen, die sehr gut leben, obwohl die
Regierung das stark angeschlagene Werk immer wieder vor dem
Konkurs retten muß. Von den 1996 erwirtschafteten 20 Billionen
Rubel hat die Firma nur 1,5 Prozent auf eigene Konten bekommen. Der Rest floß den Tochterunternehmen zu. Deshalb
hat der Lada-Hersteller 2,8 Billionen Rubel Steuerschulden.[152]
Die Vermittler können gut leben, weil sie vom Werk Autos zu
niedrigsten Preisen bekommen und die sehr große Handelsspanne kassieren. Viele Firmen erhalten die Autos auf Konsigna-
tion, d. h. sie bezahlen erst, wenn sie die Autos verkauft haben.
Sie brauchen nicht das geringste Eigenkapital. Sie gehen zum
Betriebsdirektor und sagen: »Ich möchte ›Ladas‹ verkaufen, geben sie mir hundert Stück.« Die bekommen sie, verkaufen sie für
das Doppelte und bezahlen erst dann die Lieferung. (Nebenbei:
Dutzende von Firmen tun selbst das nicht ...) Das Werk, das bis
übers Dach verschuldet ist, wartet geduldig auf die Bezahlung.

Warum verkauft das Werk die hochliquide Ware nicht selbst?
Hätte es statt 100 nur 80 Prozent Handelsspanne draufgeschla-
gen, hätten die Autos ohne Werbeaufwand reißend Absatz gefunden. Warum diktiert es als Monopolist nicht selbst die Preise?
Eine berechtigte Frage, aber dann würde das Geld in die Betriebs-
kasse – und nicht in die privaten Taschen der habgierigen Betriebs-
leiter – fließen. Oder denken Sie, der Betriebsdirektor versteht
die Marktsituation nicht? Kennt die Preise nicht ganz genau? Wer
bekommt eine kostenlose Lieferung des hochbegehrten russischen Volksautomobils zum Preis von einem Volksmotorrad? Und
welche Gegenleistungen muß er dafür erbringen?

Der staatliche Steuereintreiber W. Popow ist rücksichtslos:
»Die Produzenten haben sich mit Scheinfirmen umgeben, und

die Arbeiter rackern kostenlos, wie die Sklaven auf den Galeeren. Das betrifft absolut alle. Die Direktoren leben wie die Feudalherren. Die Arbeiter sind überzeugt, daß der Staat ihnen die Löhne schuldet und denken nicht daran, daß sie von den eigenen Herren bestohlen werden.«[152]

Jahr für Jahr kassiert der Staat 30 bis 40 Prozent Steuern weniger, als im Haushalt vorgesehen.[156] Einige anständige Betriebe (666 000 im Jahre 1997[152]) sind einfach nicht in der Lage, die Steuern zu zahlen. In der russischen Wirtschaft beläuft sich die Gesamtverschuldung der Betriebe auf eine Trilliarde (!) Rubel. »Die Steuersumme, die festgelegt worden und nicht auf Widerspruch gestoßen war, aber trotzdem nicht bezahlt wurde, belief sich 1994 auf 20 Billionen Rubel«, das sind weit über vier Milliarden Dollar, 20 Prozent der vorgesehenen Summe.

Diese Festlegung erfolgte für die Steuerzahler, die als solche registriert sind. Was aber ist mit denen, die »illegal« tätig sind? Die nichts von einer Steuerzahlung wissen wollen? Sergej Almasow, Chef der russischen Steuerpolizei, sagte, daß die Polizei innerhalb eines Jahres mehr als 12 000 *nichtangemeldete* Steuerpflichtige festgestellt habe. Allein diese Unternehmen haben dem Staat 1997 schätzungsweise Steuern in Höhe von 10 Billionen Rubel hinterzogen. »Die Schattenwirtschaft der ehemaligen UdSSR wurde in aller Ruhe und praktisch ohne Verluste in das legale Geschäft integriert, und aus einem Verbrecher wird kein braver Steuerzahler werden«, so die Mitarbeiter der Steuerbehörde.[152] Es gibt ganze Wirtschaftsbranchen, bei denen Steuerhinterziehung gang und gäbe ist: die Erdölförderung, die Erdölverarbeitung, die Fischwirtschaft.

Natürlich gibt es auch Betriebe, die die festgelegte Summe zahlen, aber was ist das für eine Summe!

Das beste Beispiel sind die stark von Gangstern unterwanderten Spielhöllen, die Kasinos. Nach Angaben der Miliz verspielen die »neuen Russen« dort bis zu 100 000 Dollar pro Nacht. Aber die Finanzberichte sehen anders aus: »Die Kasinos, die bei der Finanzinspektion Nr. 30 angemeldet sind, erzielten 1994 keinen

Gewinn« ... »Kasinos, die bei der Staatssteuerinspektion Nr. 7
registriert sind, hatten 1990 ein Nullergebnis, 1991 einen Verlust
von 10 600 Rubel, 1992 einen Verlust von 73 900 Rubel, 1993
einen Verlust von 2 506 900 Rubel.«[157] Warum schließen die
Betreiber bei soviel Verlust ihre Etablissements nicht?

Sie machen kein Hehl daraus, daß sie nicht alle ihre Einkünfte
angeben. Was bleibt ihnen übrig, wenn die Besteuerung der
Kasinos auf 90 Prozent (1993) angehoben wurde und die Erpressung von seiten der Behörden krimineller »Grenzenlosigkeit«
gleichkommt. »Kommt der Brandmeister, muß ich ihn schmieren, und der Sanitärarzt will auch Geld haben«, beklagte sich der
Geschäftsführer eines Kasinos. Deshalb wird bei den Steuern
gespart. Bei solchem Ausmaß von Steuerhinterziehung müßte es
bei den Gerichten jede Menge Prozesse gegen Wirtschaftsverbrecher geben. Ich weiß nicht, wie viele Geschäftemacher hinter
Gittern sitzen. Zahlen für Gesamtrußland liegen nicht vor. In
Moskau wurden 27 Kriminalverfahren eingeleitet, nur *eins*
gelangte vor Gericht. Experten begründen das damit, daß die
Steuerpolizei nicht befugt ist, Ermittlungen durchzuführen, die
Rechte dazu haben die Staatsanwaltschaft und das Innenministerium, die aber nicht über das notwendige Wissen im Steuerrecht
und Finanzwesen verfügen.

Die besten Steuerpolizisten sind von der Mafia bestochen. In
Moskau wurde ein Steuerfahnder bei der Entgegennahme von
8000 Dollar Schmiergeld festgenommen. Die Erklärung: die
schlechte Entlohnung der Steuerpolizei.

Es gibt auch viele andere Fälle (in Moskau Anfang 1996 waren
es 180): Die Firmen engagieren ehemalige Steuerpolizisten als
Steuerberater. Keine Korruption, alles legal. Beim Staat verdienen sie 300 Dollar unregelmäßig, bei der Firma 1500 Dollar
zweimal monatlich.[158] In einem Artikel heißt es: »Die Steuerpolizei kann eine Kaderschmiede für die Firmen-Steuerhinter-
zieher werden.«

Offen bleibt, wer daran interessiert ist, daß der Steuerpolizei
gesetzlich und finanziell die Hände gebunden werden.

Die Entwicklung des zweiten Flügels der Mafia: Die Mafia der Staatsdiener

Wie konnte ein Mann, der mit einem Fuß im kriminellen Milieu steht, ohne großes Geld und ohne blutige Verbrechen ein Vermögen erwerben, und wer half ihm dabei?

Keine reißerische Story: Die hier beteiligten Personen kennt kaum jemand in Rußland, die Zentralfigur ist ein eher unauffälliger Mensch.[159]

Herr Orlow+ bekam in Orenburg zwei Freiheitsstrafen, beide auf Bewährung (das allein ist schon originell!) und flüchtete vermutlich aus Angst vor den Orenburger Banden nach Moskau. Hier befreundete er sich mit dem Bankdirektor der »Gewerkschaftsbank« Rußlands Letunow. Mit Letunow machte Orlow die ersten illegalen Geschäfte und bekam sein erstes Geld. Aber das war ihm zu wenig. Deshalb wollte Orlow ein Konto in der Zentralen Operationsverwaltung (ZOV) der Zentralbank Rußlands einrichten, was ihm mit Hilfe Letunows auch gelang. Der Unterschied zwischen einer gewöhnlichen Bank und der ZOV ist ungefähr so groß wie zwischen einer Kneipe und einem erstklassigen Restaurant. Die Kunden der ZOV kamen vom KGB, vom Verteidigungsministerium, vom Innenministerium und ähnlichen elitären Institutionen. Aber entscheidend ist, daß die ZOV als staatliches Unternehmen immer nur zinsgünstige Kredite vergibt. Bei der ZOV lag der Zinssatz bei 50 Prozent zu einer Zeit, als er bei den Privatbanken 250 Prozent betrug.

Letunow, der den jungen Kollegen protegierte, bekam einen »Volvo« als Belohnung. Seitdem lief Orlows Geschäft. Man muß nicht der Klügste sein, um billige Kredite zu nehmen und sie teuer weiter zu vergeben. Dumm waren auch die Bankiers der ZOV nicht, die die Kredite gewährten. Sie verstanden sehr wohl, welche Geschäfte sich mit ihrem Geld machen ließen, deshalb verlangten sie für die Gewährung der Kredite Geschenke. Und die bekamen sie von Orlow: »Ladas«, Gold, Tausende von Dollars, Hi-Fi-Anlagen, Mikrowellen, Wohnungen, Möbel ... Unser Gewährsmann, der ehrliche Journalist schreibt: Hier sind nur die Geschenke aufgelistet, die die ZOV-Mitarbeiter nachweislich allein von Orlow bekamen. Aber die ZOV hatte noch andere Kunden, die nicht weniger an guten Beziehungen zur ZOV interessiert waren. Für die erhaltenen zinsgünstigen Kredite bezahlte eine Firma, nach Erkenntnissen der Ermittlungsbehörde, mit Kreditkarten (verkehrte Welt: die Bankiers bekamen vom Kreditnehmer Kreditkarten, von denen immer abgebucht werden konnte, solange man sich zu dem Kartengeber freundlich verhielt), eine andere mit Wohnungen, die dritte mit Grundstücken und Häusern ... Aber aus welchem Grund? Warum bekam ausgerechnet Orlow schnell und unkompliziert seine Kredite? Wie konnte Herr Orlow mit zwei nicht abgesessenen Freiheitsstrafen zum besten Freund der mächtigsten Bankiers Rußlands werden – leise und unauffällig? Der Journalist gibt die Antwort: »Die ›neuen Russen‹ erreichen bei der Suche nach Freundschaften mit Beamten in der Regel ihr Ziel. Das ist damit zu erklären, daß das *Beamtentum oft selbst nach Leuten mit krimineller Vergangenheit sucht. Nur ihnen kann es seine Dienstleistungen – den Staatsinteressen zum Trotz – gewinnbringend verkaufen.*« (Kursiv von mir – V. T.)

Aber die kleinen Fische von der Bank sind heute eher eine Randerscheinung. Die Entstehung des zweiten Flügels der heutigen russischen Mafia hat eine lange Geschichte.[160]

Unter Stalin gab es Wirtschaftskriminalität äußerst selten. Einer der Gründe dafür war die totale Kontrolle, die Gewalt über Leben und Tod. Für die Parteibonzen aller Ränge war die wichtigste Aufgabe damals nicht die Bereicherung, sondern das Überleben in der blutigen Stalin-Maschinerie. 1929 belief sich die Zahl der gemaßregelten Mitarbeiter des zentralen Machtapparats auf 28,5 Prozent. Die niedrige Verbrechensrate war auch das Resultat der herrschenden moralischen Postulate.

Mit der Verarmung der Bevölkerung nach dem Krieg, mit der Lockerung der Kontrolle Mitte der fünfziger Jahre wuchs das

Verbrechertum, und zwar 4,5mal schneller als die Bevölkerung – die Kriminalisierung der Gesellschaft zielte auf »Weltniveau«. Am schnellsten stieg die Anzahl der Verbrechen aus Habgier. Als erste haben sich die Parteibonzen – auch niedrigere Chargen – der Gesetzeskontrolle entzogen. Mehr noch, die Führung der Rechtsschutzorgane gehörte selbst zur Parteinomenklatura und war nicht daran interessiert, bestehende Beziehungen abzubrechen. Die Partei- und Staatsobersten wurden immun, d. h. unantastbar. Bei schweren Verbrechen durch Angestellte einer Behörde sollte die Nomenklatura selbst die Erlaubnis zur Strafverfolgung eines seiner Mitglieder erteilen. (Dies wird bis heute im »demokratischen« Rußland für die ranghöchsten Staatsdiener und Volksabgeordneten beibehalten!) Einige Amtsträger, ein Minister, ein ZK-Mitglied oder ein Parteisekretär, wurden der Justiz nur dann ausgeliefert, wenn sie das Vertrauen der Politbüromitglieder verloren hatten. Die ergebenen Diener durften weiter in ihren Ämtern bleiben.

Zu der Zeit hielt sich die Nomenklatura für den Besitzer des Volkseigentums. Sie verwaltete es nicht nur, sondern machte es sich auch zunutze. Das geschah »inoffiziell«, unter den zugedrückten Augen der Justitia. In der Perestroika-Zeit wurden die Reste der Kontrolle intensiv zerstört, das Staatseigentum wurde auseinandergerissen und gestohlen, die Korruption der alten Elite nahm erschreckende Ausmaße an, die Verantwortung sank auf Null. Der flexible Teil der Partei- und Staatsnomenklatura ging aktiv in die neuen Macht- und Kommerzstrukturen ein, wurde korrumpiert durch ehemalige Nomenklatura-Angehörige und den kriminellen Flügel der Mafia, der schon damals sehr gut organisiert war. Die Hauptaufgabe ist der Transfer von Staatseigentum und Staatsgeldern ins Ausland, in Aktiengesellschaften, deren Hauptaktionäre ehemalige Kumpane aus der Nomenklatura sind, und in andere private Unternehmen. Nach Berechnungen von deutschen Experten hat Rußland allein 1992 infolge des illegalen Valuta-Abflusses ins Ausland Verluste in Höhe von 15 Milliarden Dollar erlitten.[161]

In dieser Zeit festigten sich die Kontakte zwischen illegalen und legalen Geschäftemachern. Sie brauchten einander, da einerseits die kriminelle Mafia nicht über Beziehungen zur Produktion und über die Kenntnisse vom Außenhandel verfügte, andererseits für ehemalige Parteibonzen notwendig war, weil die Mafia deren Geld in die Geschäfte investierte,»störende Hindernisse« beseitigte und das Unternehmen vor anderen Verbrechern schützte.

In den folgenden Jahren hielt der Abfluß der harten Währung an. Die Mafiastrukturen exportierten Erdgas, Erdöl und andere strategische Stoffe, führten Valuta aus. 1993 wurden 9000 Delikte von illegalem Export von Rohstoffen und Materialien aufgespürt, aber der latente Schmuggel, so die Fachleute, war viele Male höher.

Diese legalen und illegalen Transaktionen waren ohne die Zustimmung der Behörden nicht möglich. Die Staatsdiener aller Ebenen bedienten sich ohne Skrupel. Allein 1993 gab es mehr als 50 000 Wirtschaftsdelikte von Amtspersonen, darunter mehr als 7000 in sehr großem Umfang (wo nicht Radiergummis geklaut wurden, sondern Züge mit Erdöl, Benzin, Holz, Kohle, Walzgut); etwa 5000 Fälle von Bestechung und Amtsmißbrauch wurden bekannt. Scharenweise standen die Staatsdiener vor Gericht: Mitarbeiter der Ministerien, der Rechtsschutzorgane, der Staatsbanken und Versicherungen, Volksabgeordnete, Mitarbeiter der Kontrollorgane selbst.

Aber die neue Nomenklatura, ein mit der Unterwelt engverflochtenes Establishment, blieb verschont, obwohl Ermittlungsverfahren gegen einige Vertreter der Staatsmacht eingeleitet wurden. Die Volksabgeordneten des Obersten Sowjets, des Vorgängers der Duma, beschlossen für sich selbst die *absolute Immunität*. Ohne die Zustimmung des Obersten Sowjets durften die Rechtsschutzorgane keine Ermittlungsverfahren einleiten. Das war ein Verwirrspiel! Rechtskräftige Beweise konnte man nur in einem Ermittlungsverfahren sammeln, aber für die Einleitung des Verfahrens benötigte die Staatsanwaltschaft schon hieb- und stichfeste Beweise, die sie dem Obersten Sowjet vorlegen mußte.

inowjew: »Der Zerfall des
·reshnewschen und der
Jbergang zum stalinschen
Machttypus unter den
·edingungen, die sich 1985
·tabliert haben, … konnte
·ur zur Bildung einer krimi-
·ell-mafiosen Struktur auf
·öchster Machtebene
·ihren.« – Auf dem Plakat
·teht, in Anlehnung an den
·ommunistischen Spruch
·Die Partei ist unser Steuer-
·nann«, »Mafia – unser
·teuermann«. (1)

Am Tschetschenien-Krieg sind viele Moskauer stein-reich geworden. Man verdiente an Lieferungen von Lebensmitteln, Waffen, Medikamenten, Hilfsgütern und der angeblichen Hilfe für Hinterbliebene. Diese Gelder kamen jedoch nicht in Grosny an. Sie flossen auf Umwegen in die Taschen von Kreml-Beamten sowie behördennahen Firmen und Banken. (2)

Rückfall in die Barbarei:
Opfer des Tschetschenien-
Krieges (3)

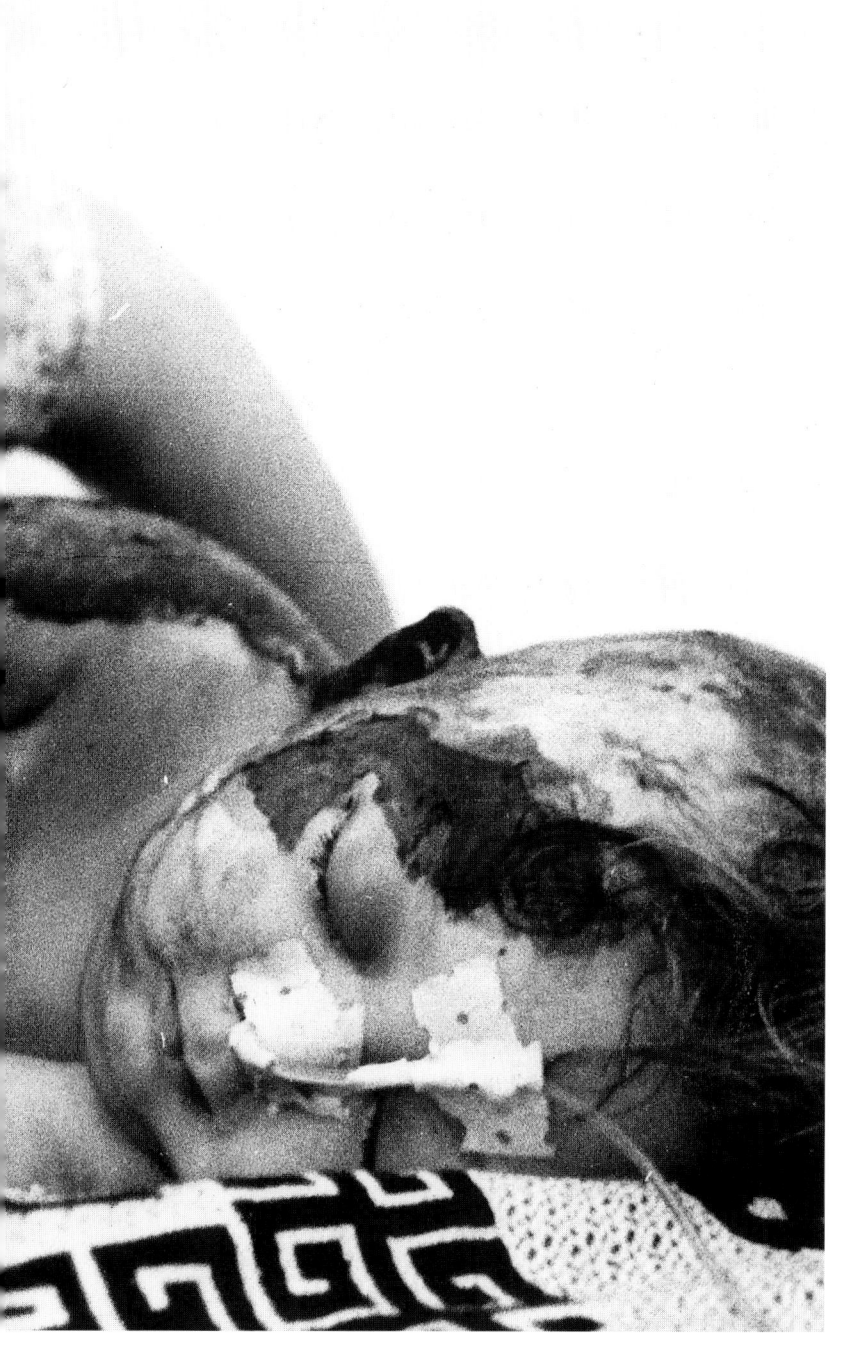

Das Moskauer Parteikomitee war Mitbegründer der »Glawmoststrojbank« in Moskau, deren Nachfolger die Gruppe »Most« ist. Diese machte in der Zeitung »Segodnja«, der Zeitschrift »Itogi« und dem Sender »Echo Moskwy« ihren Einfluß geltend, nachdem sie den besten Fernsehsender NTV erobert hatte. (4)

Die Erlöser-Kathedrale, ein materialisiertes Symbol der Zusammenarbeit von Staat und Mafiosi, wurde von Spenden der »Bevölkerung« gebaut. Im Volke wird gemunkelt, daß die Spender sich damit vor allem beim Staat selbst den Ablaßbrief für vergangene und künftige Sünden erkauft haben. (11)

Türkische Gastarbeiter
schufteten Tag und Nacht,
um das Gasprom-Haupt-
quartier in der Kachowka-
straße fristgerecht fertigzu-
stellen. Aus dem Glaspalast
mit Hotel und Service-Ein-
richtungen wird Rußlands
florierendes Energie-Export-
geschäft gesteuert. (12)

Alle Versuche, ein »zivilisiertes« Gesetz durchzusetzen, wurden von der überwiegenden Mehrheit der Abgeordneten vereitelt.

Natürlich sind in der Duma verschiedene Parteien und Gruppierungen vertreten. Im Interesse ihrer Partei untersuchen sie auf eigene Faust Korruptionsfälle der Duma-Abgeordneten und hochrangiger Bediensteter aus den verfeindeten Reihen, nennen die Namen und beschreiben die Tatbestände. Allein in der Duma wurden 41 verbrecherische Vorfälle aufgedeckt.[162] Aber bis jetzt gibt es keinen einzigen Kriminalfall, der zur Gerichtsverhandlung geführt hätte.

1993 führte die Kontrollverwaltung des Präsidenten 98 Untersuchungen durch. Der Verlust, den Staatsbedienstete dem Staat zugefügt hatten, belief sich auf über 400 Milliarden Rubel. Kein einziges Kriminalverfahren kam zustande!

Diese Milliarden Rubel werden ebenso wie die Hunderte Millionen Dollar nie wieder zum Vorschein kommen. In Rußland bestätigte sich die alte Weisheit, daß die größten Vermögen ausgerechnet in der Zeit der Zerstörung eines Imperiums und der Herausbildung eines neuen Staates entstehen. Die jetzigen Bediensteten – ehemalige Partei- und Staatsfunktionäre – haben begriffen, daß ihre Staatsposten vorübergehend sind und man sie ausgiebig nutzen muß, um nicht nur Lohn, sondern auch Schmiergelder zu bekommen. Sie unterschlagen Millionenbeträge und Rohstoffe, mißbrauchen ihr Amt in jeder Weise, um sich ein schönes Leben zu sichern.

Während sich die Kriminellen durch Raub, Mord und Schutzgelderpressung bereichern, bedienen sich die mafiosen Gruppierungen aus dem Funktionärsflügel »intelligenter« Methoden des Gelderwerbs: Sie nehmen zum Beispiel zinsgünstige Kredite auf (aus Staatsmitteln) und geben sie zum marktüblichen Zinssatz weiter; sie beschaffen Lizenzen und Quoten zum Export von Rohstoffen zu Dumpingpreisen (es ist ein oft beschriebenes Verfahren, Güter für die Hälfte des Weltmarktpreises zu verschachern: Der Käufer bezahlt dafür in bar 20 bis 30 Prozent mehr als die auf dem Papier stehende Summe oder überweist das Geld

gleich auf ein Privatkonto im Westen); oder sie privatisieren
Staatsbetriebe, die die Betriebsdirektoren selbst zuvor in den
Bankrott getrieben haben.

Die Vertreter der alten sozialistischen Staatsmacht verteilten
ihre kriminellen Einkünfte auch auf ihre nächsten Verwandten
und Freunde. Deshalb gehören zu der Gruppe, die ein großes
Startkapital angesammelt hat, nicht nur die eigentlichen ehemaligen Funktionäre, sondern auch deren Abkömmlinge. Die Leser
werden sicher erstaunt sein über das Alter der größten hundert-
millionendollarschweren Vermögensbesitzer – angefangen von
dem 30jährigen Oleg Bojko, dem Chef des OLBI-Konzerns, bis
zu Anton Nenachow, der mit 23 Jahren Bankdirektor wurde und
später in die illegale Finanzierung der Shirinowski-Partei verwickelt war.

Die Duma-Abgeordneten, die sich mit den höchstmöglichen
Diäten, mit Autos, Staatswohnungen (die sie gleich privatisiert
haben) und einem Dutzend Beratern eingedeckt haben,
beschlossen 1994 als erstes ein Gesetz der Amnestie für Wirtschaftsverbrecher, wonach Personen aus der Elite der kriminellen und der Bonzen-Mafia sofort freigelassen wurden.

Das größte Anwachsen der Wirtschaftskriminalität und der
Reichtümer von einigen Tausenden auf Kosten von Millionen
vollzog sich ausgerechnet in der Zeit der Perestroika und der
Einführung der Marktwirtschaft – einer Zeit der totalen Ausplünderung des Landes. Der sowjetische Dissident Wladimir
Bukowski, der seinerzeit gegen den in Chile verhafteten Generalsekretär der Kommunistischen Partei Chiles Luis Corvalán
ausgetauscht worden war, sagte über die »Elite« des Landes von
heute: »Demokratie ist für sie nichts anderes als eine gut kontrollierte sozialistische Demokratie, während die Marktwirtschaft
nichts anderes als Korruption bedeutet ... Kurz gesagt, wenn
diese Leute in der Lage sind, etwas zu erschaffen, dann mit größter Wahrscheinlichkeit lediglich eine neue Mafia anstelle der
alten, ein neues politisches System, das ich mit dem neuen Begriff
›Kleptokratie‹ bezeichnen würde.«[163]

Schmutzige und saubere Gelder in einem Topf

*Preisfrage: Was ist in Rußland kriminelles Business – und was
ist korrektes Unternehmertum? Für diejenigen, die diese Frage
beantworten können, sind Plätze im Irrenhaus reserviert*

Pawel Wostschanow, Jelzins ehemaliger Pressesprecher, meint,
daß es in Rußland überhaupt kein sauberes Geld gibt.[164] Vom
Taschengeld der einfachen Leute abgesehen. Wostschanow
behauptet, es gebe in Rußland kaum einen großen Geschäftsmann, der nicht mit der Kriminalität liiert sei.

Das habe, so meint er, vor allem politische Gründe. Das nach
dem Putsch von 1991 neuentstandene Rußland habe die politischen Veränderungen gesetzlich verankern müssen. Die Sicherheit habe nur eine neue soziale Klasse von Eigentümern garan-
tieren können. Aber wie konnte man das Gesamteigentum
schnell und unauffällig verteilen, wenn noch gestern alles allen
gehörte? Man fand eine außergewöhnliche Lösung: die Abschaffung aller noch existierenden Gesetze und zugleich auch des
Gesetzgebers. Deshalb kommt der Berater Jelzins zu dem
Schluß, daß die Duma, das russische Parlament, das Jelzin 1993
wegfegen ließ, schon im August 1991 »zum Tode« verurteilt war.
»Bei aller Habgier der russischen Abgeordneten würden sie wohl
kaum den Diebstahl des Staatshaushalts in einem so gigantischen
Ausmaß billigen«, so Wostschanow.

Der Konflikt zwischen Boris Jelzin und dem Parlament, der in
den Medien als ein Kampf des Neuen, Fortschrittlichen und
Demokratischen gegen das Alte, Überholte, Rot-Braune bezeichnet wurde, war kein ideologischer Kampf. Man ging auf
unterschiedliche Weise an die Verteilung der russischen Reichtümer heran.

Ebenso wie die Gesetze wurden auch die Rechtsschutzorgane
durch Dutzende von Umbildungen und Reorganisationen regelrecht vernichtet. Die besten Kader verließen die »Organe« (allein das KGB verlor von August 1991 bis Juni 1992 20 000 Mit-

arbeiter[42]) und landeten bei der Mafia. Andere, die blieben, wurden von der Mafia gekauft. Allmählich etablierte sich ein gefährliches Bündnis der Verbrecher und jener, die die Verbrecher zur Strecke bringen sollten. Die Grenze zwischen Recht und Unrecht verwischte immer mehr.

Die Abschaffung der Dezernate zur Bekämpfung von Wirtschaftsverbrechen fiel nicht zufällig mit der Liberalisierung der Handelsgesetze zusammen. »Das Gesetz ist schlecht«, war die Devise, »und deshalb ist alles erlaubt.« So wurde indirekt allen erlaubt, die denkbaren Geldquellen zu nutzen. »Bereichert euch!« Die Losung Bucharins, eines Freundes von Lenin, wurde zur wegweisenden Devise. Unausbleiblich veränderten sich damit auch ethische Vorstellungen: Korruption und Diebstahl des Staatsvermögens weckten keinen Widerstand im Bewußtsein der Menschen. Das Land war bereit zur Verteilung des Angehäuften.

1992 wurden die größten Gewinne vom Schreibtisch der Behörden aus erwirtschaftet – durch Rohstoffexporte.

Bis dahin hatte ein Krimineller keinen Zugang zu Ministerien gehabt, er ging auf der Straße seinen *kriminellen* Geschäften nach, die schon damals mit dem *legalen* Tabak-, Alkohol- und Gebrauchtwagenhandel vermischt und verdünnt wurden. Aber »die Straße« hatte die wichtigste Vorbereitung getroffen: Sie hatte Geld angesammelt. Das Geld war unabdingbar für den Erwerb eines weiteren Geschenks: des schon erwähnten Vouchers, der einen Teil des Gesamtvermögens von Rußland verkörperte. Diese an das ganze Volk verteilten Vouchers haben die kriminellen Vereinigungen den armen Russen tonnenweise abgekauft. Über Nacht wurden auf diese Weise Banditen zu Eigentümern von Industriebranchen.

Die Machthaber aber rührten keinen Finger, um die kriminellen Elemente von der Privatisierung fernzuhalten.

Investitionsfonds von »weißen Kragen« wurden erst gegründet, als die Mafia schon Millionen von Vouchers anbieten konnte. Die Gelder aus den kriminellen Geschäften der Banditen und den verbrecherischen »legalen« Geschäften der Bonzen-Mafia flossen zusammen. Die Mafia – Politiker, Geschäftsleute, Banditen – übernahmen die Kontrolle über den Staatshaushalt. Und von diesem Zeitpunkt an gibt es eine Interessengemeinschaft beider Mafiaflügel.

Pawel Wostschanow nennt den Rest der Bevölkerung »Geiseln« dieses teuflischen Bündnisses.

Ein teuflisches Bündnis
Eine Krähe hackt der anderen bekanntlich kein Auge aus …

In den demokratischen, kapitalistischen Ländern des Westens bekommt man keinen Kredit ohne Sicherheiten, ohne Bürgschaften, ohne Dutzende von Einkommensnachweisen.

Die russischen Banken können so nicht arbeiten: In der Regel besaßen die Kreditnehmer, sogar vermögende, keine Immobilien, keine Grundstücke. Kredite wurden mehr nach Augenmaß vergeben: an Freunde, Bekannte, an nützliche Leute. Manche Darlehensnehmer waren so risikofreudig, daß sie die Kredite verspielten. Für andere war das Spiel so atemraubend und spannend, daß sie keine Zeit fanden, die Kredite zu tilgen. Nach einiger Zeit erinnerten die Banken an die gewährten Darlehen. Aber die Kreditnehmer konnten nicht zahlen.

Dazu muß gesagt werden: Wenn in Rußland jemand mit seinen Forderungen vor Gericht zieht, verliert er doppelt – er verliert Zeit und öffentliches Ansehen. Es dauert so lange, daß man sich über einen gewonnenen Prozeß nicht mehr freuen kann – wenn die Kredite in Rußland eine Zeitlang mit monatlich 10 Prozent, also mit jährlich 120 Prozent Zinsen vergeben wurden, können Sie sich vorstellen, was man bei einer Prozeßdauer von einem halben Jahr einbüßt. Und am Ende steht noch nicht einmal fest, ob der verurteilte Schuldner seine Schulden auch bezahlen wird.

Nicht nur bei den Banken, auch im alltäglichen Geschäft ist es so, daß man nicht sofort Ware gegen Geld tauschen kann. Entweder man hat die Ware, sie aber noch nicht bezahlt, oder man hat das Geld, aber die Ware noch nicht geliefert, und man weiß gar nicht, ob man es überhaupt tun will.

Es gibt also immer eine Möglichkeit, die Geschäftspartner zu prellen.

Firmen schießen in Rußland wie Pilze nach dem Regen aus dem Boden, aber sie gehen auch ein wie die Pilze bei Trockenheit. Heute hat man einen Vertrag abgeschlossen und bezahlt – und morgen existiert der Firmen-Vertragspartner nicht mehr. Das Geld ist weg, und von der Konkursmasse des Schuldners bleibt nur ein Aschenbecher in dem gemieteten Raum. Die ewige russische Frage: Was tun?

Die wendige russische Natur hat eine Antwort gefunden und sie in die Tat umgesetzt: Man geht zu Banditen und beauftragt sie, das Geld zurückzuholen. Und man bekommt sein Geld zurück. Bis zu 50 Prozent der Summe – sie muß beträchtlich sein, sonst rühren die Banditen keinen Finger – erhält die ausführende ehrenwerte »Firma«. Das kann für den Auftraggeber auch ohne Verlust abgehen – die Wirtschaftsgesetze Rußlands arbeiten weder nach Adam Smith noch nach John Keynes: Die Banditen warnen den Schuldner und schalten den virtuellen »Zähler« ein. Der »Zähler« ist virtuell, d. h. nur in der menschlichen Vorstellung existent, aber die Ergebnisse sind greifbar und materiell. Woher das Geld kommen soll, interessiert die Banditen weniger. Hin und wieder vermitteln sie einen neuen Kreditgeber. Deshalb bekommt man von den Banditen gelegentlich auch die volle Schuldensumme zurück. Den Rest, alles, was der »Zähler« zeigt, kassieren die Banditen.

Manchmal sind die Schuldner nicht bereit, das Geld sofort zu zahlen. Dann wird mit dem nächsten Besuch gedroht oder gleich gefoltert. Wer wirklich nicht zahlen kann, hat die Wahl: unterzutauchen (das ist uneffizient, die Banditen finden solch einen Schuldner viel schneller als die Milizionäre, dafür gibt es genügend Beweise) oder sich zu erhängen, zu erschießen, zu vergiften ... Das wird akzeptiert und die Familie des Schuldners in der Regel nicht weiter verfolgt.

Da es relativ teuer ist, Banditen zu engagieren, Gelderpressung aber eine fast alltägliche Angelegenheit ist, organisiert man die Kooperation auf andere Weise: Die Banditen werden gleich bei der Firma angestellt und bekommen ein festes Monatsgehalt. Ein Teil des Gewinns der Bank-Auftraggeber wird auf das Konto der Banditen-Firma überwiesen.[114]

Das ist kein Hirngespinst, sondern Realität: In den Banken sind nicht selten drei- und viermal wegen Raubüberfällen, Diebstahl, Plünderung vorbestrafte Banditen als Wächter und Sicherheitsleute beschäftigt.[151]

Mit der Zeit verstehen die Banditen, die gewöhnlich eine etwas bescheidenere Ausbildung als die Bankdirektoren haben, daß ohne sie das Geschäft überhaupt nicht läuft. Dann verlangen die Banditenfirmen von den »sauberen« Gesellschaften eine Beteiligung. In der Regel wird dem Anspruch zähneknirschend zugestimmt. So wird dann aus der Bank und aus einer Banditenfirma eine Banditenbank. Die »Paten« steigen oft in die Bankaufsichtsräte ein.

Eine interessante Beobachtung: In Rußland werden keine Banken überfallen. Im Chicago der Prohibitionszeit waren Banküberfälle der Knüller. In der Zeit der größten Eroberung des amerikanischen Westens war es der Postzugüberfall. Im heutigen Deutschland wird fast jede Woche eine Bank ausgeraubt.

In Rußland gibt es das nicht. Die Lösung des Rätsels: Die Banken werden nicht nur von Kriminellen bewacht, sondern auch von der Mafia kontrolliert. Einige Quellen (die russische Miliz unter anderem) reden von 400 von der Mafia kontrollierten Banken, andere (CIA[118]) von über der Hälfte aller Banken, das wären ungefähr 1200, aber keine kann eine einzige Bank nennen, die von Mafiabeziehungen »clean« ist. Damit ist die Geldwäsche in Rußland gar kein Problem.*

---

* Daß die Russen die Banken in den anderen Ländern dafür nutzen, hängt damit zusammen, daß für die »bessere« Geldwäsche durchaus eine ausländische Bank mitspielen muß. Deshalb werden die russischen Gelder z. B. in England und italienische in Rußland »gewaschen«.

Die Russenmafia hat eben zwei Flügel, der eine Flügel ist von vornherein kriminell, der andere besteht aus ehemaligen Parteifunktionären, die auch heute Staatsdiener sind, und »roten Direktoren«, die Betriebsinhaber und Bankvorstandsmitglieder wurden und somit zum Establishment gehören. Aber wie beim Reißverschluß sind manche sehr eng miteinander verbunden, arbeiten Hand in Hand, sind voneinander abhängig und können ohneeinander nicht leben. Andere sind weit voneinander entfernt. Aber die »Lokomotive« des Reißverschlusses zieht sie unerbittlich zusammen.

So beschreibt die »Iswestija«[165] diese Symbiose: »In Jekaterinburg [Zentrum des Urals – V. T.] begann die Serie der Auftragsmorde viel eher als in der Hauptstadt. Aber nicht deshalb, weil die einheimischen Banditen soviel blutrünstiger sind. Es gab einfach objektive Gründe.«

Welche Gründe denn?

Der Ural ist ein einziger »Hochofen«: zwei Aluminiumkombinate, vier Kupferkombinate, Buntmetallwerke, Eisenhütten in Nishnij Tagil und in Werchnjaja Salda, wo fast das gesamte Titan Rußlands produziert wird; im Malyschew-Bergwerk wurden sämtliche russischen Smaragde gefördert … Neue Spekulanten haben in Erwartung einer Umverteilung der Immobilien angefangen, Rohstoffe und Ressourcen aufzukaufen. Und bessere Handlanger als die Kriminellen konnten sie bei diesem Geschäft kaum finden. So gelangten immense Geldsummen in die Hände von Kriminellen, die bis dahin nur Geschäftsleute erpreßt und mit Schnaps gehandelt hatten. Das Geld hat für alles gereicht: für die Organisation der eigenen kommerziellen Strukturen, für den Kauf von Waffen und Staatsdienern.

Aber die ehemaligen Parteisekretäre, die heutzutage in Rußland durchweg hohe Posten in der Staatsverwaltung bekleiden, wollen auch ein Stück vom Kuchen abhaben. Und so werden dem Exporteur von wertvollen Dingen Einschränkungen auferlegt. Diese Auflagen sind höchst eigenartig. Es sind »außerwirtschaftliche« Restriktionen, d. h. sie sind nicht dazu da, aus den profi-

tablen Exportgeschäften Geld für den Staat zu schlagen (per Aus-
fuhrzoll), sondern dazu, in die eigene Tasche zu wirtschaften. So
gibt es in Rußland z. B. Lizenzen, Quoten, *spezielle* Exportunter-
nehmen (nur sie sind dazu berechtigt!) und spezielle Vertretungen. Die Lizenz an sich kostet nichts, aber es gibt immer einen
Staatsdiener, der diese Lizenzen vergibt. Die Vergabe der Lizenzen liegt ganz im Ermessen des jeweiligen Angestellten. Er allein
entscheidet, ob man Tausende und Millionen Tonnen Buntmetall, Dünger oder anderes ins Ausland verkaufen darf oder nicht.
Die Verkäufer stehen Schlange. Der Lizenz-Vergeber ist das A
und O des Geschäfts.

Was für Schmiergeld muß man ihm zahlen, um eine Lizenz zu
erhalten? Wieviel Prozent des Gewinns?

Solche Leute werden kaum eingeschüchtert und erpreßt. Wozu
auch, damit würde kein Problem gelöst. Man kann den Lizenz-
geber nicht beseitigen wie einen Konkurrenten. Der Lizenzge-
ber ist unsterblich, weil anstelle von einem, wie bei dem Drachen,
drei neue Köpfe nachwachsen (und nicht *parallel*, wo alle drei
Instanzen Lizenzen vergeben dürfen, sondern *übereinander*, so
daß man nacheinander alle drei Instanzen durchlaufen muß …).
Deshalb bedient man sich einer anderen Methode: Die Behör-
denangestellten werden gekauft. Solch ein Kauf heißt in der
Umgangssprache der Staatsanwälte Korruption, bedeutet aber
schlichtweg die Umverteilung der gesetzwidrig erzielten Gewinne zwischen kriminellen Clans, die das Geschäft kontrollieren (für die verbrecherische Gruppierung ist es praktisch egal,
welche Firma das formell tut), und den Behörden, die das Staatseigentum einfach verkaufen, als ob es ihnen gehöre. Es geht
dabei, wie gesagt, um den gesamten Reichtum des Landes, d. h.
um Hunderte Milliarden Dollar.

Wieviel Geld ist an hochrangige Personen zu zahlen? Es gibt
recht unterschiedliche Angaben, die Spanne ist sehr breit. Die
meisten Analysen[97] zeigen aber, daß die kriminelle Mafia als
Schmiergelder an Staatsdiener verschiedenen Ranges und in den
verschiedenen Bereichen – von Lizenzerwerb beim Ministerium

für Metallurgie bis zur Bestechung von Beamten in den Justiz-
vollzugsanstalten – etwa 50 Prozent aller kriminellen Gewinne
abzweigt. Also eine Hälfte bekommen die Banditen, die andere
die »weißen Kragen«. Deshalb sind in Rußland die Staatsbeam-
ten, die Industriezweige betreuen, manchmal genauso reich wie
die »Diebe im Gesetz«, die die Regionen verwalten.

Um welche Summen handelt es sich? Allein 1993, so schätzen
zuverlässige Quellen in den russischen Sicherheitsdiensten,
bezahlte die Mafia etwa eine Milliarde Dollar Schmiergelder an
die Behörden.[42] Wahrscheinlich irrt sich die französische »Le
Monde«[166], wenn sie schreibt, Rußlands Premier Tschernomyrdin solle privat fünf Milliarden Dollar besitzen.*

Und noch eine Frage ist berechtigt: Womöglich sind nur die
Leute um Jelzin korrupt? Vielleicht kommt in der nächsten
Zukunft eine neue Kraft, eine neue Partei an die Macht, die das
Land aus dem schmutzigen Sumpf führen wird? Die Kommuni-
sten z. B., die den Schutz der Armen in ihrem Programm veran-
kert haben?

Ich verfolge mit großer Skepsis die politischen Rangeleien um
die Duma-Plätze und um den Präsidentenposten. Ich kann die
im Westen herrschende Vorliebe für Jelzin und die Abneigung
gegen Sjuganow nicht teilen. Die russischen Kommunisten unter
Sjuganow sind keine orthodoxen Stalinisten mehr, sie sind schon
bestens mit den Spielregeln vertraut, und, was wichtig ist, *sie
haben etwas zu verlieren* (vgl. »Das Kommunistische Manifest«
von Marx und Engels). In den Reihen der Kommunisten gibt es
nicht weniger vermögende Leute als in Jelzins »Partei der
Macht«. Deshalb können kleine Veränderungen der Politik (bei
der Wahl des neuen Präsidenten oder bei anderen Kräfteverhält-
nissen im Parlament) keine strategischen Veränderungen nach
sich ziehen und zu keinem Kurswechsel führen.

---

* Das bestreitet Tschernomyrdin überdies. Im Gegensatz zu ihm ließ sich Kal-
mykien-Präsident Iljumshinow in die Tasche schauen: In seiner Einkommen-
steuererklärung 1996 brachte er 5 799 057 394 Rubel private Einnahmen,
also eine Million Dollar, zu Papier.[166-1]

Aber Gedanken machte man sich darüber. Vor der letzten Par-
laments- und Präsidentenwahl wurde eine Formel der »nationalen Versöhnung« erarbeitet, für den Fall, daß das Staatsruder
doch abgegeben werden sollte.

Gibt es unüberbrückbare Konflikte zwischen der »weißen
Rose« und der »roten Rose«? Welche Versöhnung muß zwischen dem ehemaligen kommunistischen Parteisekretär Jelzin
und dem ehemaligen kommunistischen Parteisekretär Sjuganow
zustande kommen? Welche hundertjahrelange Blutrache gibt es
zu beenden?

Darüber schreibt P. Wostschanow[167]: »Die Hauptbestandteile
der Formel sind markant: ›Ein fünfjähriges Moratorium zur
Offenlegung der *Ursprünge* aller Aktiva- und Kapitalarten …
Strafverfolgung nur nach Paragraphen und Gründen, die *nicht
mit der primären Anhäufung des Kapitals* verbunden sind.‹«

Wie man in Rußland so schön sagt: »Die Katze weiß, wessen
Speck sie gegessen hat.« Korruption kennt eben keine Partei-
grenzen. »Es rettet uns kein höh'res Wesen, / kein Gott, kein
Kaiser noch Tribun …«, kein Sjuganow, Lebed', Nemzow …

Unterstützung mafioser Strukturen durch den Staat

Der Staat muß sich doch um alle seine Bürger kümmern ...

Banditen werden in Rußland nicht bestraft. Man fängt weder große Haie noch kleine Fische. Mitglieder von Mafiagruppierungen haben im Gebiet Belgorod nachweislich innerhalb weniger Monate 120 Verbrechen begangen, es wurden aber nur zwei Ermittlungsverfahren eingeleitet.[168] »Deshalb schämen die Verbrecher sich auch nicht, auf die Frage nach dem ausgeübten Beruf geheimnisvoll zu antworten: ›Bandit‹, weil sie genau wissen, man muß in flagranti gefaßt werden. Allein wegen der Bandenzugehörigkeit jemanden einzusperren, hat man hier noch nicht gelernt«, schreibt die »Komsomolskaja prawda«.

Man hat es nicht gelernt, weil es keine »Lehrbücher« – keine Gesetze – gibt. Ein ernstzunehmender kriminogener Faktor, so die Theoretiker und Praktiker der Strafverfolgung, sei die Verzögerung der Annahme von Gesetzen über den Staatsdienst, über die Bekämpfung der Korruption und der Organisierten Kriminalität, der neuen Formen des Amtsmißbrauchs. Viele Gesetze fehlen noch in Rußland, und man weiß genau, wie notwendig sie sind. Etliche Gesetze allerdings wurden im Eilverfahren angenommen, und es gibt auch Anwendungsbestimmungen. Gesetze gegen die Mafia aber, die mehrere Jahre lang vorbereitet und ausführlich debattiert worden sind – ein ganzes Bündel von Gesetzen –, die sind noch nicht da!

Sehr lehrreich ist die Geschichte des Gesetzes zur Bekämpfung der Korruption. Nach langer Vorbereitung wurde es im März 1993 dem Obersten Sowjet vorgelegt, wo es einen Sturm der Entrüstung auslöste. Die Gesetzesgegner sprachen von Menschenrechtsverletzung – und vergaßen dabei die verletzten Rechte der Opfer. (Der Gesetzentwurf wurde in den USA vom FBI für gut befunden. In den USA wurden die ersten Gesetze zur Bekämpfung der Organisierten Kriminalität schon in den vierziger Jahren erlassen.) Aber wie viele verschiedene Strömungen und Klippen mußte man in Rußland überwinden, um das Gesetz durchzusetzen! Der Widerstand war so unangemessen stark, daß Sachkundige behaupteten, viele Gegner des Gesetzes kennten entweder den Text nicht oder hätten ein persönliches Interesse an der Nichtannahme.[169] Vielleicht dachten die Abgeordneten dabei an eigene Rechte: Im Gesetzentwurf ging es darum, daß die Abgeordneten ihre Geschäftstätigkeit für die Legislaturperiode ruhen lassen müssen und auch ihre nächsten Verwandten keinerlei Geschäftstätigkeit ausüben dürfen.

Welche Artikel sind umstritten? Die gegen Killer, Drogenhändler und Schutzgelderpresser? Nein. Etwas anderes bewegt die Gemüter: »Warum soll man seine Einkünfte bei einem großen Kauf, z. B. eines ›Mercedes‹ für 100 000 Dollar, offenlegen?« Empörung gibt es über den Artikel »Einstweilige Kontrolle der finanziellen und wirtschaftlichen Tätigkeit sowie der Vermögens- und Finanzlage«, d. h. den Artikel über Geldwäsche. Die Deputierten reden über die Verletzung von Bank- und Geschäftsgeheimnissen und wollen nichts vom Geldwäschegesetz in Westeuropa hören. Der naive Journalist schreibt: »Ich glaube, daß Jelzin für das Gesetz ist. Daß jemand in seinem Umfeld ihn irreführen könnte, ist eine andere Sache.« Das Märchen vom guten Zaren und von bösen Fürsten – eine äußerst langlebige Geschichte in Rußland. Kriminell veranlagte Abgeordnete haben sich bei ihren Machenschaften vielleicht zum erstenmal ein wenig verunsichert gefühlt.

Dieses Gesetz, und wenn es noch mangelhaft ist, könnte den Rechtsschutzorganen beim Vorgehen gegen die Hochstapler hinterm Schreibtisch einen Halt geben, so die Juristen, mit denen ich in Moskau und in der Provinz gesprochen habe. Sie alle waren von der Notwendigkeit der Annahme des Gesetzes überzeugt. In dem Gesetz wurde die Verantwortung aller Staatsdiener fest verankert.

Am 31. März 1993 wurde das Gesetz in erster Lesung vom Obersten Sowjet Rußlands angenommen. Einige stilistische

Unebenheiten sollten noch schnellstens beseitigt werden, die zweite Lesung bald folgen ... Die Deputierten hatten inzwischen angefangen, auch an dem anderen Gesetz – zur Bekämpfung der Organisierten Kriminalität – zu arbeiten ... Präsident Jelzin stellte im Gesetzentwurf »gravierende« Mängel fest und unterschrieb ihn nicht, sondern gab ihn zu weiterer Bearbeitung zurück. Und das nach fünf langen Jahren der Vorbereitung!

Zur zweiten Lesung kam es nie: Im September 1993 löste Jelzin das Parlament auf, und am 3. Oktober ließ er die Volksdeputierten mit Kanonen beschießen. Es mag Zufall sein, aber manche Medien haben diesen Zufall so gedeutet: Der Oberste Sowjet hatte auch andere Gesetze gegen die Mafia parat. Jelzin wollte eine Diskussion im Obersten Sowjet über diese Entwürfe vermeiden und die Annahme verhindern.

Wie immer es auch gewesen sein mag, fest steht, daß Jelzins Politik die gesetzgebende Tätigkeit auf dem Gebiet der Mafiabekämpfung für mehrere Jahre objektiv blockiert und damit den Verbrechersyndikaten gedient hat, da Rußland ohne solche Gesetze den Verbrechern das Handwerk nicht legen konnte. Gerade in diesen Jahren hat das Volk am meisten geblutet.

Nach der Wahl vom Dezember 1993 unterzeichnete Jelzin die »Verordnung über den föderalen Staatsdienst«, die einige wichtige Thesen des gekippten Gesetzes enthält. Mit einer großen Ausnahme übrigens: Diese Verordnung erstreckte sich *nicht* auf die höchsten Staatspersonen – nicht auf den Präsidenten (Jelzin), nicht auf den Ministerpräsidenten und dessen Stellvertreter, nicht auf den Dumavorsitzenden und dessen Stellvertreter – und nicht auf hohe Staatsbedienstete.

Die Verordnung, die eigentlich die Grundlage für die Schaffung einer Rechtsordnung sein sollte, veränderte in keiner Weise die kriminelle Situation in Rußland. Der Leiter der Hauptverwaltung der Kriminalpolizei des russischen Innenministeriums, Kolesnikow, meint, »das Nichtvorhandensein der nötigen Gesetzgebung und das fehlende Konzept für die Bekämpfung der Kriminalität wird weiter die größten Probleme schaffen«.[169]

Bis jetzt gibt es in Rußland keine eindeutige juristische Definition, was Organisierte Kriminalität ist. Es wurden weder ein Gesetz über die Organisierte Kriminalität noch ein Gesetz über die Korruption noch ein Geldwäschegesetz angenommen. Das seit dem 1. Januar 1997 geltende neue Strafgesetzbuch mit zwei entsprechenden Artikeln zu Organisierter Kriminalität und Geldwäsche schließt solche Verbrechensarten wie Betrug, Scheinunternehmertum und Scheinkonkurs, Steuerhinterziehung und Bestechung, also bekannte Mafia-Verbrechen, sowie Erpressung für die Organtransplantation aus dem Artikel 210 StGB (»Organisation verbrecherischer Gesellschaft«) aus.[168-1] Die Prognose von Fachleuten[169]: »Die Organisierte Kriminalität wird aufblühen und sich noch entfalten. Das wird eine steigende Anzahl von Auftragsmorden, Kidnapping, Terrorakten und Schutzgelderpressungen zur Folge haben.«

Und die Misere nimmt kein Ende. 1994 hatte die Duma Gesetze zum Schutz von Zeugen und Opfern, von Mitarbeitern der Rechtsschutz- und Kontrollorgane angenommen.[169] Aber der Föderationsrat, die obere Parlamentskammer, wo die von Jelzin ernannten Gebietsgouverneure sitzen, lehnte diese Gesetze ab und wies sie an die Duma zurück. Dort wurden sie mit *zwei Dritteln* (konstitutionelle Mehrheit immerhin) angenommen und dem Präsidenten vorgelegt. Der Präsident hat die Gesetze »nicht unterstützt«, da sie – ein lächerlicher Grund in dem von der Mafia ausgebeuteten Land – »zuviel gekostet hätten«.

Es gibt auch erfreuliche Beispiele: Eines davon erzählt Juri Boldyrew, ein Parlamentsabgeordneter, stellvertretender Vorsitzender des Rechnungshofes Rußlands, in der Zeitung »Trud«.[170] Das entscheidende Jahr 1990: der Putsch gegen Gorbatschow, das Verbot der KPdSU, die Auflösung der Sowjetunion …

Boldyrew: »1990 löste man die Organe der Volkskontrolle auf, anstatt sie zu reorganisieren. Gleichzeitig wurde auf Unionsebene der Begriff der ›vollen wirtschaftlichen Zuständigkeit‹ eingeführt. Beides zusammen war ein quasi Blankoscheck für die Ausplünderung des Staates. Bis zum Herbst 1993 [bis zur Niederschlagung des Parlaments – V. T.] bestand wohl noch ein Gegengewicht zur exekutiven Macht, das Parlament. Eine ähnliche Rolle spielten auch die Vertretungen in den Regionen. Leider gibt es seit dem 21. September 1993 [Inkrafttreten des Jelzinschen Ukasses über die Auflösung des Parlaments – V. T.] in Rußland in diesem Sinne nichts ... Wir haben erwirkt, daß der Rechnungshof auch in dem Fall arbeiten wird, wenn der Präsident die Duma auflöst.« Parlamentsauflösungen scheinen also unter Jelzin allmählich zur Routineangelegenheit zu werden.

Trud: »Sie sagen: ›Wir haben erwirkt.‹ Was steckt dahinter: Argumentationskraft oder ein Spiel der Kräfte im Parlament?«

Boldyrew: »Wir sind auf Widerstand gestoßen, auch von seiten des Präsidenten.« [Warum hat Jelzin Angst vor dem Rechnungshof, frage ich mich?]

Boldyrew: »Als ich Leiter der Kontrollverwaltung, des Vorgängers des Rechnungshofes, war, mußte ich nachgeben, als Jelzin schriftlich die von uns schon begonnene planmäßige Kontrolle der Stadt Moskau verbot. Das Gesetz über den Rechnungshof läßt so etwas nicht zu.«

Das ist die Antwort! Weil der Rechnungshof das einzige verfassungsmäßige Kontrollorgan im Land ist und kein Organ oder Mensch im ganzen Land seine Untersuchungen verbieten darf.

Trud: »Heutzutage stinkt das Geld leider nach Blut. Wie geschützt sind die Mitarbeiter des Rechnungshofes, die zu ehrlicher Arbeit ›verdammt‹ sind?«

Boldyrew: »Unsere Arbeit wird eher beeinträchtigt durch die ununterbrochenen Versuche, das schon angenommene Gesetz seines lebendigen Inhalts zu berauben, seine Wirksamkeit gegenüber den ›besonderen‹ staatlichen Organen zu beschränken.«

Wer kann es »des lebendigen Inhalts berauben«? Nur Parlamentarier, oberste Staatsdiener, die ersten Leute im Land.

Im Juni 1997 waren die drei Gesetze zur Bekämpfung der Organisierten Kriminalität, zur Verantwortung für die Legalisierung verbrecherischer Einkünfte (Geldwäschegesetz) und Korruption noch nicht angenommen.

Die Mafia drängt zur Macht

Ein Soldat, der nicht davon träumt, General zu werden, ist ein
schlechter Soldat ...

Alexander Danilkin, der Reporter der »Trud«, dessen Artikel
»Unsere Kriminalität ist die am besten organisierte der Welt«
wir schon zitiert haben, bemerkt lakonisch[169]: »Die Organisierte
Kriminalität stützt sich auf die Grundlagen der Wirtschaft. Sie
wird sich maßlos bereichern und später auch politische Ziele verfolgen.«
   Da stellen sich gleich mehrere Fragen auf einmal:
Wann ist dieses »Später«?
Welche politischen Ziele werden verfolgt?
Und vor allem: Warum benutzt der Reporter eigentlich das
grammatische Futur?
Was ist denn heute?
   Bekanntlich unterteilt sich die Staatsmacht in den Demokratien (seit John Locke und Charles Montesquieu wissen wir das)
in drei Gewalten: gesetzgebende (Legislative), ausführende (Exekutive) und gerichtliche (Judikative). Spätestens seit Locke ist
auch bekannt, daß alle diese drei Gewalten oft käuflich sind. Aber
die Macht des Geldes – die vierte Gewalt – haben unsere weisen
Vorfahren (außer vielleicht Niccolò Machiavelli) kaum berücksichtigt.
   »Drängt die Mafia zur Macht?« fragen die Analytiker.
   »*Eindeutig*. Aber es wäre naiv zu glauben, daß die Paten selbst
eifrig Schlüsselpositionen in den Machtstrukturen anstreben ...
Sie geben sich mit der bescheidenen Rolle der Regisseure zufrieden. Und sie spielen diese Rolle erfolgreich«, behaupten Szene-
kenner aus den russischen Sicherheitsdiensten.[42]
   Beginnen wir mit der Judikative, der richterlichen Gewalt.
   Denn wäre ich ein Wildschwein, würde ich auch zuerst versu-
chen, den Jäger zu schmieren ...

Die gekaufte Justiz
Wie man den Jäger schmiert – also Rußland, Solnzewo,
Ende des 20. Jahrhunderts ...

Wie erwähnt, gibt es in Rußland 8000 bis 9000 verbrecherische, mafiaähnliche Gruppierungen. Eine der bekanntesten ist die Solnzewo-Vereinigung aus »Sonnenstadt«, wie Solnzewo auf deutsch heißt.

Die Solnzewo-Vereinigung besteht aus über 300 kriminellen Gruppierungen.[171] Die Liste der Städte, in denen die Solnzewo-Vereinigung vorwiegend ihre Geschäfte macht, ist lang: Dazu gehören das Moskauer Gebiet (aber nicht Moskau selbst, hier sind viele Vereinigungen tätig); die Städte und Gebiete des »Goldenen Rings« um Moskau; die Wolga-Gebiete mit dem »Lada«-Werk; Brest in Belorußland (Transit nach Polen und Westeuropa, Zoll, kriminelle Geschäfte mit Autos und Antiquitäten); die Krim in der Ukraine (Immobilien, Tourismus); Polen, Tschechien, Ungarn, Österreich, Deutschland, Thailand, Frankreich, Norditalien, USA (New York, Florida, San Francisco) sowie Griechenland, Zypern, die Kanarischen Inseln, China ...

Die Bandenmitglieder sind relativ jung – vorwiegend zwischen 17 und 40 Jahren. Die Anführer sind bekannt: Sergej Michailow und die Brüder Awerin. Das letzte große Treffen von 800 Bandenmitgliedern fand im Sommer 1995 in Prag statt.

Die Zerschlagung der Bande wurde im Juli 1995 geplant. Den Plan kannten nur ranghöchste Offiziere. Im August sollte die Operation vonstatten gehen. Ein Oberst aus der Hauptverwaltung zur Bekämpfung der Organisierten Kriminalität behauptet, daß die Solnzewo-Bosse schon seit den ersten Vorbereitungen der Miliz Bescheid wußten. Die Anführer – und mehrere andere Banditen aus der mittleren Führungsebene – tauchten einen Monat vor dem Einsatz der Miliz in Tschechien und anderen Staaten der Welt unter. Bei der Razzia wurden 23 Personen vorläufig festgenommen. Inhaftiert wurden nur sechs. Lauter kleine Fische ...

Gekauft sind nicht wenige Milizangehörige, die der Mafia Mi-
lizgeheimnisse verraten, sozusagen verdeckte Ermittler der
Mafia in den Reihen der Miliz.

Gegen Bestechung werden die Verbrecher aus der Untersuchungshaft entlassen. In der Amtssprache heißt das »gegen Kaution«.

Neue Geschäfte und neue Dienstleistungen erfordern auch ein
neues Know-how, neue Taktiken, neue Verfahren. Eines davon
sieht so aus: Die Killer lassen nach dem Mord die Waffen am Tat-
ort zurück. Nicht aus Angeberei, sondern aus kühler Berech-
nung. Die Waffe darf nicht zweimal benutzt werden, sonst
könnten die Untersuchungsrichter zwei Morde in Verbindung
bringen und einen zusätzlichen Anhaltspunkt für ihre Untersuchung haben.

Eine der neuesten Strategien: Die Killer gehen ohne Waffen
zum Treffpunkt, vor allem, wenn es nicht um einen Auftragsmord
an einem Geschäftsmann geht, sondern um die Verteilung der
Einflußzonen unter den Banditen selbst. Heutzutage zählen zu
den Waffen nicht nur kleine Pistolen wie die militärischen PM
(»Makarow«), sondern auch große und unhandliche »Stetschkin«
sowie Maschinenpistolen, Handgranaten und, wenn nötig, auch
Gewehrgranatwerfer. Solches Rüstzeug ist auffällig, kann ohne
weiteres selbst von einem Verkehrspolizisten zufällig entdeckt
werden, ganz zu schweigen von denjenigen, mit denen die
»Klärungsgespräche« geführt werden sollen. Killer sind in der
Regel sehr erfahren und gut ausgebildet, und die Ausbildung
kostet Zeit und Geld. Ein guter Killer ist oft Goldes wert. In der
Verbrecherhierarchie stehen sie zwar nicht ganz oben, aber auch
nicht auf der untersten Stufe. Sie fahren »Pontiac«, »BMW«,
»Audi 100« und »Opel Frontera«. Verluste sind hier für die
Bande sehr schmerzhaft. Deshalb kommen die Killer ohne Waffen. Zum vereinbarten Zeitpunkt werden die Waffen – geladen
und schußbereit – von anderen an Ort und Stelle gebracht. Sie
fahren unauffällige, oft gemietete »Ladas«, manchmal mit einem
nicht zur Bande gehörenden Chauffeur. Diese Banditen heißen

romantisch »Knappe«, »Waffenträger«. Nach der Schießerei lassen die Killer ihre Waffen liegen und fahren nach Hause. Wenn sie festgenommen werden, kann ihnen keiner etwas »anhängen«.

Nach operativen Angaben der Miliz sollte solch ein »Gespräch« zwischen der sogenannten Dagestan- und der Georgien-Gruppierung in Moskau stattfinden.[172] Die »Dagis« erhielten den Auftrag, ihre georgischen Widersacher während der Verhandlungen über die Raubzonen kaltzumachen. Die blutige Schießerei war auf den Nachmittag zwischen 15 und 16 Uhr im Café »Inguri« terminiert. Die Miliz griff schon auf der Straße zu, da die Killer zu diesem Zeitpunkt noch keine Waffen hatten. In Sekundenschnelle lagen 20 Verbrecher auf dem Asphalt mit den Händen überm Kopf: also Leute ohne Waffen und ohne erkennbare Absichten, jemand zu berauben oder umzubringen. Keine Verbrecher, kein Tatbestand. Eigentlich hätte man alle Festgenommenen mit einer Entschuldigung freilassen müssen. Aber warten wir auf den »Knappen«. Er kommt im Taxi angefahren mit zwei »Makarows« – eine davon mit Schalldämpfer – und mit einer automatischen Pistole »Stetschkin«. Alle Waffen in bestem Zustand, geladen, schußbereit. So wird er auch von der Miliz eingebunkert. Und was erzählt der festgenommene Herr Dalgatow aus Machatschkata in Dagestan? Er habe von einem Unbekannten, mit Vornamen Magomed, an den Familiennamen könne er sich nicht erinnern, eine Plastiktüte bekommen, aber was sich darin befinde, wisse er natürlich auch nicht.

Das weitere Geschick des Herrn Dalgatow ist sehr aufschlußreich. Eine Stunde nach der Festnahme erschienen zwei Männer in der Milizzentrale. Der eine gab sich als Abgeordneter der russischen Staatsduma aus, der andere als sein Referent. Sie interessierten sich lebhaft für das Schicksal Dalgatows und baten, ihn zu entlassen. Die Milizionäre, die eine Stunde zuvor bei der Festnahme ihr Leben riskiert hatten, wiesen den Gästen die Tür.

Am nächsten Morgen kam der Untersuchungsrichter nach Absprache mit der Staatsanwaltschaft zu dem Schluß, daß er keinen Grund für die Einleitung eines Ermittlungsverfahrens gegen Herrn Dalgatow sehe. Und *ließ ihn frei*. Die drei Pistolen blieben in der Milizzentrale, als wären sie vom Himmel gefallen ...

Sagen Sie nun bitte nicht, das sei eine Ausnahme ...

Im Oktjabrsker Gericht der Stadt Irkutsk[173] wurde ein Drogengroßhändler gegen Kaution freigelassen. In Jekaterinburg wurde ein des Banditentums bezichtigter Verbrecher aus der Untersuchungshaft entlassen, weil er »eine gute Beurteilung von seiner Arbeitsstelle bekommen hat«. »Fälle *ungerechtfertigter* [kursiv und eckige Klammern von mir – V. T.] Freilassungen gegen Kaution oder eine Verpflichtung, die Stadt nicht zu verlassen, durch Untersuchungsrichter, Staatsanwälte, Richter wurden in den Gebieten Astrachan' [europäischer Süden Rußlands], Brjansk [bei Moskau], Perm [europäischer Norden], Pskow [europäisches Zentrum Rußlands], Rostow-am-Don [Süden], Irkutsk [Ost-Sibirien], Tjumen [West-Sibirien], Stawropol, Krasnodar [beide Städte im europäischen Süden], Krasnojarsk [Süd-Sibirien], Tschuwaschien [Wolga-Region] und anderen Regionen [d. h. in ganz Rußland!] registriert«, wie die Staatsanwaltschaft feststellte. In dieser beeindruckenden Liste wurden ausschließlich Vorfälle mit Beteiligung von Bandenmitgliedern berücksichtigt.

Natürlich hat diese Freilassung ihren Preis – gemeint ist nicht die offizielle Kaution. Dem »Dieb im Gesetz« Kadijew drohte eine mehrjährige Freiheitsstrafe. Die Richter, die die Freilassung ermöglichten, machten keine Angaben über die Höhe des Schmiergeldes. Freilich setzen sie dieses Scherflein nicht in die Einkommenssteuererklärung. Aber es gibt operative Erkenntnisse aus Banditenkreisen: Dort wurden für die Freilassung einer »Autorität« 100 000 Dollar zur Verfügung gestellt. In einem anderen Fall – für den Freikauf des »Diebes im Gesetz« Sacharow, alias Zirul – wurden 700 000 Dollar aus der »schwarzen Kasse« bewilligt.[173]

Leicht vorstellbar, daß die Schwerverbrecher nach ihrer Befreiung die Zeugen und die Opfer *aktiv* bearbeiten. Wer bevorste-

hende Komplikationen ahnt, taucht unter. Was machen die
Organe des Innenministeriums? Sie beginnen aufs neue nach den
Verschwundenen zu fahnden.

Manche Verbrecher allerdings müssen doch vor Gericht und
werden bestraft. Welches Strafmaß ist angemessen für Banditen, die mit Waffen so alltäglich umgehen wie mit der Zahn-
bürste? Im Gebiet Magadan bekamen – in der zweiten Jahreshälfte 1994 – 72 Prozent der Verbrecher, die für *räuberische
Überfälle* verurteilt wurden, Freiheitsstrafen auf Bewährung.
1994 wurden für 4264 Morde unter *erschwerenden Umständen*
(Sanktionen des StGB bis zum Todesurteil) nur 153 Verbrecher
verurteilt. Etwa die Hälfte davon bekam Freiheitsstrafen unter
10 Jahren, und 16 erhielten Strafen ohne Freiheitsentzug. Ich
wiederhole: Es handelt sich um Verbrecher, die nachweislich
einen *geplanten Mord* unter die Tat erschwerenden Umständen
begangen haben.

Wegen ungesetzlichen Waffenbesitzes wurden im ersten Quartal 1995 allein in Moskau 300 Menschen festgenommen, davon
wurden 295 (ich wiederhole 295) gegen Kaution oder gegen eine
Verpflichtung, die Stadt nicht zu verlassen, freigelassen.[174]

Zum »Dieb im Gesetz« wurde Datiko (Dato) Zichelaschwili
von Wjatscheslaw Iwan'kow (Japontschik) persönlich gekürt.[175]
1992 wurde er verhaftet, als er auf dem Kasaner Bahnhof in Moskau eine große Lieferung Drogen entgegennahm. Zuvor hatte er
bereits Freiheitsstrafen von insgesamt 16 Jahren verbüßt. Seine
Grausamkeit war den anderen Verbrechern so bekannt (»seine
›Autorität‹ war so groß«, sagen die Banditen), daß er in dem
schon erwähnten Moskauer Gefängnis »Matrosskaja tischina«
einen Hungerstreik der Insassen beendete – was nicht einmal der
Gefängnisdirektor fertigbrachte.

Danach wurde Dato gegen Kaution vorläufig freigelassen, d. h.
»auf Ehrenwort«, bis zum Strafantritt. Diese dem Westen abge-
guckte Gepflogenheit wird lediglich bei Banditen angewendet.
Verkehrssünder haben kaum eine Chance, Haftverschonung zu
bekommen, meinen Milieukenner.

Vielleicht hatte Dato ja anfangs die Absicht gehabt, sein Ehrenwort zu halten. Aber später überlegte er es sich anders. Und verschwand im Ausland. Die Untersuchung nahm auch eine andere Wendung: Das Verbrechen nahm der zweite Mitbeschuldigte allein auf sich (daß die Jungen für die »Älteren« Gefängnisstrafen absitzen, ist bei der Yakuza in Japan üblich, aber es ist auch in Rußland bekannt), die wichtigsten Zeugen verschwanden.

Mit der Zeit wurde Dato zum Paten und Schutzengel für jüngere Kollegen. So hat er zum Beispiel die Kontrolle im Fernen Osten und in Sibirien seinem Freund Dshem, ebenfalls ein »Dieb im Gesetz«, überlassen. Als Dshem einmal wegen Widerstands gegen die Miliz festgenommen wurde, veröffentlichten gleich mehrere regionale Zeitungen Artikel zu seiner Verteidigung. Der Chef der Verwaltung für die Bekämpfung der Organisierten Kriminalität und der zuständige Richter wurden ständig von Banditen verfolgt, aus der Banditenkasse wurden Schmiergelder gezahlt, bekannte Moskauer und Chabarowsker Parapsychologen, die in Rußland sehr »in« sind, prophezeiten der Stadt alle möglichen Strafen, wenn dieses unschuldige Opfer nicht befreit würde. Dshem wurde gegen Kaution freigelassen, die Zeugen widerriefen ihre Aussagen ... Schließlich stellte die Staatsanwaltschaft das Verfahren ein.

Nach dem »Auffliegen« der Drogenlabors in Moskau und Kasan und der Verhaftung eines der Bosse der Narkomafia übernahm Tschernenko+, damals Direktor eines Kleinunternehmens, die Narkogeschäfte.[123] Gleichzeitig war Tschernenko auch der ungekrönte König des Danilowski-Marktes und Pate der aserbaidschanischen Gruppierung, die die Drogengeschäfte kontrollierte. Die Mitarbeiter der Moskauer Kriminalpolizei haben einige erfolgreiche Operationen durchgeführt und große Ladungen Rauschgift beschlagnahmt. Bei der Abreise aus seiner Datscha, die mehr einer Hollywood-Villa ähnelte, wurde auch der Narkobaron selbst festgenommen, jedoch nach ein paar Monaten im Lefortowo-Gefängnis wohlbehalten gegen Kaution entlassen.

»Die operativen Mitglieder neigen zu der Ansicht, daß dabei korrupte Staatsdiener aus der Zentralverwaltung des Innenministeriums und des Staatssicherheitsdienstes [Lefortowo ist das KGB-Gefängnis – V. T.] ihre Hand im Spiel hatten. Die Beziehung der Moskauer Drogenhändler reichen bis zum Gipfel des politischen Olymps«, so das Resümee.

Über gekaufte Richter (»käufliche« ist zu mild, »käuflich« bedeutet nur die Möglichkeit, die Richter zu kaufen, hier handelt es sich aber um die vollzogene Tatsache) berichtet die »Iswestija«[176]. Dem Gesetz nach ist der Richter in Rußland genauso unantastbar wie der Botschafter eines ausländischen Staates, er darf selbst bei einer Schmiergeldübergabe nicht festgenommen werden.

Lesen wir zunächst die theoretisch-moralische Einschätzung durch einen Journalisten: »Die Mitarbeiter der Miliz und der Staatsanwaltschaft sind der Meinung, daß ein solcher Schutz der Richter überflüssig ist. Heute entspricht er noch nicht der Moralstellung von einem Wahrer der Gerechtigkeit.« Ihrer Meinung nach führen lebenslange Posten und das Fehlen jeglicher Kontrolle von irgendeiner Seite dazu, daß manche Richter über die Stränge schlagen.

Die besten Beispiele lieferte die Generalstaatsanwaltschaft Rußlands.

• In Jekaterinburg wurde ein Anführer der Bande Zyganow verhaftet. Man beschuldigte ihn der Schutzgelderpressung, des Raubes, der Nötigung der Opfer zu Falschaussagen vor Gericht (ein Tatopfer wurde beschossen, dem anderen wurde mit Hinrichtung gedroht). Um den einflußreichen Anführer von den anderen Mittätern zu isolieren, wurde er in die Untersuchungshaft nach Perm gebracht. Die Kriminalbeamten waren bestürzt, als sie erfuhren, daß der Richter in Perm Zyganow aus der Untersuchungshaft entlassen hatte. Nach seiner Freilassung veranstaltete der Gangster in einem Kasino ein Massaker. Daraufhin wurde in ganz Rußland nach Zyganow gefahndet …

• Aber auch ohne Zyganow blieb die Gruppe aktiv: Sie schossen aus Gewehrgranatwerfern auf das Büro der Konkurrenz, in die Fenster des Dezernats zur Bekämpfung der Organisierten Kriminalität und auf das Stadtparlament. Der neue Anführer der Gruppe Kurdjumow wurde festgenommen ... und gegen eine Kaution von 70 Millionen Rubel freigelassen. Der »Iswestija«-Bericht darüber erschien unter der Schlagzeile: »Der Richter schätzte das Leben des Zeugen auf 70 Millionen Rubel«.[177]

• Eine verbrecherische »Autorität« in Nowosibirsk namens Wassilenko wurde wegen Rowdytums festgenommen – er schoß mit dem Gewehr um sich. Das Gericht änderte die Vorbeugungsmaßnahme »Haft« in eine andere Vorbeugungsmaßnahme, und zwar in die »Verpflichtung, die Stadt nicht zu verlassen«, und Wassilenko, als er auf freiem Fuß war, erschoß einen Bürger mit der Maschinenpistole.

• In einem Nowosibirsker Hotel wurde Herr Chadshiew festgenommen. In seinem Koffer fand man elf Pistolen. Der Richter ließ ihn frei. Herr Chadshiew ist seitdem unauffindbar.

• In Saransk erschoß ein bestellter Killer einen Hauptmann. Einer der unmittelbaren Täter, Alexandrow, verpflichtete sich, die Stadt nicht zu verlassen und wurde vom Richter freigelassen. Alexandrow wird noch heute gesucht.

Journalist Igor Korolkow: »Die Haftbefreiung von Angeklagten, die des Raubüberfalls, der Schutzgelderpressung und des Mordes beschuldigt werden, ohne offensichtliche Gründe legt den Gedanken nahe, daß das nicht umsonst geschieht. Die Gerüchte über die Bestechlichkeit der Vertreter der dritten Gewalt sind so hartnäckig, daß man nicht mit dem Glauben ans Gesetz, sondern ans Geld vor Gericht geht. Welche naive Vorstellung, daß in Rußland, wo überall Schmiergelder genommen werden, vom kleinen Diener bis zu hochrangigen Amtsträgern, nur die Richtergilde von jungfräulicher Unschuld wäre.«

Die Mitarbeiter der Rechtsschutzorgane meinen, daß die Bekämpfung der Richter-Kriminalität aussichtslos sei. Der Artikel 6 des »Gesetzes über den Status der Richter« schützt sie wie

ein Panzer. Der Artikel lautet: Das Eindringen in die Wohnung
oder die Diensträume, in das Transportmittel eines Richters, das
Abhören seiner Telefonate, Leibesvisitation sowie Durchsicht
und Beschlagnahme seiner Korrespondenz, seines Eigentums
und seiner Dokumente sind nur mit Genehmigung des Staatsanwalts oder auf Beschluß des Gerichts und nur bei einem kriminellen Ermittlungsverfahren gegen den betreffenden Richter
erlaubt.

Dieser Artikel führt die Miliz und die Untersuchungsrichter in
eine Sackgasse. Ein Teufelskreis: Man kann ein Ermittlungsverfahren gegen einen bestimmten Richter, der beispielsweise verdächtigt wird, Schmiergeld zu nehmen, nur dann einleiten, wenn
ausreichende Beweise seiner Schuld vorliegen. Die Beweise kann
man aber nur dann sammeln, wenn ein Verfahren eingeleitet ist.
Die Erlaubnis für die Einleitung des Ermittlungsverfahrens kann
nur ein Qualifikationskollegium geben. Eine Anfrage an das
Qualifikationskollegium darf allein der Generalstaatsanwalt
Rußlands stellen. Der Generalstaatsanwalt aber braucht hieb-
und stichfeste Beweise, die lediglich in einem Ermittlungsverfahren zusammengetragen werden können … Für die ganze Proze-
dur benötigt man außerdem einige Monate. Die Schmiergelder
werden aber gleich gefordert!

In Rußland gibt es 12 500 Richter. Und die wenigen Verurteilten, die es immerhin gibt? Mafiabosse?

Nicht ohne Grund schreibt Larissa Kisslinskaja: »Die festgenommenen ›Diebe im Gesetz‹ werden nach einem *gründlich ein-
studierten* [kursiv von mir – V. T.] Szenario der Verantwortung
entgehen, denn hinter Gittern werden für sie primitive ›Muskel-
protze‹ die Strafe absitzen.«

Was die Justiz alles mit einem Menschen (oder was ein Mensch
mit der Justiz) machen kann, liest man in der »Iswestija«.[178]
Doc+, nennen wir ihn so, kam aus Tbilissi (Tiflis) nach Moskau
und wurde bald darauf Chefarzt mehrerer Kliniken und Krankenhäuser. Manche behaupten, er habe diese Posten durch
Schmiergelder bekommen, aber das ist nicht erwiesen, vielleicht

war er ja ein außergewöhnlicher Arzt, obwohl auch die Moskauer Ärzte nicht schlecht sind. Gerichtlich erwiesen ist nur, daß Doc, erstens, Jelzin einmal die Hand geschüttelt hat (ein Foto zeigt es); zweitens, daß er aus seiner Klinik Drogen gestohlen hat, und zwar nicht nur für den Eigenbedarf, sondern auch zum Verkauf; drittens, daß in seiner Klinik ein »Dieb im Gesetz« Unterschlupf gefunden hat; viertens, daß Doc oft in kriminellen Kreisen verkehrte; fünftens, daß er Waffen ohne Waffenschein besaß. Dafür wurde Doc – man glaubt es kaum! – zu neun Jahren Freiheitsentzug verurteilt. Die Mitglieder der »Gesellschaft für die Freilassung von Verbrechern« können wir beruhigen: Natürlich hat Doc mit seinen Beziehungen viel, viel weniger gesessen.

Aber zunächst die Ermittlungsverfahren. Während der Ermittlungen standen alle Beteiligten unter großem Druck. Dem Vorsitzenden der medizinischen Kommission, die Doc als drogensüchtig bezeichnete, wurde im Treppenhaus von Unbekannten der Kiefer gebrochen. Einem der Kronzeugen wurde in der Gefängniszelle (!) zweimal der Bauch aufgeschlitzt. Andere Zeugen und die Untersuchungsrichter wurden offen bedroht. Videokassetten von einer Feier, die Doc mit Kriminellen und »hochgestellten Persönlichkeiten des öffentlichen Lebens« Rußlands (remember shake-hands!) zeigten, verschwanden spurlos …

Und dennoch neun Jahre Freiheitsentzug. Im März 1994 wurde das Urteil verkündet, und schon im November desselben Jahres kam es zwischen Doc und einem der Zeugen zu einem unangenehmen Gespräch. Wie war das möglich?

Doc ist Georgier, das ist die Lösung des Rätsels. Na und? Er besaß die russische Staatsangehörigkeit.

Nein. Nach der Urteilsverkündung hatte er seine Staatsbürgerschaft geändert. Deshalb verlangte die georgische Justiz, daß Doc die Strafe in seiner Heimat absitzen sollte. Unsinn! Seine Verbrechen hat er in Moskau verübt, Moskau ist Rußlands Hauptstadt, deshalb muß Doc auch in Rußland neun Jahre sitzen!

Alles falsch. Erstens hat Doc Beziehungen zum Machthaber Rußland. Zweitens hat er Beziehungen zu kriminellen Autoritä-

ten. Drittens hat er sicherlich genug Geld, um alle zu kaufen.
Deshalb wurde Doc bereits im Juli nach Georgien verfrachtet,
und schon im November war er wieder in Moskau, besuchte
seine Freunde, unter anderem den Sitz des Moskauer Oberbür-
germeisters, und anschließend reiste er nach Deutschland, wo er
sich schon öfter aufgehalten hatte ...

Der Journalist schreibt fast verzweifelt: »Zusammen mit Doc
wurde auch ein Mörder nach Georgien ausgeliefert. D. h. wir
haben es möglicherweise mit einer verbreiteten Praxis zu tun,
von der wir bis jetzt nichts wußten.«

Ich denke, das ist Koketterie. Was wußten wir nicht? Daß man
mit Geld heutzutage alles machen kann? Daß man mit nützlichen
Beziehungen in Rußland wie Gott in Frankreich leben kann?
Wußten wir nicht, daß die Organisierte Kriminalität, die »Diebe
im Gesetz«, eine reelle Macht darstellen? Oder meint er die konkrete Praxis im Falle Doc? Dann hat er freilich vollkommen
recht: So etwas haben wir das erste Mal gehört ...

Die Eskalation des Verbrechertums, ungehemmte Gewaltbe-
reitschaft, Verbreitung und häufiger Gebrauch von Waffen, Auftragsmorde, Kidnapping, grausame Folter der Opfer nahmen in
den letzten Jahren rapide zu. Die Strafen wurden aber nicht ent-
sprechend härter.

Eine interessante Statistik[174] führt das Justizministerium der
Russischen Föderation an: 1985 waren es 790 Verbrecher, die zur
Todesstrafe verurteilt wurden (12 200 Morde oder Mordversu-
che in diesem Jahr[13]). Davon bekamen 20 Verurteilte nach Kas-
sationsbeschwerden mildere Strafen. 654 wurden erschossen
(auch aus vorhergehenden Jahren).

1994 wurden 154 Verbrecher (1993 – 29 200 Morde und Mord-
versuche[13]) zur Höchststrafe verurteilt. In 152 Fällen wurde die
Strafe gemildert. Die Zeitung dazu: »Das Prinzip ›Mord für
Mord‹ befreit eine Gesellschaft nicht von Verbrechen, wie die
Geschichte gezeigt hat. Dem stimmen alle mehr oder weniger
gebildeten Leute zu. Aber in der uns überflutenden kriminellen
Situation geht es nicht um banale Gesetzesverletzungen wie

Diebstahl, Betrug, Prügelei etc. Zur Höchststrafe wurden Verbrecher verurteilt, die im wahrsten Sinne des Wortes die Hände bis zum Ellenbogen im Blut haben, auf deren Verbrechensliste nicht nur ein zerstörtes Leben steht. Die oben angeführte Statistik betrifft gerade solche Unmenschen.«

Die Diener der Gerechtigkeit geduldeten sich einige Zeit. Dann wollten sie nicht länger auf Schmiergeld warten: Sie verlangten Geld.

Im März 1994 wurde der Generaldirektor einer Aktiengesellschaft Knjashski festgenommen.[179] Die Milizionäre behaupteten, Knjashski sei eng mit kriminellen Organisationen verbunden. Er wurde verhaftet – und sofort wieder freigelassen. Auf einer Videokassette, die ein Journalist erworben hat, erzählt Knjashski die Gründe, die zu seiner Freilassung geführt haben. Der Untersuchungsrichter forderte von Knjashski zehn Millionen Rubel, und nach seiner Darstellung bekam er sie auch. Dafür kaufte sich der Herr Oberst eine Vierzimmerwohnung. Wenn die zehn Millionen Rubel auch nicht existieren sollten, die Wohnung jedenfalls gibt es, die von einem Milizlohn nicht zu bezahlen ist.

Dann wurde Knjashski gezwungen, für 25 Millionen Rubel eine nicht fertiggebaute Datscha von einem der Mitarbeiter der Steuerpolizei zu kaufen. Obwohl Knjashski meinte, daß die Datscha keine 25 Millionen wert sei, zahlte er den Preis. Des weiteren bat der Chef der Abteilung für technische Untersuchungsmethoden Knjashski um finanzielle Hilfe in Höhe von 15 Millionen Rubel für seine Abteilung, ein anderer hochrangiger Milizionär war bereit, sein Datschengrundstück »spottbillig« an Knjashski abzugeben.

Die Aktiengesellschaft konnte solche Aufwendungen nicht verkraften, deshalb wandte sich Knjashski an die Staatsanwaltschaft, die unter anderem auch die Verbrechen der Miliz untersuchen sollte, und erzählte, daß der Milizoberst von ihm Schmiergeld verlangt hatte. Am 26. November 1994 sollte Knjashski die wichtigen Dokumente der Staatsanwaltschaft übergeben.

Frage an den erfahrenen Leser: Was passierte wohl mit Knjashski am 25. November? Der Journalist: »Er wurde im Treppenhaus seines Hauses aus nächster Nähe mit einem Genickschuß
getötet.« Also greift auch die Miliz nach Mafiamethoden zur
Waffe, wenn sie sich persönlich in die Enge getrieben fühlt.

Der Journalist berichtet alltägliche Dinge ohne Ausrufezeichen, ohne besondere Hervorhebungen: Die Tochter eines
Obersten der Kriminalpolizei arbeitet als Buchhalterin in einer
Firma, die auf schmutzigem Geld basiert; der Schwiegervater
eines anderen Obersten ist Mitinhaber eines Handelszentrums,
dessen andere »Inhaber« nur »tote Seelen« sind. Die Banditen
aus der »Brigade Schischkin« können frei über ein Auto aus der
Administration der Präsidentenvertretung verfügen, Schischkin
selbst besaß einen Passierschein, der ihn berechtigte, die Ver-
botsschilder im Straßenverkehr zu ignorieren. Der Passierschein
war vom Chef der Verkehrsmiliz unterzeichnet.

Einmal wurden bewaffnete Banditen festgenommen. Die Kriminalbeamten staunten nicht schlecht, als sie echte Waffen-
scheine mit der Unterschrift des Milizobersten zu Gesicht bekamen. Ein weiterer Oberst, so die »Iswestija«, entwendete aus den
Panzerschränken seiner Untergeordneten die Ermittlungsunter-
lagen gegen Mafiamitglieder und forderte, diese Untersuchungen einzustellen. Es ist schon oft vorgekommen, daß bei der
Miliz die Corpora delicti absichtlich vernichtet wurden. Als
Ergebnis wurden die Ermittlungen eingestellt, und die Verbrecher entkamen.

Verzweifelt sind die ehrlichen Milizionäre, denen es schwerfällt,
in solch einer Atmosphäre zu leben und zu arbeiten. Solche
Leute habe nicht nur ich getroffen, es gibt sie überall: geduckt,
reserviert, mißtrauisch, manchmal verängstigt.

1992 leitete die Miliz in Wladiwostok unter Führung von Oberst
Sljadnew ein Ermittlungsverfahren gegen den Bandenanführer
Lomow[+] wegen eines Raubüberfalls ein.[54] Die Bande Lomows
mobilisierte sehr einflußreiche Leute, sogar in der Milizbehörde
selbst. Sljadnew wurde der Bestechlichkeit beschuldigt, eine

Dienstuntersuchung wurde eingeleitet, aus der man ein Kriminalverfahren machen wollte. Aber das klappte nicht. Dann wurde beschlossen, Sljadnew umzubringen. Die Bande erarbeitete einen Plan, Operation »Barrakuda«. Der Oberst wurde beobachtet und fotografiert, die Bande kannte die Kennzeichen der Autos, die der Oberst benutzte, und seine Lebensverhältnisse.

»Vielleicht scheint es Ihnen nur so, als hätte Lomow hochgestellte Personen ins Spiel gebracht?« fragte der Journalist. »Der Oberst schaut nachsichtig und müde. ›Ich weiß es‹, antwortet er kurz und will nicht mehr über dieses Thema sprechen.«

Der Artikel über das traurige Schicksal von Kowalewski, einem Oberstleutnant der Tomsker Miliz, der eine Bankaffäre über 460 Millionen Rubel klären wollte[180], heißt prophetisch: »Kann nicht gekauft werden. Beseitigen!«

Immer mehr Banditen drängen zur Macht. Um an die Macht zu gelangen, brauchen die Leute mit den blutigen Händen eine saubere Weste. Aber in Rußland gibt es auch etwas Ähnliches wie das deutsche Führungszeugnis – nur für Vorbestrafte. Seit einiger Zeit kommen diese Zeugnisse für bestimmte Leute »sauber«, ohne Eintragungen der Vorstrafen, aus dem Computer. Der Innenminister hatte klugerweise angewiesen, daß diese Angaben nach einer gewissen Zeit zu löschen sind.[181]

Eigenartige Zustände herrschen auch in Rußlands Vollzugsanstalten, sogar in solchen wie der »Butyrka«, einem der strengsten Gefängnisse Moskaus. Für alles gibt es hier feste Preise[182, 183]: Eine Zelle für nur drei Mann statt 40 gibt es für 250 Dollar; eine Liebesnacht, zu der die Hure »frei Haus« geliefert wird, für 100 Dollar; die Zellentür innerhalb des Gefängnisses geht auf für 500 Dollar. Tee, Zigaretten, Pornozeitschriften, Wodka und »alles, was der Mensch braucht«, bekommt man beim Wärter für etwa das Fünffache des üblichen Preises.

Ein lukratives Zubrot können sich natürlich auch die Direktoren der Strafanstalten sichern. Während zusätzliche Besuche von Verwandten nur 500 Dollar einbringen, kann man für eine vorzeitige Entlassung auf Bewährung 5000 Dollar kassieren.

Bekannt ist, daß Banditen von »draußen« ihre Kollegen im Gefängnis besuchen, sich dort amüsieren und einige Details von beiderseits interessierenden Geschäften besprechen können. Bekannt ist auch, daß in Gefängnissen kriminelle Zusammenkünfte der »Diebe im Gesetz« stattfinden. Die einen kommen von draußen, die anderen sitzen bereits ein. Ferner ist bekannt, daß die Gefängnisse oft Lebensmittelgeschenke von Banditen annehmen müssen, da die Versorgung nicht ausreichend ist.

Vor einigen Jahren wurde der russische Bürger Alexej Iljuschenko wegen Korruptionsverdacht verhaftet. Sein letzter Posten: Generalstaatsanwalt Rußlands. 1997 wurde Justizminister Valentin Kowaljow wegen veröffentlichter Fotos, die ihn mit unbekleideten Frauen in einem Saunaklub zeigen, den kriminelle Banden betreiben sollen, vom Dienst suspendiert.[183-1] Höher geht es wirklich nicht ...

Spezialdienste im Dienst der Mafia

Kundschafter sind Experten für Wanzen und Gifte, für Pyrotechnisches, für Tarnung und Fälschung ... Was aber kann ein arbeitsloser Agent mit solchen Kenntnissen anfangen? Wenn es die Mafia nicht gäbe ...

In der Sowjetunion gab es nicht nur das beste Ballett, auch die Geheimdienste waren nicht schlecht. Vom KGB hat jeder gehört, aber außer dem KGB gab es noch die GRU, den Militärkundschafterdienst, aber auch Sonderdienste der Miliz mit den Namen OMON, »Wympel«, Spezialeinheiten wie »Alpha«, Spezialeinheiten der Militärs, des Schutzdienstes des Präsidenten und andere. Sie wurden für verschiedene Zwecke (Geiselbefreiung, Diversionsarbeit, Kundschafterdienst, Abwehr, Abhören, Giftanwendung ...) gut ausgebildet. Als »Alpha« 1979 in Kabul (Afghanistan) die bis an die Zähne bewaffnete Garde des Amin-Palastes stürmen sollte, stand das Kräfteverhältnis 1 zu 10 für Amin (um zu siegen, müssen die Angreifer aber dreimal stärker sein, wie eine Militärregel besagt). Und trotzdem fiel die Festung in nur 40 Minuten ... Kurz gesagt, käme es zu einem Zwischenfall zwischen »Alpha« und der GSG-9 oder dem amerikanischen »Delta«, was Gott verhüten möge, würde ich nicht unbedingt auf die westlichen Sondereinheiten setzen.

Hier und da haben die Leser schon kleine Hinweise für die gute Zusammenarbeit zwischen der Mafia und den Rechtsschutzorganen Rußlands erhalten. Die Mafia hat aber nicht nur gute Beziehungen zu den im Dienst befindlichen Angehörigen der Rechtsschutzorgane, sondern auch zu den außerdienstlichen. Schließlich kann jemand, der eine Briefbombe im Dienste des Staates baut, das auch tun, wenn er pensioniert ist oder ihm gekündigt wird. Von Entlassungen, die überall im Land stattfinden, bleiben auch die Rechtsschutzorgane nicht verschont. Massenhaft wurden Fallschirmjägeroffiziere und Kundschafter, Staatsanwälte und Mafiabekämpfer, Milizionäre und KGB-Leute auf die Straße gesetzt. Die Mafia hat ihnen allen Arbeit angeboten. Es gibt in Rußland Tausende entlassener ehemaliger Mitglieder der Sondereinheiten und Mitarbeiter der Sonderdienste, aber kein einziger ist arbeitslos.

Bei Anschlägen auf Geschäftsleute und die verbrecherische Konkurrenz ist oft die professionelle Hand der ehemaligen speziell ausgebildeten Pyrotechniker zu spüren, beim Abhören von Wohnungen und Büros oder beim Aufspüren von Abhörgeräten sind ehemalige KGB-Leute am Werk. Bei der Planung von kriminellen Operationen, bei der Tarnung und der Fälschung von Papieren, beim Verschleiern der Herkunft gestohlener Autos und beim Knüpfen von Verbindungen ins Ausland sind ehemalige Kundschafter der GRU, Spione des außenpolitischen Kundschafterdienstes und Leute aus den Kundschafterverwaltungen der Armeen, Flotten und Flottillen im Spiel. Bei der Verschiebung von Waffen und Drogen und bei der Nutzung alter Verbindungen sind hochrangige Militärs, Milizionäre, KGB-Oberste, Staatsanwälte, Mitarbeiter von Justizministerium, Zoll und Grenztruppen in ihrem Element.

Darüber wird nicht viel gesprochen, aber die Mafia hat auch Leute gekauft, die ohne Waffe jemanden umlegen können – Judo-Matadore, Karate-Kanonen, Taekwondo-Asse, Aikido-Champions, Wing-Tsun-Spezialisten ...

Wie die Banditen selbst für »Gerechtigkeit« sorgen
Das Leben im »Spiegelreich« (»Through the Looking-Glass and What Alice Found There«) – oder: Was Lewis Carroll nicht einmal vermutete

In Kaliningrad wurde eine der größten »Autoritäten« der Stadt, ein Schutzgelderpresser mit dem Spitznamen »Schatun«, umgebracht.[184] Zwei Unbekannte erschlugen »Schatun« mit Eisenstangen. Noch bevor die Miliz das Ermittlungsverfahren einleiten konnte, fand man in einem nahe gelegenen Wald zwei Leichen, auf die die Täterbeschreibungen in den Milizprotokollen zutrafen.

Es gibt in Rußland immer mehr Leute, die auf keinen Fall vor Gericht klagen wollen. Dafür gibt es in allen Regionen alte »Diebe im Gesetz«, »Autoritäten«, die die Funktionen der Gerichte, der ihnen unterstehenden bewaffneten Gruppierungen, der Untersuchungs- und Fahndungsbehörde sowie der Vollzugsbeamten übernommen haben.

Da die Gerichtsmaschine so langsam und unbeweglich ist, daß es Jahre dauert, bis etwas geschieht, sind es auch vornehmlich Geschäftsleute, die ihre Probleme schnell und unbürokratisch lösen möchten. Experten behaupten, daß viele Bankiers und Geschäftsleute Moskaus die Dienste des »Diebes im Gesetz« Sawos'kin in Anspruch nahmen.[185]

Ein weiterer Vorteil liegt darin, daß Firmen, die dunkle Geschäfte machen, diese nicht vor Gericht vortragen müssen. Und ein rasches Ergebnis ist der dritte Vorteil. Die Banditen finden den »Kreditnehmer« auch dann, wenn die Miliz sie gar nicht erst sucht. Für die kriminellen Schiedsrichter gibt es festgesetzte

Gebühren, die zwischen 10 und 50 Prozent des Streitwertes betragen. Manchmal belaufen sich die »Gebühren« auf mehrere hunderttausend Dollar. Da oft der »Zähler« eingeschaltet wird, bekommt der Kläger mitunter mehr, als er gefordert hat.

Die Justiz und die Stadtväter sehen in der verbrecherischen »Ordnung« die einzige Möglichkeit, zu verhindern, daß die Straßen der Stadt zu Schlachtfeldern werden, die letzte Möglichkeit, den gewohnten Gang der Dinge (und damit auch ihre Posten) zu erhalten. Falls die »Ordnungshüter mit den blutigen Händen« doch einmal in die Mühle der Rechtsschutzorgane geraten, sorgen die Machthaber dafür, daß sie schleunigst daraus befreit werden. Dafür gibt es unzählige Belege. So ist beispielsweise in den letzten Jahren kein einziger »Dieb im Gesetz« verurteilt worden.

Auf diese Weise werden die Rechtsschutzorgane und die richterliche Gewalt durch die Macht der Gangster-Schlichter und der Banditen ersetzt. Der Milizoberst Rasinkin behauptet[185], in Rußland seien ganze Städte und Regionen – im Süden und in Fernost – in den Händen der Verbrecher.

Daß es in den anderen Regionen anders aussieht, ist zu bezweifeln. Der stellvertretende Direktor des Instituts für Soziologie der Russischen Akademie der Wissenschaft, Ja. Gilinski, ist der Meinung, daß in Rußland »verbrecherische Gemeinschaften bereits Rechtsschutzfunktionen übernommen haben, d. h. sie wurden zu Schiedsgerichten, Gerichtsvollziehern, Wach- und Sicherheitsdiensten usw. So ist in der Tat parallel zum legalen ein kriminelles Justizsystem entstanden«.[97]

Legislative
Die Abgeordneten als Diener der Vertreter des Volkes

Besonders aktive Beziehungen unterhalten die Verbrecher zu den Volksabgeordneten. Ja, sie schmücken sich geradezu mit diesen Beziehungen. So wurde zum Beispiel bei einer Bande ein Dossier gefunden, in dem alle kriminellen und kommerziellen

Informationen vermerkt waren.[54] Eine davon lautete: »Spitzname ›S …‹, Beruf: Stadtparlamentsabgeordneter, Nebentätigkeit: Lieferant von Prostituierten.«

Selbst ein Abgeordnetenmandat zu erhalten, ist in zweierlei Hinsicht für die Verbrecher attraktiv: Einerseits ermöglicht es ihnen einen leichteren Zugang zu den Staatsmitteln und öffnet ihnen die Türen zu den korrupten Staatsdienern, und andererseits schützt die Abgeordnetenimmunität die Verbrecher vor dem Gesetz.

Die Immunität, die Unantastbarkeit der Volksvertreter, gibt es fast überall auf der Welt. Aber die russische Immunität ist selbstverständlich die beste der Welt, fast so gut wie das russische Ballett. Das französische Parlament hat in den letzten 30 Jahren kein einziges Mal die Bitte von Rechtsschutzorganen um Aufhebung einer Immunität abgelehnt. In Rußland dagegen ist das die Regel. Die russische Immunität schützt den Abgeordneten nicht nur bei seiner Tätigkeit als Abgeordneter, sondern bei allen Tätigkeiten, Verbrechen eingeschlossen.

Stellen Sie sich vor, Sie sprechen mit einem Volksvertreter (im kommunalen, im Republiks- oder im allrussischen Bereich), und plötzlich greift er in Ihre Tasche und nimmt Ihre Geldbörse weg. Sie können Ihr Geld vergessen – die Unantastbarkeit des Deputierten läßt keine Möglichkeit zu, ein Ermittlungsverfahren gegen ihn einzuleiten. Auch wenn andere Volksabgeordnete diesen Raub gesehen haben, hegen Sie keine Hoffnung: Die Immunität gibt den Deputierten das Recht, sich ihrer natürlichen Bürgerpflicht zu entziehen, das heißt, ihre Zeugenaussage zu verweigern.

Verbrecher fühlen sich sehr wohl in ihrer Rolle als Volksvertreter. 1993 bis 1994 von Deputierten begangene Straftaten: 28 in Tatarstan, 22 in Mordowien, 18 im Gebiet Woronesh, 17 im Gebiet Kirow, 16 im Gebiet Twer' … Welche Verbrechen werden von Deputierten begangen? Alle – von Diebstahl bis Mord.[186] Nach Angaben der Staatsanwaltschaft konnte sich *jeder zweite* Abgeordnete der Verantwortung entziehen.

Mafiose Gruppen haben sehr gut begriffen: Das Mandat eines Volksabgeordneten schützt vor der gesetzlichen Verfolgung. Als Abgeordneter kann man Verbrechen begehen und die Verantwortung sehr leicht umgehen. Das ist eine widerwärtige Logik, aber sehr viele Menschen denken heute so.

Der Geschäftemacher Mawrodi sagte ungeschminkt, daß er um das Deputiertenmandat nicht zuletzt deshalb ringe, weil es ihm erleichtern werde, mit den Rechtsschutzorganen zu »kommunizieren«.

Volksabgeordnete bilden somit eine Kaste, die keinem Gesetz unterliegt. Die Frage nach Abschaffung einer derart »umfassenden« Immunität wurde dem Parlament mehrmals gestellt und selbstverständlich genausooft abgelehnt. Wozu würde man sein Mandat denn sonst auch brauchen? Witalij Sawizki, der Vorsitzende des Unterausschusses der Duma, der solche absonderlichen Ideen hatte, wurde bedroht, und sein Hotelzimmer wurde beschossen.

Die Wahrung der Immunität der Volksabgeordneten führt letztlich dazu, daß die kriminelle Welt die Machtorgane sowohl auf Republiks- als auch auf Kommunalebene erobert. Die Kriminalisierung der Machtorgane wird zur nationalen Tragödie, meinen einige Beobachter. Ist das wirklich so ernst?

Im Februar 1995 fanden Milizionäre unweit von Moskau die Leiche des Duma-Abgeordneten Skorotschkin. Skorotschkin war seinerzeit zu zweifelhafter Berühmtheit gelangt, nachdem er einen gewissen Schanidse erschossen hatte. Zur Verantwortung konnte Skorotschkin nicht gezogen werden, da er Deputiertenimmunität genoß. Nach der Version der Untersuchungsorgane wurde Skorotschkin selbst in einem kriminellen Bandenstreit von einer Mafia-Gruppierung umgebracht, der Schanidse angehört hatte. Im April 1994 wurde der Duma-Abgeordnete Aisderdsis erschossen. Der Fall gleicht dem Skorotschkins: kriminelle Herkunft der Tatmotive.

Die Razzia in Sankt Petersburg haben wir schon einmal erwähnt.[181] Dabei wurden auf einen Schlag Hunderte von Gangstern festgenommen. Solch eine gewaltige Operation löste eine Protestwelle aus. Einige Proteste kamen aus Moskau, aus der Staatsduma. So beschwerte sich der Duma-Abgeordnete Filatow beim Innenminister, daß die Miliz auch seine Berater festgenommen hatte.

An dieser Stelle muß daran erinnert werden, daß die Miliz die kriminelle Szene bestens kennt, ihre Kenntnisse aber nicht rechtlich nutzen möchte oder kann (aus verschiedenen Gründen, nicht zuletzt wegen der »Aussichtslosigkeit eines Gerichtsprozesses«, wie es im »Miliz-Russisch« heißt, und das bedeutet, daß die Kriminellen genügend Geld haben, um sich freizukaufen). Daß die Miliz nur Verbrecher festgenommen hat, davon bin ich überzeugt. Aber, ich wiederhole: Die Verbrecher, die frei herumlaufen, sind keine Verbrecher, sondern zunächst einmal ehrenwerte Bürger, die nicht ohne triftigen Grund verhaftet werden dürfen.

Als die Milizionäre die Duma-Ausweise der Festgenommenen sahen, glaubten sie zuerst, die Ausweise seien gefälscht. Nein, wurde ihnen gesagt, die Ausweise sind echt. Die Milizionäre meldeten Zweifel an. Und wurden zurückgepfiffen. Also, wer sind sie, die Berater des Volksabgeordneten F., »des schweigsamen Lokführers, Mitglied des Außenpolitischen Ausschusses der Duma«?[96] Boris Blachow+, Deckname Kazan+, ein Boxer von internationalem Rang, vorbestraft, einer der Anführer der Tambow-Gruppierung, dem eine psychische Krankheit attestiert wurde, wodurch er sich oftmals der Verantwortung entziehen konnte. Zwischen 1992 und 1995 wurden mehrere Anschläge auf ihn verübt. Lew Tschedrin+, vorbestraft, Mitglied der Tambow-Gruppierung, Michail Fischman+, einer der bekannten Banditen-Brüder in Sankt Petersburg, Fjodor Mirow+, vorbestraft.

Wenn wir annehmen, daß sich kein Volksvertreter einen Berater von der Straße holt, dann läßt diese Aufzählung doch aufhorchen, nicht wahr?

Aber das ist doch nicht alles. Ein anderer Volksabgeordneter, G., läßt sich von dem Banditen Iwan Ljubimow+, alias Ljubim+,

beraten. Der Volksabgeordnete N. hat den in Sankt Petersburg
sehr bekannten Gesetzesbrecher Andrej Jaschik+ als Berater. Der
Duma-Abgeordnete P. bedient sich der Banditen Korschak+ und
Jakonow+. Der Abgeordnete G. hat als Berater die »Autorität«
Oskolupow+, alias Oskol+.

Nach der Zerschlagung der Verbrechergruppe »FSBR« durch
die Miliz schickte der Duma-Abgeordnete Uljanow einen Brief
an die Staatsanwaltschaft[187] ...

Einmal wurde bei einem Raubüberfall ein Bürger festgenommen. Er zeigte seinen Ausweis: Herr Sologdin+ ist Berater des
Duma-Abgeordneten M.

Weiter zitiere ich die »Komsomolskaja prawda«, nicht weil sie
etwas außergewöhnlich Kluges schreibt, eher umgekehrt, weil sie
Alltägliches berichtet, was jedem bekannt ist, was in aller Köpfen
herumschwirrt: »So ist es vielleicht nicht verwunderlich, daß in
Wirklichkeit alle Aufrufe zur Bekämpfung der Organisierten
Kriminalität und des Banditentums nichts als leere Worte sind,
die lediglich zur Täuschung der Wähler dienen. Es ist wohl auch
kein Wunder, daß in unserem Land bis jetzt keine einheitliche
antimafiose Politik zur Bekämpfung der Anführer der Organisierten Kriminalität erarbeitet wurde. In der ganzen zivilisierten
Welt geht man so vor: Man will den Kopf der Mafia treffen, ihre
wirtschaftlichen und politischen Beziehungen zerschlagen und
den unteren Chargen gegenüber Nachsicht walten lassen. Ihnen
soll eine Chance gegeben werden, mit den Rechtsschutzorganen
zusammenzuarbeiten. In Rußland ist es genau umgekehrt: Der
Kopf wird nicht angetastet, die chaotischen Offensiven der
Rechtsschutzorgane sind nur gegen die untersten Kreise gerich-
tet. Mit welchem Ergebnis? Einfache Banditen, die gerichtlich
belangt und ins Lager gesteckt werden, verlassen es kaum als normale Menschen, und ihnen bleibt nur ein Ausweg – zurück in die
Bande. Während sie im Lager sitzen, werden sie durch neue
»Bullen« [so heißen in Rußland nicht Polizisten, sondern primi-
tivste Banditen – V. T.] ersetzt. So erweitert unser Staat objektiv
die Basis der mafiosen Ressourcen ...«

Waleri Wyshutowitsch von der »Iswestija« schreibt unver-
blümt[185]: »Zwischen denen, die sich Abgeordnete und Präsidenten kaufen, und denen, die dieses in sie investierte Geld abzuar-
beiten haben und mit Erfolg regieren, bestehen nicht nur
geheime, sondern manchmal felsenfeste, ja buchstäblich tödliche
Beziehungen. Einer meiner Informanten, der den Regierungs-
kreisen besonders nahe steht, erzählt vom Großeinsatz des russischen Kapitals bei den Präsidentenwahlen in drei Republiken der
ehemaligen Sowjetunion. Als einer der Gewinner über seinen
freiwilligen Rücktritt ›aus gesundheitlichen Gründen‹ laut nach-
zudenken begann, wurde ihm umgehend von ›Besuchern‹ etwa
folgendes deutlich gemacht: ›Du wirst hier so lange sitzen, wie
wir dich brauchen. Sonst kann dir etwas Unangenehmes zusto-
ßen. Ein Unfall zum Beispiel …‹«

Die geheimen Geschäfte zwischen Politikern und Geschäftsleuten werden auch durch die fehlende Kontrolle der Wahlgelder
begünstigt. Es gibt kein umfassendes, eindeutiges Schriftstück zu
dieser Angelegenheit. Kein Gesetz wurde vom Parlament angenommen, das die Offenlegung der Parteibudgets fordert.

Ein Abgeordnetenmandat kostete, so die »Iswestija«, 1995 etwa
200 bis 250 Millionen Rubel (50 000 bis 60 000 Dollar), so sind
die Preise in der Marktwirtschaft. Wie die Vertreter des Volkes,
das kaum etwas zu beißen hat, an solche Summen kommen,
bleibt höchstens ausländischen Wahlbeobachtern ein Rätsel.

Erinnern wir uns an die veränderte soziale Struktur der Leute,
die sich zur Wahl gestellt hatten. Im Dezember 1993 waren es
meistens Politiker. Im Frühling 1994 traten Vertreter des großen
Finanzkapitals auf den Plan, und bereits im Herbst 1994 bei den
Nachwahlen in die Duma und bei den Kommunalwahlen nahmen Männer des kriminellen Lebens offen an den Wahlen teil.
Die Dynamik ist augenscheinlich. Unter den Duma-Abgeordneten 1995 hat man schon von vornherein mit vielen Verbrechern
gerechnet. »Wenn die Deputiertenimmunität nicht aufgehoben
wird, können wir nach der Wahl 1995 ein absolut kriminalisier-
tes Parlament bekommen«, so Witali Sawizki.[187]

Die »Leipziger Volkszeitung« schrieb[189]: »Rund 100 bekannte Kriminelle wollen nach Kenntnis der Justiz einige der 450 Sitze in der neuen Duma ergattern. Das Interesse der Unterwelt an der Volksvertretung hat einen guten Grund: Als russischer Abgeordneter kann man zwielichtigen Geschäften praktisch ungehindert nachgehen.« Als bestes Beispiel dafür nennt die LVZ den Finanzjongleur Sergej Mawrodi.

Passiert das etwa am Rande der Gesellschaft, in einem Milieu hinter geschlossenen Türen und streng geheim? Nein, all das ist ein offenes Geheimnis, klarer, deutlicher könnte es nicht sein.

»Jelzin wisse von Fällen, in denen Verbrecher bereits nominierte Kandidaten zum Verzicht drängten, um ihre eigenen Wahlchancen zu erhöhen«, behauptet nicht ohne Grund »Die Welt«.[190] »Zuvor hatte bereits der amtierende Generalstaatsanwalt Oleg Gaidanow vor einer Unterwanderung des Parlaments durch Verbrecher gewarnt. Das Innenministerium hat festgestellt, daß von den Bewerbern mindestens 100 vorbestraft seien.«

Alle diese Warnungen waren vergeblich. Nichts rührte sich. Die Bürger waren empört, aber machtlos. Rußland stand vor einem offenen gewaltigen Schlag der Mafia gegen liberale Werte, die sich im Lande gerade zaghaft entwickelten …

Das Innenministerium (zusammen mit der Zentralen Wahlkommission – ZWK – Rußlands) ist dem zuvorgekommen: Vor der Wahl wurde an alle Parteien Rußlands eine vertrauliche Liste mit den Namen der vorbestraften Abgeordnetenkandidaten verschickt. Niemand reagierte: Die Parteichefs wußten auch ohne das Innenministerium, wer wer ist. Aber gerade vertrauliche Dinge sind bei Journalisten besonders begehrt: Die Liste wurde im »Moskowskij komsomolez« *veröffentlicht*.[191] Daraufhin strichen alle Parteien die dort angeführten Personen aus den Parteilisten. Nur Shirinowski war wie immer eigenwillig: Zunächst strich er alle schuldbeladenen Kandidaten, aber dann, einen Tag vor der Wahl, habe er einige von ihnen wieder aufstellen lassen, wurde mir in der ZWK erzählt. Was das den Delinquenten kostete, darüber schweigt die Geschichte. Der Miliz sind, wie

Abteilungsleiter Uporow der Verwaltung für die Bekämpfung
der Organisierten Kriminalität in Moskau sagt[192], die Parteien
und Fraktionen bekannt, die ihre Wahlkampagne mit dem Geld
von »Dieben im Gesetz« geführt haben. Was haben wir davon?
Nicht wenig: die Erkenntnis, daß in ganz Rußland bekannte Kriminelle und Mafiosi in Nadelstreifen ihre Vertrauensleute zu
Marionetten-Abgeordneten haben wählen lassen. Heute erteilen
die Paten – sie sind die wahren Vertreter des gedemütigten russischen Volkes – die Anweisungen, und die in ihren Diensten stehenden Abgeordneten führen sie aus. Deshalb läßt sich schwer
sagen, ob die Duma nun das höchste gesetzgebende Organ Rußlands oder bloß eine Exekutive der Mafia-Bosse ist.

Ein kleines Beispiel: Spiridon Patopow+ (Spitzname Spirit+) ist
ein »Dieb im Gesetz« mit festen Kontakten zu seinesgleichen in
Westeuropa, Saudi-Arabien und Syrien. Nach einer Visite in der
Türkei wurden die ersten Maschinenpistolen »Borzs« nach Rußland geliefert. Die Polizeibehörden mehrerer Länder fahndeten
nach »Spirit«. Eine heikle Situation. Um seine Spuren zu verwischen, unterzog er sich einer plastischen Operation und legte
sich eine neue Identität zu. Aber als die Geschäfte noch ungehindert liefen, belegte Patopows Bande in Moskau einmal 19 Zimmer im Hotel »Moskwa«, die dort auf Bestellung der Duma
reserviert waren. Wußten die Abgeordneten nicht, für wen sie die
Zimmer bestellt hatten?

In Moskau kursiert ein Witz: Ein Aushang am Duma-Eingang:
»Volksabgeordneter verkauft Stimme. Preis nach Vereinbarung.«

Exekutive
Nicht zu glauben: Sind die Verwaltungen auch gekauft?

M.+ ist eine große, vielleicht sogar die größte Stadt im Norden
Rußlands. Hier gibt es Nickel, Mangan und vieles andere ... Die
westliche Presse nennt das hiesige Nickelkombinat nicht ohne
Grund das Filetstück der russischen Industrie. Der Bürgermei-

Regierung selbst die Korruption unterstütze, indem sie eisern die Kontrolle über Lizenzvergabe und Verteilung einiger Dienstleistungen ausübt ...»28 Tätigkeitsbereiche bedürfen einer Lizenz der Regierung. In der Tat sind das 28 Korruptionsarten«, so Viktor Pochmelkin, Stellvertreter des Vorsitzenden des Komitees für Gesetzgebung und Rechtsreform in der Duma.[194] »Nicht nur die medizinische Praxis, der Bau und die Sphären der öffentlichen Sicherheit werden durch die Lizenzvergabe kontrolliert. Alle Arten von Handel und Dienstleistungen, Restaurants, Cafés, Kasinos, das Verlagswesen sind betroffen. Das schmälert die Konkurrenz und fördert die Korruption.«

Die Mafia ist in Rußland Parlament, Ministerkabinett, Richter und Gerichtsvollzieher in einem geworden.

Die Mafia in der Präsidentenverwaltung
Noch einmal zur Exekutive. Podatjew, alias Pudel – ein Porträt

Am 12. Juni 1994, dem Tag der Unabhängigkeit des russischen Staates, nahm Jelzin die Gratulationen von in- und ausländischen hohen Persönlichkeiten entgegen. Die Fernsehkameras zeigten bekannte Gesichter von Politikern, Militärs, Vertretern des öffentlichen Lebens und der Kirche. Bei einem Gesicht trauten die Zuschauer in Chabarowsk ihren Augen nicht: Das war Wladimir Podatjew, der auch auf den Namen Pudel hört.[195]

Pudel war dreimal verurteilt worden: wegen Diebstahl, Raub und Vergewaltigung in der Gruppe. Von 35 Lebensjahren hatte er am Tag der letzten Entlassung 18 Jahre in Gefängnissen und Straflagern verbracht. Aber nicht deshalb war Podatjew auf dem Kremlparkett erschienen. Er ist Mitglied des Menschenrechtsausschusses (!) beim Präsidenten Rußlands, dazu noch Oberst, Stellvertreter des Atamans der Union des Kosakentums in Rußland und im Ausland, Präsidiumsmitglied des ZK der Freien Gewerkschaften. Ein weiterer wichtiger Titel ist auf der Visitenkarte nicht vermerkt: krimineller Herrscher von Chabarowsk.

Nach der Entlassung aus dem Straflager arbeitete Pudel als Betonarbeiter, bis die kriminellen »Autoritäten« des Fernen Ostens eine andere Arbeit für ihn gefunden hatten – Geldsammlung für eine »schwarze Kasse«. Große Summen dieser »Schattengelder« »stifteten« legale Kooperativen als Schutzgeld.

Beschützen konnte Podatjew sehr gut, da er die Firma »Swoboda« (Freiheit) gegründet hatte, eine Detektei, die Schutz- und Detektivdienste anbot. In der Werbung von Pudels Firma heißt es: »Wir klären zivilisiert sämtliche Geldfragen in allen Regionen Rußlands.« Auf gut russisch: Gelderpressung auf Bestellung. Einer der wichtigsten Mitarbeiter ist Igor Rimer, ebenfalls ein ehemaliger Sträfling – acht Jahre für »Diebstahl in besonders großem Ausmaß«.

Podatjew sorgt für Ordnung in Chabarowsk (er hat mehr Geld, mehr Autos, mehr Leute als die Miliz), aber auch für sein Image. Er gründete eine »schnelle Einsatztruppe«: Wenn ein Mann betrunken nach Hause kommt und seine Fäuste spielen läßt, kann seine Frau Podatjews Schutzengel zu Hilfe rufen. Sie kommen schnell und verprügeln den Betrunkenen derart, daß er sich sein Verhalten in Zukunft zweimal überlegt. Die Chabarowsker sind davon begeistert, das Fernsehen Rußlands brachte die Sendung »In Chabarowsk ist alles ruhig«, in der Podatjew als der Ordnungshüter der Stadt gerühmt wird.

Die Firma »Swoboda« ist auch im Spielgeschäft führend, hat zwei Kasinos mit Roulette, Black Jack, zahlreiche Spielhallen. Für diese Zwecke hat man Podatjew die besten Säle überlassen. Eine Kontrolle über die Einnahmen gibt es nicht: Die Milizangehörigen und die Finanzbehörden haben keine Ahnung vom Geldspiel. Oder wollen keine haben. Journalist: »Das Geschäft unterliegt praktisch keiner Kontrolle.«

Die Mitarbeiter von »Swoboda« sehen ungefähr so aus: »Einmal wurde auf dem Amur-Boulevard eine Person ohne Papiere festgenommen. Er nannte sich Istomin, Mitarbeiter der ›Swoboda‹. In seiner Tasche wurden eine ›Makarow‹ und 8 Patronen gefunden. Istomin besaß selbstverständlich keinen Waffenschein.

Bei der Durchsuchung eines ›Swoboda‹-Büros fand man bei Rimer 40 Gewehrpatronen, beim Wächter Usmanow eine als Kugelschreiber getarnte Pistole samt Munition, beim Wächter Oganesjan das gleiche, beim Wächter Potapenko ein Springmesser. Ein Ermittlungsverfahren fand statt mit dem Ergebnis: drei Jahre Haft für Istomin, fünf Jahre auf Bewährung für Usmanow; Potapenko und Oganesjan ›sollen im Kollektiv umerzogen werden‹, Freispruch für Rimer. Rimer wurde aber noch einmal verhaftet, diesmal wegen räuberischer Erpressung. Bei einem Mitarbeiter der ›Swoboda‹ wurde ein Notizbuch gefunden, in dem die Höhe der an Staatsbedienstete, Mitarbeiter der Rechtsschutzorgane und Journalisten gezahlten Schmiergelder vermerkt war.«

Damit befaßt sich eine Sonderuntersuchungsgruppe. Der Journalist: »Ehrlich gesagt, glaubte man nicht an die dunklen Vorahnungen der Leiterin dieser Gruppe Ljudmila Kasakowa, die mir vor kurzem sagte: ›Der Druck der Gegenpartei ist fürchterlich. Der ›Fall‹ wird unterminiert. Es sind zu große Gelder im Spiel.‹«

Die operativen Angaben bestätigten, daß allein für die Freilassung Rimers aus der Untersuchungshaft 20 000 Dollar vorgesehen waren. Einige Wochen später wurde Rimer während der Gerichtsverhandlung freigelassen. Die Motive dafür waren weder dem Untersuchungsrichter noch dem Staatsanwalt bekannt.

Die »schwarze Kasse« hatte ihre Rolle gespielt …

Des weiteren regierte Podatjew die Organisation »Jedinstwo« (Einheit), die schon einen internationalen Status und Filialen in den USA, Kanada, Frankreich, Spanien und anderen Staaten hatte. Ihr Ziel war »Arbeit zum Ruhme des Vaterlands«, so das Statut. Die Mitglieder waren »Menschen mit hohen moralischen und geistigen Eigenschaften«. Beispiele: Die Vorsitzenden aller drei Filialen sind Leute mit krimineller Vergangenheit. Sie haben ihre Strafe abgebüßt? Gut. Aber warum sitzen denn zwei siebenmal (!) vorbestrafte »Einheits«-Mitglieder schon wieder in Untersuchungshaft? Diesmal wurden die »hochmoralischen« Mitglieder der öffentlich-wohltätigen Bewegung bei räuberischer Erpressung festgenommen.

Pudel aber fährt als Mitglied des Menschenrechtsausschusses nach Genf, unterhält sich mit hohen UN-Vertretern, läßt sich filmen und zeigt den Film in Chabarowsk. Dann die Reise nach den USA. Treffen mit Politikern und Geschäftsleuten. Aber auch mit Iwan'kow, dem Paten der russischen Mafia in den USA. »Wir haben viel Gemeinsames«, sagte Podatjew, »wir glauben an Gott und tragen in der Jackentasche die gleichen Gebete.«

Noch Kommentare?

Und die »vierte Gewalt« auch ...

Nicht nur »aufgeklärte« Demokraten, sondern auch Mafiosi mit Grundschulabschluß begreifen, daß die Medien längst zur »vierten Gewalt« geworden sind

Einer der bekanntesten Fernsehmoderatoren, der durch seine geschickte Art und nicht zuletzt durch seine – beim Fernsehen nicht gerade übliche – Ehrlichkeit zum Direktor des ORT (Öffentlichen Russischen Fernsehens) aufgestiegen ist, war Wladislaw Listjew. Er hatte zunächst die Gorbatschowschen Reformen unterstützt, dann aber beizeiten die Schwäche Gorbatschows erkannt, und war in schwierigsten Zeiten zu Jelzin übergewechselt, obwohl er sich seinen kritischen Blick auch gegenüber dem mächtigen, aber nicht immer vernünftigen Präsidenten bewahrt hatte. Seine Sendung »Tschas pik« (Spitzenbelastungszeit) erreichte jedesmal Einschaltquoten von über 100 Millionen, ein beispielloser Rekord, nicht nur für Rußland.

ORT, der erste Fernsehkanal, eine Goldgrube, wurde ohne jegliche Ausschreibungen, ohne Auktionen und, man kann sagen, für einen Apfel und ein Ei verkauft.[197] Und an wen? Der eine betreibt einen Autohandel, der zweite fördert Erdgas, der dritte spielt Tennis mit dem Präsidenten Jelzin ... Die Aktionäre haben ein Stammkapital von 10 Milliarden Rubel (2 Millionen Dollar!) eingebracht: 51 Prozent der Aktien besitzt die russische Regierung, den Rest teilen sich verschiedene Privatunternehmen«.[198]

Den Gruppierungen, die um den Sender kämpften, ging es nicht nur um die Werbeeinnahmen, sondern auch um politische Einflußnahme. (Obwohl die Gewinne aus dem Werbegeschäft beträchtlich waren, sie erreichten damals rund 400 Millionen Dollar – vergleichen Sie es kurz mit dem, was die Aktionäre eingebracht haben. Das ORT bekam davon lediglich 7 Millionen. Das »kleine Überbleibsel«, so der Fernsehdirektor Jakowlew, gelangte in die Hände verschiedener Geschäftemacher.[55])

Listjew geriet also in eine Gesellschaft, die mit krummen Dingen wohlvertraut war. Als einer der ersten erkannte er auch die Abhängigkeit des Fernsehens von der Werbung und folglich von den Privatunternehmern, die auch ihre politischen Ziele durchsetzen wollten. Dieser Einfluß beeinträchtigte die Berichterstattung des Fernsehens, die Listjew als alternative Macht zur Macht der Herrschenden verstand. Listjew wollte die Werbung auf ein vernünftiges Maß reduzieren und damit die politische Abhängigkeit des Fernsehens mindern, was aber bedeutete, den mächtigsten finanziellen und wirtschaftlichen Organisationen Rußlands eine halbe Milliarde Mark vorzuenthalten. Als Vertreter des Staates, der die Mehrheit der Aktien besitzt, konnte er dieses Vorhaben auch realisieren.

Deshalb wurde Listjew mit zwei Kopfschüssen im Flur seines Hauses getötet. Die Untersuchungsrichter bestätigten: Es war ein Auftragsmord.

Das Land stand unter Schock. Einen Tag lang sendete das Fernsehen nichts weiter als Listjews Foto mit Trauerflor. Monatelang wurde zu Beginn etlicher Sendungen die Anzahl der Tage genannt, die seit dem Mord vergangen war, ohne daß man die Killer gefunden hatte. An der Trauerfeier nahm Präsident Jelzin teil, der versprach, nicht nur die Mörder, sondern auch die Auftraggeber zu finden und zu bestrafen.

Natürlich wurden – wie auch im Fall Cholodow – weder die unmittelbaren Mörder noch ihre Hintermänner aufgespürt. »Der Spiegel« schreibt: »Das Attentat auf den TV-Direktor Wladislaw Listjew, gefallen im Bandenkrieg um wirtschaftlichen

und politischen Einfluß, nahmen die Moskauer Strafverfolger
mit hilfloser Verzweiflung hin: Es sei >eine weitere Herausforde-
rung durch die Unterwelt, die Monat für Monat ihre Position
festigt und inzwischen alle Sphären gesellschaftlicher Beziehungen und alle Machtorgane durchdringt< – und die längst auch ins
westliche Ausland vorgestoßen ist.«[11]

Natürlich verstand der russische Bürger, worum es bei der Auf-
teilung der Fernsehkanäle ging. Professor Fjodorow[197]: »Für
mich ist das, was auf dem ersten Sendekanal geschieht, ein logi-
sches Beispiel dafür, wie Privatpersonen, die der Macht naheste-
hen, das Volkseigentum an sich reißen. Klar ist, daß ohne ideo-
logische Gehirnwäsche des Volkes diese Macht nicht überleben
kann, da die Leute allmählich begreifen, daß sie bestohlen worden sind.«

Regisseur Goworuchin[197]: »Heute gehört die wirkliche Macht
im Lande nicht dem Präsidenten und seiner Mannschaft. Tatsächlich wird das Land von einigen Banken und großen Finanzgesellschaften regiert. Und das sind in ganz Rußland vornehmlich kriminelle Gefüge. Sie haben inoffizielle Macht. Aber sie
streben nun nach der offiziellen Macht. Deshalb auch der Kampf
um das Fernsehen. Wer das Fernsehen an sich reißt, der wird
auch die >Bank haben<, um in ihrer Sprache zu sprechen.«

Den Schlußstrich zieht die Zeitung »Kijewskije nowosti«: »In
dem Wunsch, den Hauptsendekanal zu kontrollieren, sind die
Interessen von Fernsehmafia, Schattenwirtschaft und einigen
hochgestellten Politikern aufeinandergeprallt.«[199]

Ebenso wie die »Geldsäcke« vor den Wahlen 1996 darauf ver-
sessen waren, Fernsehsender zu kaufen, so haben sie es heute auf
die Printmedien und den Rundfunk abgesehen.

Im April 1997 wollte auch die LUKoil, das größte Erdölunternehmen Rußlands, nach Wildwestmanier die Zeitung »Iswestija« umbilden und ihr ein anderes politisches Profil geben.
Diese »Umstrukturierung« mit der Entlassung des Chefredakteurs erfolgte nach dem Abdruck einer in »Le Monde« erschie-
nenen Information über die vermeintlichen Reichtümer des rus-

sischen Ministerpräsidenten Tschernomyrdin. Tschernomyrdin, der keine »Gasprom«-Aktien besitzen soll, hat jedoch Einfluß auf die Entscheidungen sowohl der Aktiengesellschaft LUKoil als auch aller anderen Unternehmen der Erdöl- und Erdgasbranche. Um ihre politischen und wirtschaftlichen Interessen durchzusetzen, wurden diese Unternehmen Teilhaber an solchen Zeitungen wie »Iswestija«, »Trud«, »Selskaja shisn'«, »Rabotschaja tribuna«, mehreren Regionalzeitungen und Fernsehkanälen – an insgesamt 29 Medien.

Die größte russische Bank – »Onexim Bank« – kontrolliert die »Komsomolskaja prawda« und die »Literaturnaja gaseta« und ist eifrig bemüht, sich noch weitere Zeitungen und Fernsehkanäle anzueignen. Die uns bereits bekannte Gruppe »Most« machte in der Zeitung »Segodnja«, der Zeitschrift »Itogi« und dem Funksender »Echo Moskwy« ihren Einfluß geltend, nachdem sie den besten Fernsehsender NTV erobert hatte.

Der »ehemalige« Unternehmer, dann Staatsdiener in Jelzins nächster Umgebung, seit Herbst 1997 wieder »bloß« Dollar-Multimillionär B. Beresowski kontrolliert die Informationsdienste des »Ersten Fernsehkanals«, den Kanal »TV-6«, die Zeitschrift »Ogonjok«, und – wie paradox das auch klingen mag – die »Unabhängige Zeitung« (Nesawisimaja gaseta).[200]

Um die Demokratie, deren tragende Säule die freien Medien sind, muß uns nicht bange sein: Sie wird mit Argusaugen von dem größten »grauen« Kapital Rußlands überwacht.

Die Mafia im Alltag
Die derzeitigen Hits in Rußland heißen »Cosa Nostra«, »Pate« und »Shen'ka«, ein Lied über einen korrupten Milizionär ...

Ein Bekannter wollte nach Sankt Petersburg fahren. Er traute sich aber nicht recht wegen der Mafia. Ich beruhigte ihn: In Rußland gebe es wenig Straßenkriminalität, er brauche nicht zu fürchten, auf der Straße überfallen zu werden. Er fuhr nach Rußland und kam unversehrt zurück. Bis zu seiner Rückkehr wurde ich von Gewissensbissen geplagt: Ein Ausländer ist auf der Straße halbwegs sicher, solange er akzentfrei schweigt. Hört jedoch jemand aus seinem »Kak projti na Newskij prospekt?« einen devisenverdächtigen Akzent heraus, ist er schon bedroht von denjenigen, die Raub als Mundraub verstehen. Jeder Alkoholiker kann ihn überfallen. Eine junge Frau ist in Rußland genauso gefährdet wie in Deutschland.

Das stimmt alles, und es stimmt auch wieder nicht. Einerseits ist die Kleinkriminalität von der Straße verschwunden. (Der Bildreporter der Zeitung »Moskowskij komsomolez«, Gena Tscherkassow, von dem Fotos in diesem Buch zu finden sind, sagte mir, als wir nachts an einem dunklen Ort standen: »Keine Angst, in Moskau werden nur diejenigen umgebracht, für die schon bezahlt ist.«) Der Amateur-Killer, der im Suff jemanden mit seinem stumpfen Messer unentgeltlich umbrachte, ist vom Profi-Killer abgelöst worden, der nüchtern und gegen Bares mit einem Gewehr samt Zielvorrichtung und Schalldämpfer einen Menschen tötet.

Andererseits ist die Kriminalität in alle Poren der Gesellschaft gedrungen, und es gibt in Rußland keinen einzigen Bereich, der nicht nach kriminellem Geld und Blut stinkt. Filmwesen und Literatur, Politik und Wirtschaft, Medizin und Forschung, Ausbildung und Wissenschaft, Außenhandel und Gewerkschaften, Parteien und Haushalt – alle Bereiche sind von Kriminalität durchsetzt, alle lassen sie dem Kriminellen gegenüber Toleranz walten.

Es gibt jetzt viel Neues in Rußland: Lieder über zeitgenössische allzu »coole Typen« (die ersten Plätze in den Hitparaden belegen die Lieder »Nasche delo«, was nichts anderes als das italienische Cosa Nostra bedeutet, »Krjostnyj otez«, also Pate, und »Shen'ka« über einen korrupten Milizionär) und Filme über Killer, Theateraufführungen, die mit kriminellem Geld gesponsert sind, und Schönheitsshows, bei denen Prostituierte für Gesellschaftskreise mit gehobenen Ansprüchen ausgesucht werden ...

Was es früher nicht gab: Für das Geld kann man z. B. jemanden krankenhausreif schlagen lassen, wenn man es selbst nicht fertigbringt.

Am 9. Dezember 1994, einem Schultag, fiel an der Schule Nr. 975 in Moskau der Unterricht aus. Das war eine Protestaktion gegen die kriminelle »Grenzenlosigkeit«.[201] Einige Tage vorher waren vier grobschlächtige und mit gleichen Lederjacken bekleidete Kerle aufgetaucht und hatten eine Lehrerin der zweiten Klasse niedergeschlagen. Als die Lehrerin bewußtlos am Boden lag, fuhren die Banditen weg. Alle hatten sie gesehen. Alle wußten, daß die Mutter eines Schülers diesen Überfall bestellt hatte, weil die Lehrerin angeblich ihr Kind beleidigte. Auch die Drohung der Mutter hatten alle gehört: »Ihr werdet noch an mich denken. Ich kaufe hier alle mit meinem Geld.«

Die Miliz nahm es gelassen. Nach fünf Tagen hatte sie das Opfer noch nicht einmal angehört. Die Lehrerin betritt die Schule nicht mehr. Sie hat Angst. Leute, die in der »Iswestija«-Redaktion anriefen, erzählten von ähnlichen Drohungen in anderen Schulen und von der gleichen Art, diese Drohungen in die Tat umzusetzen.

Das Ausgeliefertsein des kleinen Mannes, korrupte Duldung von seiten der Miliz, Machtlosigkeit der Machthaber – das sind die Zeichen der neuesten Zeit. Kriminalität als etwas Normales, Alltägliches. Kriminalität als übliche Verhaltensweise. Mich erschreckt vor allem das am meisten. In einer Gesellschaft, mit solchen »Normen« können keine normalen Menschen mit normalen Werten aufwachsen. Ich rede von der heranwachsenden Generation, die in den nächsten 25 Jahren das Leben Rußlands bestimmen wird. Dort, wo Unrecht für Recht erklärt wird, wo man oben unten nennt, wo man sich ungeniert als Bandit bezeichnen kann und dabei noch die Hochachtung der Gesellschaft genießt, ist wohl anzunehmen, daß die Gesellschaft ebensolche Verhaltensmuster auch reproduzieren wird.

»Verurteilen Sie mich nicht: Ich möchte ein Dieb werden.« Ein Brief, den ich nicht für fiktiv halte, obwohl er nur mit Initialen unterschrieben ist.[202] »Ich erkläre Ihnen warum. Meine Eltern haben zusammen 90 Jahre lang in einem gesundheitsgefährdenden Betrieb gearbeitet. Ehrlich, ohne Wochenenden, ohne Urlaub. Sie haben zwei Kinder großgezogen und sich ihr ganzes Leben lang mit dem Problem herumgeschlagen: Wie kommt man von einem Lohntag bis zum nächsten über die Runden. Nie besaßen wir gute Klamotten, elektrische Haushaltsgeräte, selbstverständlich konnte niemand ins Ausland reisen. Von einem Auto und einer anständigen Wohnung ganz zu schweigen. Und keinerlei Spargelder haben meine ›Alten‹ für ihren Lebensabend zurückgelegt, was ja ein Glück war: Sonst hätte die Inflation das Geld gefressen. Mein Leben verläuft nach dem gleichen Muster. Ich arbeite von früh bis spät. Das ich weiß nicht wie errechnete ›Lebensminimum‹ ermöglicht mir kein Leben, sondern mit Mühe und Not vielleicht das Überleben! Und ich habe beschlossen: Mir reicht's. Ich werde stehlen und vielleicht auch rauben. Erfreulicherweise gibt es viele Reiche und eine Menge Lehrer. Ich habe keine Kraft mehr, mich weiter abzurackern. A. B., noch kein Dieb, Sankt Petersburg.«

Dieser Brief ist keine Ausnahme. Die einstigen moralischen Werte verschwinden in Rußland heutzutage schneller, als aus Kindern Männer werden. Warum eigentlich Männer? In Wologda hat ein zierliches 19jähriges Mädchen Geld erpreßt, eine Musterstudentin, die die Schule mit einer Medaille absolviert hat ...[203]

Mord ist zur gängigen Sache bei Familienstreitigkeiten geworden. Die Männer bestellen Killer für ihre Frauen und die Frauen für die nicht mehr geliebten Männer. Die Gebühren liegen unter einer Million Rubel, bei etwa 300 Mark.[204]

Soziologische Untersuchungen in 53 Ländern haben ergeben, daß sich die Beliebtheitsskala der Berufe praktisch nicht ändert. In den USA ist sie seit den zwanziger Jahren gleich geblieben. Deshalb wird immer die Skala vom Jahre 1963 angeführt. Der Grund ist klar: die politische Stabilität des Landes. Und in Rußland, heute?

Nach einer Umfrage ist »Jurist« der mit Abstand begehrteste Beruf. Man sagt, der Rechtsstaat sei das alte Märchen von der lichten Zukunft, und siehe da: Die Fachleute im Rechtswesen genießen bereits hohes Ansehen. Etwas niedriger rangieren Bankangestellter, Geschäftsmann, Übersetzer, Mitarbeiter der Außenwirtschaft.[205] Ein Zeichen des Rechtsstaates? Im Gegenteil! Wenn man die Ergebnisse näher betrachtet, wird man feststellen, daß Juristen nicht benötigt werden, um den Rechtsstaat zu schaffen, sondern um die Gesetze zu umgehen und sich der Verantwortung für Verbrechen zu entziehen! Der Jurist als Anwalt von Mafiosi hat ein hohes Einkommen. Untersuchungsrichter, Milizionär oder Staatsanwalt will niemand werden. Die Spitzenverdienste der Rechtsanwälte sind nicht zu vergleichen mit den kärglichen Gehältern der Staatsdiener. Die Mafia kauft sich die besten Rechtsgelehrten, die besten Praktiker zu ihren Diensten.

Dr. Wolodymyr Popowytsch, ehemals Chef des ukrainischen Dezernats für Wirtschaftskriminalität und jetzt ein erfolgreicher Wissenschaftler, hat ein sehr lehrreiches Buch über Kniffe und Tricks bei der kriminellen Geldbeschaffung und der Geldwäsche verfaßt, es trägt den langweiligen Titel »Die Rechtsgrundlagen der Banktätigkeit und ihr Schutz gegen verbrecherische Eingriffe. Bank-Firma: Probleme der Wirtschaftsdelikte«. Er schreibt: »Manch einer könnte mein Buch als ein Handbuch für Verbrecher betrachten. Dazu muß gesagt werden, daß Personen, die die hier beschriebenen milliardenschweren Verbrechen begehen, ihre Technologien nicht weniger gut kennen als der Autor des Buches.«[88]

Die Rechtswissenschaftler hinken den Verbrechenspraktikern hinterher. Eben diese Juristen im Dienst der Verbrecher, ihre Bankiers und Firmenberater haben den Unternehmern die Methoden der Geldbeschaffung, der Steuerhinterziehung, der Geldwäsche u. ä. gezeigt, haben sie auf Gesetzeslücken hingewiesen, und sie waren die besten Anwälte der »Scheinunternehmer«, die sich vor Gericht verantworten mußten.

Die Alltagskriminalität schlägt überall zu, aber am meisten sind die Kinder betroffen. Eine Befragung[206] von Bibliotheksbesuchern zwischen 8 und 16 Jahren (was schon ein sehr hohes Intelligenzniveau bedeutet – in russischen Bibliotheken gibt es keine Videos im Angebot!) zeigt die Tendenzen: Die Kinder haben Angst, ermordet oder ausgeraubt zu werden, sie leiden unter dem Mangel an Barmherzigkeit. Nach Ansicht der Kinder sind Reichtum und Sex das Wichtigste im Leben der modernen Russen. Sie können schon selbst Geld verdienen: Von 102 Jungen und Mädchen waren 16 durch Diebstahl, Raub und Erpressung, drei durch Gewinne beim Kartenspiel und drei Mädchen durch Prostitution zu Geld gekommen.

»Unter den Kindern gelten die Gesetze der kriminellen Welt: Dem nicht liquiden Schuldner wird zuerst eine Frist gesetzt, in der die Schulden abbezahlt werden müssen. Es läuft ein ›Zinsenzähler‹, die zu zahlende Summe erhöht sich täglich um 5 Prozent. Werden die Schulden nicht bezahlt, tritt der ›Double-Zähler‹ in Kraft: So verdoppelt sich die Summe nach Ablauf der Zahlfrist.«

Auf die ewige Frage, die Fjodor Dostojewski formulierte: Darf man einen einzigen Menschen für das Glück der ganzen Menschheit umbringen, antworteten 37 Prozent mit Ja.

Die Jungen pflegen Männerideale: Lederjacke, Joggingschuhe, Ledermütze, eine Pistole und Kurzhaarschnitt. Genauso sehen die Schutzgelderpresser in ganz Rußland aus. Auch viel Geld zu besitzen ist wichtig.

Die Mädchen haben ähnliche – aber eben weibliche – Vorstellungen. Eine richtige Frau darf nicht in einem Produktionsbetrieb arbeiten. Etwa die Hälfte nennt zielloses Herumstreifen durch die Stadt und Fernsehen als wichtigste Freizeitbeschäftigung. Lesen (Krimis und Abenteuerromane), Musik, Theater und sogar Kino sind aus ihrem Leben fast völlig verdrängt. Unter den Spielen bevorzugten etwa 70 Prozent Glücksspiele. Die Aufzählung der Kartenspiele, die die Kinder genannt haben, läßt selbst eifrige Kartenspieler staunen – 40 verschiedene Spiele, darunter auch solche, bei denen nur um Geld gespielt wird. Computerspiele (etwa 15 Prozent) sind durch Surrogate mit Gewalt- und Mordszenen repräsentiert.

Ständig präsent ist im Leben der Kinder das russische »Mat«, dieser ekelhafte Sprachersatz (siehe S. 132). Bemerkenswert daran ist nicht, daß die jungen Leute ihr Vokabular auf diese unintelligente Weise erweitern, sondern daß dieser Wortschatz mit dem der Gefängnisse und Straflager übereinstimmt. Die Autoren meinen: »Bei der Ausspülung der echten kulturellen Werte füllt Mat das Vakuum aus.«

Für uns ist nur der Gedanke wichtig, daß damit der soziale Nährboden für weitere Generationen von Menschen mit niedrigem intellektuellem Niveau und mit ausschließlich primitiven Bedürfnissen bereitet wird. Solche Erziehung und Selbsterziehung trägt entsprechende Früchte.

In Ust'-Kamenogorsk wurde ein Kriminalverfahren gegen eine Gruppe von Minderjährigen eingeleitet, die einen erwachsenen Geschäftsmann erpreßt hatte.[207] Ein 14jähriges Mädchen hatte sich bereit erklärt, für den Erfolg der erpresserischen Unternehmung zu lügen. »Geld her, und zwar sofort«, verlangten die jungen Erpresser vom Sohn des Unternehmers, »sonst wird Olga bei der Miliz Anzeige erstatten, daß du sie im Keller vergewaltigt hast.« Olga stand dabei und nickte. Auf solche Weise zu Geld zu kommen, scheint heute für die Halbwüchsigen nichts Unredliches zu sein.

Elfjährige Mörder sind keine Seltenheit mehr.

Die Stadt Serpuchow wurde von einer Bande terrorisiert: zehn Tage lang, zehn Leichen. Als die Mörder gefaßt wurden, staunten die Milizionäre: Zwei waren 13, zwei unter 15, der Rest bis 16 Jahre, und nur einer war volljährig.[208]

In Krasnojarsk wurde ein sechsjähriges Mädchen gequält. Die Verbrecher wurden gefaßt – es waren Minderjährige. Warum taten sie so etwas? Sie hatten zwei Wochen lang im Fernsehen eine Horrorserie gesehen und wollten daraufhin etwas Ähnliches erleben …

In Sankt Petersburg, schreibt »Ogonjok«, gibt es viele Gemeinschaften von gewaltbereiten Jugendlichen, die sehr eng mit der kriminellen Welt verbunden und kommerzialisiert sind.[209] Ihre Clique ist ein Abbild der kriminellen Gruppierungen ihrer älteren Apostel. Sie haben eine »schwarze Kasse«, sie wissen, daß man sich aus jeder heiklen Situation freikaufen kann. Sie wissen, was ein »Zähler« ist und machen oft davon Gebrauch. Kommerzielle Summanden sind Drogendeal und Waffenhandel. Die Halbwüchsigen sind auch bewaffnet. 1996 zählte die Miliz 8700 Gruppen Jugendlicher »mit permanenter rechtswidriger Orientierung«, was voll und ganz der Anzahl der Erwachsenen-Banden entspricht.[280]

Spieglein, Spieglein an der Wand ...

Spuren der Russenmafia im Ausland

Eigentlich fühlt sie sich im Ausland nicht wie im Ausland

Die Mafia, die in allen Bereichen agiert, kann ohne Außenbeziehungen nicht leben. Es gibt Wirtschaftstheorien (und sogar ein Gesetz komparativer Vorteile von David Ricardo), die beweisen, daß man im Außenhandel höhere Profite erzielen kann als im Binnenhandel. Aber auch ohne theoretische Untermauerung ist klar, daß man in der Zeit der Arbeitsteilung nicht ohne Auslandsbeziehungen auskommt. Die Absatzmärkte liegen nicht immer dort, wo Rohstoffe lagern oder Herstellungskapazitäten vorhanden sind. Die Bonzen-Mafia hat ihre milliardenschweren Vermögen während der Perestroika-Zeit und der Jelzinschen »Wirtschaftsreformen« ausgerechnet mit dem Außenhandel erwirtschaftet. Die rein kriminellen Geschäfte – wie Menschen- und Drogenhandel, Autoschieberei, Geldwäsche und illegaler Waffenhandel – sind grenzüberschreitend und haben eine enge Zusammenarbeit zwischen den verschiedenen nationalen Mafiagruppierungen zur Folge. Die Überwachung dieser Geschäfte erfordert ein logistisches Netz, Helfergruppen und Killerbrigaden, die säumige Geschäftspartner zur Räson bringen müssen. Dringend nötig sind also relativ gut aufgebaute Infrastrukturen mit legalen Aufenthaltsmöglichkeiten, Unterkünften, legalen Geldquellen sowie Erholungsmöglichkeiten im Ausland.

Heute weiß man, daß die Russenmafia fast überall auf der Welt ihre Finger im Spiel hat und sich relativ sicher fühlt. Es gibt nur wenige Märkte, die ihr aus verschiedenen Gründen schwer zugänglich sind.* Die Internationalisierung der Tätigkeit gehört

---

* So behauptet Professor Dr. Haruo Nishichara, Direktor des Europazentrums der Waseda-Universität, daß die japanische Yakuza sehr unkooperativ gegenüber allen anderen nationalen Mafia-Organisationen auftritt. Das liegt ihm zufolge in der Mentalität der Japaner und der Tradition der einheimischen Mafia. Offensichtlich kommen auch Sprachprobleme dazu. Trotz alledem verkaufen Russen in Japan Waffen und Munition.[210]

zu den wichtigsten Besonderheiten der Entwicklung der Mafia
(die russische Mafia ist nur eine nationale Abteilung) in der heutigen Zeit. Mit einem Wort: Wenn die Behörden der Welt so
intensiv zusammenarbeiteten, wie die Mafiosi aller Länder das
bereits tun, würden wir von der Mafia viel weniger hören!

Manche tun aber so, als gäbe es keine Ableger der russischen
Mafia im Ausland. Mit dem Gedanken, daß man weit weg von
Rußland ist, kann man vermutlich besser schlafen. Eine solche
Vogel-Strauß-Politik vertreten auch manche Kollegen.

Ein russischer Journalist, Herr Beljantschew, hat z. B. über die
russische Mafia in Schweden geschrieben. »Die Schweden gehen
nachts ruhig spazieren und wissen nichts von der russischen Mafia«, so hieß der recht brave, nach Limo-Werbeslogan ge-
schnitzte Artikel, den man nicht zu lesen braucht, weil der Titel
schon alles sagt.[211] Woher der Zeitungsmann seinen Glauben an
das Gute nahm, ist mir bis jetzt ein Rätsel. Im Artikel selbst wurden Zahlen genannt:

- 1989 begingen die »Russen« (d. h. sowjetische Bürger) in
  Schweden 79 Verbrechen,
- 1990 waren es 106,
- 1991 schon 169,
- 1992 sogar 809 (339 Menschen wurden verurteilt) und
- 1993 bereits 1325 Straftaten.

In vier Jahren ist die Verbrechensrate also um mehr als das 16fache
gestiegen! Wenn die Schweden in Deutschland 1325 Verbrechen
im Jahr begingen, würden dann die Deutschen auch darüber hin-
wegsehen? Herr Beljantschew spielt manche Straftaten als Ba-
gatelldelikte herunter: Diebstahl, Betrug, Schmuggel, Autoklau.

Am Rande wird bemerkt, daß Rußland vom Transitland für
Drogen nun auch zum Drogenhersteller geworden ist. 1993
wurde in Wyborg (Rußland) auf zwei Schiffen eine Ladung von
1,5 Tonnen (!) Kokain beschlagnahmt, das aus Kolumbien über
Rußland nach Finnland und Schweden gehen sollte. In Lettland
ist 1994 ein geheimes Labor aufgeflogen, das Amphetamin, im

Westen als »Ecstasy« bekannt, produzierte und für die Lieferung nach Schweden und Deutschland bereitstellte.

Weiter nichts. Von der russischen Mafia keine Spur.

»Mit den Ex-Sowjetbürgern befassen sich nur drei Polizisten, und bis jetzt sind sie damit nicht überfordert«, schreibt Beljantschew stolz. Da stellen sich mir zwei Fragen: Erstens hätte ich gern gewußt, ob die Schweden auch für ihre norwegischen oder finnischen Nachbarn je drei Mann in der Polizeibehörde beschäftigen, und zweitens, ob in Moskau oder Sankt Petersburg auch drei Milizionäre allein gegen die schwedische »Noch-nicht-Mafia« kämpfen?

Die Holländer berichten, das Herz ihres Rechtsstaates sei getroffen: »Alarmierend ist die Erkenntnis, nach der rund die Hälfte aller Gastronomiebetriebe in den Niederlanden in irgendeiner Weise in kriminelle Handlungen verwickelt ist. ›Die Gastronomie‹, so van Traa, Vorsitzender des Parlamentarischen Untersuchungsausschusses ›Fahndungsmethoden‹, ›ist die Spielwiese der Organisierten Kriminalität‹. Die Amsterdamer Tageszeitung ›Telegraaf‹ stellte unlängst fest: ›Ein unbescholtener Bürger, der vorhat, ein Café oder Restaurant zu eröffnen, muß bei der Mafia erst eine Zulassung erfragen. Bereits 30 bis 40 mafiaartige Organisationen sind in den Niederlanden aktiv. Fast alle werden durch Ausländer kontrolliert.‹«[212]

Ausländer können aber auch Deutsche und Engländer sein. Kein Wort von Russen. Ein anderer Bericht, der des holländischen Sicherheitsdienstes[213], kommt der Realität näher: »Die russische Mafia wird zunehmend in den holländischen Städten aktiv. Die Tätigkeitsfelder der organisierten kriminellen Gruppen sind illegale Menscheneinschleusung (Schlepperbanden), Prostitution und Handel mit ›weißen Sklavinnen‹, Autoklau, Schmuggel, Drogenverkauf, Schutzgelderpressung, Geldwäsche und Waffenhandel.«

Was hier von den umfangreichen Mafiageschäften noch fehlt, das ist auf Anhieb schwer zu sagen. Früher oder später, heißt es in dem Bericht, werden sich die niederländischen Geschäftsleute, die Geschäfte mit den GUS-Ländern tätigen, in das Mafianetz verwickeln lassen. Den Unternehmern wurde geraten, den »Schutz« von Banden in Anspruch zu nehmen. Das Honorar für diese Dienste sei eine runde Summe (oder ein Teil des Gewinns), manchmal bis zu 50 Prozent der Einnahmen. Eine Lappalie. Nicht der Rede wert.

In Finnland, Rußlands direktem Nachbarn, begehen Russen und Esten 67 Prozent aller Verbrechen, die sie brüderlich unter sich aufteilen.[214] Die Zahl der von Russen begangenen Verbrechen stieg von 1988 bis 1993 (also innerhalb von fünf Jahren) um das 40fache. Die Rede ist nur von Finnland. Aber manche finnischen Firmen möchten (ebenso wie die holländischen) in Rußland Geschäfte tätigen. Wir erfahren nebenbei auch eine bemerkenswerte Zahl: Eine finnische Firma veranschlagt 60 Prozent des Gewinns für Schutzmaßnahmen und Zahlungen an Schutzgelderpresser in Rußland. In Finnland ist, wie es scheint, eine weit vorausschauende Geschäftsführung ans Ruder gekommen!

Da wir gerade an der Ostsee sind, wollen wir einen Blick auf Estland werfen. Estland ist in Mafia(geschäfts)kreisen dadurch bekannt geworden, daß es sich, wie schon erwähnt, zu einem der größten Buntmetallexporteure der Welt entwickelt hat, ohne selbst ein einziges Gramm an Buntmetall (Vorkommen) zu besitzen. Von Estland weiß man, daß es die Minderheit der Russen nicht gern beherbergt. Aber das gilt offensichtlich nur für die einheimischen, estnischen Russen. Für die aus Rußland kommenden (und von früheren Buntmetallgeschäften bestens bekannten) Russen gelten anscheinend andere Gastgebersitten.

Besser als alles andere offenbart die Geschichte eines Mannes namens Afanassij Klimentjew+ die allumfassende Liebe der estnischen Behörden zu den Russen.[165]

Im Januar 1995 wurde Klimentjew (Schulbildung 8 Klassen und Berufsschule) in Tallinn festgenommen. Er ist in Rußland Miteigentümer von mehreren Banken und Betrieben, besitzt Häuser in Ungarn und Estland, Eigentumswohnungen in Jekaterinburg und Anapa, einem russischen Kurort. Zehn Tage vor seiner Festnahme, nach nur dreimonatigem Aufenthalt, hatte man ihm den blauen Paß eines Bürgers von Estland ausgehändigt. Um dieses Dokument zu bekommen, muß man in Estland etliche Prüfungen ablegen: in der Staatssprache (Estnisch selbstverständlich), in Geschichte und Kultur Estlands, in estnischem Recht. In dieser Hinsicht ist Estland außerordentlich genau.

Frisch übergesiedelten Ausländern wird die estnische Staatsbürgerschaft in der Regel nicht erteilt. Das Gesetz über die Einbürgerung der Russen, die seit mehreren Jahrzehnten hier wohnen, ist so streng, daß es ernsthafte Streitigkeiten zwischen Estland und Rußland ausgelöst hat. Die Drohungen des russischen Militärs und Rechtsextremisten Shirinowski, der die Russen überall verteidigen möchte, haben ihren Ursprung in diesem Gesetz. Tausende Russen in Estland, dem »freiesten und demokratischsten Land auf dem Territorium der ehemaligen UdSSR«, so Klimentjew selbst, besitzen immer noch keine estnische Staatsbürgerschaft.

Unser Held jedoch, ein reicher Einwohner Jekaterinburgs, mußte sich diesen lästigen Prüfungen nicht unterziehen. Der Stempel im Hausbuch bestätigte, daß Klimentjew bereits seit 1987 in Tallinn wohnt. Er bekam ohne Prüfung nicht nur den Personalausweis, sondern auch den estnischen Führerschein, die Krankenversicherungspolice und einen Waffenschein. Die Waffen selbst brauchte er nicht zu kaufen …

Wer verbirgt sich eigentlich hinter dem estnischen Bürger Klimentjew? Nach Angaben des russischen Sicherheitsdienstes, die zu Klimentjews Verhaftung durch die estnischen Rechtsschutzorgane führten, ist er einer der größten Mafiosi des Urals, Chef einer Killerbrigade von hundert Mann. Bei der Zerschlagung der Gruppierung wurden nicht nur einfache Pistolen, sondern auch Sprengstoff, Granatwerfer und ferngesteuerte Panzerraketen der Klasse »Land-Land« beschlagnahmt. Auf der Verbrechensliste der Gruppierung stehen Auftragsmorde, räuberische Überfälle und Raubdiebstähle. Klimentjew selbst wird verdächtigt, einen Konkurrenten und dessen Leibwächter umgebracht zu haben. Unter merkwürdigen Umständen verschwanden mit der Regelmäßigkeit eines Fahrplanes seine engsten Partner, und Klimentjew wurde immer reicher. Sein Kapital stammt vermutlich aus »Geschäften« mit Metall, das vorwiegend über baltische Staaten und Ungarn verkauft wurde ... Solch ein Bürger ist in Estland (und nicht nur dort) gern gesehen.

Die besondere Vorliebe der Russen gilt Israel. Zum Amüsement der Mafiosi gibt es hier nicht nur ein Drittel der Bevölkerung, das Russisch spricht, sondern auch russische Theater, russische Zeitungen und einen russischen Fernsehkanal, korrekt: israelisches Theater, israelische Zeitungen und israelisches Fernsehen in russischer Sprache. In der Negev-Wüste gibt es sogar ein Dorf, in dem man alles für Rubel kaufen und verkaufen kann.[215] Alle im Dorf sprechen russisch, und die Kinder gehen in eine russische Schule. Hebräisch sprechen hier nur die Äthiopier, die auch keine Rubel, sondern nur Schekel haben und damit bezahlen möchten. Deshalb müssen sie jetzt mit dem Taschenrechner in den Laden gehen, um die Rubel in Schekel umzurechnen. Das klingt wie ein Scherz, ist aber keiner.

Deshalb eben liebt die russische Mafia Israel besonders.

Vor allem erfahrenen Leuten in Rußland fällt es heutzutage schwer zu unterscheiden, wo – frei nach dem Schriftsteller Isaak Babel – »der Jude aufhört und der Russe anfängt«. In einem Land, wo man alles bis zum Spaltmaterial beschaffen kann, ist nichts leichter, als sich einen jüdischen Stammbaum zuzulegen. Das ist auch deshalb so einfach, weil sich zur Zeit des stalinschen und des poststalinschen Antisemitismus viele Juden als Russen hatten taufen lassen. Nachdem der Westen für sowjetische Juden die Ausreisemöglichkeit nach Israel erkämpft hatte, versuchten mehrere Iwanows und Sidorows wieder Zuckermanns und Apfelbaums zu werden. Um dies vorzutäuschen (und um sich mit der mühelos erworbenen israelischen Staatsbürgerschaft überall in der Welt problemlos bewegen zu können), sind echte Russen bereit, nicht nur ein paar tausend Dollar, sondern auch ein bißchen Vorhaut zu opfern.

Dafna Linzer schrieb in der »Iswestija« einen Artikel mit dem
merkwürdigen Titel »Unsere Mafiosi stellen sich gern als Juden
dar«.[216] Der Inhalt ist weniger lustig: Die russische Mafia hat
Israel zu ihrem Hauptzentrum für finanzielle Operationen und
Geldwäsche gemacht, so Assaf Hefetz, Polizeichef des Landes.
Seinen Worten nach haben die russischen Mafiosi in israelischen
Banken und Unternehmen etwa vier Milliarden Dollar angelegt.
Obwohl die Paten aus Rußland auch an den USA, an Deutschland und an Italien interessiert sind, fällt auf Israel der größte Teil
ihrer finanziellen Machenschaften. Zwar gibt es wenig erkennbare Verbrechen, die der russischen Mafia zugeschrieben werden, Agenten berichten aber, daß das Land als Umschlagplatz für
Drogen und Prostituierte benutzt wird. Auch russische Schutzgelderpresser kommen nach Israel. Polizeichef Hefetz ist der
Überzeugung, daß die Zahl der Verbrechen, die von russischen
Kriminellen begangen werden, nachziehen wird. Seiner Meinung nach versucht die Mafia sogar auf die israelischen Politiker
Einfluß zu nehmen. Auf jeden Fall sind Mafiavertreter in einheimischen politischen Parteien sehr aktiv.

In Israel fühlen sich die Russen auch im grauen Alltag wie zu
Hause. Mein Freund, der deutsche Journalist Holger Jakisch,
erzählte mir, daß ihm dort im Hotel auf russisch – ein Versehen
des Personals! – ein russisches Mädchen angeboten wurde. Die
Israelis bieten ihren Stammkunden eben einen hervorragenden
Service, damit die reichen Mafiosi auch im Bett keine Probleme,
jedenfalls keine Sprachprobleme, haben.

Schließlich finden die Russen auch Gefallen an den idyllischen
Mittelmeerinseln.

Einmal bat ich einen anderen Freund, Dr. Gustav Peinel, mir in
seinem Urlaub auf Zypern ein paar Fotos von der Insel zu
machen. Als exakter Wissenschaftler erfüllte er meine Bitte sehr
gewissenhaft und beglückte mich mit Dutzenden »russischer«
Fotos: Annoncen und Werbeprospekte für Pelzmäntel (mit Prei-

sen bis zu 3000 Dollar) und Leihwagen, Speisekarten von
Restaurants, Schilder von Immobilienfirmen und Appartement-
vermietungen sind überall auf russisch zu lesen, russische Zeitungen und Zeitschriften, aber auch kugelsichere Westen (Ge-
brauchsanweisung auf russisch) sind in Larnaca im Angebot.
Man staunt, wie schnell die Zyprioten gelernt haben, wie »große
Königsgarnelen in Knoblauchöl« auf russisch heißen, und wie
liebevoll sie das schreiben! Kein Französisch oder Italienisch, selten Deutsch, aber Russisch, Russisch, Russisch … Die Nachfrage
soll riesig sein.

Man muß die Überschrift eines Artikels in der »Iswestija« gelesen haben: »Malta wird zum neuen Zypern wegen der ›neuen
Russen‹«.[217] Also Zypern ist schon in russischer Hand, jetzt ist
Malta an der Reihe. Der Journalist berichtet, daß die Russen
nach offiziellen Angaben bis Anfang 1995 bereits 1200 Wohnungen auf Malta gekauft hatten (die Immobilienhändler interessiert
kein Geldwäschegesetz, und sie informieren die Polizei nicht
über die Koffer voller Dollars), obwohl Malta nur 320 000 Einwohner hat.

Aber die oben erwähnten Länder sind eher Randgebiete. Die
größten Tätigkeitszentren der Russenmafia sind Frankreich, Italien, Deutschland, die Schweiz, Österreich und die USA. Allein
in den USA waren es 1993 ungefähr 500 »Ex-Sowjetgangster«,
so Prof. Dr. Robert J. Kelly von der City University of New
York[217-i], die sich nicht mit Kleinkram abgeben. Russische
Experten[168-1] zählen aber allein schon in dem New Yorker Viertel Brighton Beach über 1000 Kriminelle aus der GUS.

F. T. Martens, der zehn Jahre lang die Kommission zur
Bekämpfung der Organisierten Kriminalität im Bundesstaat
Pennsylvania geleitet hat, berichtete über ein »Freundschafts-
projekt« in der Krankenversicherungsbranche, das dem kriminellen amerikanisch-russischen Tandem eine Milliarde Dollar
eingebracht hatte.[97]

Eine der Schlüsselfiguren der Russenmafia in den USA war
Wjatscheslaw Iwan'kow, alias Japontschik.

USA: »Dieb im Gesetz« Iwan'kow-Japontschik

*Ein Kumpan Japontschiks legte die Opfer seiner Erpressungs-
aktionen lebendig in einen Sarg, nagelte ihn zu und begann,
ihn in der Mitte zu zersägen. Darauf soll die Bande keine
Zahlungsprobleme mit dem Kunden gehabt haben*

In der Welt der Organisierten Kriminalität gibt es keinen Tag der
offenen Tür. Die Erkenntnisse sind oft das Ergebnis komplizierter Recherchen. Aber ohne Einblicke in diese Welt bleibt das
Bild von der russischen Zukunft unvollständig, lückenhaft. Hat
man sich kundig gemacht, wird deutlich, wie eng die Mafia mit
der Noch-nicht-Mafia vernetzt ist, wie innig die Beziehungen
zum Ausland sind, wie die Arbeitsmethoden aussehen, um welche Geldmengen es geht.

Der »Dieb im Gesetz« Wjatscheslaw Iwan'kow, alias Japontschik, ist kein besonders leuchtender Stern am Himmel des
Verbrechertums. Dennoch hat ausgerechnet dieser Verbrecher
für Schlagzeilen gesorgt und viele Journalisten veranlaßt, die
Hintergründe seiner Tätigkeit aufzudecken. Das heißt, die Geschichte Iwan'kows ist nicht ungewöhnlicher als die anderer Verbrecher, sie ist lediglich transparenter. Deshalb wollen auch wir
hier Iwan'kow unter die Lupe nehmen.[*]

Den Verbrechergipfel begann Iwan'kow in den sechziger Jahren in der berüchtigten Bande von Mongol (eigentlich Gennadij
Kor'kow) zu erklimmen. Die Bande wurde zerschlagen, alle Mitglieder erhielten sogar für russische Verhältnisse außerordentlich
hohe Freiheitsstrafen, allein Iwan'kow konnte sich seltsamerweise der Verantwortung entziehen. Dieser erstaunliche Patzer
der Miliz ließ später interessante Vermutungen aufkommen ...

In den siebziger Jahren boomte in der Sowjetunion die Schattenwirtschaft, Iwan'kow gründete eine eigene Bande und führte,
mit Milizausweisen und der entsprechenden Uniform versehen,
Durchsuchungen bei Leuten durch, die sich nach Iwan'kows

[*] Auf Grundlage der Quellen 194 und 218 bis 226.

eigenen operativen Angaben viel Geld auf rechtswidrigem Weg
angeeignet hatten. Solche Durchsuchungen endeten in der Regel
mit der völligen Expropriation der Expropriateure. Vermögende
Wirtschaftsverbrecher, die nicht zahlen wollten, wurden in den
Wald gebracht und dort gequält, bis sie gefügig waren.

1982 wurde Iwan'kow festgenommen und wegen Gelderpressung zu 14 Jahren Freiheitsentzug verurteilt. In dem Prozeß
tauchte unter den Angeklagten erstmals ein gewisser Otari
Kwantrischwili auf, ein verdienstvoller Ringer, der später Vorsitzender gemeinnütziger Fonds und gleichzeitig der Pate der
Moskauer Mafia wurde. In dem Prozeß kam Kwantrischwili mit
dem Schrecken davon. Solange Japontschik saß, kümmerte sich
Kwantrischwili um Japontschiks Familie, bis er im April 1994
nach der bei Mafiosi obligatorischen Banja durch einen Scharf-
schützenschuß umgebracht wurde.

In diese Zeit fiel auch Japontschiks Bekanntschaft mit einem
russischen Komsomol-Sänger, der zur Zeit einige Probleme,
zwar nicht mit Justitia, aber mit der Presse hat, die ihn mit der
Frage behelligt, ob er nicht zufällig nach Kwantrischwilis Tod
der Pate der Moskauer Mafia geworden sei. (Die »Washington
Times« veröffentlichte über ihn einen Artikel mit der Überschrift »Zar Nummer eins der russischen Mafia«, und das
Außenministerium der USA, das vermutlich seine eigenen Infor-
mationsquellen besitzt, die nicht mit der »Washington Times«
identisch sind, verweigerte dem Sänger das Visum.) Japontschik
war in den Lagern und Gefängnissen kein Vorzeigesträfling. Er
benahm sich dort, wie es der »Ehrenkodex« der »Diebe im
Gesetz« vorschreibt: arrogant, herrisch, selbstgerecht. 16mal
kam er in die Isolationszelle, für zwei Monate mußte er ins
Gefängnis (als Strafe für sein schlechtes Benehmen im Lager),
zweimal wurde er im Lager verurteilt, weil er Mitsträflinge verprügelt hatte.

Aber 1989 begann Iwan'kow persönlich und durch seine
Rechtsanwälte Briefe zu verschicken, in denen er seine »rechtswidrige« Verurteilung schilderte. Dabei nutzte er seine guten

Beziehungen: Zweimal bat der Volksabgeordnete des Obersten
Sowjets Fjodorow um die Freilassung Iwan'kows (weil, so Fjodorow, Iwan'kows Frau ihn darum gebeten habe), auch der
bekannte Menschenrechtler Sergej Kowaljow sowie der Abgeordnete des Irkutsker Sowjet Netschajew setzten sich für Iwan'-
kow ein. Aus der Vollzugsanstalt kam eine positive Beurteilung,
die Iwan'kow als einen Mustersträfling bezeichnete. Wie solche
Papiere zustande kommen, ist in Rußland jedermann bekannt.

Im Februar 1991 wurde beschlossen, Iwan'kow freizulassen, im
November 1991 verließ er das Gefängnis, und im März 1992
befand sich der »Dieb im Gesetz« Japontschik als Mitarbeiter
des Filmstudios »12A« bereits in den USA. Die heißbegehrte
»Greencard« bekam er, ohne lange darauf zu warten. Die amerikanische Einreisebehörde kann uns viel über ihre strengen Aus-
wahlverfahren erzählen.

Das Theater um eine vorzeitige Entlassung aus dem Knast, der
langwierige Kampf um die Freilassung und die schnelle Verset-
zung nach den USA legt die Vermutung nahe, die einige betei-
ligte Personen auch inoffiziell bestätigen, daß Japontschik vom
KGB angeworben worden war. In diese Story paßt auch die
Erblindung der Justitia zur Zeit der Mongol-Bande.

Es ist kein Geheimnis, daß die politische Polizei der Sowjetunion stets um enge Kontakte zur Unterwelt bemüht war. Das
KGB wollte immer über die Geschehnisse in der Verbrecherwelt
auf dem laufenden sein und hatte deshalb oft seine Finger im
Spiel. 1991 ist ein besonderes Jahr in der Geschichte der Sowjetunion – es ist das letzte Jahr ihres Bestehens. Der Zerfall der
Sowjetunion und der Untergang der Kommunistischen Partei
war für alle Sowjetbürger schon lange offenkundig, erst recht für
die Parteiführung. Einige Jahre vorher hatte das ZK angeordnet,
die Parteimilliarden in Sicherheit zu bringen. Mit dieser Aufgabe
wurde das KGB betraut. 1991 war es dann soweit. KGB-Oberste
wurden zu Geschäftsleuten. Aber jemand mußte auch die Ge-
pflogenheiten der Unterwelt kennen, um die Gelder vor kriminellen Anschlägen zu schützen. Dafür waren die vorher angewor-

benen Kriminellen bestens geeignet. Diese »Chronik« wurde nach der Verhaftung Iwan'kows in den USA um weitere Beweise ergänzt: Bei der Hausdurchsuchung fand man einen Stapel Personalausweise aus aller Herren Länder, die auf Iwan'kows Namen ausgestellt waren. FBI-Experten bestätigten, daß nach der Wahl der Länder und einigen Merkmalen Iwan'kows Papiere denen von KGB-Agenten täuschend ähnlich sehen. Außerdem gehörte zu Japontschiks amerikanischen Freunden auch Schabtaj Kolmanowitsch, ein enttarnter und verurteilter KGB-Agent in Israel, der nach Verbüßung seiner Strafe nicht in die Sowjetunion zurückkehren wollte. Natürlich enthielt sich das KGB jeglicher Stellungnahme.

Wie auch immer – Japontschik machte Geschäfte in den USA. Amerikanische Experten schließen nicht aus, daß er speziell zur Eroberung des reichen Landes von der Russenmafia geschickt worden war. Einmal rief er seine Freunde in Moskau an: »Die Landebahn ist fertig.«

Schon nach wenigen Monaten besaß Japontschik Millionen von Dollar. Wie das möglich war? Die bei seiner Verhaftung beschlagnahmten Fotos zeigen ihn mit verschiedenen Prominenten: mit Jossif Kobson, aber auch mit Felix Komarow, dem Rolls-Royce-Repräsentanten in Moskau, mit dem Präsidenten der Assoziation »Das 21. Jahrhundert«, Ansor Kikalischwili ... Sowie mit dem bekannten »Dieb im Gesetz« Giwi Beradse, der im Frühjahr 1994 entführt wurde und seitdem unauffindbar ist. Auch der oben erwähnte getreue Pudel Jelzins gehörte zu seinem Bekanntenkreis.

Zur Herkunft des Geldes zitiere ich ferner Wadim Belych, den fleißigen Erforscher des »Japontschik-Imperiums«: »Viele Unternehmer aus Rußland, die beabsichtigten, Geschäfte mit Amerikanern zu machen, suchten erst mal ein Treffen mit Iwan'kow, um seine hohe Schirmherrschaft zu gewinnen. Sonst konnte das USA-Business ein sehr böses Ende nehmen. Ganz zu schweigen von Geld, manch einer bangte sogar um seinen Kopf, wenn der ›Papa‹ nicht seinen Segen für das Geschäft gegeben hatte.« Ein

Unternehmer aus Sibirien, der eine Walzeinrichtung nach Süd-afrika verkaufte, bat ihn fast demütig, die Hälfte des Gewinns anzunehmen – etwa drei Millionen Dollar. Ein anderer, der in Moskau eine Weinabfüllfabrik errichtete, erklärte sich bereit, einen Teil des Gewinns an Japontschik zu zahlen.

Nach operativen Angaben war Japontschik auch an Erdöl- und Glücksspielgeschäften beteiligt. Für die neuen Businessmen aus Moskau und Sankt Petersburg sind Benzinverkauf ohne Quittun-gen, Steuerhinterziehung, Schutzgelderpressung, Autodiebstahl, Kreditkartenbetrug, Schmuggel, Geldwäsche in den USA eine Selbstverständlichkeit. Und das Spiel der Spiele: die Prostitu-tion. Rimond Kerr, Mitarbeiter der Abteilung zur Bekämpfung der russischen Organisierten Kriminalität bei der New Yorker FBI-Zentrale: »Russische Mädchen reisen mit Dienstvisa als ›Vizevorsitzende‹ nicht existierender Firmen in die USA ein.« Die kriminellen Gelder gelangen hier ins legale Business: Re-staurants, Kasinos, Nachtklubs. Nach Vermutungen der Polizei ist Japontschik einer der Teilhaber des Luxusrestaurants »Raspu-tin«, des Stabs der russischen Mafia.

Man nimmt an, daß Japontschik auch in Rußland den Handel mit harten Drogen – Kokain und Heroin – in seinen Händen gehalten hat. Er kontrollierte praktisch alle Kanäle, durch die noch heute das begehrte »weiße Traumpulver« aus Kolumbien in die ehemalige Heimat der »Paten« kommt: Kokain kostet in Osteuropa dreimal soviel wie in den USA. Im Gegenzug wird über Japontschik Heroin aus mittelasiatischen Republiken gelie-fert, das wiederum in den USA viel teurer ist. Die USA sind eben der größte Drogenumschlagplatz der Welt.

Der alte Fuchs Japontschik sorgt schon heute für seine Rücken-deckung: Von den USA aus unterhält er gute Beziehungen zu den Leuten, die in Moskau über das Öffentliche Russische Fernsehen Kontrolle ausüben.

Laut Informationen aus den USA hat Iwan'kow die Gewinne aus seinem Busineß auch in die Edelsteinförderung in Brasilien investiert. Anderen Angaben zufolge ist es ihm gelungen, sein

Geld in Immobilien- und Edelsteingeschäfte in Rußland zu stecken. »Papa« war ein gefürchteter Mann. Gleich nach seiner Ankunft in New York nahmen in Brooklyn die bestellten Morde an Übersiedlern aus der Sowjetunion beträchtlich zu. In der Regel waren die Opfer Leute, die dem »Paten« irgendwann einmal in die Quere gekommen waren. Auch gegen ihn selbst wurde ein Mordversuch unternommen, er mißglückte. Wer das gewagt hatte, ist unbekannt ... Japontschik hatte offensichtlich seine eigene Meinung dazu. Kurz danach wurde in Moskau die kriminelle Autorität »Silvestr« (Timofejew) in seinem Auto in die Luft gejagt. Und in New York schoß jemand auf seinen Kumpan Monja Elson. Nicht ausgeschlossen ist, daß Elson etwas später dem FBI vom Japontschik-Clan »zugespielt« wurde.

Monja Elson (Spitzname »Kischinjowskij«), nach Japontschik der zweithöchste Mann der Russenmafia in den USA, wurde in Italien festgenommen.

Sein Kurzporträt bzw. Steckbrief: Elson wurde in Kischinjow (Moldawien) geboren. Mitte der siebziger Jahre emigrierte er nach Israel. Dort wurde er wegen Drogenhandels verurteilt. Ausreise nach den USA. In seiner Tankstelle dort soll er Benzin mit Wasser gemischt haben – seinerzeit ein großer Eklat in den USA. Auch einige erfolgreiche Operationen mit Kreditkarten führte er durch. Zu Anfang der achtziger Jahre war er Chef einer Schutzgelderpresserbande am Brighton Beach. Er beschäftigte sich weiter mit Drogenhandel. Im Winter 1991 wurde in Elsons Auftrag der Wagen seines »Konkurrenten« Boris Neufeld vermint. Zufällig explodierte die Bombe nicht. Im Januar 1992 ermordete Monja Elson eigenhändig Wjatscheslaw Ljubarski und dessen Sohn Alexander, kurz danach erschoß er Alexander Slepinin.

Elson selbst überlebte mehrere Attentate. Reiste zuerst nach Israel und dann nach Europa aus. Im März 1995 wurde er, der Bürger der USA, in Italien (warum mußte er ausgerechnet hier Unterschlupf suchen?) von Karabinieri auf Bitten amerikanischer Kollegen festgenommen. Die »Komsomolskaja prawda«

schreibt: »Er ließ eine Frau, zwei Kinder, einen ›Bentley‹ für 100 000 Dollar, eine ›Rolex‹ und etwas anderes auf Vorrat in der Freiheit zurück.«[227, 228]

Wie ging es weiter mit Japontschik? Im Juni 1995 wurde Iwan'-kow wegen Erpressung von fünf Millionen Dollar in New York verhaftet. Mit ihm zusammen wanderten noch fünf weitere russische Mafiosi ins Gefängnis. Die Erpressungsopfer waren auch ehemalige Russen, deren Geschichte nicht weniger interessant ist als die des Erpressers.

Im Frühling 1994 hatten zwei Russen, Bunin+ und Rubin+, in den USA eine Consulting-Firma »Summit international« gegründet. Außer dem Namen besaß die Firma auch ein Kapital in Höhe von 2,7 Millionen Dollar. Dieses Kapital stammte von einem gewissen Herrn Ratschuk aus Rußland, der sein Geld gewinnbringend in den USA anlegen wollte. Einen bestimmten Prozentsatz durfte »Summit« für ihre Bemühungen für sich behalten. (Was ist das für Geld? Wer ist Herr Ratschuk? Woher hat er dieses Vermögen? Können Sie sich vorstellen, daß jemand 2,7 Millionen Dollar einer Firma anvertraut, die noch nicht einmal gegründet worden ist?)

Es wird noch spannender: Bereits im August 1994 rief Herr Ratschuk bei Bunin an und erklärte, daß das Geld eigentlich nicht ihm gehöre, sondern einer anonymen Person, die sich mit einem Geheimzeichen bei Bunin und Rubin melden werde. Der Anruf ließ nicht lange auf sich warten. Der Besitzer des Geldes verlangte die ganze Summe bis Ende 1994 zurück. Der hilfreiche Herr Ratschuk nahm sich aus nicht geklärten Gründen das Leben.

Auch wer nicht das Gespür eines Sherlock Holmes besitzt, sollte spätestens jetzt vermuten, daß es hier nicht mit rechten Dingen zugeht.

Bunin und Rubin beeilten sich keineswegs mit der Rückzahlung. Eines Tages erschien ein gewisser Herr Sadykow, ein bevollmächtigter Abgesandter von Herrn Japontschik, und unterbreitete einen gentlemanliken Vorschlag: »Summit« bezahlt an Sadykow 60 Prozent von 2,7 Millionen Dollar, und Japontschik und seine Freunde kümmern sich um den Geldbesitzer. (Damit er keine weiteren Forderungen stellt. Die Methoden sind bekannt, wie man jemanden dazu bringen kann, auf 2,7 Millionen Dollar zu verzichten). Bunin und Rubin kriegten Angst, gaben das Geld aber weder dem rechtmäßigen Besitzer noch Japontschik. (Woher wußte Japontschik von dieser Geldaffäre? Woher nahmen Bunin und Rubin den Mut, das Geld nicht zurückzugeben bzw. Japontschiks Hilfe auszuschlagen? Fühlten sie sich stark genug, um dem Druck der Paten zu widerstehen?) Japontschik aber ließ sich das nicht bieten: Er begann mit Drohungen gegen die Frau eines der »Summit«-Inhaber, dann wurde Rubins Vater bei Moskau erschlagen aufgefunden, schließlich entführte man die Unternehmer selbst aus der Bar des »Hilton«-Hotels. Erst danach erstatteten die Bedrohten Anzeige bei der Polizei.

Eine höchst sonderbare Geschichte!

Über die Verhaftung Japontschiks war man in Rußland geteilter Meinung, in einem Punkt aber waren sich die Angehörigen der Rechtsschutzorgane einig: Man sollte Japontschik ja nicht an Rußland ausliefern. »Mit gewieften Rechtsanwälten und schwerem Geldbeutel bekommt Iwan'kow in Rußland nicht mal 15 Tage aufgebrummt«, so die Kenner. Russische Milizionäre scherzten bitter: Ehe ein halbes Jahr vergeht, ist Japontschik hier Volksabgeordneter.

Die Amerikaner waren cleverer: Anfang 1997 wurde Japontschik in New York zu neun Jahren und sieben Monaten Freiheitsentzug verurteilt.

Um die Japontschik-Geschichte abzurunden, möchten wir doch noch ein paar technische Kleinigkeiten erwähnen: Welche russische Bank war an der Überweisung von 2,7 Millionen Dollar »schmutzigen« Geldes beteiligt oder, anders ausgedrückt, wo unterhält die Mafia ihre Konten? Die Gelder an »Summit International« wurden von der »Omega-Bank+« über eine dritte Bank überwiesen – ein bekanntes Geldwäscheverfahren. Die Rechtsanwälte des bereits erwähnten Sängers behaupten aber, daß die ganze »Omega-Bank« nur von dessen Geld lebte. Also handelte es sich um des Sängers Geld?

So schließt sich der Kreis. Nur noch eine Bemerkung: Der Sänger ist eine Vertrauensperson von ehemaligen höchsten Komsomolchefs, die über eigene Hunderte Millionen Dollar (einen Teil der Parteigelder) verfügen.

Eine Mischung aus Partei- und Mafiageld, aus Politik und Blut, aus Geschichte und Sprengstoff: So sehen die Geschäfte um die erfolgreichen Geschäftsleute Rußlands von heute aus.

Das FBI spricht 1997 von 30 russischen Verbrechersyndikaten in den Vereinigten Staaten, die über ein in der amerikanischen Kriminalgeschichte nicht dagewesenes Know-how verfügen, weil ehemalige KGB-Leute in die russischen Banden eingebunden sind.[228-1] Also sorgt die Russenmafia in den USA auch für etwas recht Positives (wir sollen doch bei der Wahrheit bleiben!) – und zwar für die Weiterbildung der amerikanischen Bundespolizisten …

Italien: Die Russen im Musterland der Mafia
Sonne, Meer, Frauen, Waffen, Geldwäsche – alles, was ein Gentleman von heute so braucht

Unter den Kriminellen sind oftmals ehemalige Spitzensportler anzutreffen. Mit geringer Bildung und stählernen Muskeln eignen sie sich bestens als Schläger und Killer. Deshalb sind ihre Tage auch oft gezählt. So wurde der Boxer Sergei Kobosew im November 1995 in den USA unter bisher ungeklärten Umständen entführt. Sein Fall erinnert an das Schicksal des ehemaligen Boxers Oleg Karatajew. Karatajew, Europameister in den siebziger Jahren, ist 1993 in den USA ermordet worden. Er galt als Verbindungsmann zwischen der russischen und der italienischen Mafia in Amerika.[229] Vermutlich über die USA wurden die Beziehungen der Russen zum Ursprungsland der »Cosa Nostra« auf-

gebaut. Das bestätigt übrigens indirekt auch der Oberstaatsan-
walt von Florenz Pierro Luigi Vinja[227]: »Der Aufenthalt von Verbrechern aus den USA in Italien kann kein Zufall sein. Entweder
gibt es dort bereits eine Organisation, die ihnen hilft, oder Anzeichen dafür, daß eine solche aufgebaut wird. Im Westen sollten
wir stets ein wachsames Auge für die Geschehnisse in den USA
haben, denn in den USA findet man immer die ersten Anzeichen
von allem, was später zu uns kommt. Wenn wir also eine Expansion der russischen Mafia in den Vereinigten Staaten beobachten,
kann man davon ausgehen, daß demnächst auch Westeuropa
betroffen sein wird.«

In Italien sind die Russen nicht zu übersehen: In der Toscana
haben sie versucht, einen großen Landwirtschaftsbetrieb zu kaufen ... sie hatten einen Koffer voll Geld. Beunruhigt sind die Ita-
liener auch deshalb, weil die Russen schon imstande sind, synthetische Drogen herzustellen.

Nach Erkenntnissen der italienischen Staatsanwaltschaft planten zwei Russen, ein Mann und eine Frau, über ihren italienischen Partner – die kalabresische »Ndrangheta« – Waffen illegal
nach Sizilien zu liefern. Die Polizei versuchte, die Russen zu fas-
sen, aber ohne Erfolg. Nicht nur im Drogen- und im Waffenhandel berühren sich die Interessen. Eines der Probleme, das bei solchen Geschäften entsteht, ist die Geldwäsche. Man bekommt
von den armen (Drogen-)Schluckern auf der Straße Bares. Bar
bezahlen auch die Dealer den Stoff beim Großhändler. Der
Großhändler aber hat Probleme, das Bargeld auf einem Konto zu
deponieren, besonders jetzt, nach Annahme des Geldwäschege-
setzes in den EU-Ländern, demzufolge größere Bareinzahlun-
gen umgehend der Staatsanwaltschaft gemeldet werden sollen.
Ob die Banken das tun oder lieber ihre Kunden behalten wollen, ist unklar. Fest steht nur, daß der Einzahler ein gewisses
Risiko eingeht. Das zu vermeiden, ist kompliziert. Deshalb versucht man, Immobilien, Kunstgegenstände oder Gold mit Bargeld zu bezahlen. Fast alle Paläste, die die Russen in Europa und
den USA gekauft haben, sind bar bezahlt worden – mit einem

Koffer voll Dollars, Franc oder DM. Noch besser ist es, eine eigene Bank zu besitzen. Deshalb wollte die »Camorra«* einmal, 1992, zusammen mit russischen Kollegen eine Bank in Sankt Petersburg kaufen. Die italienische Polizei informierte die russischen Behörden über dieses Vorhaben, und der mafiose Plan platzte. Pech für die »Camorra«. Die italienische Polizei war sehr stolz darauf. Sie wußte wahrscheinlich nicht, daß die russische Mafia – laut verschiedenen Angaben – zwischen 400 und 1200 Banken und Bankfilialen in Rußland kontrolliert.

Der Mafia-Experte Professor Luciano Violante behauptet, daß die italienische Mafia seit langem russische Banken für die Geldwäsche nutzt[230]: »In Rußland werden riesige Mengen italienischen Geldes investiert. Erste Versuche wurden schon 1989 registriert, als in einer Bank in Jekaterinburg 30 Millionen Dollar für die ›Wäsche‹ angelegt werden sollten. Andererseits verfügen wir über Informationen, daß in Italien unversteuerter Tabak aus Rußland aufgetaucht ist. Uns ist bekannt, daß eine kleine Gruppe der kalabrischen Mafia 500 Milliarden Lire in einer Sankt Petersburger Bank angelegt und die Gelder in ein Erdölverarbeitungsprojekt investiert hat. Ferner hat die ›Camorra‹ den Absatz falscher Dollars in Rußland organisiert. Diese Organisation druckt etwa 100 Milliarden falsche Dollars jährlich. Im Oktober 1993 wurde in Italien eine große Ladung Waffen *aus Rußland* [kursiv von mir – V. T.] beschlagnahmt, vor allem Pistolen und Gewehrgranatwerfer. Im selben Jahr registrierten wir eine sehr große Aktivität der italienischen Mafiosi beim Ankauf von Rubel und Kauf von Immobilien in Rußland. 1994 wurde in Italien eine Ladung von 21 000 Pistolen und 5 Millionen Patronen beschlagnahmt, die für die Lieferung *nach Sankt Petersburg* [kursiv von mir – V. T.] vorgesehen war«, so Professor Violante. Zwar ist es nicht

---

* »Mafia« (Sizilien), »Camorra« (Kampanien),»Ndrangheta« oder »N'Drangheta« (Kalabrien), »Sacra Corona Unità« (Apulien) sind boden- und eigenständige Mafia-Gruppierungen in den verschiedenen Regionen Italiens. Sie unterscheiden sich etwas im Aufbau und in den Tätigkeitsbereichen, nicht aber in ihren verbrecherischen Methoden und ihrer Grausamkeit.

ganz durchdacht, warum man Waffen aus Rußland und nach
Rußland verfrachten muß, aber die Zahlen und die Intensität der
Aktivitäten sind beeindruckend.

Der Reporter fragte Professor Violante: »Wie würden Sie die
Plätze unter den Mafia-Organisationen verteilen?«

Violante: »Das ist eine Laienfrage, die sehr schwer zu beantworten ist ... Unter Vorbehalt kann ich sagen, im Hinblick auf ihren
politischen Einfluß und die politische Bedrohung: in Italien,
Rußland und Kolumbien.«

Dabei gibt es in Italien 20 000 Mafiosi, in Rußland aber laut
Schätzungen mindestens 100 000.

Die Schweiz: Gutes Klima für Russen
*Wo das Bankgeheimnis höher steht als die Vernunft, werden
die besten Geschäfte abgewickelt ...*

Die Schweiz war bei Russen immer hoch angesehen. Die Mitglieder der Zarenfamilie, des Hochadels und die größten Fabri-
kanten der Zarenzeit, berühmte Schriftsteller und selbst der
Revolutionär Wladimir Iljitsch Lenin fühlten sich hier sehr wohl.
Anscheinend bekommt das Klima dort der russischen Seele
besonders gut. Nimmt man das eiserne Bankgeheimnis noch
hinzu, dann ist die Schweiz wohl der beste Ort für die Geschäfte
der »neuen Russen«. Also haben es die Schweizer Rechtsschutzorgane nicht nur mit den alten sizilianisch-amerikanischen Kartellen zu tun, sondern auch mit den neuen Banden aus Osteuropa.

Ein Beweis dafür ist zweifellos, daß zwischen 1993 und 1995 in
der Schweiz und im Steuerparadies Liechtenstein 10 000 Unternehmen mit russischer Beteiligung gegründet wurden. Bei diesen Unternehmen handelt es sich fast immer um »Briefkastenfir-
men, die nur aus einem Aktenordner bestehen, der in Zürich, Zug
oder Vaduz in einer noblen Anwaltskanzlei steht«, so der Mafia-
Erforscher Jürgen Roth. Allein im Kanton Genf, so die Polizei,
gibt es 300 Russen, die Kontakte zur Mafia unterhalten.[59]

Ausgerechnet in der Schweiz werden auch die Kontakte zwischen den Kumpanen der Unterwelt – Amerikanern, Italienern, Russen – geknüpft. So ein Treffen fand einmal in Luzern statt. Eine unerbittliche Kämpferin gegen die Mafia, die Anwältin Carla del Ponte, »die am strengsten bewachte Frau der Schweiz«[231], ist überzeugt, daß die Russenmafia gerade die Schweiz als Geldwaschanlage nutzt. Die Mafia ist dabei nicht allein – viele Finanzmanager machen gern mit. (Ich sage »gern«, weil Frau del Ponte behauptet, die Bankiers erteilten der Polizei nur »ungern« Auskünfte über verdächtige Konten.) In der Stadt Zug wollte ein Treuhänder 50 Millionen Franken für Russen waschen, in Genf sitzt ein Rechtsanwalt wegen seiner Mafiakontakte in Haft ...

Ich vermute aber, die Mafiosi gehen hier genauso vor wie überall in der Welt: Sie kommen mit 50 Millionen Dollar in bar, um ein Konto zu eröffnen. Die Gelder stammen, so die Schweizer Polizei, vermutlich aus Erdölgeschäften, Erpressung, Bestechung oder Steuerflucht.

Die couragierte Bundesanwältin gibt nicht auf: »Wir haben keine Wahl. Sonst wird die Mafia unsere liberale Demokratie unterwandern.«

Wie gesagt, Frau del Ponte meint, daß die Schweiz von der Geldwäsche der Russenmafia am schlimmsten betroffen sei.

Die Russen sind aber auch von Großbritannien sehr angetan.

Großbritannien: Dickes Ei der Russen
Die kleine Insel ist die größte Geldwaschmaschine der Welt

Diese Information stammt von dem englischen Kriminalitätskundschafterdienst NCIS und ist nicht in vollem Umfang bekannt, aber eine Veröffentlichung in »Ogonjok«[232] schließt jeden Zweifel an der oben erwähnten Behauptung aus.

Ermittler zählen die Russenmafia zum festen Bestandteil der kriminellen Szene der Insel und bezeichnen sie, wenn auch nicht als Kern, so doch zumindest als das aggressivste und gefährlichste Element des Systems. Ihre Tätigkeit: Waffenhandel, Drogen, Geldwäsche, Falschgeld, Zuhälterei einschließlich Lieferung von Prostituierten in dieses ehemals puristische, ach so tugendhafte Land.

Im Jahr 1995 wurden der Polizei mindestens drei Fälle von Waffenhandel bekannt. Die Granaten kamen aus Rußland hierher und wurden später bei einer Razzia in Nordirland beschlagnahmt.

Im November 1995 veranstaltete die englische Firma »Christie's« eine ihrer berühmten Kunstauktionen in Genf. Das Glanzstück der Auktion war das mit großen Diamanten verzierte »Winterei« von Fabergé, das auf Bestellung des letzten russischen Zaren Nikolai II. angefertigt worden war.

Einen Tag vor der Versteigerung kamen zwei Russen zu den Auktionatoren und unterbreiteten ihnen einen interessanten Vorschlag: Das Ei wird nicht angeboten, die Kunden sind bereit, sofort 8,5 Millionen bar zu bezahlen. Wohlgemerkt: 8,5 Millionen Dollar in bar sind nicht weniger einmalig als das Ei von Fabergé. Bei »Christie's« war man einverstanden – unter einer Bedingung: Die Bank, bei der die Summe abgehoben würde, sollte genannt werden. Das wollten oder konnten die potentiellen Käufer nicht. Wahrscheinlich befand sich ihre »Bank« unterm Bett in ihrem Hotelzimmer. Das Geschäft platzte. Aber sie erschienen noch einmal und erklärten die Mitarbeiter zu »Feinden des russischen Volkes«. Seitdem fahren die Angehörigen der Firma nur noch mit Bodyguards nach Rußland.

Scotland Yard ist auch eine juristische Firma bekannt, die innerhalb eines Jahres *zwei Milliarden Pfund* aus Rußland durch ihre Buchhaltung gehen ließ. Große Summen wurden auch durch den sogenannten »Time-sharing«-Immobilienkauf gewaschen. Viele Villen und Paläste wurden von Mafiosi, aber auch »von anständigen Kaufleuten« erworben, so die Polizei.

Die Anständigkeit der anständigen russischen Käufer wollen wir hier lieber nicht näher untersuchen.

Frankreich: In Paris schießen die Russen oft
Frankreich gehört nicht zu den Staaten mit festen mafiosen Infrastrukturen wie Italien und die USA, doch mit der Zahl russischer »Businessmen« nimmt hier auch die der Killer zu

Man kann sich also keineswegs mit dem Gedanken beruhigen, daß es diese Strukturen dort nicht gibt, die die Amerikaner unglücklicherweise bereits besitzen. Was fehlt, laut Professor Violante, wird zweifellos in Kürze nachgeholt.

In Ländern wie Frankreich und Deutschland, den wichtigsten Aktionszentren der Russenmafia in Europa, haben es die Russen einerseits schwerer (es fehlt die Unterstützung von Gleichgesinnten), aber andererseits auch viel leichter (es gibt keine Konkurrenz und in dem Sinne auch keinen Konkurrenzkampf). Die Einflußzonen werden hauptsächlich untereinander aufgeteilt: Das heißt, Vietnamesen werden von vietnamesischen Gangs hingerichtet, die Russen von ihren eigenen Landsleuten ermordet.

In Paris schießen die Russen oftmals[233–235], so auch auf die »Autorität« namens Alimzan Tochtachunow, alias »Taiwantschik«. Dieser »Dieb im Gesetz« hat – im Auftrag der Russenmafia – den Waffen-, den Antiquitäten- und den Drogenhandel in Europa betreut.

Im November 1994 wurde der russische Geschäftsmann Sergej Masharow durch seine Wohnungstür erschossen. Die supervorsichtigen Killer hinterließen jedoch im Hausflur eine in Frankreich fast unbekannte Waffe: das tschechoslowakische Maschinengewehr CZ 91 S. Gerade solche Waffen sind bei der russischen Mafia besonders beliebt. Dieser Mord, so die Zeitung »Le parisien«, wurde nach Angaben der Gruppe zur Bekämpfung der Organisierten Kriminalität von Japontschik in Auftrag gegeben.

Ein Rachezug? Wahrscheinlich. Aber viel wahrscheinlicher handelt es sich um eine Umverteilung des Geldes, der Einflußzonen.

Wer war Sergej Masharow? Seine Eigentumswohnung zwischen den Champs-Élysées und der Seine mit Blick auf den Eiffelturm hat Masharow für 7 Millionen Franc (über 2 Millionen DM) gekauft. Sein Lebensstil verschlang monatlich etwa 80 000 Dollar.

»Paris Match« behauptet, Masharows Vermögen stamme aus der Handelsvermittlung zwischen Serge Versano von »Sukre e danre« und Masharows Freund in der Moskauer Außenhandelsfirma »Prodintorg«. Damals belief sich die Gesamtsumme des Geschäfts auf 1,5 Milliarden Franc, und die Kommissionsgelder Masharows betragen 10 Millionen Franc.

Die durch die Geschäfte erworbenen Gelder wurden klugerweise auf die Kaimaninseln (Off-shore-Zone, unter Nichtprofis auch Steuerparadies genannt) überwiesen, die große Popularität unter den Geschäftsleuten aus den ehemaligen sozialistischen Ländern genießen. Masharow besaß einen dominikanischen und einen griechischen Personalausweis.

Aber nicht nur Zucker interessierte diesen Herrn. Der französische Abwehrdienst kam dahinter, daß Masharow am Waffenhandel aus den ehemaligen Sowjetrepubliken beteiligt war. Die Waffen wurden in Länder exportiert, über die die UNO ein Embargo verhängt hatte. Einmal stellten die Zöllner des Pariser Flughafens fest, daß Masharow gebrauchte Waffen nach Algerien lieferte.

Ob Japontschik daran teilhaben wollte oder ob andere Überlegungen im Spiel waren, wird man vermutlich nie erfahren. Fest steht nur, daß der Bandenstreit nun auch in Frankreich ausgetragen wird.

Da Masharows Tod in Frankreich für Schlagzeilen sorgte, gab die französische Polizei sich alle Mühe und nahm kurz nach dem Anschlag in Paris drei russische Killer fest. Leider waren es nicht Masharows Killer. Aber auch sie planten eine Hinrichtung von vermutlich russischen Landsleuten.

Es gibt in Frankreich eben viele russische Killer für viele russische Geschäftsleute ...

Österreich: »Mysteriöse Russen«
Kasatschok im Dreivierteltakt ...

In Klagenfurt, der Hauptstadt von Kärnten, hat Alexander Omatow ein Wirtschaftsimperium errichtet.[236] Er besitzt ein Varieté, ein Autohaus und hat die Absicht, das »Kurzentrum Schloß Freyenthurn« zu kaufen. Omatows Firma mit 30 Angestellten macht einen Jahresumsatz von 300 Millionen Mark. Der »mysteriöse Russe« unterhält gute Beziehungen zu seiner Heimat und wird von einigen österreichischen Politikern hofiert.

Dutzende solcher Firmen laden monatlich etwa 500 gutaussehende junge Frauen nach Österreich ein. Die Frauen bleiben in Österreich oder reisen weiter nach Deutschland. Die russische Mafia hat auch in Wien schon ihre ersten Hinrichtungen vollzogen. Zweifellos, so die Polizeiexperten, betreibt die Mafia hier nicht nur Mädchenhandel und Prostitution, sondern auch Drogenhandel, Waffen- und Autoschmuggel. Einer russischen Firma sollen in Wien bereits 84 Häuser gehören. Michael Sika, der Generaldirektor für Öffentliche Sicherheit in Wien, geht davon aus, daß pro Monat 8 bis 10 Firmen unter dem Patronat der Russenmafia gegründet werden. »Daß die Bosse der russischen Mafia in Österreich nicht nur wohnen und ein luxuriöses Leben führen, sondern auch Geldwäsche in großem Stil betreiben, ist für die Behörden kein Geheimnis. Der Umfang der Transaktionen läßt sich anhand der Meldungen erahnen, die von den Banken aufgrund des Geldwäsche-Verbotsgesetzes über verdächtige Kontenbewegungen gemacht werden müssen. Sie hatten allein in den ersten drei Monaten 1995 die Behörden über offenbar illegale Geldgeschäfte in Höhe von rund sieben Milliarden Mark informiert«, schreibt Erich Grolig in dem Artikel »Mafia-Belagerungsring rund um Wien«. Die Polizei darauf: »Die Strukturen der Organisierten Kriminalität sind in Österreich bereits viel weiter gediehen, als wir in unseren schlimmsten Befürchtungen angenommen haben.«[237] Bald wird wohl auch der Kasatschok in den Wiener Walzer einfließen ...

Deutschland: Kriminelle Brückenköpfe der Russen

Bundesgrenzschützer Griemsmann: Ohne effektive Maßnahmen haben wir schneller italienische Verhältnisse, als wir uns vorstellen können

● Im Juni 1990 wurde in Potsdam die Leiche eines gewissen Alexander Kamkin gefunden, der in den Ikonenschmuggel nach Deutschland verwickelt war.

● 1991 wurde ein Inhaber der Joint-venture ASCO-Moden in Berlin auf offener Straße von mehreren Russen zusammengeschlagen und mit Waffen bedroht. Die Täter wollten ihn um fünf Prozent seiner laufenden Geschäftseinnahmen erpressen ...

● Am 24. Juni 1992 wurden die Berliner Michael Miosga und seine Freundin durch Kopfschüsse hingerichtet. Miosga hatte Hunderte von Autos an Russen im Ural verkauft.

● Berlin, Fasanenplatz, 22. Juli 1992: Vor einer Pizzeria entbrannte ein wildes Feuergefecht. Drei Russen brachen im Kugelhagel zusammen. Hintergrund des Massakers: ein Streit zwischen zwei russischen Banden. Der Fasanenplatz war nur der Anfang, es wurden noch etliche Leichen von beiden Seiten in Deutschland und in den Nachbarstaaten gefunden.

● Im Juli 1994 wurde Alexej Agujewski, der enge Kontakte zur Russenmafia hatte, in seiner Münchener Wohnung erstochen. Der Mörder war ein gewisser Wladimir Tarassow. Als die Polizisten ihn gefaßt hatten und abführen wollten, entkam er. Mitte Oktober 1994 wurde er per Zufall von einer Polizeistreife kontrolliert. Da er keine Ausweispapiere hatte und sich in Widersprüche verwickelte, wollte man ihn nach Waffen durchsuchen. Da griff Tarassow in seine Jackentasche und feuerte auf die Polizeibeamten. Ein Beamter wurde am Arm getroffen. Tarassow konnte abermals entkommen.[59]

● Im Herbst 1997 verhungerte der 20jährige Matthias Hintze in einem Erdloch, nach einer Erpressungsentführung. Zwei verdächtige, in Deutschland vorbestrafte Russen, die in Drogengeschäfte verwickelt sein sollen, wurden festgenommen ...

Eine bei weitem nicht vollständige Liste der blutigen Spuren der Russenmafia. Für Deutschland war das eine neue Erkenntnis: Die Russen fühlen sich hier wie zu Hause. Ihre »Tätigkeit« beschränkt sich aber nicht nur auf Schießereien.

Die Zigarettenmafia heißt in Deutschland Vietnamesenmafia. Das Bild kennt jeder Deutsche: ein Plastikbeutel voller Zigaretten auf der Erde, zwei Schritte daneben ein Vietnamese mit ordentlich verzollter Schachtel. Kommt ein Käufer, ist er für die Zigaretten zuständig, naht ein Zollbeamter, sind die Zigaretten herrenlos. Einige Morde in der Szene haben das Aufsehen eines breiten Publikums erregt. Über 50 000 Straf- und Bußgeldverfahren wurden jährlich eingeleitet – 150mal täglich![238] Milliarden unverzollter Glimmstengel hat man schon im Kopf mit D-Mark multipliziert und dem Vermögen der Vietnamesen zugerechnet.*

Aber so einfach ist das nicht. Die Zigaretten werden erst in Deutschland, in den USA oder in Holland – ohne Zollmarke! – bestellt. (Wie man weiß, ist die Marke unter der Folie angebracht.) Das heißt, die Ladung ist für Rußland oder Polen, auf alle Fälle für ein Land außerhalb der EU bestimmt. Es wäre doch äußerst verdächtig, würde in der Zigarettenfabrik ein Vietnamese auftauchen und behaupten, die Zigaretten nicht am Bahnhof Zoo in Berlin, sondern auf dem Roten Platz in Moskau verkaufen zu wollen. Also übernimmt irgend jemand die Bestellung. Irgend jemand fälscht sowohl die deutschen als auch die polnischen und die russischen Zollpapiere. Irgend jemand muß den Transport (wenn nicht nach Rußland, dann eben bis ins nächste deutsche Dorf), die Lagerung, die Verteilung an die verschiedenen Orte organisieren ... Ein äußerst kompliziertes Unternehmen. Viel komplizierter als der legale Handel. Niemand gäbe sich damit ab,

---

* 1995 wurden in Deutschland 759 Millionen unverzollte Zigaretten sichergestellt, 1992 waren es lediglich 347 Millionen.[239] Sichergestellt wird immer ein Teil des Ganzen – nach Schätzungen der deutschen Zöllner etwa 10 Prozent.[238] Geraucht wird aber nicht nur in Deutschland. Vietnamesen (aber auch andere engagierte Leute) gibt es überall genug. Wieviel wird dann wirklich unbemerkt geschleust?

würden nicht hohe Gewinne locken ... Hier ist eine Erklärung[240]: »Während der Straßenhandel mit Schmuggelzigaretten
fest in vietnamesischer Hand ist, operieren die Hauptorganisato-
ren überwiegend von Osteuropa aus, wobei sie sich krimineller
Zweigstellen in Deutschland bedienen. Abgewickelt werden die
Geschäfte dann oft über Strohmänner, Schein- oder Briefkasten-
firmen«, so das Zollkriminalamt.

Nach Erkenntnissen des Bundeskriminalamtes[241] operieren in
Deutschland mindestens fünf Gruppierungen aus der GUS: Exil-
russen, Tschetschenen, georgische und ukrainische Organisationen sowie die sogenannte Dolgoprudnjenskaja (aus der Stadt
Dolgoprudnyj bei Moskau), eine Bande von Boxern und Rin-
gern. Selbst in der tiefsten hessischen Provinz, im idyllisch gelegenen Schwalm-Eder-Kreis, haben ehemalige russische Staats-
angehörige einen kriminellen Brückenkopf gebildet. Von dort
aus steuern sie, wie erst jetzt durch Ermittlungen des Zoll
bekannt wurde, den Zigarettenschmuggel in großem Stil.

Die »Zweigstellen in Deutschland«, oder wie es hier manchmal
heißt: »die kriminellen Brückenköpfe«, bestehen aus desertier-
ten und »verschollenen« Soldaten und Offizieren der Russischen
Streitkräfte. Das russische Oberkommando hat noch kurz vor
dem Abzug im Sommer 1994 eine Liste mit den Namen von
150 als »abgängig« gemeldeten russischen Soldaten an die deutschen Behörden übergeben.[242] Deutsche Polizeiexperten sind
sicher, daß ein Teil dieser »Verschollenen« – unter ihnen Kampfsoldaten mit Spezialausbildung – im Dienst der Mafia steht, die
Berlin zu ihrem logistischen Schwerpunkt in der Bundesrepublik
ausbaut.

Insgesamt 252 Angehörige der Westgruppe der Sowjetarmee
haben in der Bundesrepublik politisches Asyl beantragt. Wie erst
jetzt bekannt wurde, sind zu DDR-Zeiten jährlich bis zu
400 Sowjetsoldaten aus ihren Kasernen in Ostdeutschland geflo-
hen. »Im Bereich der Organisierten Kriminalität gewinnen
Straftäter aus der früheren Sowjetunion immer größeren Einfluß«, stellt »Die Welt« fest.[239]

Der Mafia-Experte Thomas Griemsmann, stellvertretender Vorsitzender des Bundesgrenzschutz-Verbandes, schließt sich der »Welt« an: »Wenn nicht bald Politiker und Bürger gemeinsam mit der Polizei effektive Maßnahmen gegen die Mafia einleiten, dann haben wir schneller italienische Verhältnisse, als wir uns vorstellen können. Mindestens 300 mafiaähnliche Gruppen allein aus den GUS-Staaten sind in Deutschland etabliert.«[243]

Schutzgelderpressung, Auftragsmorde, Kidnapping, Folter der Opfer, Übernahme von Gaststätten, Spielotheken und Bordellen[150], ihre Belieferung mit »weißen Sklavinnen« sind in Deutschland schon gang und gäbe.

Aber die Liste von Tätigkeiten der Russenmafia wäre unvollständig, wenn wir nicht auch die legalen russischen Firmen in Deutschland erwähnten, die für Drogenhandel, Geldwäsche, Waffenschiebereien, Antiquitätenhandel usw. benutzt werden. Die Exilrussenmafia kontrolliert in Berlin fast sämtliche Spielkasinos, so die Berliner Polizei.

Die Globalisierung der Kriminalität
Das Internet kann sich an der Mafiavernetzung ein Beispiel nehmen

Es wird Ihnen aufgefallen sein, daß wir vorwiegend die Geschäfte Herrn Iwan'kows-Japontschiks und seine Umgebung unter die Lupe genommen haben. Diese Leute: der Sänger und Tochtachunow, Kwantrischwili und Masharow, Woloschin und Sadykow, Wolkow und Podatjew, Ratschuk und Monja Elson »Kischinjowski« – für alle spielte (spielt?) Japontschik in ihrem Leben ein gewisse Rolle …

Japontschik ist, ohne Zweifel, ein sehr einflußreicher Bandit. Seine Geschäfte sind höchst beeindruckend, der Mann aufsehenerregend. Aber er ist nicht allein in der Welt der Russenmafia: Da gibt es Kräfte, die ihn aus dem Gefängnis herausgeholt, mit ordentlichen Papieren und einer Arbeitsstelle versehen und nach den USA (nebenbei bemerkt, über Deutschland) gebracht haben. Seine Truppe zählte rund 100 Mann, aber das sind längst nicht alle, die in der Unterwelt der Vereinigten Staaten ihr Unwesen treiben. Es gibt außerdem Japontschik-Freunde und Japontschik-Feinde. Es gibt andere Gruppierungen und andere »Diebe im Gesetz«.

Nach glaubwürdigen Angaben zählt man in Rußland Tausende »Autoritäten« im Reich der Banditen. Ihre Geschäfte werden immer umfangreicher und immer komplizierter. Für manche Geschäftsbranchen (Waffen- und Menschenhandel, Drogen) reichen die russischen Märkte nicht mehr aus.

»Mit der Globalisierung der Märkte nimmt auch die Internationalisierung des Verbrechens zu. Die Organisierte Kriminalität wird immer weltumspannender, dies gilt vor allem für den Drogenhandel«, sagte FBI-Direktor Louis Freeh.[244] Weltweit entsteht, nach Erkenntnissen des FBI, ein »Bündnis des Verbrechens« zwischen Asien, Europa und Amerika. Die Verteilung der kriminellen Delikte – wie Drogenhandel, Prostitution, Menschenschmuggel oder Schutzgelderpressung – über die ganze Erde sei nur noch eine Frage der Zeit.

So arbeiten nach BND-Erkenntnissen kolumbianische Drogenkartelle mit Gruppen in Italien und Rußland zusammen, sie treffen Kooperationsvereinbarungen mit japanischen und anderen asiatischen Rauschgifthändlern und setzen nigerianische Mafiamitglieder als Drogenkuriere ein.[245]

Auch nach Überzeugung der brasilianischen Richterin Denise Frossard schließen sich die Gruppen zu Kartellen zusammen, anstatt sich gegenseitig zu bekämpfen. Organisierte Verbrecherbanden seien heute mit modernster Kommunikationstechnik ausgerüstet und erzielten Milliardenumsätze. *Einzelne Gruppen* hätten 1995 einen *Reingewinn* von rund 7 Milliarden Dollar »erwirtschaftet«, so die Experten.

Die derzeit größte Gefahr geht, nach Ansicht des FBI-Direktors, vom Schmuggel mit spaltbarem Material aus. (Das Thema wurde von uns nur kurz angesprochen, obwohl auf dem Markt

durchaus schon Nachfrage und Angebot bestehen.) Die potentielle Zusammenarbeit zwischen Kriminellen und Terroristen
stellt eine große Gefahr für den Weltfrieden dar.

Im Frühjahr 1995 wurde in New York ein internes Seminar über
»Russisches Organisiertes Verbrechertum« abgehalten: für die
Mitarbeiter des ständigen Unterkomitees für Untersuchungen
des USA-Kongresses sowie für die FBI-Mitarbeiter.[246] (Übrigens hat sich in den fünfziger Jahren der Kongreß mit der »Cosa
Nostra« beschäftigt.) Einer der Teilnehmer sagte: »Glauben Sie
mir, keiner machte da ein Nickerchen.« Auf der Konferenz
wurde verkündet, daß das FBI etwa 30 Ermittlungsverfahren
gleichzeitig gegen die russische Mafia eingeleitet hatte.

Experten bestätigen schon jetzt, daß der Kampf gegen die
»Russen« entschieden härter sein wird als gegen alle anderen.
»Mit den Italienern ist es viel einfacher«, sagte ein Vertreter der
New Yorker Polizei überzeugt. »Im Vergleich zu den Russen wir-
ken sie wie Einfaltspinsel ... die Russen dringen in alle verbre-
cherischen Sphären ein, in absolut alle.«

Ein Mitarbeiter der Abteilung zur Bekämpfung der russischen
Organisierten Kriminalität bei der New Yorker FBI-Zentrale
sagte: »Das sind grobe Kerle. Und durchaus keine Dummköpfe.
Keiner will als Informant fungieren. Im sowjetischen Strafvoll-
zug sind die russischen Mafiosi abgehärtet worden. Ich denke,
daß es den Rechtsschutzorganen in Rußland sehr schwer fällt,
einen Mafioso zu finden, der bereit wäre, mit den Untersu-
chungsrichtern zusammenzuarbeiten.«

Alles wie überall in der Welt?

Eine naheliegende Frage, die man versucht ist, zu bejahen

Ein Beispiel, das alles auf einen gemeinsamen Nenner bringt, schildert Istvan Kovacs in der Zeitung »Die Welt«. Er schrieb eigentlich über die bulgarische Firma »Vis-1«, aus der »Vis-2« erwuchs, eine Expansion, wie sie überall vorkommt, wo die Geschäfte gut laufen. Die beiden Firmen hatten etwas mit Autos zu tun. Kovacs' Artikel hieß »Erst stahlen sie das Auto, heute versichern sie es«[247], denn aus der Diebstahl-»Firma« wurde eine Versicherungsfirma ohne Gänsefüßchen! In dem Artikel wurden die Worte des Chefredakteurs des bulgarischen Wirtschaftsmagazins »Kapital« zitiert, die für uns ausschlaggebend sein könnten: »Ihr im Westen solltet nicht vergessen, wie euer Kapitalismus entstanden ist. Da war auch nicht alles so präsentabel wie heute.«

Alles wie überall in der Welt?

Recht hat er, der Chefredakteur: Kurze Abstecher in die Geschichte werden uns zeigen, daß so manches sogenannte Startkapital reichlich mit Blut befleckt oder zumindest unrechtmäßig erworben worden ist. Denken wir nur an die englischen und die holländischen Seeräuber und an Robin Hood, an die Prohibition in den USA und an Al Capone, an die Pioniere im amerikanischen Westen (wir kennen doch die Revolverhelden aus den Western), und wir werden feststellen, daß das ähnlich aussah. Nehmen wir die sprichwörtlich gewordenen »italienischen Verhältnisse«, wo die Mafia bis in die höchsten Staatsstrukturen vorgedrungen ist, oder die japanische Yakuza, die nach dem Erdbeben von Kobe Brötchen und Decken an die Bevölkerung verteilt hat und großes Ansehen unter Japanern genießt, oder einige korrupte Behörden in Deutschland – wir werden immer wieder feststellen, daß es überall in der Welt schon mal so ausgesehen hat, wie es heute in Rußland aussieht.

Um sämtliche durch meine Hände gegangenen Zeitungsartikel zu referieren, bräuchte ich viel Platz. Erwähnt seien nur die Namen des Baulöwen Jürgen Schneider, Peter Graf,[248] der Bäderkönig Zwick, Ambros S. A., Hosse & Partner, Cash & Cash und Dutzende andere Schneeballsysteme[249], die Schmiergeldaffäre von IBM in Argentinien,[250] mehrere hundert Fälle von Betrügereien bei der Treuhand[251], um alles ins rechte Licht zu rücken.

Sogar die Banken vergessen manchmal, ihre Steuern zu zahlen. Die Commerzbank hat, wie es im »Spiegel« hieß, »Unrichtigkeiten in den Bilanzen«. »Allein 1988 sollen dem Fiskus rund eine halbe Milliarde DM entgangen sein«[252], eine Düsseldorfer Privatbank hat eine unanständige Tochter in Luxemburg großgezogen ...[252] Es sei durchaus üblich, mit anonymen Barschecks Geld über Geheimkonten ins Großherzogtum zu transferieren.[253] Mehrere hundert Fahnder haben im ganzen Bundesgebiet über 40 Geldhäuser durchsucht. Ein Ende ist nicht abzusehen. »Nach der Auswertung aller Konten des Dresdner-Bank-Ablegers in Luxemburg hegen sie bei 8000 namentlich unbekannten Anlegern im gesamten Bundesgebiet den Verdacht, den Fiskus beschummelt zu haben. Derzeit laufen bundesweit *Tausende* [kursiv von mir – V. T.] von Ermittlungsverfahren gegen Dresdner-Bank-Kunden wegen des Verdachts des Schwarzgeldtransfers.« Die Commerzbank hat es ebenfalls erwischt. Über einen Erpresser sind die Fahnder auf sie gestoßen. Der Mann hatte beim Commerzbank-Ableger »Cisal« in Luxemburg eine Liste mit den Angaben über knapp 6000 Konten und 1700 Kunden mitgehen lassen. Guthaben von zwölf Milliarden Mark sollen dort dokumentiert sein.[254]

1995 ermittelten die deutschen Steuerfahnder in 16 535 Fällen und sicherten dem Fiskus damit Einnahmen in Höhe von 1,35 Milliarden Mark.[255] Keine Ausnahme: Seit 1991 betragen die Steuernachzahlungen zwischen 1,1 und 1,5 Milliarden jährlich. Nach Schätzung des Münchener Ifo-Instituts werden dem Fiskus jährlich etwa 30 bis 40 Milliarden Mark *an Kapitalerträgen* verheimlicht. Und weiter:

- In Leipzig verkauften Kripobeamte Daten aus dem Zentral-
  computer an eine private Detektei, und die lieferte diese
  Daten weiter an Verbrecher, die Menschen ausgeraubt und
  mißhandelt haben, Polizisten handeln hier mit Heroin und
  decken Geldfälscher.[256]
- Die Falschgeldkriminalität hat in Deutschland 1995 deutlich
  zugenommen. Allein in Hamburg wurden 1800 Fälle aufgedeckt.[257]
- Die Kriminalstatistik weist allein 1994 bundesweit 3253 registrierte Korruptionsfälle aus, die Dunkelziffer ist jedoch
  bedeutend höher.[258] Die Korruption ist so verbreitet und hat
  solche Ausmaße angenommen, daß der Bundesrat ein Paket
  zur Korruptionsbekämpfung verabschieden sollte.[259]

Genauso wie in Rußland, kauft sich die Mafia überall die besten
Leute: A. B.+ war lange Zeit im Justizministerium der USA leitender Mitarbeiter der Abteilung für die Bekämpfung der kolumbianischen Drogenmafia.[260] Er hatte selbstverständlich auch
interne Informationen über die Kolumbianer. Aber als man ihn
zum Geschäftsführer einer Anwaltskanzlei in Miami berief,
wurde er ausgerechnet von ebenjenen engagiert, die mit Drogen
Geschäfte machen. A. B. wurde verhaftet, weil er mit den Dro-
genbaronen des kolumbinanischen Drogenkartells Kali, das mit
80 Prozent am US-amerikanischen Kokainmarkt beteiligt ist,
einige rechtswidrige Dinge besprochen haben soll. Das Kartell
liefert Waren für 17 Milliarden Dollar und hat genug Geld, um
Leute wie A. B. mit allem Hab und Gut zu kaufen. Mit A. B.
zusammen wurden noch fünf Leute verhaftet, darunter zwei ehemalige Staatsanwälte. A. B. und seinen Komplizen drohen
lebenslängliche Strafen, falls bewiesen wird, daß sie in Geldwäsche, Dokumentenfälschung und Zeugenbestechung verwickelt
waren. Verteidigt wird A. B. von einem Rechtsanwalt, der als
Anwalt der Drogenbosse bestens bekannt ist.

Vorwiegend im Fernen Osten, aber auch vor dem Indischen
Subkontinent, in afrikanischen Gewässern und rund um Lateinamerika wird jeden zweiten Tag ein Schiff gekapert.[261] »Die oft

mit äußerster Brutalität vorgehenden Piraten – manchmal im Auftrag von Händlern – kommen in den meisten Fällen ungeschoren davon, weil korrupte Behörden mit ihnen unter einer Decke stecken.« Als krassestes Beispiel nennt »Die Welt« das Schicksal des Massengutfrachters »Anna Sierra«. Das Schiff war mit Zucker im Wert von sechs Millionen Mark unterwegs, als es von schwerbewaffneten Seeräubern überfallen wurde. Die Piraten fesselten die Crew, setzten sie 1000 Seemeilen vor der vietnamesischen Küste auf einem Floß ab und verjagten sie mit Schüssen. Dann überstrichen sie die Ladeluken und die Aufbauten und änderten den Namen in »Arktic Sea«. Mit gefälschten Papieren steuerten sie den chinesischen Hafen Beihai an, wo sie die Fracht löschten. Nach Erkenntnissen des Internationalen Maritime Bureaus soll schon *vor der Tat* ein Händler in Beihai eine Anzahlung über eine Million Dollar geleistet und die Ladung dann weit unter ihrem Marktwert abgenommen haben.

Auch Überfälle auf Passagierschiffe sind heute keine Seltenheit.

In den Niederlanden reagierte die Öffentlichkeit besorgt auf die Angaben über riesige Mengen Drogen, mit denen Polizisten gehandelt hatten.[212] Die Rede war von 285 Tonnen weichen und 100 Kilogramm harten Drogen, die – obwohl sie der Polizei in die Hände gefallen waren – nicht beschlagnahmt wurden, sondern wieder auf den Markt gelangten.

Aufmerksame Leser der Tagespresse können diese Liste endlos fortführen.

Nein, alles ist ganz anders!

*... Aber wir wollen uns nicht mit der einfachsten Erklärung
zufriedengeben*

Es ist genauso wie bei anderen – und doch anders. Das sagt der
FBI-Chef Freeh, das sagen deutsche Mafia-Experten, das sagen
russische Wissenschaftler und Schriftsteller, das sagen italienische Kriminalbeamte.

Aber was ist anders?

Äußerste Brutalität und ein starker landsmannschaftlicher
Zusammenhalt zeichnen die russischen Mafiosi aus und machen
sie so schlagkräftig. »Die liquidieren gleich ganze Familien«,
meint der Warschauer Polizei-Oberst Swierszynski. Und BKA-
Chef Zachert räumt ein: »Es ist unmöglich, verdeckte Ermittler
in diese Gruppen einzuschleusen.«[264] Der wichtigste Unterschied aber liegt darin, daß die russische Mafia sich in ganz anderen Zeiträumen durchsetzte.

Vor wenigen Jahrzehnten war es noch unvorstellbar, daß man
aus seiner Wohnstube in Rußland per Computer eine Million
Dollar in den USA klauen kann. So ist es einer Bande in Sankt
Petersburg gelungen, Abbuchungen von Konten in New York
vorzunehmen, ohne daß die Kunden davon dort anfangs etwas
merkten.[244] Die Computerkriminalität ist so fest in den Händen
der Mafia, daß FBI-Chef Louis J. Freeh gezwungen war, entsprechende internationale Gegenmaßnahmen zu ergreifen.[265] In
Großbritannien führte er Gespräche mit dem Chef des englischen Abwehrdienstes MI-5 über den Austausch von Informationen und die Versuche der Russen, in die Netzwerke der multina-
tionalen Korporationen einzudringen.

Nach Angaben der »Sunday Times« gibt es in der Welt kaum
einen Code, den die russischen Computerfreaks, die im Dienste
der Mafia stehen, nicht knacken könnten. Aber nicht nur Fir-
mengeheimnisse, sondern auch Gelder auf den Konten der Banken müssen geschützt werden. Schätzungen zufolge sind der

Mafia etwa 1000 Transaktionen von fremdem Geld auf eigene
Konten, vorwiegend in den Off-shore-Zonen, gelungen. Die
Sonderdienste schätzen die Verluste durch die Computerkrimi-
nalität osteuropäischer und russischer Mafiosi auf 500 Milliarden
Dollar.

Vor Jahrzehnten war auch die Höhe des von der Mafia verwalteten Geldes nicht so beeindruckend wie heute – die Dimensionen entziehen sich unserem Vorstellungsvermögen. Im Jahre
1927 soll Al Capone durch Prostitution, Glücksspiel und »Boot-
legging« 100 Millionen Dollar eingenommen haben.[266] Gegenwärtig wird das Geldwäschevolumen (und das Bargeld, das gewaschen werden muß, macht nur einen Bruchteil der
Mafia-Geschäfte aus) auf 800 Milliarden (800 000 000 000) bis
zu einer Billion (1 000 000 000 000) Dollar jährlich beziffert[243] –
10 000 »Capones« weltweit! Fast *ein Viertel des Weltwarenhandels*
wird zur Zeit mit Rauschgift erwirtschaftet!

Auch früher wurde geraubt und betrogen, aber das Ausmaß des
Raubes und Betrugs im heutigen Rußland ist unbeschreiblich.
Mit dem Verschwinden der KPdSU, dem Zerfall der Sowjet-
union und der kriminellen Privatisierung wurden riesige Geld-
mengen freigesetzt. In kurzer Zeit wurden in Rußland einige
Leute zu Millionären und Multimillionären. Deshalb entbren-
nen früher nicht bekannte Kämpfe um die Verteilung des
Geldes.

In Deutschland sind Mitarbeiter staatlicher Behörden bestechlich, aber in Rußland ist der Staat selbst korrupt. Mehrfach vorbestrafte Banditen sind eng mit der Bonzenmafia verfilzt. Nicht
nur Banken sind in den Händen der Mafiosi. Pjotr Filippow, der
ehemalige Berater Jelzins, bestätigt: »In Westeuropa und den
USA kontrolliert die Organisierte Kriminalität nur solche verbrecherischen Zweige wie Prostitution, Drogenhandel und
Glücksspiel. In unserem Land kontrolliert sie alle Tätigkeitsbereiche.«[194]

Der Unterschied zu früheren Zeiten und anderen Ländern
besteht natürlich auch in der Anzahl der mafiaähnlichen Grup-

pierungen und Verbrecher. Wenn die italienische Organisierte Kriminalität insgesamt ungefähr 20 000 Mann zählt[230], die Yakuza auf etwa 48 000 geschätzt wird (Nishichara), so gibt es in Rußland weit über 100 000 Mafiamitglieder. In Italien gibt es ungefähr 700 verbrecherische »Familien«, in Rußland rund 9000 Banden.

Aber in Rußland ist dies nur *ein* Mafia-Flügel! Die Beamten, die »roten Direktoren«, die sich auf verbrecherische Weise Milliarden unter den Nagel gerissen haben und die mit der kriminellen Mafia verquickt sind, wurden in der Statistik überhaupt nicht erfaßt. Dazu der Mitarbeiter des Forschungsinstituts des russischen Innenministeriums Wolobujew: »Die enge Allianz der Verbrecher mit der höchsten Staatsmacht stellt uns vor die unlösbare Aufgabe der Bekämpfung der Kriminalität.« Wer ist das – »die höchste Staatsmacht«?

Wolobujew meint, daß die reelle Chance eines Schlags gegen die Kriminalität zu Beginn der Perestroika vertan worden ist. »In Rußland gibt es nicht 9000 organisierte Gruppen, wie offizielle Statistiken behaupten, sondern ›einen kriminellen Staat im Staate‹ mit eigenen Einflußsphären, eigenen Macht- und Verwaltungsstrukturen, darunter auch in Form der Sicherheitsdienste und Gerichte.«

Das bestätigt auch die Direktorin des Zentrums für Osteuropäische Studien der Russischen Akademie der Wissenschaften, S. Glinkina: »Die Besonderheit der Organisierten Kriminalität in Rußland liegt in ihrer Zusammenarbeit mit der Wirtschaft und dem Machtsystem.« Als Beispiel soll die Privatisierung dienen. Glinkina: »In der Tat wurde eine Privatisierung des Staatshaushaltes und der Geldmittel der Bevölkerung durchgeführt.«[97]

Der Einfluß der kriminellen Strukturen auf das Gesellschaftsleben ist so groß und die Chancen des Staates, sie zu bekämpfen, sind so gering, daß es schon zum guten Ton in den Machtorganen gehört, über die (zunächst noch geheimen) »Verträge« des Staates mit der Mafia zu sprechen.[267]

Man darf auch die internationale Vernetzung der Mafia nicht außer acht lassen. Früher waren die Seeräuber sich selbst und der Natur überlassen, die heutigen Piraten verfügen über die notwendigen »Connections«, die es ihnen ermöglichen, durch Erfahrungsaustausch bessere Erfolge zu erzielen. Die russische Mafia von heute würde ohne ihre Filialen in den USA, in Deutschland, Israel, Frankreich, Italien vielleicht nur die Hälfte der riesigen Vermögen »erwirtschaften«.

Das alles bedingt und macht die qualitativen Unterschiede aus zwischen der Organisierten Kriminalität in Rußland und dem, was wir in den anderen Ländern beobachten.

Eine Wellentheorie

Warum werden in Rußland Verbrecher gegen Verbrecher kämpfen?

1994 wurden viele »Diebe im Gesetz« umgebracht, viele emigrierten und entfalteten ihre Tätigkeit in Europa und Amerika. Einige hundert befinden sich in Prag, in Wien, in Berlin, in New York ...

Auffällig: Die Welle der Auftragsmorde bricht nicht ab. Die Privatisierung in Rußland ging sehr schnell vonstatten (obwohl die westlichen Medien immer etwas auszusetzen hatten), deshalb wurde bis zum Jahre 1997 fast alles verteilt, was zu verteilen war. Die erbittertsten Kämpfe müßten doch längst vorbei sein, sollte man annehmen. Aber nein, es wird weiter geschossen. Warum?

Die zweite Welle rollt an!
Eine Weisheit: Wenn sich zwei Philosophen (oder Banditen) streiten, gewinnt immer der jüngere

In den letzten Jahren traten neue Leute in das kriminelle Wirtschaftsleben, jene, die zu Beginn der Perestroika noch Milchbärte waren, die aufgrund ihrer Jugend nicht an der Verteilung des russischen Vermögens teilhaben konnten. Ihnen blieb also nur der zweite Weg, die Umverteilung, die immer mit Blut verbundene gewaltsame »Enteignung« der »Erstkapitalisten«. Diese »Jungen« sind genauso brutal wie die »Alten« und fest entschlossen, mit allen Mitteln gegen die Reichen vorzugehen, nichts kann sie dabei aufhalten. Sie bilden eigene Gruppen und respektieren keine »Diebe im Gesetz«, sie haben keinen »Ehrenkodex« und schießen wahllos um sich, nur mit dem einen Ziel, sich mit Brutalität und kriminellem Geschick möglichst viel Geld, Vermögen, Einfluß zu erkämpfen.

Sie werden von den »Dieben im Gesetz« geächtet und sind bei der alten Mafia verpönt. Aber sie werden auch akzeptiert: Die jungen Wölfe leben nach den gleichen Prinzipien wie die alten, und deshalb werden sie in das Rudel aufgenommen. Es passierte auch Unglaubliches: In Rußland wurden einige *nicht vorbestrafte* neue Mafiabosse zu »Dieben im Gesetz« gekürt! (Die Mafiosi wissen, daß die »echten Bosse« nicht unbedingt hinter Gitter kommen müssen.) Das war vor zehn Jahren unvorstellbar! »Die Kriminellen kamen nach langen Gefängnisaufenthalten in ein völlig verändertes Land, in eine andere ihnen unbekannte Welt. Ihre hoch und heilig gehaltenen Verbrechergesetze waren für die jungen Verbrecher nur leeres Geschwätz. Die ehemaligen Sträflinge glaubten, zu den ›Ihren‹ zu kommen, sahen sich statt dessen aber von lauter Feinden umgeben«, schreibt »Ogonjok«.[268]

Die Maschinengewehrsalven dauern an. Täglich findet man Sprengstoffsätze vor den Türen der zu Bankiers und Industriellen aufgestiegenen Kriminellen, in Autos und auf den Straßen. Wegen des Sprengstoffanschlags in der Metro beschuldigte man die tschetschenischen Rebellen – wen auch sonst? Über die täglich hier und dort explodierenden Autos der Reichen wird gar kein Wort mehr verloren: Alltag. Die Personenschützer sind 24 Stunden im Dienst. Die Moskauer Bodyguards sind nicht schlecht ausgebildet. Betuchte Auftraggeber haben meistens nicht Kriminelle als Bodyguards, sondern ehemalige KGB-Leute aus der »Dewjatka«, dem Personenschutzdezernat Nummer neun. Aber alle Personenschützer der Welt werden bestätigen: Es gibt keinen hundertprozentig sicheren Personenschutz. Man kann ein Vermögen hinblättern und wird trotzdem umgebracht, und wenn der Killer selbst dabei umkommt (es gibt genug Kamikaze in Rußland, die für das Wohlergehen ihrer Kinder sorgen).

In den Arsenalen der Mafia gibt es nicht nur eine Magnum-45, sondern auch Gift und Granatwerfer, für sie arbeiten käufliche Ärzte und korrupte Milizangehörige, die eigentlich Sprengladungen auf Flughäfen aufspüren sollen, falls eine zur Hinrichtung freigegebene Person auch fliegen sollte. Manchmal ist es nicht günstig, den Unternehmer zu töten, weil man von ihm ja Gelder, Aktien oder Anteile haben will. Deshalb ist es für die Erpresser noch besser, wenn die Ehefrau oder die Kinder fliegen: Dann wird die »Melkkuh« eingeschüchtert, bleibt aber handlungsfähig – für den geplanten Deal. Die neuen, jungen Mafiosi haben auch keine Gewissensbisse, wenn Hunderte unschuldiger Menschen dabei umkommen. Diese Kaltblütigkeit ist auch ein Resultat der Kriege, die Rußland in letzter Zeit geführt hat.

Wer seinen Besitz nicht mit den neuen Verbrechern teilen will, wird umgebracht, das ist die Quintessenz der gegenwärtigen Kriminalitätsentwicklung in Rußland.

Die Vermögenden wollen aber natürlich nicht abgeschlachtet werden, sie wollen ihren Besitz behalten, von dem sie nie genug kriegen können. Sie geben auch das nicht gern her, was zwar weniger mit Schweiß, aber mit viel Blut »erwirtschaftet« wurde. Da ihnen nun aber ihre Verbindungen zur Staatsgewalt und zu den alten Kriminellen, der Schutz durch die alte Mafia und Leibwächter, die Angriffe auf die Erpresser und die Gegenschlagstaktik nicht helfen, suchen sie nach Auswegen.

Aus dieser Misere gibt es nur eine Ausflucht: selbst für Ordnung im Staat zu sorgen! Sowohl die erste Verbrecherwelle als auch die zweite, die von der ersten etwas abgezapft hat und sich nun bereits von der dritten bedroht fühlt, werden diese erbitterten Kämpfe nur überleben, wenn der Verbrechenspegel sinkt.

»Die zweite Umverteilung des Eigentums, die sich in der letzten Zeit abzeichnete«, heißt es in einem Zitat[160], »wird die wahren Besitzer in die Wirtschaft einführen, und deren politische Elite wird (unabhängig von den Formen der Aneignung des Kapitals) Ordnung und Sicherheit für das Privateigentum fordern.«

Ich wäre nicht überrascht, wenn die Großunternehmer, darunter solche aus dem Banditen-Flügel der Mafia, über kurz oder lang die Rechtsschutzorgane selbst finanziell unterstützten, und zwar nicht, um sie zu korrumpieren, sie zu kaufen (das ist längst der Fall), sondern um sie wirklich zu stärken!

Das wird keine Wohltätigkeit sein, sondern die einzige Möglichkeit, sich gegen die zweite Welle der Verbrecher zu schützen, die zur »Verteilung des Kuchens« zu spät gekommen sind. Zweifellos wird auf die zweite Welle eine dritte folgen, die die Vertreter der ersten und der zweiten Welle noch brutaler (oder noch raffinierter) enteignen wird. Dieser Kampf um die Umverteilung des Eigentums wird einige Jahre andauern. Die Dauer hängt vom Beginn der Investitionen in die Rechtsschutzorgane und von der Intensität der Zahlungen ab. Irgendwann einmal wird der Staat (auch mit dem Geld aus den Verbrechersyndikaten) in der Lage sein, das Land zu kontrollieren, d. h. die Verbrecher der dritten oder vierten Welle zu verfolgen. Aber das bedeutet noch lange nicht, daß die Verbrecher der ersten und der zweiten Welle ihre Verbrechertätigkeit aufgeben und die Kontrolle über ihre Tätigkeit dem Staat – also den Rechtsschutzorganen, Steuerbehörden und Bankaufsichtsräten – überlassen. Ihr Ziel ist ein ganz anderes: Sie wollen den Staat für die Bekämpfung der brutalen Konkurrenz nutzen. Daß dafür bezahlt werden muß, versteht sich von selbst. Schon heute werden Hunderte Millionen und sogar Milliarden der Verbrechergewinne für den Kauf der Behörden und für die eigene Sicherheit ausgegeben.[269] In der Zukunft wird die Summe kaum höher sein (sonst rentiert sich das Unternehmen »Mafia« nicht mehr), aber die Zahlungen werden sowohl direkt, als auch durch Erhöhung des Steuervolumens (also mit der nicht so räuberischen Steuerhinterziehung) erfolgen.

Die Prognose über die künftige Entwicklung der Gesellschaft ist also gar nicht so kompliziert, wie man vielleicht auf den ersten Blick befürchtet hat. Und auf den zweiten Blick wird man feststellen, daß es keine Alternative für die oben dargestellten Entwicklungen gibt. Es ist unverkennbar, daß in 25 Jahren in Rußland rechtsstaatliche Verhältnisse (im Sinne der Westdemokratie – mit mäßigem Verbrechertum, mit geringer Straßenkriminalität und zurückhaltender Steuerhinterziehung) herrschen werden. Aber es wäre wirklich ratsam, die Herkunft der Reichtümer im Gedächtnis zu behalten.

Rußland den Russen oder Ausländer raus!

Russische Unternehmer und die Behörden-Mafia möchten selbst investieren

Man kann mit einiger Sicherheit behaupten, daß sich das russische Investitionsklima für ausländische Investoren auf absehbare Zeit nicht erheblich verbessern wird. Es ist bemerkenswert: Jelzin redet sowohl mit Kohl als auch mit Clinton über Investitionen. Die ganze Mannschaft bemüht sich aufrichtig, Investitionen aus dem Ausland zu erhalten. In großem Maßstab bleiben sie aber aus. Und es gibt keine Anzeichen dafür, daß sich das bald rapide ändern würde. Natürlich wird der eine oder andere Investor Geld in die russische Wirtschaft stecken wollen, aber der Boom tritt nicht ein.

Was ist der Grund dafür?

Eine Erklärung gibt die »New York Times«[270]: »Es ist keineswegs die Straßenkriminalität, die Rußland bedroht, sondern die Korruption in den Behörden, der Betrug des Staates und die Betrügereien der Mafia, die, wenn man sie nicht stoppt, die Grundlagen der Reformen unterhöhlt. Dies untergräbt schon jetzt das Vertrauen zur Regierung, senkt die Haushaltseinnahmen und schreckt die Investoren ab. Rußland braucht heute die Hilfe des FBI und nicht des Internationalen Währungsfonds.«

Der Geschäftsführer einer US-Firma, die Konsumgüter verkauft, hat dem amerikanischen Reporter erzählt, daß er die Produkte seiner Firma nach Rußland exportiert und für eine LKW-Ladung offiziell 330 000 Dollar Zollgebühren bezahlen muß. Seine russischen Konkurrenten kaufen solche Waren bei einem Großhändler in Westeuropa, zahlen dem Zöllner 30 000 Dollar Schmiergeld pro Lastwagen, verkaufen danach die Ware viel billiger als der Amerikaner und verdrängen ihn so vom Markt.

Auch die Deutschen beklagen sich[271]: »Bisher macht der Export besonders in das von Christa Luft (DDR-Wirtschaftsministerin) als ›Zukunftsmarkt‹ bezeichnete Rußland große Probleme.

Unternehmer klagen über hohe Steuern und Zölle, mangelnde Rechtssicherheit und Transportkosten, die teilweise den Wert der transportierten Ware überschreiten. Das Hauptproblem sei jedoch nach wie vor die Unsicherheit bei der Finanzierung. Zwar wurden 1994 vier Fünftel der Exporte aus den neuen Ländern mit Hilfe von Hermes-Bürgschaften gesichert, der Hermes-Plafonds von insgesamt 2,5 Milliarden DM konnte jedoch nicht voll ausgeschöpft werden. Das lag unter anderem an der russischen Seite, erklärte Reinhard Kirwa von der Berliner Zweigstelle der Kreditversicherungs AG [Hermes – V. T.]. Rußland, das im Ausland mit insgesamt 77 Milliarden Dollar verschuldet ist, verweigere zum Beispiel für Konsumgüter die Staatsgarantie – eine Voraussetzung für eine Hermes-Bürgschaft –, um seine Zahlungsbilanz nicht weiter zu belasten.« Das ist noch eine Erklärung.

Aber man braucht nur für einen Tag nach Rußland zu kommen, um sich davon zu überzeugen, daß gerade Konsumgüter – Fernseher, Videorecorder, Möbel, Kühlschränke, Waschvollautomaten, Kaffeemaschinen, Bohrmaschinen, elektrische Sägen, Tapeten, Fliesen – am meisten gefragt sind. Die Preise sind so hoch, daß der durchschnittliche »Ossi« sie kaum zahlen könnte. Warum bezahlt Rußland die 15 Prozent Anzahlung und übernimmt Garantien für Investitionsgüter – Anlagen für Großkombinate und Ausrüstung für Fabriken –, die erst nach vielen, vielen Jahren, nach Montage und Inbetriebnahme erste Gewinne bringen können, und weigert sich, die Waren zu verkaufen, die sofort Profit bringen, der wiederum schnell verwendet werden könnte? (Man weiß, daß der Gewinn nicht nur aus der Preisspanne, sondern auch aus der Umlaufgeschwindigkeit resultiert). Haben die Russen aus der Geschichte nichts gelernt? Haben sie vergessen, daß die ersten Stalinschen Fünfjahrespläne, die Rußland zwar mächtig machten, aber das Volk an die Grenze der Existenz trieben, ebenso auf die Schwerindustrie statt auf Konsumgüter orientiert waren? Sind sie noch immer nicht klug geworden?

Doch, sie sind sehr klug, aber auch der Markt ist zwischen Staat und Mafia aufgeteilt, und der Konsumgüterverkauf liegt in den Händen der Mafia, der »fliegenden Händler«, die, wenn sie nicht selbst zur Mafia gehören, den Schutzgelderpressern immense Erträge bringen. Eigentlich sind die oben erwähnten Waren im Angebot. Aber hätte der Staat es den Deutschen ermöglicht, in Rußland die gleiche Ware zu verkaufen, wäre für die einheimischen Händler eine unerwünschte – und sehr starke! – Konkurrenz entstanden.

Die Frage hat mich immer beschäftigt, warum die ausländischen Firmen nicht in Rußland investieren? Was hindert die großen Unternehmen, ihr Schnäppchen zu machen? Ja, es gibt für Ausländer keine Möglichkeit, Grund und Boden zu erwerben. Aber man kann doch ein Joint-venture gründen und sich trotzdem Grund und Boden sichern. Ja, die Straßen sind schlecht. Aber ob sie in Afrika und Asien überall besser sind? Die Fabriken liegen brach? Aber Rußland hat doch einige Werke, in denen man sogar Raumschiffe gebaut hat, oder? Aber selbst für diese ehemaligen Vorzeigewerke finden sich keine Investoren.

Und die Wirtschaftsstabilität? Wäre die Wirtschaft stabil, müßten die Investoren doch Schlange stehen! Fette Profite machen ausgerechnet diejenigen, die in der Zeit der Instabilität hier Fuß gefaßt haben. Liegt es an den Schutzgelderpressern? Nein, sie sind doch daran interessiert, hier so viele Geldgeber wie möglich zu haben. Und die Umfragen, nicht nur meine, sondern auch die ganzer Forschungsinstitute, zeigen, daß man mit der Mafia zusammenarbeiten kann! Mit ihr kann man reden! »Nach Meinung vieler (West-)Firmen ist das Risiko, nicht zu investieren, größer als die Gefahr, eingebrachtes Kapital durch Unwägbarkeiten zu verlieren,« schreibt wohl für jedermann verständlich »Ostwirtschaftsreport«.[272] Und die mafiabedingten Verluste sind kalkulierbar, die kann man doch mit Billiglohn ausgleichen. Wo finden Sie schon ein Land, in dem man für einen Hundertdollarschein einen Monat lang arbeitet? Es gibt doch arbeitsintensive Branchen, wo man das Geld direkt aus der Arbeitskraft pressen kann. Und billige Rohstoffe? Was ist in bezug auf die Transportkosten günstiger, nach Deutschland oder den USA Rohstoffe bringen zu lassen oder gleich das fertige Produkt? Es fehlt an Rahmenbedingungen, sagen erfahrene Leute. Ist die Gesetzgebung schuld? Aber warum ist die Gesetzgebung so schlecht? Verstehen die Verantwortlichen nicht, daß man für Investitionen ein Investitionsgesetz braucht?

Diese Rahmenbedingungen sind den Investoren ein Dorn im Auge. Nach Abwägung aller Möglichkeiten, das Investitionsklima zu verbessern (Infrastrukturverbesserung, Mafia-Ausrottung, Korruptionsbeseitigung, Arbeitsmoral-Änderung etc.) kommt man zu dem Schluß, daß die Annahme der Gesetze die leichteste (aber wichtigste!) Voraussetzung ist. Die deutschen Forscher sind ratlos: Die Gründe für die geringen Investitionen »liegen in den bekannten mangelnden Rahmenbedingungen in Rußland, dessen Führung ganz offensichtlich die Bedeutung eines attraktiven Investitionsklimas weiterhin unterschätzt und Direktinvestitionen in den Regionen zumindest nicht fördert. Jedenfalls liefen viele deutsche Investitionsprojekte insbesondere im Rohstoff- und Energiebereich sowie bei der verarbeitenden Industrie vorläufig auf Eis«.[273]

Die Russen zögern. Die Russen möchten das nicht. Die Russen benehmen sich merkwürdig. Sie reden von Investitionen, ließen aber andererseits keine Ausländer zu, als die Regierung vorschlug, 27 Leckerbissen – die besten und begehrtesten Industriebetriebe – zu privatisieren.[274] Wie ist das zu erklären, wie miteinander zu vereinbaren? Haben sie »da hinten« denn nicht ein paar vernünftige Wirtschaftler? Wenn der deutsche Durchschnittsbürger das schon längst verstanden hat, warum begreifen die Russen das nicht?

Wie gesagt, ich habe lange nach Antworten gesucht, habe Vermutungen angestellt, dunkle Ahnungen gehabt, aber ich brauchte ein klares Wort, eine Bestätigung. Die fand ich schließlich in dem Artikel »Man soll sich nicht des großen Geldes schämen« von Herrn Gorjatschew.[271] Herr Gorjatschew ist ein

Unternehmer aus Sankt Petersburg und Duma-Abgeordneter, in der damaligen Duma (bis Dezember 1995) war er der Vorsitzende des Ausschusses für Investitionen, also der richtige Mann. Als Unternehmer arbeitete auch er nicht ganz sauber (wer tut das heute noch in Rußland?!), worüber einige Zeitungen auch berichtet haben. Aber ich habe vor Herrn Gorjatschew großen Respekt, und zwar deshalb, weil er Herrn Shirinowski einmal die Leviten gelesen hat. Dieser Vorfall ist so köstlich, daß ich nicht umhin kann, ihn noch einmal genüßlich zu schildern.

Eines Tages »betrat Shirinowski die Kantine für Abgeordnete. Nur wenige Tische waren besetzt. An einem saßen Mark Gorjatschew, ein Unternehmer mit musikalischer Ausbildung, und seine Freunde. Shirinowski trat heran und sagte, daß ab jetzt dieser Tisch von der Fraktion der LDPR belegt sei und Gorjatschew und seine Freunde sich einen anderen Tisch suchen sollten. Zwei Freunde Gorjatschews, natürlich auch Parlamentarier, schimpften, standen aber auf und gingen. Gorjatschew stand gleichfalls auf, ging aber nicht, sondern schlug Shirinowski mit voller Wucht ins Gesicht. Journalisten merkten später an, Gorjatschew sei nicht nur Musiker, sondern auch Sportler. Der Schlag war so stark, daß eine Ärztin aus den Reihen der Abgeordneten Shirinowski versorgen mußte«.[96]

Also, wie gesagt, Mark Gorjatschew ist nicht nur Musiker und Sportler, sondern auch ein Feuilletonist, der meine brennenden Fragen beantworten konnte. Er ist resolut, neigt zu Übertreibungen und Überspitzungen, bleibt aber interessant: »Kehren wir zurück zu den Investitionen. Ich kann beschwören, daß in den letzten Jahren keine Kopeke, kein legaler Dollar aus dem Ausland in unser Land gekommen ist. Ich kenne das Staatsgeheimnis: Die Investitionen aus dem Ausland bleiben aus.«

Das ist für uns nichts Neues, aber wie gut formuliert! Dann spricht er über russisches Geld im Ausland und erklärt, warum es dorthin geflossen ist. Es folgt eine kurze, prägnante Rede an die Herren ausländischen Investoren: »Erst verdienen wir unser Geld, und dann lassen wir euch zu – es ist doch unser Land«!!!

Ich bekenne: Die drei Ausrufezeichen stammen von mir, und nicht von Herrn Gorjatschew. Das ist die Erklärung, warum die Projekte »im Rohstoff- und Energiebereich auf Eis« liegen. (Wer überläßt den Ausländern schon die Filetstücke der Industrie? Die cleveren Deutschen möchten doch investieren, wo die Russen auch ohne ausländische Investitionen die größten Profite erzielen. Warum sollten sie diese Profite – auch künftige – an Fremde abtreten?)

Das ist die Erklärung, warum ausländische Banken nicht zugelassen sind, warum es in Rußland keine ausländischen Versicherungen gibt, warum Investmentgesellschaften, die ausländische Verwandtschaft von »MMM«, draußen stehen. Seriöse ausländische Finanzunternehmen verschwinden nicht mit dem Geld, sie stehlen nicht, sondern kommen auf legalem Wege zu ihren Millionen. Und für die unehrlichen Mitarbeiter, die mitsamt dem Geld nach Hawaii verschwinden, können sie haften, weil sie auch bei mehr oder weniger anständigen Gesellschaften rückversichert sind.

Das ist die Erklärung: »*Erst wir, dann ihr.*« Mark Gorjatschew versteht wohl, daß man gerade jetzt, im trüben Wasser der Zeitlosigkeit und Gesetzlosigkeit die Fische fangen kann, die nie mehr in die schlechtgeknüpften und löchrigen Netze der einheimischen Unternehmer gehen werden. Rohstoffe gibt es genug, Arbeiter auch, die Gesetzgebung erlaubt alles. Und was sie nicht erlaubt, kann man kaufen.

Mit der Zeit wird es schwieriger werden. Mit den Jahren wird die Ausgewogenheit kommen. Mit den Jahren werden die Profite sinken, und es wird sich alles in dem gleichen Rahmen bewegen, wie jetzt überall in der Welt (die Reformstaaten ausgenommen).

Dann dürft ihr kommen. Dann haben wir schon für uns vorgesorgt. Wir haben das Geld gut angelegt, wir haben unsere Leute überall, wir haben »Connections«, Beziehungen, dann könnt ihr kommen und versuchen, uns im Konkurrenzkampf auszuschalten. Aber jetzt doch nicht!

Die einfachen Leute, die Konsumenten sind benachteiligt? Sie müssen horrende Preise zahlen, sie leben unter der Armutsgrenze und möchten die Westware (in Anbetracht der fehlenden einheimischen) wenigstens zu Westpreisen (und nicht doppelt so teuer) kaufen?

Egal. Interessiert uns nicht. Wir arbeiten an der Wiedererstehung Rußlands. Wir brauchen jetzt Geld, viel Geld, um investieren zu können.

Investieren, aber nicht jetzt. Sondern später. Wenn die Möglichkeiten des leichten Verdienstes ausgeschöpft sind.

Leute wie Gorjatschew haben in der Duma das Sagen. Deshalb bleiben die Gesetze aus, von denen die Ausländer träumen. Die Duma ist gleich Gorjatschew. Diese Leute sind Businessmen. Und sie verstehen ihr Business.

Kann Rußland von allein auf die Beine kommen?

Geld regiert die Welt. Eine unumstößliche Tatsache

Vielleicht kann Rußland sich nicht von allein aufrichten. Es braucht doch Geld, Technologie, Management ... Stimmt das? Zum Teil. Das Geld ist da.

Eine Zeitlang haben die Russen das Geld massiv ins Ausland gebracht. Sie haben sich dabei sowohl internationale Erfahrungen zunutze gemacht als auch eigene Verfahren entwickelt. Der Export russischer Unternehmen lag 1994 bei etwa 48 Milliarden Dollar. Laut Berichten der Exportkontrolle sollen die der Kontrolle unterliegenden Geschäftsleute 12 Prozent ihrer Einnahmen im Ausland verstecken, also gut fünf Milliarden Dollar jährlich.[275]

Aber es gibt auch Methoden, der Kontrolle zu entgehen. Eine davon ist sehr primitiv: Man gibt für die Exportware einen niedrigeren Preis an, als man tatsächlich ausgehandelt hat. Die Ware kostet eine Million Dollar, und genau diese Summe wird von dem Käufer auch bezahlt, für die Kontrollorgane aber trägt man die Summe von 800 000 Dollar ein, und nur diese Summe wird kontrolliert. 200 000 Dollar werden auf das Privatkonto der Verkäufer im Ausland überwiesen. Der Leiter der Abteilung Valutakontrolle bei der Zentralbank Rußlands, Je. Iwanow, sagt, daß man wegen dieser Exportpraxis die Summe der im Ausland gebliebenen Valuta um 15 bis 20 Prozent (auch etwa eine Milliarde Dollar) erhöhen sollte, »wenn wir uns nicht selbst belügen wollen«. Für 1994 sind, so das Staatliche Zollkomitee, keine Angaben über Waren in Höhe von 1,6 Milliarden Dollar eingegangen. Der Zoll hat noch die Hoffnung, aber es sieht düster aus.

Ein anderer Kanal für die Valuta-Ausfuhr (Angaben von Je. Iwanow): Valuta werden für fiktive Importgeschäfte ins Ausland transferiert. Aber die Ware wird nicht geliefert. Für solche Importgeschäfte (und sogenannte fingierte Geschäfte) gibt es

keine Kontrolle. Nach Angaben der Zentralbank wurden auf
diese Weise 1994 monatlich 500 Millionen Dollar transferiert,
und nach dem »schwarzen Dienstag« im Oktober 1994 stieg
diese Zahl auf 800 Millionen Dollar. Eine weitere Möglichkeit
sind Bartergeschäfte, d. h. Warentausch (Angaben von A. Kute-
pow, Leiter der Verwaltung für die Valutakontrolle des Zollko-
mitees): Die ausgeführte Ware kostet mehr als eingeführte. In
manchen Regionen des Fernen Ostens werden solche Preisdiffe-
renzen mit 600 Prozent beziffert. Die deutschen Importeure, die
in Rußland kaufen, können bestätigen, daß die Russen die Welt-
marktpreise offensichtlich sehr gut kennen. Woher kommt diese
Ungereimtheit? Sehr einfach: Das ist nur ein Schein-Barter. Ein
Teil der Ware wird bezahlt. Und dieser Teil bleibt im Ausland.
Eine andere Masche: Das Geschäft läuft anstandslos bis auf eine
Ausnahme – das Geld wird nicht nach Rußland überwiesen. »Zur
Zeit überprüfen die Zollorgane 8000 Fälle der Nichtrückführung des Exporterlöses«, schreiben die Behörden. Man fragt
sich: Wie viele Geschäfte wurden überhaupt gemacht? Ist vielleicht die »Rückführung« unüblich und die »Nichtrückführung«
üblich?

Einmal hat die Miliz eine Operation »Bumerang« durchgeführt, um den verdächtigen Geldtransfer ins Ausland aufzuspü-
ren. Innerhalb kurzer Zeit wurden 3240 gesetzwidrige Geschäfte
in Höhe von 3,4 Milliarden Dollar aufgedeckt.[84] Nur eine Spitze
des Eisbergs, wie die Hauptverwaltung für die Bekämpfung von
Wirtschaftsverbrechen sagte.

Wenn man das alles addiert, kommt man mühelos auf 9 bis
10 Milliarden Dollar jährlich, und folglich in den acht bis zehn
Jahren der »Freiheit« auf stolze 70 bis 100 Milliarden Dollar,
die im Ausland auf den Konten der Russen liegen. Nach anderen sehr glaubwürdigen Angaben – von Dr. O. Damaskin, Mitarbeiter des Komitees für die Wirtschaftspolitik der
Staatsduma[276] – werden bei ausländischen Banken jährlich 20
bis 25 Milliarden Dollar auf die Privatkonten der Geschäftemacher eingezahlt, also 160 bis 250 Milliarden Dollar insgesamt.

Eine andere Autorin, Dr. A. Kasarina[60], Mitarbeiterin des Forschungsinstituts der Staatsanwaltschaft Rußlands, spricht von 180 bis 200 Milliarden Dollar, die allein in fünf Jahren ins Ausland ausgeführt wurden.

Ausländische Investitionen machen in Rußland aber nur 700 bis 800 Millionen Dollar im Jahr aus! Für solch ein Tempo können den Russen alle Ausländer gestohlen bleiben: Das russische Geld im Ausland reichte für 200 Jahre solcher Investitionen.

Ein guter Analytiker, der sich in Zahlen und Fakten auskennt, ist Arkadij Wolski, einst Mitarbeiter des Zentralkomitees der KPdSU und heute Präsident des Russischen Industriellen- und Unternehmerverbandes. Er betont ständig, daß in den letzten Jahren ein Vielfaches an Werten, Geldmitteln und Ressourcen aus dem Land ausgeführt worden ist, als der Westen der Regierung für die Weiterführung und Unterstützung der Reformen versprochen hat.[277]

Daß die Gelder dort auch nicht fest gebunden, sondern frei verfügbar sind, zeigt schon eine einzige Tatsache (Je. Iwanow): Als 1994 der Zinssatz für die Festgeldanlagen besonders attraktiv wurde, stiegen innerhalb von wenigen Tagen bei den Banken die Mittel der »Nichtresidenten« (d. h. der ausländischen juristischen und natürlichen Personen) um zwei Milliarden Dollar. Die Gelder wurden schnellstens nach Rußland zurückgeholt! Es ist so viel Geld da, daß man es nicht nur in Rußland, sondern auch im Ausland investiert. Klingt komisch: Das schwache Rußland investiert? Wo denn? In Afrika? In Mittelasien?

Solche Fragen sind mir bestens bekannt. Und wenn ich sage, daß die Russen in den USA[278], in Großbritannien, Spanien, Portugal, Griechenland, Frankreich und natürlich auf Zypern, dem Steuerparadies, investieren[12], glaubt man es kaum oder hält es für eine Ausnahme.

Gut, von den USA wollen wir nicht reden. Aber wer weiß, wieviel Geld die Russen in die deutsche Wirtschaft investiert haben? Wir ziehen das Bundesinstitut für ostwirtschaftliche und internationale Studien, Köln, zu Rate: Die deutschen Direktin-

vestitionen in Rußland, die langfristig wichtiger sind als öffentliche Kredite, bewegen sich »weiterhin auf äußerst niedrigem
Niveau ... So ist zu vermuten, daß die Direktinvestitionen russischer Unternehmen in Deutschland (und hier insbesondere in
Ostdeutschland) *derzeit größer sind als die deutschen Investitionen
in Rußland* [kursiv von mir – V. T.]. Weil Art und Umfang russischer Direktinvestitionen weniger bekannt sind, seien dazu hier
als Beispiele genannt [nach meinen Angaben sind nicht alle
unten aufgeführten Verträge zustande gekommen, aber ich
möchte die ernstzunehmenden *Absichten* der Russen doch
erwähnen. Nicht die russischen Investitionen sind ja unser
Thema, sondern das finanzielle Potential der »neuen Russen« –
V. T.]: Der Einstieg der *Rosneft'* bei den Leunawerken mit einer
Beteiligung von 23 Prozent; das Engagement von *Gasprom* mit
einer 35-Prozent-Beteiligung bei BUNA; der Kauf der Papier-
fabrik Pirna durch die *Sokolniki-Gruppe* mit einer Investitions-
auflage von über 300 Millionen DM; das Angebot der Textilver-
einigung *Rostekstil* zum Einstieg bei der Märkischen Faser; der
Kauf der Firma Addidol Mineralöl durch ein Unternehmen aus
Baskortostan. Nimmt man die in Deutschland investierten [rus-
sischen schmutzigen – V. T.] Fluchtgelder hinzu – sie werden auf jährlich rund 100 Millionen DM geschätzt –, so kommt
man zu dem überraschenden Ergebnis: Russische Unternehmen tragen in nicht geringem Maße zum ›Aufschwung Ost‹
bei.«[273]

Also, die Deutschen mögen mir nicht böse sein, wenn ich fest-
stelle: *Den größten Solidaritätszuschlag zahlen die Russen.*

Die nicht gebundenen Reichtümer – Parteigeld, Staatsgeld,
Mafiageld – werden nicht lange im Ausland bleiben. Die Gefahr,
in Rußland enteignet zu werden, ist unverkennbar vorbei. Falls
die Kommunisten an die Macht kommen sollten (was kaum
geschehen wird), werden die Neureichen ihr ganzes Geld in den
Kampf gegen die Kommunisten stecken (ein Beispiel dafür ist
Chile unter Allende): Denn die Reichen haben etwas zu verlieren. Die Wahlkampagne um den Präsidenten (1996) hat das

bewiesen: Mafia, Bank- und Industriekapital haben ihr Geld in Jelzin investiert – und gewonnen.*

Mit dem Sieg Jelzins ist die Frage nach der Herkunft des Geldes ins Abseits des gesellschaftlichen Lebens gedrängt worden; immer lauter werden die Stimmen, die fordern, man solle den Status quo akzeptieren und dem einheimischen Kapital mehr zum Einsatz im eigenen Lande verhelfen.

Das größte Problem der westlichen Mafia – die Geldwäsche – werden die Russen bald auf natürlichem Wege lösen. Das heißt, wenn die Neureichen keine Angst mehr vor einer strafrechtlichen Verfolgung wegen Kapitalbildung haben müssen, warum sollte ihr Kapital dann im Ausland bleiben? Es gibt immerhin einige – und zwar wesentliche – Vorteile bei Investitionen in Rußland. Erstens ist die Rendite unvergleichlich hoch. Während im Westen 20 bis 30 Prozent jährlich als überdurchschnittlich hoch gelten, ist das in Rußland ein »mieser« Gewinn. Ich kenne mehrere Leute, die sagten: Wenn ich aus dem Geschäft nicht das Fünffache bekomme, rühre ich keinen Finger dafür.

Auch die Sprachprobleme und die Mentalitätsunterschiede sollte man nicht unterschätzen. Kapital im Ausland zu investieren, ist zu schade. Das Geld dort deponieren, um dort zu leben? Ein Leben im Ausland ist nicht so attraktiv wie zu Hause. Selbst

---

* Der im Westen gefürchtete Sieg des Kommunistenführers Sjuganow würde m. E. nur zu einem Mannschaftswechsel führen. In gewissem Sinne sind die Kommunisten »die zweite Welle« der »noch nicht Satten«, die natürlich einige zu große Gauner aus Jelzins Umgebung oder zu große und einflußreiche Geldsäcke ins Gefängnis gesteckt, aber nie einen Kurswechsel gewagt hätten. Der Entwicklung Rußlands auf dem Weg zur Großmacht hätte dieser Machtwechsel eher geschadet, weil die Umverteilung des Kapitals, schlicht gesagt, das Plazieren der neuen Freßgierigen am Futternapf, immer Zeit erfordert. Deshalb ist der Sieg Jelzins die schnellste Variante, was Rußlands Wiedererstehung betrifft. Und Jelzin ist die beste Lösung: Wenn er auch bärbeißig dreinschaut und mit der Faust auf den Tisch schlägt, so ist er doch ein weicher, unentschlossener (siehe Tschetschenienfrage) und eher mittelmäßiger Politiker, der sich in die täglichen – vor allem in die wirtschaftlichen – Geschäfte kaum einmischt; zudem kann man bei der nächsten Wahl, nachdem die Führungsriege, die Regenten, einen neuen Westentaschenpräsidenten vorbereitet und dem Volk schmackhaft gemacht haben, die Schuld für die miserable Lage der Bevölkerung auf ihn abwälzen.

mit dem ganz großen Geld und in den teuersten Hotels fühlen sich die Russen, die sich »aus dem Schlamm zum Fürsten« hochgerappelt haben, nicht behaglich, denn Sprachkenntnisse, Umgangsformen, Belesenheit kann man sich auch mit viel Geld nicht kaufen. Deshalb fühlen sich die mehr oder weniger ständig im Ausland Lebenden zu ihresgleichen hingezogen und leben in selbst geschaffenen geistigen Gettos. In Rußland dagegen sind die Mafiosi Könige im weitesten Sinne des Wortes: Sie genießen Ansehen bei der Bevölkerung, ihr Geld wird zum Statussymbol, das russische Getto der Reichen ist viel größer als ein entsprechendes in Frankreich. Für einen Urlaub an der Riviera reicht das Geld immer, aber was für Geschäfte kann man in Cannes tätigen? Immer öfter entscheidet man sich für den Kapitalrücktransfer; die Geschäfte in Rußland müssen zudem überwacht werden.

Solche Überlegungen werden angestellt. Es gibt auch handfeste Fakten[275]: Während 1993 noch 25 bis 30 Prozent des Exportvolumens im Ausland verblieben, so waren es 1994 nur noch 12 Prozent.

Erinnern Sie sich an die Fluchtgelder, die für gute Zinsen zurückgeholt wurden? Eine Einschätzung des Bankiers Iwanow sei hinzugefügt: »Das sind praktisch russische Gelder, die irgendwann ausgeführt wurden, aber nach Verbesserung der Lage über Scheinfirmen in die Heimat zurückkehrten.« Und noch ein Fakt: Einer der größten Investoren in die russische Industrie ist Zypern, eine bekannte Off-shore-Zone, wo viel russisches Geld deponiert ist. Deshalb wurden gerade auf Zypern in den letzten Jahren sechs von insgesamt acht Filialen russischer Banken im Ausland eröffnet.[84]

Dieser Rücktransfer des Geldes, die im Land selbst in einigen wenigen Händen akkumulierten Mittel, brachten schon 1995 erste Erfolge: Nach Erkenntnissen des Instituts für Wirtschaftsforschung in Berlin, des Kieler Instituts für Weltwirtschaft und des Instituts für Wirtschaftsforschung Halle »lag das Haushaltsdefizit im Verlauf des Jahres 1995 unter drei Prozent des Brutto-

inlandproduktes und damit schon ›beträchtlich unter den Vorga-
ben des Internationalen Währungsfonds‹«.[279]

Da die Reallöhne 1995 um knapp 30 Prozent gesunken seien,
hätten die Betriebe eine echte Kostenentlastung verbuchen können. 1997 ist die Industrieproduktion um 0,9 Prozent gestiegen.
Ein Plus von 0,4 Prozent erreichte das Bruttoinlandsprodukt.
Also die ersten 0,4 Prozent *plus*, wobei es 1992 noch 19 Prozent
minus waren.

Unsere wichtigste Erkenntnis: Die Talsohle ist durchschritten.
Jetzt geht es bergauf.

Die Ecksteine des Erfolgs

Das Fundament ist noch kein Haus, aber was wäre ein Haus ohne Fundament?

Demographie: Die Nation stirbt aus – ist das schlimm?

Otto Lazis ist einer der besten Wirtschaftsanalytiker in Rußland.[281] Sein größer Vorzug ist seine Ehrlichkeit. Er kann sich irren, seine Analysen können fehlerhaft sein, aber es sind ehrliche Analysen. Er kann es sich nicht erlauben, die Unwahrheit zu schreiben, auch wenn sie manchen sehr genehm wäre.

Im Mai 1995 schrieb Otto Lazis folgendes: »Die finanzwirtschaftliche Situation in Rußland hat sich merklich verbessert. Dafür sprechen die Reduzierung des Inflationstempos, die Stabilisierung des Rubelkurses, die verlangsamte Talfahrt der Industrieproduktion, die Verbesserung der Kennziffern des Außenhandels.«

Als ehrlicher Beobachter schrieb er auch, daß die wichtigsten sozialen Indikatoren seit 1992 noch niemals so schlecht waren. »Der Reallohn war im März 1995 um 33 Prozent, das durchschnittliche Geldeinkommen um 8 Prozent niedriger als ein Jahr zuvor.«

Auch das Staatskomitee für Statistik bestätigt: Die Leute leben schlechter als früher. »Die Geldeinkünfte betrugen im ersten Quartal lediglich 177 Prozent des Existenzminimums. Vor einem Jahr waren es 212 Prozent. Der Anteil der Menschen mit Einkünften unter der Armutsgrenze stieg von 25,3 Prozent auf 30,4 Prozent.«

Lazis schreibt, daß die Kulturschaffenden, die Lehrer und die Beschäftigten im Gesundheitswesen *sämtlich* unter dem Existenzminimum leben.

Alles richtig. Nur eine Frage stellt Lazis nicht: Warum geht es, wenn alles besser wird, den Armen noch schlechter?

Daß es den Armen bald bessergeht, ist kaum zu erwarten. Die Preise für das Notwendigste sind in Rußland so hoch, daß man nicht glaubt, daß sie irgendwann mal erträglich werden. Einheimische Produkte gibt es kaum, für westliche muß man das Dreifache, Fünffache, ja Zwanzigfache von dem zahlen, was es im Westen kostet. Sogar die Grundnahrungsmittel sind unwahrscheinlich teuer. Ohne Subventionen würde in Moskau ein Kilo Brot fünf Mark kosten, so der Direktor der Firma »Chlebservice«, Sajenko.[282]

Ebenso wie Brot werden auch andere lebenswichtige Produkte subventioniert. Aber wie lange noch? Der Trend geht zu freien Preisen, und diese Preise werden die Not der Armen noch vergrößern.

Die Lage in der Leichtindustrie ist verheerend, ebenso in der Haushaltswarenbranche. Die Fernseher russischer Produktion kosten genausoviel wie die Geräte von »Sony«, sind aber deutlich schlechter als japanische, koreanische und amerikanische. Der Moskau-Besucher gewinnt den Eindruck, als trügen die Russen überhaupt keine Schuhe und Bekleidung aus einheimischer Produktion. In der Provinz merkt man schon, daß die Fabriken im Lande nicht stillstehen, aber die Qualität, die Effizienz der Arbeit, das Preis-Leistungs-Verhältnis stimmen überhaupt nicht. 1995 kostete in Wologda holländische Butter 16 000 Rubel pro Kilo und einheimische zwischen 21 000 und 23 000 Rubel, obwohl der Staat die Milchproduktion subventioniert.[382] Zu Anfang dieses Jahrhunderts wurden aus Wologda jährlich 800 Tonnen Butter ausgeführt.

Über die Gründe für diesen Niedergang berichtet »Trud« in dem Artikel »Russische Textilindustrie: Bis zum Tod ist es nur ein Schritt«.[284] Von jedem Rubel Gewinn, heißt es, muß eine Seidenfabrik 92 Kopeken an Steuern und anderen Abgaben zahlen. Der Direktor: »Wenn wir statt 8 Kopeken 20 behalten dürften, würden wir auf die Beine kommen.«

Ist das nicht eine mutige Behauptung? Welcher Betrieb im Westen könnte mit einem Steuersatz von 80 Prozent überleben?

Es gibt auch ein offizielles Dokument, einen Brief des Vorsitzenden des Staatskomitees für die Industriepolitik an den stellvertretenden Ministerpräsidenten, in dem die Krisensituation der Leichtindustrie erklärt wird: »Einer der Gründe für diese Lage ist der Mangel an Rohstoffen für einheimische Hersteller – Wolle, Leinen, Kunstfasern, Leder. Seit dem dritten Quartal 1994 werden die oben genannten Rohstoffe, für die *dem Agrarsektor* jährlich *staatliche Subventionen gewährt werden,* auf dem gesamten Territorium Rußlands von privaten Firmen und ausländischen Unternehmen zu Preisen aufgekauft, die unter den Weltmarktpreisen liegen. Diese Situation ist mit den niedrigen Ausfuhrzöllen zu erklären.«

Es kann doch nicht wahr sein, daß die eine Hand Subventionen gewährt und damit die Preise niedrig hält und die andere eine Ausfuhr gestattet, ohne durch Zollgebühren wenigstens diese Subventionen zurückzubekommen! Mängel in der Gesetzgebung? Begriffsstutzigkeit? Idiotismus?

Weder noch. 1994 wurden 80 Prozent der Wolle exportiert. Die russischen Betriebe bekamen nur die Abfälle, die sich höchstens zu 30 Prozent verarbeiten ließen. Die Folge: Über die Hälfte der Wolle verarbeitenden Betriebe standen still. Um die Hälfte sank in Rußland die Produktion von Leinen. Der Kauf in Belorußland und in den anderen GUS-Ländern ist verboten, und die eigene Produktion wird ins Ausland verkauft – und zwar für etwa die Hälfte des Weltmarktpreises. (Dieser Preis sollte die erfahrenen Leser dieses Buches nicht irritieren. Zitat[284]: »Das Schema ist bekannt: Der Preis liegt unter dem Weltmarktniveau, und die Differenz, die man mit dem Partner teilt, wird bei einer Schweizer Bank auf dem Privatkonto des Verkäufers angelegt«.) Auch 40 Prozent des Leders gehen ins Ausland, und zwar für 0,4 Dollar pro Meßeinheit, für die die einheimischen Betriebe 1,5 Dollar bezahlen. Und schließlich die Baumwolle. Von den 336 000 Tonnen, die in Mittelasien gekauft wurden, gingen 200 000 Tonnen gleich weiter gen Westen. Ökonomen schätzen den Gewinn der Zwischenhändler auf 100 Millionen Dollar. Die

Leichtindustrie machte Bankrott und schickte Hunderttausende in die Arbeitslosigkeit. Woher sollten nun billige Bekleidung und Schuhe kommen?

Die Machthaber in Moskau scheint das nicht zu interessieren.

Von 1989 bis 1994 sank der Pro-Kopf-Verbrauch von Fleisch um 23 Prozent, von Fisch um über 25 Prozent, von Milch um 26 Prozent, von Obst um 20 Prozent, behauptet der Rußland-Experte Prof. Dr. Nikolaj Pogorelow.[285] Der Brotverbrauch stieg dagegen um 11 Prozent und der von Kartoffeln sogar um 25 Prozent, was auf Unterernährung, sogar auf Hungersnot hinweist.

In der jahrhundertelangen Geschichte Rußlands erleben wir erstmals in Friedenszeiten eine drastische Bevölkerungsdezimierung. Während 1987 die Sterberate die Geburtenrate nur in den drei zentralen Gebieten Rußlands überstieg, so waren es 1992 schon 43 und 1994 sogar 69 Gebiete. Riesige Regionen Rußlands, wo mehr als zwei Drittel der Bevölkerung ansässig sind, wurden allmählich menschenleer. Bei dem in Rußland üblichen Rentenalter für Männer von 60 Jahren sterben 45 Prozent der Männer, bevor sie »in Rente gehen« können.

Interessant ist auch die Analyse der Todesursachen.[286] Hier stehen Herz-Kreislauf-Krankheiten nach wie vor an erster Stelle. Aber 1993 rückten an die zweite Stelle, und das kann eine Sensation genannt werden, statt Krebs (wie überall in der Welt) »Unfälle, Verletzungen und Vergiftungen«, d. h. auch Morde, Alkoholvergiftungen, Selbstmorde. In der Zeit der Reformen haben sich bisher 183 000 Menschen das Leben genommen.[287] Das entspricht der Bevölkerung einer Stadt, die um ein Viertel größer als Potsdam ist. Man kann durchaus von einem Tod aus sozialen Gründen reden – und wieder unternimmt der Staat nichts, um Kriminalität und Schwarzbrennerei zu bekämpfen. Will er das überhaupt? Ist es dem russischen Staat aus wirtschaftlicher Sicht vielleicht sogar recht, wenn viele Menschen sterben?

Ein absonderlicher, aber nicht ganz abwegiger Gedanke. Sie erinnern sich, daß wir im Brainstorming-Verfahren alle Gedanken auszuwerten versuchen. Subjektiv kann man sich empören, aber objektiv ist es so: Je weniger Menschen (vor allem im Rentenalter und in den sogenannten Budgetsphären) leben (oder je mehr sterben), desto leichter wird es für das Land.

Die Überlegungen, daß man nicht gut leben kann, wenn es keine Menschen, keine Produzenten mehr gibt (die Sorgen der Deutschen!) stimmen nur für die Länder, in denen etwas produziert wird, was auch Absatz findet.

Aber woher kommt das Geld in Rußland? Woher kommen die Reichtümer, und wie viele Menschen sind nötig, um sie zu produzieren? In Rußland sinkt die Produktion vor allem in der Landwirtschaft (Lebensmittel werden importiert), in der Leichtindustrie (Produkte der Leichtindustrie werden importiert), im Konsumgütersektor überhaupt (alles, was benötigt wird, kommt aus dem Westen).

Woher kommt das Geld eigentlich? Es gibt gewissermaßen zwei Quellen. Die eine, nennen wir sie Rubelquelle, das ist die Produktion der Betriebe für den einheimischen Markt. Hier wird etwas hergestellt, hier wird verkauft und verbraucht. Dazu gehören vor allem die Landwirtschaft und der Konsumgütersektor, die völlig am Boden liegen und vom Staat einfach ihrem Schicksal überlassen werden. Es wird immer weniger produziert, die Entlassungen halten an, die Inflation frißt die Löhne mit Appetit auf ... Die zweite Quelle, nennen wir sie Dollarquelle, dort wird für Dollar gearbeitet und mit Dollar (Mark, Franc, Lira etc.) bezahlt. Sie arbeitet vielleicht auch uneffizient, aber die Löhne in diesen Branchen sind so niedrig, daß es sich doch rentiert, die Produktion weiter zu betreiben.

Welche Branchen sind das? Das sind die, die exportfähige Güter herstellen: Erdöl, Erdgas, Diamanten, Waffen, Buntmetalle, Walzgut, Düngemittel, aber auch Dienstleistungen im Lande – Dolmetschen, Restaurants, Hotels, Journalismus, der von Werbung der Westfirmen profitiert, Prostitution etc. Einen gewaltigen Teil an Dollars schaffen außerdem »Webschiffchen« (vgl. S. 36ff.) herbei ...

Und die Dollarquelle sprudelt. Sie bringt mehr und mehr Geld. So leben alle Rohstofflieferanten. Das ist nicht gut, aber auch nicht schlecht.

Mit dem, was der Staat als Eigentümer und Steuerempfänger bei der zweiten Quelle abschöpfen kann, subventioniert er die Rubel-Branchen. Die Dollars werden »natürlich« auch nach unten umverteilt: Die Erdölmultis bezahlen die Erdölarbeiter, die Arbeiter die Lebensmittelhändler, die geben ihrerseits einen Teil der Gewinne an ihre Verkäufer weiter, die dann in die Apotheke gehen und so weiter.

Die Dollars (oder ihr Rubeläquivalent), die am Anfang in wenigen Händen akkumuliert waren, werden also allmählich unter die Leute gebracht.* Aber wie viele betrifft das? Für jene, die vom Erdöl leben, ist es ohne Zweifel besser, wenn nur wenige Leute an der Umverteilung teilhaben. Sonst müssen die aus dem Erdöl erzielten Gewinne aus sozialer Pflicht an andere, unproduktive verlustbringende Sparten gezahlt werden. In diesem Sinne (in bezug auf die Kapitalakkumulierung) ist es vorteilhaft, wenn die Produktion verlustbringender Waren sinkt und die Betriebe pleite gehen, wenn die Leute zunächst in die Arbeitslosigkeit und dann überhaupt von der Bildfläche verschwinden.**

Die beste Lösung für die rohstoffliefernden Länder ist die Abschaffung der unproduktiven oder konkurrenzunfähigen Betriebe, Branchen, Wirtschaftszweige. Optimal für die Struktur Rußlands wäre es, nur die Mitarbeiter des exportfähigen Komplexes zu behalten (bis 59 Jahre! Können Sie sich vorstellen, was der Staat allein an Renten sparen würde?), notgedrungen auch deren Frauen und Kinder sowie die nötige Infrastruktur (lebensnotwendige Versorgung der Arbeiter, Transport, Fernmeldewesen und sehr eingeschränktes Angebot an Kultur und Bildung). Plus Armee.

---

* Indirekt – durch Subventionen – profitiert von den Gewinnen des Waffenverkaufs auch die Arbeiterin des Buntgarnwerkes.
** Kleiner Vergleich: Auch in Deutschland freuen sich die Aktionäre bei Massenentlassungen, die in der Regel zu Aktienkurssteigerungen führen.

Die optimale Bevölkerungszahl ist errechenbar. Bis dahin kann man die Menschen ruhig sterben lassen.

Eine Prognose des Instituts für sozialpolitische Forschungen[286] lautet: von 148 Millionen Menschen im heutigen Rußland werden im Jahre 2005 nur 138,7 oder auch nur noch 131,5 bleiben. Die Amerikaner sind beinahe noch pessimistischer – sie rechnen für 2025 mit 126,7 Millionen Einwohnern in Rußland.[288]

Rußland hat damit sehr gute Aussichten, eine »schlanke« und effiziente Großmacht zu werden.

Die Mafia trinkt nicht, sie studiert

Einst waren es die Bolschewiken, die ihre revolutionären Matrosen zu Bankdirektoren und Ministern machten.
Die Kapitalisten lachten sie aus, bis ihnen das Lachen im Halse steckenblieb

Es gibt genug Beweise, daß ein Teil des russischen Volkes allmählich degeneriert. Der Alkoholkonsum ist außerordentlich hoch, Drogen und Aids breiten sich aus, Geschlechtskrankheiten und Tuberkulose grassieren, es wächst die Zahl der Obdachlosen und der Selbstmörder, der psychisch labilen Menschen und der Geisteskranken – um nur einige Tendenzen zu nennen. Das sind Tatsachen. Welche Rolle ihnen die Gesellschaft zugedacht hat, haben wir oben im Demographie-Kapitel erfahren.

Tatsache ist aber auch, daß parallel dazu Menschen heranwachsen, die weder rauchen noch trinken, die Sport treiben und zur Kur fahren, um den Alterungsprozeß aufzuhalten, die Gesundheit und Fitneß zum Fetisch erhoben haben. Sie trainieren in Sporthallen und auf Tennisplätzen, lassen sich massieren und bei den ersten Anzeichen von Schnupfen die teuerste Medizin aus den USA einfliegen. Sie möchten lange leben und das Leben genießen. Erinnern Sie sich an den Killer Solonik – raucht nicht, trinkt nicht, kifft nicht. Oder an die Schutzgelderpresser »aus dem Nordwesten«: sportlich, nüchtern, stets leistungsfähig. Die gesunde Elite ist für höhere Aufgaben in dem erneuerten Staat prädestiniert.

Eine Klassengesellschaft entsteht, und die Trennungslinie verläuft nicht nur wie üblich durch das Portemonnaie, sondern auch durch die daraus resultierende Lebensweise. Aber was in den Kulturstaaten und Machtzentren der Antike noch angehen mochte und funktionierte, ist für eine Großmacht heute nicht mehr möglich – ja, gefährlich. Das Land braucht nicht nur gesunde Bürger, sondern auch ein hohes Bildungsniveau, eine entwickelte Wissenschaft und clevere Kaufleute. Und auch in dieser Hinsicht ist die Situation in Rußland heute mehr als bedenklich. Die geistige Elite der Gesellschaft – Wissenschaftler, Universitätsprofessoren – hat es heute schwer. Die Gehälter sind äußerst niedrig, Forschungsinstitute werden geschlossen. Viele hochqualifizierte Wissenschaftler verlassen das Land und stellen ihre Kenntnisse in den Dienst der USA und Großbritanniens, Kanadas und Deutschlands, Frankreichs und Israels. Einige Spitzenleistungen der letzten Zeit sind auf ihre Ideen und Mitarbeit zurückzuführen. So zum Beispiel die Entwicklung der »Stelth-Technologie« durch Pjotr Ufimzew für die amerikanische Luftwaffe. In einem Jahr (1994) haben allein aus dem Militärbereich 70 000 Wissenschaftler Rußland verlassen.[289]*

Zwei Fragen sind hier zu klären. Erstens, warum verlassen die Wissenschaftler das Land? Die Ausreisen – oft sind es nur mehrjährige Dienstreisen – erfolgen einzig und allein aus wirtschaftlichen Gründen. Würde sich die Lage etwas verbessern, kämen viele Wissenschaftler zurück. Nicht weniger wichtig oder vielleicht am wichtigsten ist in diesem Zusammenhang die Frage, welche Kenntnisse nötig sind, um ein Land zur Supermacht zu machen? Die Sowjetunion wurde zur Supermacht, ohne zum Beispiel große Fortschritte im Computerbau erzielt zu haben. Dafür besaß sie die besten Raketen und die besten Panzer, zum Teil die

---

* Sie gehen auch nach Indien und China, nach Pakistan und in den Libanon, in den Irak und nach Lateinamerika, wo sie mit hochsensiblen Technologien arbeiten, die große Gefahren bergen. Aber das ist ein anderes Thema ...

besten anderen konventionellen Waffen. Auch Präzisionswaffen
(siehe amerikanischer Einsatz im Golfkrieg) gab es. Ebenfalls
nicht schlecht waren die Zielweisungssysteme und Radaranlagen,
die Superjets und die ausreichend ausgestatteten Atombomber,
die Flugzeugträger und die Atom-U-Boote. Technologien und
Anlagen, die man zur Herstellung von Kern-, Chemie- und Bio-
waffen benötigt, waren vorhanden. Seinerzeit hat Rußland 13
Reaktoren für die Herstellung von Plutonium gebaut, im Zuge
der Konversion wurden 10 leergefahren, und die restlichen drei
produzieren jährlich 1,5 Tonnen waffenfähiges Plutonium.[290] Für
eine Bombe braucht man lediglich vier Kilo.

Es gibt keine bindende Definition für eine Supermacht. Die
Anzeichen von »Supermächtigkeit« sind eine Summe beobacht-
barer Ansätze: mal ein Veto in der UNO, mal eine konträre Meinung in der Jugoslawienfrage, mal eine neuentwickelte Waffen-
art, mal die Nichteinhaltung internationaler Verpflichtungen
oder Normen, die im übrigen Ausland gelten, mal ein Machtwort
gegen die Osterweiterung oder eine Südeinschränkung ... Eine
der wichtigsten Voraussetzungen zu solcher Eignung ist eine
schlagkräftige, modern ausgerüstete Armee.

Auch der Mut und die Kühnheit, über komplizierte internationale politische Probleme im Alleingang zu entscheiden, ist ein
entscheidendes Kriterium für eine Supermacht. (In der Vergangenheit finden wir dafür genügend Beispiele bei beiden Super-
mächten. In der letzten Zeit nur noch bei den USA). »Supermacht« ist ein dehnbarer Begriff, aber alle wußten, daß die
Sowjetunion eine Supermacht war und Deutschland z. B. nicht.
Und hier die Lösung des »wissenschaftlichen« Problems: Fast
alle bekannten Massenvernichtungswaffensysteme basieren auf
Technologien der fünfziger Jahre. Und weiter nichts!

In Rußland sind diese Technologien zweifellos vorhanden. Eine
Flaute der Forschung 1991 bis 1994 kann schnell behoben werden. Die Grundlage dafür ist mit dem steigenden Waffenverkauf
(darüber später) und damit der besseren Forschungsfinanzierung
bereits gelegt worden. Man kann wohl mit Recht sagen, daß das

militärische Wissen schon in den nächsten ein bis zwei Jahrzehnten wieder Welt- und sogar Spitzenniveau erreichen wird (obwohl das gar nicht unbedingt nötig ist).

Eine andere Kernfrage ist das Niveau der Allgemeinbildung. Newton hat gesagt, er habe deshalb solch einen Weitblick, weil er auf den Schultern von Giganten stünde. Meiner Ansicht nach bedeutet das, daß unterentwickelte Nationen (die Gründe für die Unterentwicklung klammern wir aus) eigentlich keine Genies hervorbringen können. Genial veranlagte Menschen zur Welt bringen können sie wohl, aber es bedarf einer allgemeinen Kultur, in der sich ein Genie entfalten kann. Aus einem Mowgli wird kein berühmter Ballettänzer und kein bedeutender Schriftsteller werden. Newton, um Newton zu werden, mußte Cambridge besuchen und einen Barrow als Lehrer haben, für seine Werke mußte er die Kenntnisse Galileis und Keplers, Decartes' und Huygens', Borellis und Halleys analysieren und seine Vorstellungen über die Natur des Lichtes gegen Herrn Hooke verteidigen, der wiederum ein Lehrling von Herrn Boyle war ... Eigentlich gilt das auch für die Gesellschaft als Ganzes. Eine vernünftige Entwicklung der Gesellschaft, eine vernünftige Gestaltung des Staates setzt einen entsprechenden Bildungsstand voraus, der der Bevölkerung den Zugang zu den entsprechenden Maschinen und Mechanismen ermöglicht. Das Niveau muß nicht hoch sein, aber gewisse Grundkenntnisse in Naturwissenschaften und Kultur sind schon erforderlich. Vor einigen Jahrzehnten wurde auch festgestellt, daß Hochschulabsolventen schlechtere Dreher sind als Realschulabgänger – zuviel Wissen ist in solch einem Beruf nicht immer dienlich. Rußland hat fraglos das nötige Bildungsniveau und deshalb auch sehr gute Arbeitskräfte. Die Computertechnologien, die im Kommen sind, können auch kein Hindernis sein: Die Tatsache, daß Millionen halbwegs ausgebildeter zwölfjähriger Computerfreaks damit umgehen können, bestätigt diese These.

Es bleibt nur eine Frage offen: die nach der Mittelschicht, nach den Managern, nach denen, die weder am Synchrophasotron noch an der Werkbank zu arbeiten haben. Diese Schicht ist wichtig, weil gerade sie die Politiker und Banker, Ärzte und Lehrer, Geschäftsführer und Armeeoffiziere stellt. Fehlt diese Schicht, sind alle Bemühungen, einen mächtigen Staat aufzubauen, zum Scheitern verurteilt. Auch hier hat Rußland Probleme: Das Niveau der Schulabgänger sinkt, das Studium kostet heutzutage ein Vermögen. Wie soll es weitergehen?

Der bekannte russische Schriftsteller Shuchowizki hat einmal zu mir gesagt: »Die Zukunft vorauszusehen ist sehr einfach. Wenn wir heute eine aufgeklärte Jugend haben, werden wir auch eine aufgeklärte Zukunft haben, wenn nicht, dann ...« Diese Formel ist sehr aufschlußreich. Wir alle müssen einmal unseren Platz an die heute 10- und 15jährigen abtreten, und sie werden unser Leben bestimmen. Aus dem kleinen Nimmerklug wird nie ein Einstein oder auch nur ein Ardenne werden, und das Land, das nur nimmerkluge Kinder heranzieht, ist ein verlorenes Land.

Das verstehen nicht nur wir. Das versteht auch die Mafia. Die russischen Hochschulen und Universitäten sind mit Söhnen und Töchtern der Mafiabosse und Leuten aus dem kriminellen Milieu überlaufen. Das, was zur Sowjetzeit erst im Keim vorhanden war, ist jetzt voll erblüht – Bestechung bei Immatrikulation und Prüfungen, bei Diplomvergabe und Promotion. Die Ausbildung war in der Sowjetzeit kostenlos, begabte Schulabsolventen aus der Provinz konnten an den besten Universitäten Rußlands studieren. Es gibt zahlreiche Beispiele: Gorbatschow, der aus einem Stawropoler Dorf stammt, oder Shirinowski, der aus Kasachstan kommt, konnten die Moskauer Universität absolvieren. Viele Wissenschaftler von Weltrang, Nobelpreisträger und geniale Forscher in den kompliziertesten Bereichen, wie Atomforschung und Raumfahrttechnik, stammen aus Dörfern, die man nicht mal auf der Zehnkilometerkarte findet. Hochbegabte Menschen werden eben nicht nur in Moskau geboren ...

Jetzt hat sich das geändert: Fast offiziell kostet die Immatrikulation an den diversen staatlichen Hochschulen Rußlands zwischen 5000 und 20 000 Dollar. Wer die Summe nicht aufbringen kann, bleibt draußen. Eine Prüfung für jemand anderen abzulegen, kostet an der Moskauer staatlichen Universität zwischen 50 und 200 Dollar – eine gute Einnahmequelle für kluge Leute.

Ich habe mit vielen Lehrern in Moskau und außerhalb der Hauptstadt gesprochen: Ihre besten Schüler, die aus armen Familien stammen, sind vom Bildungswesen ausgeschlossen.

Die Mafia weiß, daß sich gerade aus den Hochschulabsolventen das künftige Establishment rekrutiert, sie möchte ihm weiterhin angehören, deshalb zahlt sie für die Sicherung ihrer Zukunftschancen heute.

Es gibt in Rußland eine für dortige Verhältnisse noch makaberere Erscheinung, und zwar die kommerziellen Hochschulen, wo man alles bezahlen muß, was man an Wissen bekommt. Die Preise bewegen sich zwischen 600 und 3000 Dollar pro Semester. Der durchschnittliche Monatslohn eines gutverdienenden Angestellten in Moskau beträgt 300 Dollar. Die Leute in der Provinz verfügen monatlich über gerade 100 Dollar. Wer kann also dieses Studium bezahlen? Welche Zustände herrschen an den Hochschulen? Darüber berichtet die »Komsomolskaja prawda«.[291]

Der Mitinhaber eines Joint-ventures, Ibadow und sein Freund Spizyn, beide Studenten an der privaten Moskauer Handelsuniversität, bekamen von einem Professor die Prüfungsnote »Ungenügend«, da der Professor seine Studenten zum erstenmal im Leben sah. Was tun? Etwa lernen?

Aus der Klage des Professors an das Gericht: »Nachdem die beiden Studenten ihr ›Ungenügend‹ bekommen hatten, kehrten sie ins Auditorium zurück und verlangten umgehend bessere Noten. Nach meiner Weigerung hielten sie die Tür zu, rissen mir die Aktentasche aus der Hand und hinderten mich am Verlassen des Raumes. Nachdem ich alle ihre Angebote abgelehnt hatte, gingen sie zu Drohungen über. Sie behaupteten, daß ich Schmiergelder nähme, daß ich die Studentinnen sexuell belästige, rühmten sich, daß sie dafür leicht Zeugen finden und mich entlarven könnten …« In seiner Beschwerde an die Miliz schreibt der Professor weiter: »Sie drohten mir und meinen

Familienangehörigen mit Vergeltung. Einer von ihnen sagte, daß ich nicht mehr lange zu leben hätte ...«

»Die Studiengebühr beläuft sich hier auf 3000 Dollar pro Jahr«, heißt es in dem Artikel. »Über die Hälfte der Studenten bezahlt das Studium aus eigener Tasche. Studenten-Milliardäre sind hier kein Einzelfall, sondern die Norm. Die ›goldenen Kälber‹ [im Russischen ein Synonym für reiche Kriminelle – V. T.], stoßen mit den Hörnern, wenn jemand im Weg steht. Im Winter wurde ein Sportlehrer von Studenten niedergeschlagen. Die Rowdies wurden zwar exmatrikuliert [eigentlich hätten sie vor ein Gericht gehört – V. T.], später aber wieder immatrikuliert. Die Dozenten sprechen am liebsten nur halblaut darüber, auf welche Weise hier Prüfungen abgelegt werden. Man tuschelt darüber, daß drei Mafiagruppierungen um den Einfluß auf die Hochschule kämpfen. Die ›Mercedes‹-Fahrer sind überzeugt, daß man die Universität samt Lehrer kaufen könne.«

Das Ergebnis? Die beiden Studenten studieren weiter .... Der Professor dagegen quittierte den Dienst mit der couragierten Begründung: »Ich kann nicht an einer Hochschule arbeiten, wo der Abschaum der Gesellschaft von der Leitung geduldet wird.« Daraufhin hat der Chef des juristischen Dienstes der Universität den beiden Studenten geraten, den Professor »wegen Beleidigung« zu verklagen.

So ist es um das Hochschulwesen bestellt. Die Mafia schickt ihre besten Zöglinge die Bänke drücken ...

Immer mehr Mafiosi gehen zum Studium ins Ausland. 1993 lernten an *einer einzigen britischen* Schule 18 Schüler aus Rußland, die jährlich 7335 Pfund pro Person zahlten. Ein Geschäftsmann aus Sankt Petersburg hat in London eine Villa für eine Million Pfund gekauft, nur weil seine Tochter dort weiter studieren wollte.[12] »Newsweek« berichtet, daß die Russen in England Cambridge und Oxford und in den USA Berkeley und die Universität von California bevorzugen.[292] Aber Russen sind auch in Spanien, Belgien, Deutschland, Israel, Frankreich, den Niederlanden ...

Ob es den Mafiosi gelingt, zur Creme der Gesellschaft zu werden? Zweifellos! Wissen will gelernt sein, erfordert Übung. Die Mafiakinder haben da schon jetzt die besten Voraussetzungen (Nachhilfelehrer, beste Schulen, effiziente Lernmethoden, Auslandsstudium, gesunde Ernährung und Lebensweise ...), eines Tages wichtige Positionen in den Firmen der Väter oder in der Politik einzunehmen.

Ein historisches Beispiel dafür: 1917 wurde die Intelligenz von den Bolschewiken regelrecht ausgerottet. Zu Bankern und Ministern wurden ehemalige Matrosen und Lokführer. Und sie haben es später geschafft, die Sowjetunion zur Supermacht zu machen. Die heutigen Mafiosi haben da eine viel bessere Ausgangsbasis.

Ist Rußland zu verschuldet, um eine Supermacht zu werden?
Kleine Frage von großer Bedeutung

Besonders brisant ist die Schuldenfrage. 106 Milliarden Dollar (Ende 1995, nach Angaben der Schweizerischen Bankgesellschaft[293]) oder 129,6 Milliarden (im April 1996, nach Angaben des Instituts für Wirtschaftsanalysen Rußlands[294]) sind kein Spaß. Dagegen haben Polen bloß 42, Ungarn 31 und Tschechien gar nur 15 Milliarden Schulden. Aber wenn es um Schulden geht, kann man natürlich nicht die absoluten Zahlen vergleichen. Bevor der Dicke mager wird, ist der Magere krepiert, sagt man. Die Reichen können sich mehr Schulden erlauben. Deshalb ist nur ein Vergleich mit dem Bruttoinlandsprodukt allgemeingültig. Und dieser Vergleich zeigt, daß Rußland Schulden in Höhe von 26,3 Prozent des Bruttoinlandsproduktes hat, Tschechien aber von 33,4 Prozent, Polen von 34,7 und Ungarn (Ungarn, das als Vorzeigereformland in Deutschland gilt) sogar von 68,6 Prozent.[293] Aber niemand ist wegen der Schulden in Ungarn in wirtschaftspolitischer Hinsicht beunruhigt, nicht wahr?

Ein historisches Beispiel führen die amerikanischen Professoren, Wirtschafts-Nobelpreisträger Paul A. Samuelson und William Nordhaus an[293-1]: 1818 hatte Großbritannien Schulden, die sein Bruttoinlandsprodukt um das Doppelte überstiegen. Dabei war die Zeit von 1818 bis zum Ersten Weltkrieg für das Land die bedeutendste Periode, was die Stärkung der Macht und den Wirtschaftsfortschritt angeht. Die kleine Verschuldung in den siebziger Jahren des 20. Jahrhunderts wurde im Gegenteil von Stagnation begleitet.

Übrigens gehören auch die USA zu den Staaten mit großen Auslandsschulden ... Wir betrachten die Situation in Rußland selbstverständlich nicht aus der Sicht von Gläubigern, die immer mehr Sicherheit fordern, die immer öfter die Schuldnerbonität prüfen möchten und sich trotzdem immer unsicher fühlen – der Pariser Club, der Londoner Club. Russische Schulden sind für sie ein ernsthaftes Problem – aber aus makroökonomischer Sicht ist die Verschuldung keineswegs so hoch, daß sie die Entwicklung Rußlands beeinträchtigen könnte.

Waffenproduktion als Säule der Reformen oder: Ob der Westen sich die Reformen wohl so vorgestellt hat?

Ein Kapitel, in dem der Autor die Palme seinem alten Bekannten Wladimir Wolfowitsch Shirinowski zuerkennen muß.
Er war der erste, das darf nicht verschwiegen werden!

Herr Shirinowski hat als erster auf die »Notwendigkeit der Rüstung für Rußland« hingewiesen, und man kann ihm – nolens volens – die Vorreiterrolle in dieser Frage nicht absprechen. Ich habe »Rußlands größten Liberalen« mehrmals gehört, habe seine Bücher sehr aufmerksam gelesen und kann bezeugen, daß er bereits vor Zeiten davon sprach, als alle andere noch über die Konversion redeten oder sich zumindest in Schweigen hüllten. Für Shirinowski war die Rechnung klar: Die Sowjetunion hat früher Waffen für 40 Milliarden Dollar exportiert, das waren immense Einnahmen, vergleichbar mit den Einnahmen aus dem Erdgas- und Erdölexport, aber mit geringerem Rohstoffeinsatz und arbeitsintensiver. Das heißt, daß die Sowjetunion im Grunde genommen in der Breshnew-Ära Maschinen (in dem Fall Maschinengewehre) und in der Jelzin-Zeit nur Rohstoffe exportiert hat. Unverkennbar ein Rückschritt. Deshalb sagte Herr Shirinowski, daß die Einnahmen aus dem Waffenexport in Höhe von zwei Milliarden Dollar oder Mark (1992, die Zahlen sind schwer zugänglich, und die Schätzungen differieren enorm; wir werden auch weiterhin die Zahlen nehmen, die uns am glaubwürdigsten erscheinen) sehr niedrig seien und daß Rußland, wenn es besser leben wolle, unbedingt die Konversion stoppen und die Waffenproduktion wiederbeleben müsse.

Der Gedanke ist aus verschiedenen Grünen gar nicht so abwegig. Die Sowjetunion hatte seinerzeit einen Markt aufgebaut, wo sie ihre Waffen absetzte. Ob es nun 40 oder nur 18 Milliarden Dollar waren, sei dahingestellt, fraglich ist auch, ob die Länder, die die Waffen zum Teil auf Pump bekommen haben, bereit waren und bereit sind, die Waffen zu bezahlen (vielleicht war das auch ein Geschenk der Staats- und Parteichefs der Sowjetunion an die verbrüderten und verschwisterten Regierungen). Unbestritten ist aber, daß Rußland für 40 Milliarden Dollar – den Eigenbedarf ausgenommen! – Waffen produziert hat. Treue Abnehmer sind beim Waffenverkauf noch viel wichtiger als z. B. beim Autoverkauf. Der Autoverkäufer weiß, daß er dem Käufer das Auto aufschwatzen muß; zum Filterwechsel kommt der Kunde von allein zu ihm. Beim Waffenhandel ist es ähnlich: Wenn man ein Maschinengewehr gekauft hat, muß man die Munition von demselben Lieferanten beziehen. Der Umstieg auf neue Waffensysteme ist eine teure Sache. Die Folgen konnten wir bei der Umrüstung der NVA zu Bundeswehreinheiten wie auch bei der Umrüstung in einigen osteuropäischen Staaten sehen.

Käufer der sowjetischen Waffen waren vorwiegend Länder in den Krisengebieten. Das hat einen Vorteil: Ein Panzer in Europa kann fünf Jahre lang genutzt werden, ein Panzer in einer Krisenregion hat eine Lebensdauer von zwei Wochen – inklusive Lie-

ferzeit. 1992/1993 hatten die russischen Waffenverkäufe den
Tiefststand erreicht. Dabei hat Rußland seine Märkte nach und
nach verloren. Die Exporteinnahmen sanken rapide. Andererseits
haben andere Länder (darunter auch Deutschland) ihre
Waffenverkäufe gesteigert. In der Wirtschaft bedeutet das, daß
eine Nachfrage nach wie vor besteht. Es kam zu einer gewissen
Umschichtung der Produktion. Nach Angaben des SIPRI
(Stockholm International Peace Research Institut), eines der
bedeutendsten Forschungsinstitute der Welt, brachte der Waffenverkauf
der UdSSR 1987 (in Preisen von 1990) etwa 17,7 Milliarden
Dollar ein, den USA etwa 13,6 und Frankreich über
3,2 Milliarden Dollar. Dann begann die Konversion, und 1992
erzielte Rußland aus dem Waffenexport knapp über zwei Milliarden
Dollar, die USA kamen auf 8,4 und Frankreich auf 1,1 Milliarden
Dollar. Im Vergleich zu 1987 hatte Rußland seinen Waffenexport
also auf 11,5 Prozent zurückgeschraubt, Frankreich
auf 35,6 Prozent und die USA nur auf 61,6 Prozent. Dazu kommt
auch eine kleine Rechenüberraschung: Die Sowjetunion (oder
Rußland) rutschte in fünf Jahren (1987 bis 1992) von 39 Prozent
des Weltwaffenmarktes auf 11 Prozent. Dabei erreichten die
USA, die ebenfalls ihre Waffenlieferungen kürzten, anstelle von
30 stolze 46 Prozent.[295]

Solch eine erstaunliche Konversion wie in Rußland ist einzigartig
in der Welt! Sie können sich sicher an den Exodus der russischen
Truppen aus Ostdeutschland erinnern: In rasender Eile
ging das vor sich, immer schneller, schneller als der Verstand
erlaubt. Keine Unterkünfte für die Soldaten und Offiziere in der
Heimat, keine Kasernen, keine Übungsplätze. Ein Hubschrauberregiment
überwinterte direkt in den Hubschraubern. Ich
kann mir nicht vorstellen, wie man dort essen, schlafen, sich
waschen, Kinder erziehen, lieben kann, ob es dort überhaupt
warm zu kriegen ist ... Aber das russische Ehrenwort war gegeben:
So schnell raus wie möglich!

So ein Ehrenwort hat Rußland auch in Sachen Abrüstung gegeben.
Deshalb sank der Waffenverkauf von 1990 bis 1991 um die

Hälfte, von 1991 bis 1992 noch einmal um die Hälfte! Vielleicht können manche Leser sich nicht vorstellen, was das für Rußland bedeutet. Alle wissen, daß Rußland ein großes Militärpotential besaß, daß die Russen sehr viele Waffen produzierten, aber Genaues weiß kaum jemand ...

Ich stütze mich auf die Veröffentlichungen von Professor Laure Deprés von der Universität Nantes, Frankreich, einer äußerst produktiven Forscherin der Militärmacht Rußland.[296] Danach belief sich die Waffenproduktion der UdSSR nach Schätzungen westlicher Wissenschaftler und Kundschafter auf 9,5 bis 17 Prozent des Bruttoinlandsproduktes. Die Russen selbst beziffern die Produktion auf 12 bis 14 Prozent (so der Wissenschaftler Kirejew) und 40 Prozent (Jasow, Verteidigungsminister der UdSSR). In den 3000 bis 5000 Betrieben der Branche waren zwischen 6,5 und 14,4 Millionen Arbeiter beschäftigt. Allein die neun Militärministerien hatten 7,6 Millionen Angestellte (nach anderen Angaben bis zu 9 Millionen[289]). Dabei sind das militärische Gesundheitswesen, die Militärläden, die Militärlandwirtschaftsgüter, die Militärbildungseinrichtungen und Militärbahnbautruppen noch nicht mal erfaßt.

Wissen muß man auch, daß es in der Sowjetunion fast keinen Großbetrieb gab, der nicht Militäraufträge erfüllte, obwohl er formell nicht zur Rüstungsindustrie gehörte. Die Lebensmittelproduktion gehörte nicht zum Rüstungsministerium, sondern zur Nahrungsmittelindustrie, die Uniformenherstellung nicht zum Verteidigungsministerium, sondern zur Leichtindustrie und so weiter. Aber allein die oben erwähnten neun Rüstungsministerien verwalteten 24,8 Prozent der industriellen Arbeitsressourcen Rußlands. Die Konzentration der Beschäftigten der Rüstungsbetriebe in den verschiedenen Gebieten reichte von 34,4 Prozent im Gebiet Leningrad bis 40 und 60 Prozent in den Gebieten Woronesh und Kaluga, Mari und den Udmurtischen Autonomen Gebieten. Das heißt, daß dort jeder Dritte bis nahezu jeder in einem Militärbetrieb gearbeitet hat. Es blieben nur Frauen, die diese Militärstädte mit Nahrungsmitteln, mit

medizinischen und kulturellen Dienstleistungen versorgen mußten. Das Wort »Militärstadt« hat auch noch eine andere Bedeutung: Es gab in Rußland 70 streng geheime und zum Teil auch
numerierte Städte. Sie können sich vielleicht an Tomsk-7,
Tscheljabinsk-65, Arsamas-16, Krasnojarsk-26, Pensa-19,
Swerdlowsk-44 und andere Städte erinnern, die völlig von der
Außenwelt abgeschnitten waren und nicht einmal auf der Land-
karte erscheinen durften (obwohl sie oft über 100 000 Einwohner hatten). Später wurden sie »geöffnet«, aber nur kurzzeitig,
dann erklärte man sie wieder zu Sperrgebieten.

   In der Regel waren es hochqualifizierte und gut bezahlte Arbei-
ter, Ingenieure und Konstrukteure, die Kalaschnikows, Panzer,
Flugzeuge, Raketen und Atomsprengkörper produzierten. Zum
Militärbereich muß man auch die Chemiebetriebe zählen, die
Sprengstoffe und Kampfstoffe, und die Biobetriebe, die Kampf-
viren erzeugten. Dazu gehörten ferner Hunderte von For-
schungsinstituten, Labors, Forschungswerken und Testgeländen.
Das war ein mächtiger Staat im Staate oder – wie der Forscher
C. Castoriadis sagt – eine »von der Zivilproduktion unabhängige,
effizient funktionierende geheime Wirtschaft«.[296]

Aus Schwertern kann man nicht ohne weiteres Pflugschare schmieden

*Versuchen Sie mal selbst, aus einem Küchenmesser eine Prali-
nenschachtel zu machen*

Die Abrüstung kam – es wurde alles übers Knie gebrochen. Zum
Beispiel wurden die Atom-U-Boote in Sewerodwinsk »konver-
tiert«. Vorgesehen war, die U-Boote zu zerschneiden, den
Schrott zu verkaufen und mit dem Erlös die Verschrottung zu
bezahlen. Der Termin für die Waffenvernichtung war aber sehr
knapp und schon technisch einfach nicht einzuhalten. Der
Betrieb schaffte es nicht in so kurzer Zeit, ein Atom-U-Boot in
einen Schrotthaufen zu verwandeln. Deshalb machten die Leute

folgendes: Sie schnitten den Raketenteil aus dem Boot heraus, schweißten Bug und Heck zusammen und transportierten das Boot zum Abstellplatz. Wohlgemerkt: Die Atomreaktoren bleiben in dem Rest drin und müssen ewig mit Strom, Dampf und Preßluft versorgt werden. Die Kosten: 23 Milliarden Rubel (etwa fünf Millionen Dollar) für den Arbeitsaufwand, zwei Milliarden Rubel für die einjährige Lagerung nur eines U-Bootes. Die Kosten für die Entsorgung des Spaltmaterials werden nicht einmal erwähnt.[297] Ist das Konversion?

Im Laufe der Jahre mußten die Direktoren der Rüstungsbetriebe feststellen, daß ihre seit Gorbatschows Verkündung der Konversion gehegte Vermutung richtig war: Man kann Schwerter nicht ohne weiteres zu Pflugscharen umschmieden. Die Panzerwerke konnten keine Kochtöpfe produzieren. Die Raketenbetriebe stellten mit der neuesten und teuersten Technologie Konsumgüter her, die doppelt und dreifach so teuer waren wie die gleichen Importprodukte.

Mit der Konversion befaßten sich nicht nur ausländische, sondern auch einheimische Wissenschaftler, darunter Soziologen in Nowosibirsk[298], einer der Waffenschmieden Rußlands. Sie kamen zu dem befürchteten Ergebnis, daß die Konversion in Rußland völlig planlos abläuft. Wie sollte es auch anders sein? Als die Schweden ihre Waffenproduktion um 20 Prozent senken wollten, planten sie die Reduzierung der Produktion für einen Zeitraum von 10 Jahren. Bei den abrüstungswilligen Amerikanern handelt es sich auch um Herstellungsdrosselung um 7 bis 8 Prozent jährlich. Die Konversion in Rußland war stets der Politik untergeordnet, das bestreitet niemand, deshalb wohl diese Schwierigkeiten. Aber die Wissenschaft stellte auch fest, daß die Konversion überall in der Welt nur mühsam vorangeht. Die amerikanische Agentur für Rüstungs- und Abrüstungskontrolle bestätigt, daß in den achtziger Jahren 85 Prozent der Konversionsprojekte in der Welt gescheitert sind. Warum sollte es da ausgerechnet in Rußland klappen? »Der MIK, der militärisch-industrielle Komplex, ist nicht anpassungsfähig«, so die Wissenschaftler. Wenn er zwangsweise angepaßt werden muß, bricht das System zusammen. Dieser Zusammenbruch ist auf Grund ganz unterschiedlicher Zielsetzungen programmiert: Während in der zivilen Produktion der Markt, die Konkurrenzfähigkeit und das Preis-Leistungs-Verhältnis von Bedeutung sind, sind es in der Militärproduktion Überlegungen über das Vorhandensein ähnlicher Typen im Ausland. »An Kosten wurde nie gespart«, so die Betriebsdirektoren.

Anders gesagt: Die Zivilisten arbeiten, um Geld zu verdienen, wobei die wirtschaftlichen Aspekte eine gewichtige Rolle spielen; die Militärs forschen und bauen, um Kriege zu gewinnen, und dabei sind taktisch-technische Kennziffern von größter Bedeutung. Ich betone, das sind nicht ausschließlich Merkmale der russischen Konversion, so läuft die Abrüstung überall in der Welt.

Nicht zu vergessen, daß der Aufwand für die Umrüstung der Betriebe in Rußland (ohne sozial abfedernde Maßnahmen für Millionen Arbeitslose und deren Familien) auf 150 Milliarden Dollar beziffert wurde (so Bashanow, Vorsitzender des Staatskomitees für Konversion). Allein die Realisierung des START-II-Vertrages wird – nach Angaben aus dem russischen Verteidigungsministerium – 11,2 Milliarden Mark kosten. »Auch wenn die Duma diesen Vertrag ratifiziert, steht es in den Sternen, ob das umgesetzt wird«, schrieb »Die Welt«.[299] So hohe Summen hat das offizielle Rußland selten zur Verfügung gehabt, und momentan hat es sie schon gar nicht, so daß es kaum daran interessiert sein wird, soviel Geld in die Konversion zu stecken …

Im September 1997 wurde es amtlich: Bei der Umsetzung des Vertrages START-II wird der russischen Seite bis zum Jahr 2007 Zeit für den Abbau seiner Trägersysteme, d. h. Raketen, Bomber und U-Boote, gelassen.[299-1]

Ein russischer Wissenschaftler: »Die Konversion in der Form, wie sie durchgeführt wird, führt zum Zerfall des wissenschaftlichen und industriellen Potentials des Landes.«

Was aber führt wohl zum *Aufbau* des wissenschaftlichen und industriellen Potentials des Landes?

Die Nachfrage fördert das Angebot
Waffen sind eine teure und in der ganzen Welt gefragte Ware. Und je schlechter es den Leuten geht, desto mehr brauchen sie offensichtlich davon

Die Verträge, die Gorbatschow für die Sowjetunion unterschrieben hat, waren in keiner Weise wirtschaftlich durchdacht. Allein der Vertrag über die konventionellen Streitkräfte in Europa (KSE-Vertrag) verlangte die Vernichtung von 3520 Panzern und 5684 gepanzerten Fahrzeugen, damit Rußland auf seine Quote von 6400 Panzern, 11 480 gepanzerten Fahrzeugen und 6415 Artilleriesystemen kommt.

Das war blanker Wahnsinn! Das war eine 50 Kilometer lange Kette von Panzern, das war keine Blechlawine, sondern eine Panzerstahllawine, die nicht einfach auseinandergenommen, sondern zersägt und zerschnitten werden mußte. Die Sowjetunion besaß wunderbare Technologien zur Panzerherstellung, aber kein Verfahren zur Verschrottung von Panzern. Alles mußte neu entwickelt werden. Kritikerstimmen – nicht nur aus der Politik, sondern auch aus der Wirtschaft – wurden überhört. »Wir schaffen es nicht«, riefen lauthals jene, die etwas mehr Ahnung vom Zersägen und Zerschneiden hatten als die Politbüromitglieder.

»Ach was!« sprach ebenso naiv wie ahnungslos Gorbatschow und verpflichtete sich 1991, *außerhalb des KSE-Vertrages* bis Ende 1995 hinter dem Ural noch mal soviel – 6331 Panzer und 1988 gepanzerte Fahrzeuge – zu verschrotten.

Aus den damaligen militärpolitischen Niederlagen haben die Politiker von heute heilsame Lehren gezogen. Man sagt in Rußland: »Vom räudigen Schaf wenigstens noch einen Fetzen Wolle.«

»Rußland ist nicht bereit, seine Verpflichtungen zur Abrüstung aus dem Vertrag über konventionelle Streitkräfte in Europa zu erfüllen«, so »Die Welt«.[300]

»Der Vertrag zerstört völlig das russische Sicherheitssystem«, sagte der damalige Verteidigungsminister Gratschow zur Begründung, warum sein Land den Vertrag, der bis zum November 1995 verwirklicht sein sollte, nicht einhält. Und er bemerkte kühn: »Rußland hat diesen Vertrag nie unterschrieben.«

»Rußland konnte die einseitige Abrüstung von schweren Waffen hinter dem Ural nicht wie geplant bis zum Jahresende 1995 vollziehen«, so der russische Generaloberst Chartschenko. »Die Zerlegung der Waffen ist nur im europäischen Teil Rußlands möglich und sehr teuer.«[301]

Zur gleichen Zeit begann Rußland, die geheimen Konstruktionsunterlagen zu entstauben.

1995: Frankreich, Le Bourge, Aerosalon. Eine Luftfahrtschau von Weltrang. Natürlich sind auch Militärflugzeuge dabei. Nur die wichtigsten Köpfe der russischen Wirtschaft sind anwesend. Zulieferer und Vertreter streng geheimer Forschungsinstitute (für deren Mitarbeiter bis heute Ausreiseverbot besteht) mußten zu Hause bleiben. Dennoch ist Rußland mit 70 Firmen vertreten.[302] Sie zeigen die Su-35, die Su-27, die MiG-29, modernste Kampfflugzeuge von Weltniveau. Die Su-35 zum Beispiel übertrifft in vielen Parametern westliche, damals lediglich auf dem Reißbrett entworfene Flugzeuge, einschließlich der amerikanischen F-22. Dieses Flugzeug kann mit seinem Radar, seinem Zielweisungskomplex, dem Bordrechner und der Bewaffnung selbst solche Ziele wie den »unsichtbaren« amerikanischen »Stealth«-Bomber orten und vernichten.[303]

Viktor Gluchich, der Vorsitzende des Staatskomitees für die Rüstungsindustrie, hat ins Schwarze getroffen[304]: »Nach der postsozialistischen Euphorie über alles Westliche beurteilen unsere osteuropäischen Partner die Flugzeuge der bekannten Firmen und ihre eigenen Möglichkeiten, diese Flugzeuge zu kaufen, weitaus nüchterner. Mit anderen Augen sehen sie jetzt die russischen Flugzeuge, die der Infrastruktur des Zivil- und des Militärluftverkehrs in Osteuropa angemessener sind.«

30 Militärmaschinen gingen nach Ungarn. Anscheinend entsprechen russische Jäger und Bomber auch der asiatischen Luftraumstruktur: Das Flugzeug »Jak-130« wurde 1350mal in

18 Länder verkauft. Auch in solche, die früher italienische Flugzeuge gekauft hatten. 10 Flugzeuge gingen nach Indien,
24 Kampfmaschinen nach China, sechs Erzeugnisse aus dem
Konstrukteurbüro »Suchoj« nach Vietnam, 20 »MiG« nach
Malaysia, das nie zur russischen Einflußzone gehört hat.

Apropos Malaysia: Leider hat man die Denkweise der sechziger
Jahre beibehalten, als kaum jemand in Europa etwas über Malaysia wußte. Jetzt ändern sich die Werte: Malaysia gehört heute zu
den Ländern mit dem höchsten Entwicklungstempo: Das Wirt-
schaftswachstum beträgt etwa 10 Prozent jährlich. Bei nur 20
Millionen Einwohnern befördert die malaysische Fluggesell-
schaft 12 Millionen Passagiere im Jahr. In Malaysia steht der
höchste Wolkenkratzer der Welt.[305] Die Militärausgaben sind
übrigens ebenso extrem hoch.

Singapur, Februar 1996: die Rüstungsschau »Asia Air-
space '96«. »Die Welt« berichtet ohne Drumherum: »Rußland
hilft bei Asiens Aufrüstung kräftig mit«.[306] Mit Birma laufen Verhandlungen über die Lieferung von MiG-29-Bombern und Mi-
35-Hubschraubern. MiG-AT-Maschinen wurden von Indien
und Usbekistan bestellt. »Moskau hofft auf volle Auftragsbü-
cher«, so »Die Welt«, »mit Bestellungen aus Thailand, Indone-
sien und den Philippinen, wo russische Bomber mit amerikanischen F-16-Kampfjets konkurrieren.« Allein die Philippinen
wollen sieben bis 15 Milliarden Dollar in die Modernisierung
ihrer Luftwaffe stecken. Mit Indien wird bereits über eine Li-
zenzproduktion von SU-30MK-Jets und die Modernisierung
von 320 alten russischen MiG-21 verhandelt.

Aber es wird auch Neues geben. »MiG« entwickelt neue Jäger
der fünften Generation: unsichtbar für Radare, mit einem in der
Welt einzigartigen Bordrechnerkomplex ...

Da wir beim Fliegen sind, muß gesagt werden, daß die Raum-
fahrtforschungen (deren Technologien gewiß auch für Militär-
raketen anwendbar sind) ebenfalls fortgeführt werden. Den
Europäern bereitet die Trägerrakete »Ariane 5« ziemliche Kopf-
schmerzen. »Insbesondere die Russen machen seit einigen Jah-

ren als neuer Mitbewerber in dieser Branche der Ariane mit ihrer leistungsstarken, zuverlässigen und preisgünstigen Proton-Rakete ernste Konkurrenz«, berichteten die Zeitungen im Oktober 1995.[307] »Bislang verhinderten amerikanische Bestimmungen, daß Satelliten mit moderner Kommunikationselektronik von Rußland aus gestartet werden durften. Diese Beschränkungen sind jedoch in jüngster Zeit weitgehend aufgehoben worden.« Deshalb baut Rußland auch die Abschußrampe »Swobodnyj« – anstelle von Baikonur, das an Kasachstan abgetreten werden soll – im Fernen Osten aus, obwohl sie schon eine im Norden besitzt: die Abschußrampe »Plesezk«.

Im Jahr 2001 wird Rußland noch eine weitere Rakete, die »Angara«, besitzen, die im Vergleich zu den derzeitigen russischen Trägern die doppelte Nutzlast auf die Umlaufbahn bringen wird. Die in den Weltraum strebenden Nationen – die aber mit ihren Technologien noch im Rückstand sind – werden dieses Angebot zweifellos nutzen.

Zum strategischen Partner – auch gegen die Osterweiterung der NATO – wird die Volksrepublik China. Bei einem Moskau-Besuch einer hochrangigen chinesischen Delegation im April 1997 wurde eine »Deklaration über eine mehrpolige Welt« unterzeichnet, die ernsthafte Absichten enthält. Westliche Experten haben das mehr als Dokument empfunden, das der NATO Angst einjagen sollte. Bemerkt wurde das chinesische Interesse an russischen Panzern, an den Raketenkomplexen »Tor-M1«, den Kanonen-Raketenkomplexen »Tunguska« und an gepanzerten Fahrzeugen. Verhandelt wurde auch über den Bau von Minenträgern für die chinesische Marine, die mit den Überschallraketen »Moskit« und den gesteuerten Raketen »Stil« bestückt sind. Die Chinesen wollten nicht nur Waffen haben, sondern auch Technologien. Im Raketenbereich arbeiten die beiden Länder bereits zusammen. Etwa 200 chinesische Offiziere besuchen russische Militärhochschulen. Der Gesamtumsatz des Waffenexports nach China beläuft sich auf zwei Milliarden Dollar jährlich.[308]

Alexander Kotjolkin, der Chef der russischen Waffenexportfirma »Roswoorushenije«, spricht 1997 von einer Verdrängung der Amerikaner vom traditionellen amerikanischen Markt und erwähnt Verträge mit Kolumbien (Hubschrauber Mi-17) und Zypern (Komplexe S-300 PMU1).[309]

Also eine Explosion des Waffenexports? Wollen die Russen die verlorenen Schützengräben zurückerobern?

Um Gottes willen, nein, sagen die Russen. Das ist alles nur wegen der Konversion. Rußland produziert und verkauft Waffen (die Handelsbestimmungen für Direktbelieferungen des Weltmarkts durch Rüstungsbetriebe wurden gelockert), um die Abrüstung zu finanzieren, weiter nichts.

Aber nur Shirinowski kann offen sagen, daß man die Türken ruhig ausrotten könnte, wenn es nach ihm ginge. Shirinowski ist ein Politiker und gilt als Gaukler: Alles, was er sagt, wird als Werbegag für die nächsten Wahlen verstanden ...

Hochrangige russische Beamte dürfen dagegen nicht sagen, was sie denken. Sie sagen es anders: Wir brauchen doch Geld, und zwar nicht wenig, um die Ab- und Umrüstung fortzusetzen. Das Geld kann nur der Export bringen. So Jelzins Berater Malei: »Wir werden versuchen, Waffen zu verkaufen, um die Einnahmen in die Zivilproduktion und die Entwicklung der sozialen Sphäre zu investieren.« Eine wahrlich sehr interessante Strategie: erst Waffen zu produzieren und zu verkaufen, um dann Waffen vernichten zu können. Also den Ast abzusägen, auf dem man sitzt.

Wieviel will man verkaufen? Nicht wenig – für 10 bis 12 Milliarden Dollar, so Malei. Das heißt 20mal mehr als die zinsgünstigen Kredite und Subventionen, die die Regierung jährlich in die Konversion investieren wollte. Aber viel weniger als das, was Rußland schon verkauft hat.

Auf eine staatliche Unterstützung wurde auch nicht verzichtet. Im Dezember 1994 verabschiedete das Ministerkabinett den Beschluß über die Stabilisierung der Wirtschaftslage der Rüstungsbetriebe. Will sagen, nicht die Stabilisierung der Waffenproduktion oder des Waffenexports auf dem Niveau von 1992 stand zur Debatte, was ein Einfrieren auf niedrigem Stand bedeutet hätte, sondern ein umfassendes Programm zur Entlastung der Militärbetriebe von Verbindlichkeiten (Aufschiebung der Kredittilgung, Befreiung von der Grundsteuer, Streichung der Verluste der Rüstungsbetriebe im Jahre 1994), zum Abspecken von uneffektiven Forschungsprogrammen, zur Zentralisierung der Militärindustrie und zur Versorgung mit moderner westlicher Ausrüstung und Militärtechnologie, für die die Westkredite verwendet werden sollten. Außerdem sollte »Roswoorushenije« 1994 produzierte überflüssige Militärtechnik und Ausrüstung im Ausland veräußern, um »zusätzliche Einnahmen für den Staatshaushalt zu erzielen«.[310] Wohlgemerkt: Die Industrie hat sogar in den schlimmsten Jahren viel mehr Waffen hergestellt, als in Rußland selbst gebraucht wurden.

Die Zahlen, die Aufschluß über die Steigerung der Waffenproduktion und des Waffenexports geben, sind kein Geheimnis. Allerdings sind die recht unterschiedlich (1994 sprach man schon von vier Milliarden Dollar Einnahmen und einem Waffenhandelsanteil von 13,6 Prozent, 1996 schreibt SIPRI von fünf Milliarden Dollar[309-1]), aber ein Plus von etwa 2,5 bis 3 Milliarden Dollar allein im Export kann keiner verschweigen. Aber wir pochen nicht auf Zahlen. Für uns ist nur die Feststellung wichtig: *Von einer Konversion, von der Reduzierung der Waffenproduktion kann keine Rede mehr sein.*

Die Taten folgen auf dem Fuße. Günstig für Rußland ist auch, daß der größte Teil seiner Lieferungen schon früher nicht nach Osteuropa, in die Länder des Warschauer Paktes (die zur Zeit mehr Richtung Westen schauen) gingen, sondern nach Asien, Afrika und in den Nahen Osten. Die wichtigsten Abnehmer waren Angola, Indien, Irak, Libyen, Syrien: Diese Länder haben in den achtziger Jahren 75 Prozent der russischen Waffen gekauft und sind weiterhin sehr begierig danach. Gleichzeitig versucht Rußland aber auch – und nicht ohne Erfolg – andere, nicht traditionelle Märkte zu erobern. Malaysia, Thailand und die Philippinen haben wir bereits erwähnt. Südkorea hat einen Vertrag über den Bau von Raketen nach russischer Lizenz unterzeichnet, mit Saudi-Arabien, Oman und Bahrain werden Verhandlungen geführt. An den Iran wurden U-Boote verkauft. Und nicht nur das. Vor kurzem hat Rußland dem Iran auch einen umstrittenen Kernreaktor verkauft (jeder »zivile« Reaktor kann der erste Schritt zur Atombombe sein). Und »allein für den Schutz von Atomkraftwerken im Iran erwarten wir jetzt Aufträge für Waffenlieferungen in Höhe von drei Milliarden Dollar«, so der Vorsitzende des Duma-Verteidigungsausschusses, Lew Rochlin, 1997.

Amerikaner und Deutsche wollten Rußland von dem lukrativen Markt verdrängen. »Das lassen wir uns nicht gefallen«, warnte ein Mitglied aus Tschernomyrdins Partei »Unser Haus Rußland«.[311] Im April 1997 wurde über den Verkauf des Luftabwehrraketensystems S-300 verhandelt.[309] Als US-Vizepräsident Al Gore im September 1997 Tschernomyrdin neues Material darüber vorlegte, daß der Iran einem geheimen Atomwaffen-Programm folge und ballistische Raketen bauen wolle, nannte der russische Premier das Material »interessant«, bekräftigte aber das Festhalten an den »Verpflichtungen gegenüber dem Iran auf dem Gebiet der militärtechnischen Kooperation«.[311-1]

Im Sommer 1995 flog eine große Delegation von Russen nach Afrika – nach dem Kongo, nach Angola und Namibia. Der Delegationsleiter war der Sekretär des russischen Sicherheitsrates Oleg Lobow. Es ging dabei um die »militärtechnische Zusammenarbeit«. Die alten Waffensysteme dieser Länder müssen ersetzt werden. »Und hier gibt es Leute, die Russisch sprechen und unsere technische Literatur kennen«, so Lobow.[312] Der Artikel über diese Reise heißt »Rußland kehrt nach Afrika zurück«. Mit Waffen selbstverständlich.

Ein erbitterter Kampf um die Dollars der Erdölscheichs aus der Golfregion tobt zwischen den Waffenlieferanten der Welt. Die Vereinigten Arabischen Emirate haben für Rüstungsausgaben fünf Milliarden Dollar vorgesehen. Saudi-Arabien, das mal bessere, mal schlechtere Beziehungen zum Jemen hat, will 10 Milliarden Dollar ausgeben. 1995 hatte Kuwait zwei Milliarden eingeplant. Auch Jordanien will seine Armee total umrüsten. Der Kampf um die Marktanteile fand dort früher vorwiegend zwischen den USA, Großbritannien, Frankreich und der Bundesrepublik Deutschland statt. Jetzt mischt sich auch Rußland ein: Fürs erste hat es Kuwait 60 Gefechtsfahrzeuge und 27 Salvenfeuersysteme »Smertsch« geliefert.[313] Die Vertragssummen sind in diesem Fall unwichtig. Ausschlaggebend ist, daß Rußland hier, auf einem neuen russischen Markt, immer ein Stück von dem großen Kuchen abbekommen wird.

Da die Lage in Ex-Jugoslawien immer noch sehr gespannt ist, liefert Rußland Waffen nach Serbien und nach Kroatien und Bosnien – für die kroatischen und die bosnischen Serben. Die früheren Alliierten wurden auch nicht vergessen: 800-Millionen-Dollar-Verträge mit Ungarn und mit der Slowakei sollen dafür sorgen, daß diese Staaten weiter im militärischen Einflußbereich Rußlands bleiben.

Ein wichtiger Partner wird die Türkei. Anfangs hat sie nur Waffen für die Polizei und die Gendarmerie gekauft: Kalaschnikows, Gewehre mit Zielvorrichtung, gepanzerte Infanteriegefechtsfahrzeuge BTR-80. Man verhandelte über eine Lieferung von Hubschraubern Mi-8 und Mi-17, obwohl die amerikanische Hubschrauberfirma »Sikorski« damit gar nicht zufrieden war. Interessiert sind die Türken auch an russischen Militärschiffen, Artilleriesystemen und Flugzeugen. Griechenland registrierte das mit Besorgnis (siehe Zypern) und nahm ebenfalls Gespräche über russische Waffenlieferungen auf [314] – in der Ägäis gibt es viele Inseln, die zum Streitobjekt zwischen Griechenland und der Türkei werden könnten. Auf Diplomaten allein ist kein Verlaß.

In Dehli fand die Ausstellung IICDES '96 statt. Rußland präsentierte dort Flugzeuge von Suchoj, aber auch Luftabwehrsysteme (u. a. »Tor-M1«, das erfolgreich gegen amerikanische Präzisionswaffen eingesetzt werden kann), neue U-Boote, la-

sergesteuerte Geschosse, die bekannten Raketenabwehrkom-
plexe S-300 PMU1 und S-300W ... Den Indern gefiel alles, um
so mehr, da sie schon russische Waffen besitzen, aber sie baten
die Russen, die Vertragszahlen geheimzuhalten – um Pakistan
nicht zu verärgern. Der stellvertretende Chef der »Roswoorushenije«, Filin, war außer sich vor Freude und plauderte es aus:
3,5 Milliarden Dollar, davon 1,7 Milliarden Dollar allein für die
Modernisierung der Luftabwehrsysteme.[315] Wie gesagt, im
Jahr 1996 ist das nur ein Vertrag. 1992 hat Rußland, wie wir wissen, *insgesamt* für rund zwei Milliarden Dollar Waffen verkauft ...

Die neuesten Entwicklungen betreffen nicht nur den Flugzeug-
bau. Auch neue Atomraketen werden auf Startposition gebracht.
Eine neue Einheit, ausgestattet mit Interkontinentalraketen vom
Typ RS-12M »Topol«, ist seit Anfang 1997 im Einsatz. Spezialisten bezeichneten die Rakete als »die Waffe des 21. Jahrhunderts« und nannten sie »überaus schlagkräftig«.[316]

Vor zehn Jahren besaß Rußland 186 U-Boote, heute nur noch
99. Ein Rückschritt? Quantitativ ja. Aber qualitativ sind die neuesten mit Atomraketen SS-N-21 bestückten und für die Radare
des »Feindes« unsichtbaren U-Boote »Akula« (Haifisch) im
Kommen. Diese U-Boote patrouillierten relativ ungehindert in
Pazifik und Atlantik und passen sowohl auf die amerikanischen
Kampfgruppen auf als auch auf den Zugang zu den amerikanischen Navy-Basen in Banghor, King's Bay und Norfolk.[317]

Wegen der Billiglöhne in Rußland werden die russischen Waffen unter Weltmarktpreisen verkauft. So wurde ein Flugzeug
vom Typ MiG-29 auf der Farnborough Air Show für 20 bis 25
Millionen Dollar angeboten, das ähnliche amerikanische F/A-18
kostete hingegen 40 Millionen Dollar. Ein Panzer T-74 kostet
bei den Russen eine Million Dollar, also nur ein Drittel des Preises des amerikanischen M-1A »Abrams«. Die Russen setzen sich
über alle internationalen Embargos hinweg und verkaufen an
»Problemstaaten« Militärtechnologien, die sogenannten »dual
use«, die sowohl in der zivilen Produktion als auch im Militärbe-

reich angewendet werden können.[318] Superbillig, aber immerhin konnte die Waffenbranche dadurch Anfang 1996 Aufträge für über sieben Milliarden Dollar verzeichnen.[319]

Diese Dumpingpreise haben noch eine Kehrseite, die manchmal nicht ernst genommen wird. Die westlichen Experten stellen fest, daß die Waffen keine Ramschware, keine Ausschußprodukte sind, sondern Qualitätserzeugnisse, die den westlichen Waffensystemen nicht nachstehen. Das heißt aber, daß für diese Ware auch Westpreise verlangt werden können. Die Russen tun es nicht. Warum nicht?

Warum wird in Deutschland bei Eröffnung einer neuen Tankstelle eine preisgünstige Autowäsche angeboten? Warum entstand der Begriff »Einführungspreis«, der uns bei jeder Neueröffnung ins Auge springt? Warum bekommt der Neukunde bei einem Zeitschriftenabonnement einen Preisnachlaß und einen Raclette-Grill obendrein? Bei den Waffen ist es ähnlich. Und wenn Rußland die Preise allmählich erhöhen würde (und da kennen die Russen sich aus), dann kann es die heute erzielten fünf Milliarden Dollar übermorgen verdoppeln, ohne dabei die Produktion zu steigern. Tückisch sind diese Billigverkäufe!

Die Waffenproduktion legt an Tempo zu, aber der Chef der Militärindustrie Rußlands Gluchich klagt: Drei Panzerwerke stehen still, gegenwärtig wird nur ein U-Boot gebaut, die Luftwaffe hat seit vier Jahren keine schweren Bomber mehr erhalten. Und der Folgegedanke: Rußland will in nächster Zeit die Waffenexporte weiter *erheblich* (!) steigern.[320]

Also fährt der Zug der Waffenproduktion nach einem kurzen Bremsmanöver nun mit voller Fahrt voraus. Die Geschwindigkeit ist für uns unwichtig (obwohl man sagen kann, daß das Rüstungstempo mit dem damaligen Konversionstempo durchaus Schritt hält). Rußland produziert schon jetzt doppelt so viele Waffen wie China und drei- bis viermal so viele wie Frankreich. Wir weisen darauf hin, daß es nach dem Zerfall der Sowjetunion und des sozialistischen Systems in der Welt nicht ruhiger geworden ist. Wir müssen konstatieren, daß Rußland seine Waffenmärkte zum großen Teil erhalten und noch einige dazubekommen hat. Nicht vergessen sollte man auch, daß die ehemaligen Sowjetrepubliken jetzt zum Ausland gehören und die Waffen ebenfalls mit Valuta bezahlen müssen. Das sind die Ukraine mit der drittgrößten Armee in Europa, die kaukasischen Republiken mit ihren noch nicht endgültig geklärten territorialen und anderen Problemen (siehe Karabach), die mittelasiatischen Republiken – die dank ihrer Erdöl- und Erdgasvorkommen durchaus solvent sind –, wo eine Rebellion noch aussteht und wo afghanische Mudschaheddin nicht nur zu Gast weilen. Zu bedenken ist auch, daß Kasachstan, Kirgisstan, Tadshikistan, Turkmenistan, Usbekistan, die heute bereits weit über 200 000 Panzer und gepanzerte Gefechtsfahrzeuge[295] besitzen, keine Obergrenzen für konventionelle Waffen haben, da sie außerhalb des von der KSZE abgedeckten Gebietes liegen. Das heißt, sie dürfen ungehindert und unbegrenzt Panzer, gepanzerte Fahrzeuge, Artilleriesysteme, Kampfflugzeuge und Kriegshubschrauber kaufen. Das tun sie vermutlich in Rußland, da in Mittelasien auch »die Infrastruktur« – sprich Ersatzteile, Reparaturwerke, Dokumentation – für russische Waffen gut geeignet ist. Die Sache hat noch eine andere – eine geopolitische – Seite: Sollten die Russen doch ein Militärbündnis im Rahmen der ehemaligen Sowjetunion aufbauen, könnten sie dann ihre eigenen Kampfmaschinen problemlos den mittelasiatischen Republiken zurechnen und sie im Ernstfall unbürokratisch zurückbekommen ...

Nicht nur konventionelle Waffen sind im Angebot: Es besteht der dringende Verdacht, daß Rußland auch Raketen-, Uran-, Bio- und Chemiewaffentechnologien veräußern würde, wenn sich ein geeigneter Käufer findet. (Warum dürfen nur deutsche Firmen verdächtige Rohre in den Irak liefern und nur deutsche Fachleute dort an Urananreicherungszentrifugen basteln? Die deutsche Staatsanwaltschaft ermittelt gegen *120 Firmen*, die High-Tech-Ausrüstung in den Iran geliefert haben ...)

Wir werden es erleben: Über kurz oder lang wird Rußland – zunächst im Militärbereich – den USA ebenbürtig sein.

Rußland zeigt die Zähne

Es geht nicht darum, ob die Zähne gesund oder kariös sind.
Es geht um das Bedürfnis, sie zu zeigen

Selbst unerfahrenen Beobachtern wird auffallen, daß sich die Mentalität der Russen in den letzten zehn bis zwölf Jahren wesentlich geändert hat. Erinnern Sie sich an die Gorbatschow- und die Perestroika-Zeit: Damals waren die Russen – wenn man so will – die besten Demokraten der Welt.

Ausreise für Juden? Ja! – Mauer weg? Ja! – Abrüstung? Ja! – Abrüstung über den Vertrag hinaus? Ja! – Meinungs- und Gedankenfreiheit (die Gedanken waren auch nicht immer frei)? Ja! – Offenlegung der Staats- und Militärgeheimnisse? Ja! – Könnten Sie uns bitte eine Liste der Residenten im Ausland mit Fotos faxen? Ja! – Marktwirtschaft? Ja! – Die Amerikaner sind die besten Freunde der Russen? Ja!

Dann wurde Gorbatschow entmachtet.

Jelzin kam ans Ruder. Das Orchester schien die gleichen Melodien zu spielen, die Töne klangen aber gedämpft, als ob man Watte im Ohr hatte ... Boris blieb für alle im Westen »der Zar«. Und deshalb sah man über manche Ungereimtheiten hinweg. Manchmal war statt eines klaren »Ja« ein »Wahrscheinlich«, »Eventuell«, »Vielleicht« und »Möglicherweise« zu hören. Aber die Watte störte, und man deutete ein Kopfschütteln als ein »Ja«. Aus dem »Voraussichtlich« wurde ein »Jein«.

Als Jelzin das Parlament beschießen ließ, war es schon zu spät. Der Geiselnahme in Peru und den Eskapaden des Schauspielers Juhnke in Hollywood widmete man im Westen mehr Aufmerksamkeit als den blutigen Verfassungswidrigkeiten im größten Land der Erde.

Ich werde wohl nicht falsch liegen, wenn ich sage, daß der russische Bär lange überlegt hat, bevor er abdrückte. Er wußte nicht, wie die westliche »Demokratien« reagieren würden. Der Westen reagierte »mit Verständnis«. Mit Verständnis für einen Räuber, der derzeit im Nachbarhaus sein Unwesen treibt. Mit dem Verständnis vom Münchener Abkommen 1938, als manche dachten, Hitler wolle nur die Tschechoslowakei haben und keinen Quadratmeter mehr. Die »Verschlußsache ›Parlament‹« war ein Zeichen dafür, daß Rußland sich jetzt nicht mehr an den westlichen »Werten« (die ein Auseinanderjagen der Parlamente organisch einschließen) orientiert, sondern inzwischen eigene russische Werte geschaffen hat.

Zum erstenmal seit der Perestroika hat Rußland öffentlich die Zähne gezeigt, aber nur wenige Leute im Westen haben das bemerkt.

Viel leichter fiel die Entscheidung über den Tschetschenien-Krieg. Der großmächtige imperialistische Vorstoß der Russen gegen das Bergvolk blieb von der Weltöffentlichkeit unbeachtet. Nach allen bekannten und gültigen internationalen Gesetzen hatte Rußland nicht das geringste Recht, Tschetschenien zu überfallen. Voller Empörung schrieb Dr. Lilija Schewzowa, eine russische Politologin, in den ersten Kriegstagen einen Artikel[321]: »Für unsere ›Strategen‹ gilt heute, je schlimmer, desto besser. Äußere Feindschaft zu schüren und sogar die internationale Isolierung Rußlands sind für sie von Vorteil, weil eine reelle oder scheinbare Bedrohung von außen das beste Argument für den harten Kurs des eigenen Regimes ist. So wird die Niederlage im Süden zum Sieg umfunktioniert. Und wenn man noch einige Terrorakte in Moskau zuläßt, werden die Bürger von allein nach einer starken Hand verlangen.«

Rußland wußte von vornherein, daß niemand es wagen würde, sich »in die inneren Angelegenheiten« einzumischen. Die Rechnung ging voll und ganz auf. Die »freie Presse« im westlichen Ausland hat krampfhaft nach »Entschuldigungen« für »Freund Boris« gesucht. Vor lauter Lobhudelei hat man auch das zweite Klingeln der Kehrtwende der Russen überhört.

Inzwischen denken die Russen auch etwas anders. Ich zitiere noch einmal aus dem bereits erwähnten, 1995 von prominenten Wissenschaftlern, Angehörigen der Sonderdienste und Politikern herausgegebenen »Weißbuch der russischen Sonderdienste«[42], das tiefschürfende politische Analysen enthält und im großen und ganzen die Meinung des russischen Establishments wiedergibt. Von einer Zusammenarbeit und einer erhofften Besserung der Beziehungen ist dort keine Rede. »Gegensätze in grundlegenden Fragen der Weltpolitik zwischen solchen Staaten wie USA und Rußland führen *unausweichlich* [hier und weiter kursiv von mir – V. T.] zum Zusammenstoß ihrer Interessen ...« Zweitens, wie erwartet: »Es ist nicht ausgeschlossen, daß nach einer wirtschaftlichen Stärkung im Gebiet Kaliningrad Deutschland territoriale Ansprüche geltend machen wird.« Drittens: »Die potentielle Möglichkeit der Provokation einer militärischen Bedrohung seitens der NATO ist *größer geworden.*« Rußland zeigt sich bedroht von den baltischen Staaten und von Finnland, vom Kaukasus und von Mittelasien, von der Türkei, den arabischen Ländern und von China. »Grenzkonflikte und ihre Ausweitung zu begrenzten militärischen Zusammenstößen zwischen Rußland und Japan sind durchaus möglich.«

Zu den Freunden gehören der Irak, Indien und Pakistan.

Welche Antwort sich Rußland auf diese Bedrohungen ausgedacht hat, kann der schlaue Leser selbst herausfinden.

Die Straflosigkeit stärkte das kriminelle Selbstbewußtsein der neuen russischen »Demokraten«. Deutlich wird das unter anderem an der Entwicklung der russischen Sonderdienste.

KGB als Lebensstil

Manche brauchen zu ihrem Glück viel Geld und viele Frauen. Rußland ist bescheidener. Es braucht für sein Glück nur das KGB oder das, was von ihm übriggeblieben ist

Schwache Länder oder Länder ohne ehrgeizige Ziele können sich Spionage nicht leisten. Ihre Geheimdienste beschränken sich auf die Abwehr von Versuchen, Staatsgeheimnisse zu eruieren. Der Aufwand ist sehr groß: Der Aufbau einer Spionageorganisation dauert Jahrzehnte, und sie kann nicht über Nacht aufgelöst, »geschlossen« werden.

Rußland hatte immer sehr gute Kundschafterdienste. Das war
auch verständlich: zwei Mächte, zwei Lager. Rußland trug die
Verantwortung für einen Teil der Welt. Angriffs- und Abwehrwaffen sollten immer im Gleichgewicht bleiben, wie die Flüssigkeit in kommunizierenden Röhren. Die Kundschafter waren die
Maulwürfe, die diese Röhren zum »Kommunizieren« zwangen
und für den Fluß der »Flüssigkeit« sorgten. Militärspionage,
Wirtschaftsspionage, politische Nachforschungen waren ein
fester Bestandteil der Militär- und der Außenpolitik des Staates
und des Warschauer Paktes insgesamt.

Jetzt braucht Rußland keine Sonderdienste mehr: Die westlichen Militärs gehen in den geheimen russischen Rüstungsbetrieben ein und aus (und berichten dann nicht in Fachzeitschriften,
sondern in Massenblättern darüber); die Raketenschächte in der
Ukraine und in Belorußland wurden in Anwesenheit der höchsten US-Militärs gesprengt; einst geheime Geräte und Ausrüstungen kann man fast legal erwerben. Rußland hatte angefangen, seine Dienste umzugestalten, umzubauen und ihre Tätigkeit
einzuschränken.

Aber das dauerte nicht lange; nun geht es auch hier wieder aufwärts. »Die russischen Nachfolgedienste des KGB machen sich
im Bereich der Westspionage geradezu Konkurrenz«, schrieb die
»Leipziger Volkszeitung« unter der Schlagzeile »Moskaus Agenten in Deutschland sehr aktiv«.[322] Moskau kehre »wieder verstärkt zu den klassischen Methoden der Spionage zurück«, konstatierte Hansjörg Geiger, Präsident des Verfassungsschutzes
Anfang 1996. 1995 wurden 165 KGB-Agenten enttarnt, die sich
noch immer in Deutschland betätigten. Geiger warnte vor allem
deutsche Firmen, die mit Rußland Joint-ventures unterhalten,
vor allzu großer Naivität: »Sie sollten wissen, daß in einer Reihe
solcher Firmen ehemalige KGB-Offiziere tätig sind.«

Vor allem russische Agenten gründen nach Erkenntnissen des
brandenburgischen Verfassungsschutzes zunehmend Tarnfirmen

in Deutschland, um an Technologien und Waren zu gelangen.
Sechs Jahre nach dem Ende des kalten Krieges nehme die Spio-
nagetätigkeit von Agenten des früheren Ostblocks wieder zu, so
Landesinnenminister Alwin Ziel.[323]

Detailliert dargestellt wird die Tätigkeit der russischen Spionage in dem Verfassungsschutzbericht von 1994, und die Berichte von 1995 und 1996 bestätigen die Tendenzen.[324] Dem
94er Bericht entnehmen wir weder Arbeitsmethoden noch geheime Zahlen, sondern nur den Trend: zu stärkerem Engagement und einem breiteren Tätigkeitsfeld. Der Zug bremst nicht,
sondern gewinnt gerade in letzter Zeit an Beschleunigung ...

Insgesamt arbeiten in Deutschland viele russische Nachrichtendienste. Der größte dabei ist die SWR, eine vom ehemaligen
KGB abgesplitterte Abteilung, deren Leiter bis vor kurzem der
russische Außenminister Primakow war; dann kommen die GRU
des Generalstabs der russischen Streitkräfte; die FAPSI, ein
eigenständiger Nachrichtendienst für Fernmelde- und elektroni-
sche Aufklärung; der FSK, ein KGB-Nachfolger, der eigentlich
für innerstaatliche Angelegenheiten zuständig ist, aber nach
Erkenntnissen des Verfassungsschutzes reicht »die Tätigkeit dieses Nachrichtendienstes auch bis ins Ausland«; die GUO sowie
der SBP, der den Präsidenten auch mit »Informationen über
politische Entwicklungen im nationalen und internationalen
Bereich versorgt«.

Welche Interessen vertreten sie? »Die GRU interessierte sich
verstärkt für wissenschaftlich-technologische Forschungs- und
Entwicklungsergebnisse sowie für hochwertige Industriepro-
dukte mit sowohl zivilen als auch militärischen Anwendungs-
möglichkeiten (›dual use products‹).«

Innerhalb der SWR gibt es eine Spezialabteilung eigens für Auf-
klärungsaktivitäten im Wirtschaftsbereich. Im Ausland werden
ihre Mitarbeiter z. B. auf Tarnposten in offiziellen russischen Vertretungen sowie in russischen Banken, Handelskammern oder
Firmen eingesetzt. Unter anderem für die Beobachtung ausländischer Konkurrenzunternehmen sind solche Stützpunkte eine

erfolgversprechende Ausgangsbasis. Der Pressesprecherin der SWR zufolge werden alle offen beschafften Wirtschaftserkenntnisse analysiert und an russische Firmen – natürlich nicht für die Schnürsenkelproduktion – weitergeleitet. Der FSK beschaffte z. B. Informationen über Preisstrategien auf dem Weltmarkt, Bilanzen führender Konkurrenzfirmen oder Forschungs- und Entwicklungsdaten von Unternehmen im Ausland.

»Ein weiteres wichtiges Tätigkeitsfeld der russischen Nachrichtendienste war auch 1994 die Spionage im wissenschaftlich-technologischen Bereich. Nach Äußerungen Primakows sollen hier die Aktivitäten der Auslandsaufklärung *ausgeweitet* werden. Russische Nachrichtendienstoffiziere, die in Deutschland eingesetzt sind, betreiben … *verstärkt offen* Informationsbeschaffung.«

»Die *zunehmenden* Ausspähungsaktivitäten im Bereich Wirtschaft, Wissenschaft und Technik haben dazu geführt, daß die russischen Nachrichtendienste auch Firmen für ihre Zwecke engagierten, z. B. durch Beteiligung an ›Joint-ventures‹.« (Übrigens erkannte auch Präsidentenkandidat General Lebed' die Notwendigkeit, russische Unternehmen im Ausland für Spionagezwecke einzusetzen.)

»Da – neben SWR und FSK – *zunehmend* auch der militärische Auslandsnachrichtendienst GRU im Zielbereich Wissenschaft und Technik operiert, muß künftig damit gerechnet werden, daß die verschiedenen russischen Dienste ihren Wettbewerb auch auf diesem Gebiet *verstärkt* in der Bundesrepublik Deutschland austragen.«

»Schon in der Vergangenheit führten die russischen Nachrichtendienste eine Reihe von Agenten nicht über Stützpunkte im Operationsgebiet, sondern von Moskau aus. Dies galt z. B. für geheime Mitarbeiter, die aus Aussiedler oder Asylbewerber nach Deutschland eingeschleust wurden. Nach wie vor ist diese Personengruppe für die russischen Nachrichtendienste interessant, weil der Werbeaufwand gering ist und eine komplizierte Tarnung in Deutschland nicht erforderlich ist. Manche Aussiedler werden von den russischen Nachrichtendiensten erst dann angesprochen

und geworben, wenn sie bereits in Deutschland Fuß gefaßt haben
und besuchsweise in ihre frühere Heimat zurückkehren.«

»Einen Sonderfall stellte 1994 eine Residentur des Funk- und
Fernmeldeaufklärungsdienstes FAPSI in der Außenstelle der rus-
sischen Botschaft in Berlin dar. Augenfälligstes Ziel der FAPSI-
Mitarbeiter war der Erwerb hochentwickelter Kommunikations-
elektronik von deutschen High-Tech-Unternehmen. In diesem
Zusammenhang hat der Leiter des Dienstes, Generalleutnant
Starowojtow, sogar eine Besuchsreise zu namhaften Unterneh-
men der Elektronikbranche in Süddeutschland durchgeführt.«

Uns geht es nicht um die Aktivitäten, die es auf beiden Seiten
immer gegeben hat. Für uns ist wichtig, daß die Flaute vorbei ist.

In der Entwicklung Rußlands und der Welt gibt es keine Anzeichen dafür, daß sich ein solcher Rückschlag, wie ihn die Perestroika und die Auflösung der Sowjetunion auf diesem Gebiet
verursacht haben, noch einmal wiederholen könnte.

»Bildung einer kriminell-mafiosen Struktur auf höchster Machtebene«

Wir sind dort angelangt, wohin wir zu kommen vermuteten

Eine ernstzunehmende Angelegenheit ist das russische Nein zur
NATO-Osterweiterung. Geopolitisch gesehen ist der Verlust
der sozialistischen Staaten und der Zusammenbruch des gesamten sozialistischen Systems viel gewichtiger und international
unvergleichlich bedeutender als die Osterweiterung. Warum
hat Rußland die Wiedervereinigung Deutschlands zugelassen,
warum hat es die demokratischen Kräfte in den Ostblockstaaten
oder in den früheren Sowjetrepubliken nicht härter bekämpft,
obwohl es die nötigen Mittel dazu hatte (siehe Tschechoslowakei
1968)? Warum stößt der vergleichsweise kleine Schritt des
Westens gegen Rußland, die – von den Russen selbst zum größten Teil ausgereizte[325] – Osterweiterung der NATO, auf eine
derartig scharfe Gegenreaktion Rußlands? Man meint ja schon

»ganz Europa in den Flammen des Krieges«[326] zu sehen. Woher kommt dieses Umschwenken um 180 Grad?

Vereinfacht man die Sache, so war die Gorbatschow-Ära ein Traum, den alle Menschen von der Straße (und nicht die Funktionäre) träumten: eine demokratische Gesellschaft zu gestalten, und zwar mit der wirtschaftlichen und politischen Hilfe des Westens. Im Westen waren die Technologien für den Aufbau eines demokratischen Staates vorhanden. Man brauchte nur zuzugreifen und sie an das sozialistische System anzupassen. Diesen Willen zur Veränderung erkannte man im Westen und schlug daraus Profit. Damals wurden mehrere Verträge unterschrieben, die die Sowjetunion unvergleichlich schwerer belasteten als die westlichen Vertragspartner. Die Abrüstung, die Verschrottung der Raketen, der Abbau des Atompotentials, die Vernichtung der Chemiewaffen sowie der konventionellen Rüstung und der Truppenabzug aus Deutschland und Osteuropa waren für die Sowjetunion einfach nicht verkraftbar. Der finanzielle Aufwand war so groß, daß man lieber gar nicht daran dachte.

Man unterschrieb die Verträge auch in der Hoffnung, Verständnis und Hilfe im Finanzbereich zu finden. Welch Irrtum. Die Beträge für Abrüstung beliefen sich auf Hunderte Milliarden Dollar. Der Westen konnte oder wollte die Abrüstung der Sowjetunion nicht mitfinanzieren. Auch das war ein Grund, weshalb spätestens in den Jahren 1992 bis 1994 in breiten Schichten der Bevölkerung der »russische Traum« von einer leichten und schmerzlosen Integration Rußlands in Westeuropa platzte. Daraus resultierten simple Überlegungen: Auch der Westen muß mit jedem Dollar haushalten; die Aufgaben, die Rußland sich aufgeladen hat, sind nicht realisierbar, der Westen hat, nach einfachen Konkurrenzprinzipien, die Abrüstung und die wirtschaftliche Schwächung Rußlands nur zur Umverteilung der Märkte genutzt. Die Vorstellung, daß die ganze Welt Gegenleistungen für die russischen Opfer zu bringen habe, erwies sich als Illusion.

Es dauerte Jahre, bis man begriff, daß man sich selbst aus der Kloake herausholen muß. Aber man hatte keine Kraft dazu, Rußland war sichtlich geschwächt. So wurden viele Ärgernisse auf den Westen abgeschoben, der Rußland mit seinen Problemen allein gelassen hatte. Solche Ansichten fielen auf fruchtbaren Boden, den schließlich 70 Jahre Sozialismus und besonders 45 Jahre Kalten Krieges vorbereitet hatten. Auf dieser Welle ritten Politiker wie der Kommunist Sjuganow und der Ultranationalist Shirinowski.

Aber auch andere Politiker kommen daran nicht vorbei. Die Signale – »Zieht die Karre selbst aus dem Dreck!« – sind lauter geworden. In Rußland gibt es zur Zeit keinen Politiker von der Größe Gorbatschows, der die Karre der sogenannten Reformen – gegen die Stimmung des Volkes – weiter vorantreiben könnte. (Es geht bei Gorbatschow nur um die Abmessungen des Gegenstandes. Wo in dem Koordinatensystem – im Plus- oder Minusbereich – der größere Teil des »Felsens« liegt, ist für uns jetzt unwesentlich.) Alle russischen Politiker müssen unbedingt die Stimmung des Volkes berücksichtigen, und diese Stimmung ist heute nicht gerade günstig für den Westen.

Ob diese Tendenz lange anhält? Oder ob sie sich in fünf oder gar zehn Jahren noch einmal ändern wird? Um die Richtung zu wechseln, müßte etwas Außerordentliches geschehen, was einen Stimmungsumschlag bewirken könnte. Was zum Beispiel?

Der Traum von einem Leben »wie im Westen« ist nicht mit Hilfe des Westens zu verwirklichen. Die Lage der Armen wird sich in den nächsten Jahren nicht grundsätzlich verbessern, und wenn doch, dann ohne Hilfe des Westens.

Hier spannen wir den Bogen zum Kreis: Die unerschütterliche negative Reaktion aller russischen Politiker auf die Gespräche zur NATO-Osterweiterung ergibt sich im Vergleich zu 1990/1992 aus völlig veränderten politischen und wirtschaftlichen Umständen, aber vor allem aus einem geistigen Umbruch. Am besten drückt die Zeile aus der kommunistischen Parteihymne »Uns aus dem Elend zu erlösen, / können wir nur selber tun!« die Stimmung der russischen Delegationen an höchsten Verhandlungstischen bei NATO, OSZE oder EU aus.

Weil die Flaute vorbei ist, kann der Westen grundsätzlich nur (leichte Abweichungen von der Regel sind auf die verhandelnden Persönlichkeiten zurückzuführen) mit einer Verschärfung der Forderungen und einer Verhärtung der Haltung rechnen. Eine Großmacht kann sich das erlauben. Mehr noch: Eine Großmacht muß sich so verhalten, um Großmacht zu bleiben. Machiavelli läßt grüßen.

Für die Demokraten ohne Gänsefüßchen blieb nur die Hoffnung auf einen liberalen Zaren. Aber es kommt kein aufgeklärter Politiker an die Macht. Woher sollte er auch kommen? Fürsten gibt es nicht, Zarennachfolger sind ausgerottet.

Und weil der Platz des Allerheiligsten nicht leer bleiben darf, wird gewiß jemand aus dem Milieu kommen, in dem das entsprechende Geld für eine Präsidentenschaft vorhanden ist, in dem man bereit ist, mit harter Hand zu regieren, und in dem auch nicht immer saubere Geschäfte vollzogen werden. Genauso wie anderswo. In den USA ist auch niemals ein »Penner« Präsident geworden. Die künftigen Herrscher werden aus der Elite des Landes erwachsen, aber zur Elite in Rußland zu gehören, bedeutet nicht unbedingt, ein reines Gewissen und saubere Hände zu haben ... Obwohl: Nach 25 Jahren kommen doch die nächsten und übernächsten Generationen ans Ruder, die heute in London und Paris, Brüssel und New York die römischen Gesetze pauken. Sie werden gute Manieren haben und sich »bei Hofe« auskennen, sie werden den Wodka nicht auf ex trinken, werden mehrere Sprachen sprechen und einen Smoking nicht mit einer Livree verwechseln.

Allein die Grenzen zwischen Gut und Böse werden vernebelt und verschleiert. Vielleicht treten kleine Variationen gegenüber den Zehn Geboten auf. Im übrigen ...

Aber wer weiß schon, wer ihm am internationalen Verhandlungstisch gegenübersitzt? Hat der Westen noch Chancen?

Ein Soziologe namens Sinowjew hat ein Buch über die jüngste Geschichte Rußlands geschrieben. Bekanntlich findet man in der Geschichte bisweilen Antworten auf Zukunftsfragen. Mit großem Talent faßt Sinowjew kurz und präzise zusammen, worüber andere Folianten verfassen. Sinowjew ist ein Beispiel dafür, daß schon alles erkannt worden ist – wir brauchen die Erkenntnisse nur mit Hilfe unseres Verstandes zu analysieren.

»Im Westen herrscht die feste Überzeugung, daß Rußland vom Kommunismus in Richtung westliche Demokratie evolutioniert«, notiert Sinowjew.[327] »Nachdem russische Militärs im Oktober 1993 das gesetzgebende Organ Rußlands – den Obersten Sowjet – auf Jelzins Befehl im Blut ertränkt hatten, ließ die Begeisterung des Westens über das scheinbare Heranrücken Rußlands an die westliche Zivilisation etwas nach. Westliche Politiker haben verschleiert, zaghaft und durch die Blume zugegeben, daß Rußland auf dem Weg zu einem gewissen ›autoritären Regime‹, oder etwas offener gesagt – zur Diktatur – ist. Die Weltöffentlichkeit beruhigte man mit der Erklärung, daß das zwar eine Diktatur, aber eine im Namen der ... Demokratie sei! Selbst in unserer Epoche, in der die Menschheit bis zum Hals im ideologisch-propagandistischen Lügensumpf steckt, kann man sich nur schwer eine heuchlerischere Beurteilung eines der tragischsten Geschehnisse nicht nur der russischen, sondern der ganzen Weltgeschichte vorstellen.«

Sinowjew meint, Rußland habe sich vom Stalinismus zum Breshnewismus und vom Breshnewismus zurück zum Stalinismus entwickelt. Vor allem ein Schlußgedanke ist brillant: »Der Zerfall des breshnewschen und der Übergang zum stalinschen Machttypus unter den Bedingungen, die sich 1985 etabliert haben, und ohne die Stütze der kommunistischen Verwaltungsorganisation konnte nur zur Bildung einer kriminell-mafiosen Struktur auf höchster Machtebene führen. Das war offensichtlich von vornherein klar.«

Das ist die langfristige Perspektive.

Zur mittelfristigen meint Dr. Lilija Schewzowa[321]: »Das einzige, wovon man überzeugt sein kann, ist, daß das Regime fern von jeder Demokratie sein wird. Denkbar ist ein Pendeln zwischen Populismus, Technokratie und Nationalismus.«

Einige marginale Voraussagen zum Ausklang

Wenn man schon das Fahrrad erfunden hat, kann man beiläufig auch einiges über die Speichen ausplaudern

Geht die Mafia pleite?

Bekämpfung der Kriminalität als künftige politische Aufgabe, auch für die von Verbrechern gekauften Politiker

Als aufmerksamer Zeitungsleser stellt man fest, daß die Kriminalisierung der Gesellschaft auf dem ganzen Erdball rapide zugenommen hat, daß die Korruption der Behörden überall seltsame Blüten treibt, daß man in keinem Winkel der Erde noch uneingeschränkt an die Gerechtigkeit glaubt. Man merkt, daß ausgerechnet im kriminellen Bereich die höchsten Gewinne erzielt werden, daß immer mehr Leute in dieses Geschäft einsteigen, daß – trotz verstärktem Einsatz der Polizeibehörden der Welt – die Anzahl der Mafiabanden wächst, daß man Verbrechern gegenüber immer mehr Nachsicht walten läßt. Die eingeschüchterten Leute sind in der Minderzahl. Der behutsame Zeugenschutz hilft kaum bei der Verfolgung der Kriminellen, da die Leute immer weniger mit der Polizei zusammenarbeiten wollen. Die kalabresische Omertà – »Schweigen aus Angst« – breitet sich aus.

Was muß geschehen, um diesen Tendenzen Einhalt zu gebieten? Welche Maßnahmen müssen in Zukunft ergriffen werden, um zum Beispiel die Drogengewinne zu reduzieren (die Preise steigen, selbst wenn der Konsum zurückgehen sollte), um den Schutzgelderpressern das Handwerk zu legen, um den Beamten Bestechungsgelder unappetitlich zu machen? Die Leute überfallen Banken, um 100 000 Dollar zu erbeuten und nehmen eine Gefängnishaft in Kauf. Warum soll ein Beamter nicht eine Million nehmen, wenn die Gefahr, ertappt zu werden, viel niedriger als bei einem Bankraub ist? Der Chef der Kiewer Kriminalpolizei hat erzählt, daß Geschäftsleute, die fünf Millionen Dollar gestohlen und auf ihre ausländischen Konten überwiesen hatten, ihm ins Gesicht gelacht hätten. Sie wußten, daß das Geld nicht zurückgeholt würde und ihnen höchstens drei Jahre Gefängnis drohten. Sie waren bereit, drei Jahre, bei guter Führung auch weniger, abzusitzen, um dann ein sorgenfreies Leben zu führen.

Was ist zu tun, um die weltweite Vernetzung der Mafia zu unterbinden und Killer aus Deutschland nicht nach Rußland (und umgekehrt) zu lassen?

Was kann man gegen die immer brutalere Gewalt unternehmen, wenn die »Otmoroski« ihre Lötkolben stets bei sich haben?

Nach einer unvoreingenommenen nüchternen Analyse kommt man zu dem einfachen und einleuchtenden Ergebnis, daß man nichts Gewichtiges dagegen tun kann. Die Entwicklung kann man nicht aufhalten. Kleine Rückschläge sind vorstellbar (wie bei gutgehenden Aktien), aber die steigende Tendenz bleibt. Pleite geht das Unternehmen Mafia leider nicht.

Die Gefahr, die von der Mafia ausgeht, hat für Deutschland und andere demokratische Staaten viel mehr Bedeutung als für Rußland. Für Rußland und die Russen von heute (vor zehn Jahren sah ich das noch etwas anders) sind sogenannte demokratische Werte – Freiheit, Gerechtigkeit, Brüderlichkeit – nicht so wichtig. Sie leben in einer Zeit, da nur Geld und Macht zählen. Deshalb macht die Vorstellung, daß im Land statt eines demokratischen Präsidenten ein von der Mafia eingesetzter, statt eines demokratischen Parlaments ein von der Mafia gekauftes, statt eines gerechten Gerichts ein von der Mafia korrumpiertes die Macht ausüben könnten, den Russen nicht solche Angst wie den Menschen in der »demokratischen Welt«. Meines Erachtens sind sich die Deutschen aber der Gefahr einer kriminellen Unterwanderung der Gesellschaft viel weniger bewußt als die Russen. Die Vorstellung der Deutschen von Unfreiheit ist aufgrund ihrer geschichtlichen Entwicklung begrenzt; wie sie sich auch nicht darüber im klaren sind, daß Unfreiheit und Abhängigkeit viel greifbarer sind als man denkt. Deshalb stimme ich dem Autor Hans.-J. Schmahl von der »Welt« zu: »Wahrscheinlich ist erst ein Sinneswandel in Justiz und Gesellschaft selbst – wie offenbar jetzt in Italien – die Voraussetzung für einen Sieg über die Mafia.«[328]

Die Bedrohung, immer abhängiger von kriminell erwirtschaftetem Geld zu werden, ist für die »freie Welt« immens. Die Gefahr ist nicht geringer als die Gefahr in vergangenen Jahrzehnten, von Giftmüll überflutet, Opfer eines Supergaus zu werden.

Mir scheint, die politischen Entwicklungstendenzen könnten ähnlich ausfallen. Wenn in den sechziger Jahren die »Grüne« Bewegung entstanden und sie in den neunziger Jahren zu einer bedeutenden politischen Macht geworden ist, so kann ebenso eine »Anti-Mafia«-Bewegung entstehen, die »Liberté« und »Fraternité« auf ihre Fahnen schreiben wird. Daß die Wähler schon jetzt für diese Fragen sensibilisiert sind, zeigen die politischen Wahlplattformen von Sjuganow über Jelzin bis zu Lebed' und Shirinowski in Rußland. Es ist nicht übertrieben, wenn behauptet wird, daß der belorussische Präsident Lukaschenko seinerzeit mit solchen Antikorruptions- und Antimafiaparolen vom Kolchosvorsitzenden zum Präsidenten der Republik aufgestiegen ist. Diese Reihe ließe sich mit einheimischen Wählerlieblingen vervollständigen.

Die bescheidenen Politiker, die sich nicht trauen, um den Präsidentensessel zu kämpfen, werden sich in Fragen Kriminalität profilieren. Jede Parlamentsfraktion wird einen Sprecher eigens dafür haben. *In 20 Jahren wird es »Anti-Mafia«-Parteien geben, die immer mit sechs bis acht Prozent der Wählerstimmen rechnen können. Es werden neue Gesetzesentwürfe eingebracht und heftig diskutiert werden, aber das demokratische Tauziehen werden diejenigen gewinnen, die gegen die Verletzung der Menschenrechte der Mafia-Angehörigen* (unter dem Motto: »Killer sind auch bloß Menschen wie du und ich«) *auftreten.* Wie jede andere aus der Empörung und Machtlosigkeit des Volkes geborene Bewegung wird auch sie nach marktüblichen Prinzipien vermarktet werden. Auf Waschmittelpackungen wird anstelle von »phosphatfrei« so etwas wie »Billig: Wir zahlen kein Schutzgeld!« stehen, und die Zeitungen werden nicht mit chlorfrei gebleichtem Papier, sondern mit gewaltfreien Seiten (»von Seite 206 bis 208«, siehe heute den Kinderkanal des öffentlich-rechtlichen Fernsehens) um die Gunst der Leser buhlen.

Diese Bewegung wird einerseits ständig an die Gefahren erinnern, die Kriminalität in sich birgt. Andererseits wird die Problematik politischen Zwecken unterstellt und deshalb totdiskutiert. *Da vermutlich immer mehr Politiker dem Verbrechermilieu entstammen werden (aus der dritten oder vierten Generation), wird für politische Entscheidungen nur im unteren Bereich viel Spielraum bleiben.* Nicht ausgeschlossen, daß gerade diese Partei besonders mit Mafiageldern gefüttert wird.* Ständig wird nach dem Weichensteller gesucht, der das Verkehrschaos verantworten soll.

Die oben ausgemalten Perspektiven sind nicht rosig, aber ein anderes Zukunftsszenario zeichnet sich trotz intensiver Suche nicht ab. (Ich bin mir darüber im klaren, daß diese Überlegungen auf Kritik stoßen werden. Aber das wäre unfair – schließlich macht man auch nicht Newton mit seinem Gesetz von der Anziehungskraft der Erde für jeden Flugzeugabsturz verantwortlich.) Alle die, die nicht abgeknallt werden, können und werden solche Zeiten noch erleben.

Gibt es überhaupt Chancen?
Eine Frage, die ich in letzter Zeit am häufigsten beantworten muß

Jürgen Roth, der Autor des Buches »Russenmafia«[59], schreibt im Vorwort, er »befürchte leider«, daß der Kampf gegen das neue Verbrecherimperium »aussichtslos« sei. Der erste Chef der sowjetischen Verwaltung für die Bekämpfung der Organisierten Kriminalität Alexander Gurow hat das letzte Kapitel seines

---

* Der Moskauer Mafia-Pate Otari Kwantrischwili gründete im Februar 1994 eine Partei »Sportler Rußlands«, deren politisches Ziel die Wiederherstellung der Gesetzlichkeit im Land war.[329]

Buches »Die rote Mafia« »Prognose oder der Weg zur Verbrechergesellschaft« genannt.[37]

Der Filmregisseur Stanislaw Goworuchin, dessen Buchtitel »Die Große Kriminelle Revolution« zum geflügelten Wort wurde, meint: »Ich war auch schon vor zwei Jahren der Meinung, aber jetzt, nachdem ich gesehen habe, wie mein Vaterland vergewaltigt wurde, bin ich es erst recht, daß ein Optimist in unserer Zeit nur ein Dummkopf oder ein Schurke sein kann ... Ich denke, das Finale der kriminellen Revolution wird das Ende der zweiten Etappe der räuberischen Privatisierung sein, wenn das Land endgültig in reiche Halunken und arme Werktätige geteilt sein wird.«[330]

Dr. R. Aidinjan und Prof. Ja. Gilinski schreiben etwas überspitzt, aber treffend: »Die Zukunft der Menschheit ist die verbrecherische Organisation, planetare Kriminalität.« [332]

Der Moskauer Nikolaj Modestow vertritt in seinem Buch »Banditen-Moskau«[115] die gleiche Meinung: »Die Prognose ist unerfreulich. Wenn kein Wunder geschieht – und bei dem Kräfteverhältnis darauf zu hoffen ist sinnlos –, wird die Kriminalität weiter ansteigen, was wiederum zur völligen Abhängigkeit der Politik und Wirtschaft von den Interessen der Mafiaclans führt.«

Aber was passiert, wenn die völlige Abhängigkeit eingetreten ist?

Für mich ist die Frage nach den Chancen deshalb schwierig, weil ich nicht weiß, welche Chancen gemeint sind. Chancen, daß sich Rußland als eine Art Bundesrepublik Deutschland (aber eben bis Wladiwostok) entwickelt? Oder Chancen für die ausländischen Unternehmer, irgendwann einmal etwas vom russischen Kuchen abzubekommen? Oder sind die Chancen der russischen Bürger auf ein wohlhabendes und menschenwürdiges Leben gemeint? Die Chancen, daß ein aufgeklärter Politiker (gewünscht Gorbatschow?) die Präsidentschaft übernimmt? Oder daß Rußland als Türsteher beim NATO-Hauptquartier eingestellt wird?

Rußland geht seinen eigenen Weg, wie jedes andere Land auch. Dieser Weg ist mit keinem anderen in der Welt vergleichbar. Natürlich gibt es in Rußlands Entwicklung einiges, das an die Entwicklung Amerikas oder Italiens, Deutschlands und Kanadas erinnert. Aber diese Entwicklung vollzog sich nicht vor 100 und nicht vor 20 Jahren, nicht auf der Westhalbkugel, sondern im Osten. Daraus ergibt sich das Spezifische des russischen Weges.

Die Vorgeschichte ist bekannt. Einige Besonderheiten der Entwicklung haben wir nach bestem Wissen und Gewissen »durchgecheckt«, wie man heute sagt.

Jetzt kann jeder selbst entscheiden, welche Chancen für ihn relevant sind.

Kauft Wörterbücher!
Ein etwas eigenartiger und vielleicht nicht ganz
passender Schluß

Die deutschen Medien berichteten überschwenglich und mit unverhohlener Ironie, daß Tschechisch der russischen Sprache im Osten Deutschlands den Rang abgelaufen habe. »Seit Russisch nicht mehr Pflichtfach ist, wird die Sprache der einstigen Brudernation kaum noch gebüffelt …«[331]

Der Hintergedanke ist plausibel: Rußland hat seine Bedeutung verloren und wird sie auch kaum wiedererlangen. Tschechisch dagegen kann beim »Wochenendurlaub oder beim Einkauf im Nachbarland« von Nutzen sein. Es heißt, daß tschechisch-deutsche Gymnasien entstehen und sich die Russischlehrer im Gegensatz zu ihren Tschechischkollegen eine neue Sprache aneignen müssen.

Soviel kleinkariertes Kleinbürgertum hat man selten in einem 20 Quadratzentimeter großen Zeitungsartikel gelesen. Die gesparten Groschen der genügsamen Deutschen, die sich auf Kosten des Nachbarlandes mal für wenig Geld satt essen dürfen, sollen zu einem historischen Zeichen des Anti-Rußland-Wandels

konstituiert werden. Solche Kurzsichtigkeit ist eben eine
ansteckende Krankheit, die gleich ganze Branchen lahmlegen
könnte …

Es gibt kleine Länder, aber es gibt keine kleinen Völker, wie es
auch keine kleinen Sprachen gibt. Wenn die sprachfaulen Deutschen, die überzeugt sind, daß die »Eingeborenen« sowohl in
Tschechien als auch auf Mallorca oder in »Tunesschen« Deutsch
sprechen müssen, sich für Tschechisch entscheiden, ist das nur
ein erstaunliches Ereignis. Viel fraglicher ist aber die Abkehr
vom Russischen. Nolens volens ist innerhalb von Jahrzehnten in
vielen Ländern der Welt – in Bulgarien, China, Israel oder in der
Türkei – Russisch zu einer gebräuchlichen Sprache geworden.
Bei vielen Veranstaltungen unterschiedlichster Art war und
bleibt Russisch unerläßlich.

Ich erinnere mich an die heikle Situation, als der erste ukrainische Präsident Krawtschuk bei seinem Besuch in Deutschland
Russisch sprechen mußte, da die Fähigkeiten der Ukrainisch-
Übersetzer sehr bescheiden waren. (Kanzler Kohl und Außenminister Kinkel sollten sich daraufhin für jeden weiteren ukrainischen Besuch den hervorragenden Dolmetscher Wolodja
Schelest – ukrainischer Absolvent der Leipziger Uni und Mitarbeiter der deutschen Botschaft in Kiew – nach Bonn bestellen.)
Aber wie wäre Krawtschuks Staatsbesuch ausgegangen, wenn er
nur Ukrainisch und kein Russisch – aus Protokollgründen! –
gesprochen hätte? Natürlich geht es in der Zukunft nicht um solche protokollarischen Kleinigkeiten.

Grundsätzlich gilt, daß man heutzutage jedem Land die gebüh-
rende Aufmerksamkeit entgegenbringt und genug Kräfte ausbil-
det, die für die politischen, wirtschaftlichen, wissenschaftlichen,
militärischen und anderen Aufgaben des Staates nötig sind. Die
entsprechenden Fachleute sollten nicht nur Russisch und Tschechisch, sondern auch Zulu, Gagausisch, Malagasy, Lolo und
Cherokee beherrschen.

Aber Russisch nimmt doch einen besonderen Platz ein unter
den Sprachen der Welt, ebenso wie Englisch, Französisch und

Chinesisch. Wer das nicht rechtzeitig erkennt, verpaßt in den nächsten Jahren vielleicht eine der wichtigsten Tendenzen. Es geht nicht um Russisch als Pflichtfach, mit DSF-Buch ausgestattete Lehrer und Krim-Urlaub als Wissensschatz, nicht um von oben angeordnete Planziffern. Gerade nach marktwirtschaftlichen Prinzipien und Konkurrenzgesetzen wird Russisch »gebüffelt«, da man ohne diese Sprache bald das Nachsehen haben wird.

Es geht um die wachsende Bedeutung Rußlands.

Man darf nicht übersehen, daß ganz zwangsläufig eine enge Zusammenarbeit mit den Russen ins europäische Haus steht – sowohl in der Wirtschaft als auch im Wissenschaftsbereich. Für die Rußlandforschung ist die russische Sprache ebenfalls von Bedeutung: Auch von außen muß die Entwicklung Rußlands beobachtet und eingeschätzt werden. Ein neuer Blick ist ebenso in der Russistik im weiten Sinne des Wortes vonnöten. Wie kann man die Russen (auch ohne ihre von einfallsarmen Journalisten sattsam zitierte russische Seele) denn verstehen, wenn man nur auf englisch mit ihnen kommunizieren soll? Geschäftsleute und Reiseunternehmer, Wissenschaftler und Künstler, Militärs und Mediziner, Landwirtschaftsanalytiker und Export-Import-Spezialisten, Politiker und Firmenvertreter, Bankiers und Polizisten, aber vor allem Otto Normalverbraucher werden es noch bereuen, keine Russischkenntnisse zu haben.

Deswegen ist die Prognose nicht schwer: Spätestens in 15 Jahren wird man die Lehrstühle, die man aus Haß auf Rußland und den Sozialismus an manchen ostdeutschen Universitäten völlig abgeschafft hat, mit Mühe und Not wieder einrichten. Die Not habe ich schon geschildert. Die Mühe wird darin bestehen, daß in 15 Jahren die heute noch aktiven Russischspezialisten ihren Ruhestand auf besagtem Mallorca genießen werden und der Nachwuchs gezwungen sein wird, sich eine neue Sprache (vielleicht auch zusätzlich zum Tschechischen) anzueignen.

Wirtschaftsprognose: Die Nachfrage nach russischen Wörterbüchern steigend.

Nachwort : Das Galilei-Prinzip

Alle Wege führen nach Rom (aber mancher eher als der andere)

Als ich mein Manuskript noch einmal las, war mir, als hörte ich Sie, liebe Leserin und lieber Leser, seufzen: Zitate über Zitate – aus Zeitungen, Zeitschriften und Büchern …

Ist es das, was man Recherche nennt? Kein Abstecher ins Rotlichtmilieu, keine Milizrazzien, an denen man teilnimmt, keine Interviews mit Gangstern: »Wir sitzen einander gegenüber. Man hat mich mit verbundenen Augen hierher gefahren und dann durch lange unterirdische Gänge gezerrt, wo mir das Wasser in den Nacken tropfte. Hinter meinem Stuhl stehen zwei Killer, die mich zum Stillschweigen aufgefordert haben …«

Wo ist die »Action« geblieben? Man findet bekanntlich Bücher spannender, wenn der Autor von Waffenschiebern oder Rauschgiftdealern zumindest leicht angeschossen im Krankenhaus liegt. Würde ein Mordbefehl gegen den Autor verhängt, gingen die Bücher wie heiße Semmeln weg, nicht wahr?

Mit Räuber und Gendarm Versteck zu spielen, war nicht mein Ziel. Ich vermute, es gibt auf der Welt keinen einzigen Schlupfwinkel, wo man sich vor ihren Killern verbergen könnte. Die Beweise dafür sind im Buch zu suchen.

Ich schätze, daß ich auch ohne Zeitungsartikel, allein an Hand eigener Recherchen und Beobachtungen, Gespräche und Nachforschungen, sozusagen aus dem Kopf, dieses Buch geschrieben hätte. Ein paar »neue Russen« habe ich ausführlichst befragt, und mit einigen Leuten, die sich schlicht »Banditen« nennen, einen Kaffee getrunken. Wären Sie zufriedener, liebe Leserin und lieber Leser, hätte ich Ihnen *die* Namen genannt?

Für das Buch brauchte ich aber eine »parallele Information«. Und so habe ich bei anderen Autoren nach Belegen und Bestätigungen für *meine* Überlegungen und Schlußfolgerungen ge-

sucht. Das ist sowohl in wissenschaftlicher als auch in existenti-
eller Hinsicht von Vorteil. Erstens sind die Veröffentlichungen
belegbar (mit Datum und Quellennachweis, siehe dazu auch das
Vorwort). Zweitens beweisen die Publikationen, daß andere
Autoren am anderen Ort und zu einem anderen Zeitpunkt genau
das gleiche beobachtet haben, so daß es wohl durchaus legitim ist,
die Ergebnisse meines längeren Nachdenkens zu verallgemei-
nern.

Und drittens – was für mich, meine Frau und meine Kinder
auch nicht unwesentlich erscheint – gibt es das Galilei-Prinzip,
das besagt, daß keine Wahrheit der Welt ein Menschenleben
wert ist. Ich hoffe aufrichtig, bewanderte Leute werden mich
etwas besser als erlebnishungrige Schulabgänger verstehen.

Mein Ziel war die Analyse. Das habe ich hoffentlich nicht ver-
fehlt.

Anhang
Quellenverzeichnis

1 Hans Peter Schwarz, Rußland ist berechenbarer geworden, aber wohin geht es? Die Welt, 6. November 1995

2 Klaus Ziermann, Der neue russische Führer? Berliner Lesezeichen, Nr. 8, 1995

3 Armin Pfahl-Traughber, Osteuropa, Zeitschrift für Gegenwartsfragen des Ostens, Deutsche Verlags-Anstalt, Stuttgart, April 1995

4 Ossip K. Flechtheim, Futurologie. Der Kampf um die Zukunft. Verlag Wissenschaft und Politik, Köln, 1970

5 Brockhaus-Enzyklopädie, 19. Aufl., Leipzig/Mannheim, 1996, Band 23, S. 244

6 Jaryna Kowal, Stanislaw Lem: »In meinen Romanen gibt es nichts Fantastisches«, Den', 30. Januar 1997

7 Ernst Gehmacher, Methoden der Prognostik. Eine Einführung in die Probleme der Zukunftsforschung und Langfristplanung. Verlag Rombach, Freiburg, 1971

8 Natalja Barabasch, Tschelowek pod majonesom, Komsomolskaja prawda, 17. März 1995

9 Angaben des Ministeriums für Statistik Rußlands. In: Iswestija, 15. November 1994

10 Blesk i nischtscheta rossijskoj sarplaty, Trud, 7. Juni 1995.

11 Stadt im Goldrausch, Der Spiegel, Nr. 11, 1995

12 Weronika Siwkowa, Skolko w Rossii bogatych i skolko bednych, Argumenty i fakty (AiF), Dezember 1994

13 Rossijskij statistischeskij jeshegodnik, offizielle Ausgabe, Ministerium für Statistik Rußlands, Moskau, 1994

14 Albert Walentinow, Nerawenstwo po saslugam, Rossijskaja gaseta, 9. Dezember 1994

15 Andrei Arefjew, Andrej Kirillow, My: kto i skolko, Rossijskaja gaseta, 9. Dezember 1994

16 Witalij Golowatschow, Alexander Liwschiz, U wchoda na rossijskij rynok – ashiotash, Trud, 29. April 1995

17 Corriere della sera; in: Ekonomitscheskimi tigrami stanut Rossija, Israil, Brasilija, Kiewskije wedomosti, 2. Dezember 1994

18 Jewgenij Saburow, Tatjana Kosmarskaja, Sprjatannyj bisnes, Trud, 26. Mai 1995

19 Russen kaufen Smaragdküste auf, Leipziger Volkszeitung (LVZ), 28. Juni 1995

20 Jewgenij Umerenkow, Nowym russkim w Akapulko choroscho. Tolko shal, tscho otdych slischkom djoschew, Komsomolskaja prawda, 30. August 1995

21 Rudolf Koltschanow, Samena neftescheichow ili awangard mafii? Trud, 24. Juni 1995

22 Trud, 6. Dezember 1994

23 Sergej Leskow, Russkaja bomba w »Hiltone«, Iswestija, 14. Dezember 1994

24 Wladimir Nadein, Gasprom wkładywajet w Ameriku 4 milliona, Iswestija, 14. Februar 1995

25 Die reichsten Osteuropäer, Die Welt, 16. Februar 1996

26 Tokio und Moskau sind teuerste Städte der Welt, Die Welt, 31. Januar 1996

27 Natalja Schipizina, Iossif Galperin, Korrupzija w bor'be s korrupzijej, Moskowskij komsomolez, 27. März 1996

28 Witalij Golowatschow, Sabud'te slowo »baksy«, Trud, 16. Juni 1995

29 Tatjana Malewa, Wladimir Kosmarski, Bogatjyje saplatjat doroshe, Iswestija, 7. Dezember 1994

30 Telman Gdljan, Nikolaj Iwanow, Kremlowskoje delo, Rostow-am-Don, AO Kniga, 1994

31 Igor Bunitsch, Soloto partii, im: Poligon satany, Verlage »Schans« und »Oblik«, Sankt Petersburg, 1994

32 Gde den'gi KPSS, AIF, Nr. 43, November 1994

33 A. Klygin, T. Filippowa, Polkownik Spakowskij doslushilsja do »narkobarona«, Komsomolskaja prawda, 7. Mai 1997

34 S. Kisin, W. Ladnyj, Sa ukradennuju techniku generaly rasplatjatsja pogonami, Komsomolskaja prawda, 24. April 1997

35 Andrei Kim, Dudajewzy salisywajut rany w krymskich sanatorijach, Ogonjok, Nr. 6, Februar 1996

36 Viktor Litowkin, Generaly rastratili milliardy, Iswestija, 3. 4. 96

37 Alexander Gurow, Krasnaja mafija, Moskwa, Samozwet, MIKO »Kommertscheskij westnik«, 1995

38 Segodnja, in: Manfred Rowold, Wo Abgeordnete gefährlich leben, Die Welt

39 Wadim Poegli, Pascha-Mercedes. Wor dolshen sidet' w tjurme … a ne byt' ministrom oborony, Moskowskij komsomolez, 20. Oktober 1994

40 Kiewskije wedomosti, Sadershany podosrewaemyje w ubijstwe Dmitrija Cholodowa, 24. November 1994

41 Alexej Iljuschenko, Sakon pridjotsja uwashat', Rossijskaja gaseta, 4. März 1995

42 A. I. Podberjoskin (Hrsg.), Belaja kniga rossijskich spezslushb, Duchownoje nasledije, Obosrewatel-Agentur, Moskau, 1995

43 Jelzin will scharf gegen Korruption in Armee vorgehen, LVZ, 19. Juli 1996

44 Thomas Friedman, Russisches Roulett, New York Times, in: Trud, 25. Mai 1995

45 Walerij Jakow, Swidetelja lutschsche ubrat', Iswestija, 14. Januar 1995
46 Lew Timofejew, Tschetschenskaja wojna – eto wojna tenewych interesow, Iswestija, 10. Januar 1995
47 Moskowskij komsomolez, In: Mathias Brüggmann, Krieg in Tschetschenien macht Moskauer reich. Die Welt, 15. August 1996
48 Jegor Gaidar, Rossija na pereputje, Iswestija, 10. Januar 1995
49 Alexander Danilkin, Ne chodil by ty, Wanjok, w mafiosi, Trud, 14. April 1995
50 Ekonomitscheskaja situazija w Rossii: ozenki, tendenzii, prognosy, Ekonomika i shisn', Januar 1995, Nr. 1
51 Ljudmila Nikolajewa, Predprijatijam nushny ne kapitaly, a umnyje golowy, Trud, 16. Juni 1995
51-1 Jens Hartmann, Jelzins Personalpolitik weckt Erinnerungen an Zeit bei Hofe, LVZ, 21. November 1997
52 Jurij Nersesow, Boi wokrug »Arsenala«, Prawda, 2. Dezember 1994
53 Iwan Baraschew, Wladimir Golubjew, Ljudi gibnut sa shyljo, Trud, 23. Mai 1995
54 Igor Korolkow, Krowawyj peredel, Iswestija, 29. April 1995
55 Ubijstwo Listjewa: nastupil »tschas pik«, Wseukrainskije wedomosti, 18. März 1995
56 Wjatscheslaw Prokofjew, Russkoje soloto, Trud, 16. Juni 1995
57 Juri Daschko, Geldwäsche und Geld aus »Luft«, Magazin für die Polizei, Almanach Verlagsgesellschaft Jöring & Hochrein OHG, Aschaffenburg, Nr. 236, Dezember 1995
58 Nikolaj Jefimowitsch, Kuda plywjot »Wolga«? Komsomolskaja prawda, 7. Februar 1995
59 Jürgen Roth, Russenmafia, Rasch und Röhring Verlag, Hamburg, 1996
60 A. Kasarina, Ekonomitscheskaja prestupnost' i prawotwortscheskaja praktika, Sakonnost', Nr. 6, Moskau, 1996
61 Stephan Kaufmann, Rußland verbessert Anlegerschutz, Die Welt, 29. September 1995
62 A. Minkin, Pole tschuders w strane durakow, Moskowskij komsomolez, 10. August 1994
63 Isaak Glan, Mawrodi w roli genseka, Ogonjok, Nr. 41, Oktober 1995
64 Iwan Tscherewytschenko, Kombinazija s trjoch »M«, Skandale, Nr. 7–8, 1995
65 Firmy s podmotschenoj reputazijej, Iswestija, 27. Januar 1995
66 NB-Trast, Iswestija, 18. Januar 1995
67 B. Fjodorow, Otkrytoje pis'mo prawitewlstwu Rossii; Trud, 1995
68 Tschto bespokoit wkladtschikow, Iswestija, 7. sowie 14. Dezember 1994

69 W Rossii 24 milliona obmanutych wkladtschikow, Iswestija, 8. Februar 1995

70 Ljudmila Iwanowa, Ni shisni, ni koschelka, Trud, 24. Mai 1995

71 Iwan Shagel, Klinitscheskij slutschaj epochi rannego kapitalisma, Iswestija, 5. Januar 1995

72 Walerij Kornjew, Sto tysjatsch obmanutych, Iswestija, 14. Februar 1995

73 Alla Perewalowa, Ot »Tibeta« do »Germesa« w tichom sumrake notschej, Ogonjok, Nr. 52, Dezember 1995

74 Alexandr Wodolasow, Golosa segodnja – dengi sawtra, Ogonjok, Nr. 41, 1995

75 Walerij Lebedjew, Do etogo ne dodumalsja dashe Mawrodi, Komsomolskaja prawda, 7. Januar 1995

76 Sergej Krajuchin, Wkladtschiza podoshgla sebja w ofise »Russkoj nedwishimosti«, Iswestija, 31. Mai 1995

77 Alexej Tarassow, Schantashirowal mera, ugroshaja otrawit' million shitelej goroda, Iswestija 23. März 1995

78 Jaroslaw Schymow, Nowosti aferistiki: Bessledno istschesajustschaja iniziatiwnaja gruppa wkladtschikow, Iswestija, 16. März 1995

79 Komu she dowerit' swoi sbereshenija, Iswestija, 7. Dezember 1994

80 Walerij Kornjew, Student »wsjal« 19 bankow bes schuma i pyli, Iswestija, 5. Januar 1995

81 Natalja Bojarkina, Schaman is »Gornogo Altaja« wsjo jestscho stutschit w swoj buben, Komsomolskaja prawda, 24. Januar 1995

82 Jaroslaw Schymow, Obmanut' wkladtschika moshno wpolne legalno, Iswestija, 1. Juni 1995

83 Jaroslaw Schymow, Ob iskusstwe rasorjatsja, Iswestija, 14. Juni 1995

84 Leonid Krutakow, $ 10 milliardow rossijskije shuliki rastastschat sa nedelju, Komsomoskaja prawda, 18. April 1996

85 Maximow S. W., Gauchman L. D., Ugolowno-prawowaja ochrana finansowoj sfery: nowyje widy prestuplenij i ich kwalifikazija, Moskau, Jurinfor, 1995

86 Astapkina S. M., Maximow S. W., Kriminalnyje rastschoty: ugolowno-prawowaja ochrana inwestizij, Moskau, Jurinfor, 1995

87 Maximow S. W., Gauchman L. D., Ugolowno-prawowaja ochrana ekonomitscheskich otnoschenij sobstwennikow, Moskau, Jurinfor, 1996

88 Wolodymyr Popowytsch, Prawowi osnowy bankiwskoji sprawy ta jiji sachyst wid slotschynnych posjahan', Kiew, KSK DPF, Dija-plus, 1994

89 Walerij Wirkunen, Komu W. Solowjowa rasdawala korobki s »nalitschkoj«, AiF, Nr. 16, April 1997

90 Ogonjok, Nr. 22, Mai 1995

91 Olga Parfjonowa, Bogatyje tschasto platschut, Trud, 12. Mai 1995

92 W. Morosowa, Rosija staje welykoju narkodershawoju, Den', 19. April 1997

93 Dragozennostjami torgujut dashe w aptekach, Iswestija, 7. Dezember 1994

94 Erich Wiedemann, Entweder mitmachen oder untergehen, Der Spiegel, Nr. 11, 1995

95 Igo Korolkow, Ochota w swobodnoj sone, Iswestija, 24. Juni 1995

96 Viktor Timtschenko, Ich erwecke Rußland mit Blut – Wladimir Wolfowitsch Shirinowski, Aufbau-Verlag, Berlin, 1994

97 N. F. Kusnezowa, Konferenzija po probleman organisowannoj prestupnosti, Gosudarstwo i prawo, Nr. 5, Moskau, Nauka, 1996

98 Igor Pankow, Konez »kasanskogo chanstwa«, Komsomolskaja prawda, 14. April 1995

99 Alexander Danilkin, Ochota na mafiju – delo gosudarewo, Trud, 14. Juni 1995

100 Karl-Ludwig Günsche, Mafia-Banden werden zur globalen Bedrohung, Die Welt, 29. Juni 1996

101 Gennadij Tschebotarjow, Bandity ne doshdutsja ot nas ustupok, Komsomollskaja prawda, 11. April 1995

102 Arkadij Weiner, Nam nushny tjur'my, a grashdane dolshny woorushat'sja, Ogonjok, Nr. 18, Mai 1995

103 Anton Trofimow, Russkije idut? Segodnja, 22. November 1994

104 Organisierte Kriminalität breitet sich immer mehr aus, Berliner Morgenpost, 23. November 1994

105 Sergei Mostowstschikow, Choroschij prokuror – uwolennyj prokuror, Iswestija, 14. März 1995

106 Vladimir Pankov, Der Stand und die Aussichten der marktwirtschaftlichen Transformation Rußlands, Osteuropa-Wirtschaft, Nr. 4, 1994

107 W. Kusnezow, Chotschu sanimat'sja delom, a ne bor'boj, Iswestija, 24. Mai 1995

108 Nikita Mironow, Sishu w »komke«, torguju seljem, Trud, 25. Mai 1995

109 Dresdner Gemälde in Bremen feilgeboten, LVZ, 4. Juli 1997

110 Jelena Brese, Kradut i wsroslych, i detej, Trud, 25. März 1995

111 Jewgenija Shurawljowa, Reket w sakone, Trud, 28. März 1995

112 Alexej Dubatow, Renaissance eines Revolutionärs, Die Welt, 22. März 1996

113 Newsweek, in: Bisnes po-russki, Interesnaja gaseta, Nr. 9, 1994

114 Alexej Tarassow, Najomnyj ubijza, Iswestija, 10. Januar 1995

115 Nikolaj Modestow, Moskwa banditskaja, Zentropoligraf, Moskau, 1996

116 Alexej Tschelnokow, Orushejnych del mastera, Iswestija, 12. April 1996

117 Killer Nr. 1 sbeshal is »Matrosskoj tischyny«, Komsomolskaja prawda, 6. Juni 1995

118 Georgij Roshnow, »Kukla« w kamere, Ogonjok, Nr. 34, August 1995

118-1 Georgij Roshnow, Posle ubijstwa Solonika, Ogonjok, Nr. 24, Juni 1997

119 Killera wysywali? Ogonjok, Nr. 32, August 1995

120 Alexander Paschkow, Nanimaja killera, sakasywajesch smert' sebe, Iswestija, 30. Juni 1995

121 Sergei Antonow, Meshdunarodnoje soobschestwo protiw mafii, Segodnja, 22. November 1994

121-1 Itogi operatiwno-slushebnoj dejatelnosti organow MWD Rossii w 1995 godu, Moskau, 1996

122 Oleg Charitschkin, Natalja Schibanowa, Besrabotnych chimikow trudoustroit mafia, Ogonjok, Nr. 22, Mai 1995

123 Slugi »belogo kitajza«, Ogonjok, Nr. 22, Mai 1995

124 Mathias Brüggmann, Ermordete die Drogenmafia Dudajew? LVZ, 15. Mai 1996

125 Jelisaweta Majetnaja, 300 000 rossijan ushe seli na iglu, Komsomolskaja prawda, 17. April 1997

126 Olga Ganejewa, Narkotiki: idjot dewjatyj wal, Trud, 14. April 1995

127 Berliner Polizei bekommt gestohlenen Mercedes zurück, LVZ, 19. Dezember 1996

128 »Chosjain« dorog, AiF, Nr. 50, Dezember 1994

129 Kriminalität »industriell« betrieben, Die Welt, 28. Juli 1995

130 Juri Alexejew, Na rossijskoj tamoshne prawjat ugolownyje bandy, Komsomolskaja prawda, 22. April 1995

131 Diebstahl von Atomwaffen in Rußland aufgedeckt, FAZ Sonntagszeitung, in: LVZ, 21. April 1997

132 Jewgenij Solomenko, Torgowlja smertju: petersburgskij transit, Iswestija, 24. März 1995

133 Anna Olchowskaja, Rukopisi ne gorjat. Oni istschesajut, Ogonjok, Nr. 32, August 1995

134 Julija Poljakowa, Strasti po starine, Ogonjok, Nr. 19, Mai 1997

135 Swetlana Galkina, Is-sa otsutstwija rejestra zennostej is Rossii uplywajut sokrowistscha, Iswestija, 21. März 1996

136 Almasno-polowyje gangstery, Ogonjok, Nr. 31, Juli 1995

137 Naduwatelstwo tschistoj wody, Ogonjok, Nr. 31, Juli 1995

138 Alexej Agurejew, Otkuda u Kosljonka almasnyje kopytza, Komsomolskaja prawda, 15. Februar 1995

139 G. G. Saigrajew, Gosudarstwennaja politika kak faktor alkogolisazii naselenija, Sozis, Nr. 4, 1997

139-1 Michail Berger, 1.374.172.715.572 rublej, Iswestija, 21. Febr. 1995

140 Wjatscheslaw Kusmin, 36 Milliardow – powod dlja ubijstwa, Komsomolskaja prawda, 25. April 1997

141 Irina Kotschetowa, Ne schampanskoje, a gremutschaja smes', AiF Nr. 52, 1995
142 50 000 starben Wodkatod, LVZ, 23. Februar 1996
143 Aleksandr Danilkin, Obwinjajutsja w ubijstwe depulata, Trud, 1. Juni 1995
144 Walerij Kornew, Intimnyje uslugi w kriminalnom interjere, Iswestija, 27. Juni 1995
145 Boris Wischnewski, Lus'ka-butontschik, Komsomolskaja prawda, 16. Juni 1995
146 Peter Scherer, Eine Milliarde für die Schlepper, Die Welt, 16. Juli 1996
147 Alexander Stepanow, Ubijstwo po choroschemu adresu, Skandale, Nr. 10, 1995
148 Christiam Höller, Polizei prüft Sexleben der Ausländer, LVZ, 9. Januar 1997
149 Kurt Kieselbach, 500 000 Prostituierte in Europa, Die Welt, 27. Juli 1996
150 Karlheinz Grass, Rotlichtmilieu in München: Grünes Licht für Ost-Mafia? Abendzeitung, München, 10./11. August 1996
151 Wadim Belych, U detei bespredela jest' krjostnye otzy, Iswestija, 15. April 1995
151-1 A. Konstantinow, M. Dikselius, Banditskaja Rossija, Sankt Petersburg, Bibliopolis, Moskau, Olma-Press 1997
152 Wladimir Popow, Dognat' tech, kto ubegajet ot nalogow, Iswestija, 25. April 1997
153 Maria Bogatych, Swerchtschornyje superdyry, Ogonjok, Nr. 43, Oktober 1995
154 Andrei Sokolow, Reformer suchen Gasprom-Devisen, LVZ, 21. April 1997
155 Russia, CIA im Internet, Adresse: http://www.odci.gov/cia/publications/95facts/rs.html
156 Jaroslaw Schymow, Rossijskije nalogowyje slushby shalujutsja na trudnosti, Iswestija, 25. März 1995
157 Pawel Nikitin, U kogo w rukach koleso fortuny, Ogonjok, Nr. 33, August 1995
158 Jaroslaw Schymow, Nalogowaja polizija moshet stat' kusnizej kadrow dlja firm, ne shelajustschich platit' nalogi, Iswestija, 6. Februar 1996
159 Igor Korolkow, Ot Neglinnoj do Lefortowo, Iswestija, 1. Februar 1995
160 W. W. Lunejew, Kriminogennaja obstanowka w Rossii i formirowanije nowoj polititscheskoj elity, Sozis, Nr. 8-9, 1994
161 Prestupnost' – ugrosa Rossii, Obosrewatel, Spezialnyj wypusk. RAU-Korporazija, 1993

162 A. Iljuschenko, Korrupzija – bolesn' gosudarstwennaja, Iswestija, 5. Februar 1994

163 Dissidenty w Moskwe, Sozis, Nr. 10, 1993

164 P. Wostschanow, »Krjostnye otzy« stanowjatsy otzami nazii, Komsomolskaja prawda, 21. März 1995

165 Leonid Lewizki, Sergej Plotnikow, Ochota na ubijz, Iswestija, 21. März 1995

166-1 Ob istotschnikach woprosa net? Iswestija, 22. Juli 1997

166 Tschernomyrdin soll fünf Milliarden Dollar besitzen, LVZ, 2. April 1997

167 P. Wostschanow, W Rossii wetschno tri napasti: nalogi, dorogi i »partija wlasti«, Komsomolskaja prawda, 30. Mai 1995

168 I. Wolshskaja, Igor Pankow, On ozenil swoju golowu w 50 millionow, Komsomoslkaja prawda, 29. Dezember 1994

168-1 Owtschinskij W. S. und andere, Osnowy bor'by s organisowannoj prestupnost'ju, INFRA-M, 1996

169 Alexander Danilkin, Nascha prestupnost'- samaja organisowannaja w mire, Trud, 11. Februar 1995

170 Wladimir Ljubizki, Jurij Boldyrew: »Ogranitschit' wlast' – snatschit isbeshat' potrjasenij«, Trud, 23. Mai 1995

171 Georgij Roshnow, »Sakat« na rasswete, Ogonjok, Nr. 36, September 1995

172 Wadim Belych, Worow w sakone spasla milizija, Iswestija, 16. Mai 1995

173 Walerij Annenkow, Neprikasajemyje, Ogonjok, Nr. 3, Januar 1996

174 Wladimir Loktjew, Prestuplenije bes nakasanija, Trud, 21. März 1995

175 Larissa Kisslinskaja, Bolschoi otlow »worow w sakone«, Rossijskaja gaseta, 17. Dezember 1994

176 Igor Korolkow, Nepodsudnyje w mantii, Iswestija, 10. März 1995

177 Sergej Plotnikow, Shisn' swidetelej sudja ozenil w 70 millionow rublej, Iswestija, 13. April 1996

178 Wadim Belych, Poslednij wirash »malen'kogo Berii«, Iswestija, 19. April 1995

179 Igor Korolkow, Ostrow UOP, Iswetija, 18. Februar 1995

180 Dmitrij Sewrjukow, Kupit' nelsja. Ustranit'! Komsomoslkaja prawda, 5. Januar 1995

181 Andrej Konstantinow, Deputat Gosdumy Filatow wsjal w pomostschniki »awtoritetnyj« lud, Komsomolskaja prawda, 23. Mai 1995

182 Christiane Stachau, In Rußlands Gefängnissen ist der Dollar Trumpf, Die Welt, 27. Oktober 1995

183 Sergej Stepaschkin, Schibko strogij natschalnik Butyrki, Interesnaja gaseta, Nr. 1, 1995

184 Krowawoe delo »awtoriteta« Schatuna, Komsomolskaja prawda, 25. Mai 1995

185 Wjatscheslaw Rasinkin, Sa pomostschju k banditam, Ogonjok, Nr. 38, September 1995

186 Witalij Sawizki, Winowen, no nepodsuden, Iswestija, 6. April 1995

187 Larissa Kisslinskaja, Awtoritety deputatow, Ogonjok, Nr. 26, Juni 1995

188 Walerij Wyshutowitsch, Skol'ko stoit mesto w Dume, Iswestija, 29. Juni 1995

189 Susanne Höll, Gangster zieht es in die Duma, LVZ, 25. Oktober 1995

190 Russische Kriminelle drängen in die Staatsduma, Die Welt, 14. Oktober 1995

191 Parad awtoritetow, Moskowskij komsomolez, 27. Oktober 1995

192 Larissa Kisslinskaja, U worow w sakone jest' pokrowiteli, Trud, 15. Juni 1995

193 Ilja Drosdezki, Sishu pri wlasti, kak korol na imeninach ..., Komsomolskaja prawda, 22. April und 7. Juni 1995

193-1 Igor Korolkow, Wremja »bykow«, Iswestija, 17., 18. und 19. September 1997

193-2 W. Portnikow, Jelzin protiw mera Leninsk-Kusnezkogo, Den', 24. September 1997

194 Iwan'kow i drugije, Trud, 16. März 1995

195 Boris Resnik, Kto tam, rjadom s presidentom? Iswestija, 6. Januar 1995

196 Zahlenkompass 1996, Statistisches Bundesamt, Wiesbaden, 1996

197 Tamara Martynowa, Prasdnik »wolkow«, Prawda, 29. April 1995

198 Kak delili »Ostankino«, Ukrainskije wedomosti, 18. März 1995

199 Jesli w shurnalistow streljajut, snatschi oni tschto-to mogut sdelat', Kiewskije nowosti, 10. März 1995

200 Andrej Uglanow, Satschem skupajut gasety, AiF, Nr. 16, April 1997

201 Irina Owtschinnikowa, Najomnyje bandity isbili dwadzatipjatiletnjuju utschitelnizu, Iswestija, 7. Dezember 1994

202 A. B., Ja reschil stat' worom, Trud, 7. Juni 1995

203 Alexander Kalinin, Reketir-dewiza dershala Wologdu w kulake, Komsomolskaja prawda, 31. Mai 1995

204 L. Ionowa, W. Ladnyj, Raswod posredstwom ubijstwa, Komsomolskaja prawda, 6. Januar 1995

205 David Konstantinowski, Nowoje pokolenije wybirajet ..., Ogonjok, Nr. 22, Mai 1995

206 S. Moschkin, W. Rudenko, Sa kulisami swobody: orientiry nowogo pokolenija, Sozis, Nr. 11, 1994

207 Schantash kak detskaja sabawa, Komsomolskaja prawda, 25. Mai 1995

208 Ilja Rjasnoj, Neshnyj wosrast ubijz, Ogonjok, Nr. 44, Oktober 1995

209 Jelena Schulgina, Tusowka: ili w bandity, ili w bisnesmeny, Ogonjok, Nr. 1, 1996

210 Andrej Warlamow, Plyl w Japoniju, tschtoby sest' tam, Trud, 15. Juni 1995

211 Alexej Beljantschew, Schwedy spokojno guljajut po notscham i nitschego ne snajut pro russkuju mafiju, Iswestija, 23. Mai 1995

211-1 Jewgeni Baj, Moskwa naprawljajet Primakowa srashat'sja s narkobaronami, 3. Oktober 1997

211-2 Washington Post; in: Rossijskajy mafia objedinjajetsja s kolumbijskoj, Den', 30. September 1997

212 Helmut Hetzel, Das Herz unseres Rechtsstaates ist getroffen, Die Welt, 3. Februar 1996

213 Walentin Wolkow, Teper' ona sowjotsja »Mafija SNG«, Trud, 26. April 1995

214 Galina Saposhnikowa, Rossijskij front smestilsja w storonu Helsinki, Komsomolskaja prawda, 25. Mai 1995

215 Anatolij Kershenzew, Tschem rubl hushe schekelja? Trud, 25. Mai 1995

216 Dafna Linzer, Naschi mafiosi ochotno prikidywajutsja jewrejami, Iswestija, 30. Juni 1995

217 Maxim Jusin, Malta stanowitsja nowym Kiprom is-sa »nowych russkich«, Iswestija, 30. Juni 1995

217-1 Robert J. Kelly, Die vielen Aspekte der Organisierten Kriminalität in den Vereinigten Staaten, Magazin für die Polizei, Almanach Verlagsgesellschaft Jöring & Hochrein oHG, Aschaffenburg, Nr. 236, Dezember 1995

218 Wadim Belych, Imperija Japontschika, Wseukrainskije wedomosti, 3. Oktober 1995

219 Wadim Belych, Wladimir Michejew, Tri spezslushby utschastwowali w ochote na Japontschika, Iswestija, 10. Juni 1995

220 O. Bakuschinskaja, O. Saprykina, Kobson pritschosku i unbeshdenija ne menjajet, Komsomolskaja prawda, 30. August 1995

221 Igor Pankow, Japontschik byl primernym sekom? Komsomolskaja prawda, 27. Mai 1995

222 Ilja Gorizwet, Alexej Agurejew, »Japontschika« krepko powjasali na Braitone, Komsomolskaja prawda, 10. Juni 1995

223 Ilja Gorizwet, »Japontschik« arestowan, ibo ne oprawdal nadeshd MWD? Komsomolskaja prawda, 16. Juni 1996

224 Alexander Danilkin, Delo Japontschika shiwjot. I pobeshdajet? Trud, 16. Juni 1995

225 Liberacion, in: New York. Russkaja mafia dershit Litl-Odessu, Nesawisimost', 28. April 1995

226 Wissarion Sisnjow, Japontschika wsjali u ljubownizy, Trud, 14. Juni 1995

227 Alexander Golowanow, Russkaja mafija primerjaet italjanskij »saposhok«, Komsomolskaja prawda, 19. April 1995

228 Sergej Iwanow, Monje bolsche ne guljat' po Brajton-Bitsch ..., Komsomolskaja prawda, 11. März 1995

228-1 FBI: Russische Mafia im Besitz von Atomwaffen, Welt am Sonntag, 5. Oktober 1997

229 Sport auch Tummelplatz für Kriminelle, LVZ, 12. Januar 1996

230 Andrej Konstantinow, Otkuda u professora Violante wojennyj samoljot, Komsomolskaja prawda, 23. Mai 1995

231 Alfred Zänker, Schweiz neue Drehscheibe der Mafia? Die Welt, 26. Oktober 1995

232 Waldimir Simonow, Operazija »Iwan«, Ogonjok, Nr. 2, Januar 1996

233 Juri Kowalenko, Parish opasen dla nowych russisch ne mensche, tschem Moskwa, Iswestija, 14. Dezember 1994

234 Juri Kowalenko, Pogibschij w Parishe bisnesmen imel wysokije swjasi w Moskwe, Iswetija, 6. Januar 1995

235 Juri Kowalenko, Russkaja mafia naschla wo Franzii wtoruja rodinu, Iswestija, 16. Februar 1995

236 Frank Georg, Russen-Mafia beunruhigt Wien, Die Welt, 14.–15. Januar 1995

237 Erich Grolig, Mafia-Belagerungsring rund um Wien, Stuttgarter Zeitung, 30. Mai 1995

238 Heinz Heck, Tabakschmuggel kostet eine Milliarde, Die Welt, 15. Juli 1996

239 Russen bilden »kriminelle Brückenköpfe«, Die Welt, 21. Februar 1996

240 Autohandel unterm Schutz der Kriegsflagge, Die Welt, 21. Februar 1996

241 Peter Scherer, Die Dolgoprudnenskaja will ins Rotlicht-Milieu, Die Welt, 16. Juni 1995

242 Russische Kampfsoldaten verstärken Berliner Mafia, Die Welt, 9. Januar 1995

243 Experten beraten Mafiagefahr, LVZ, 12. Januar 1996

244 Globalisierung fördert Kriminalität, Die Welt, 20. Februar 1996

245 Karl-Ludwig Günsche, Schmidbauer warnt vor Banden aus Osteuropa, Die Welt, 28. Juni 1996

246 Alexandr Pachomow, Krepkij oreschek, Prospekt, 11. April 1995

247 Istvan Kovacs, Erst stahlen sie das Auto, heute versichern sie es, Die Welt, 25. März 1995

248 LVZ, 12. Januar 1996

249 Günter Ogger, Das Kartell der Kassierer, Droemer Knaur, München, 1994

250 Die Welt, 16. September 1995
251 Wolfram Baentsch, Betrugsbilanz bei der Treuhand, Die Welt, 25. Januar 1995
252 Der Spiegel, in: LVZ, 11. März 1996
253 Rolf Obertreis, Steuerflucht-Affären setzen Banken zu, LVZ, Februar 1996
254 Hohe Haftstrafe für Bankkunden, Die Welt, 13. Februar 1996
255 Die Welt, 19. Februar 1996
256 Th. Siedler, Kripobeamter verkaufte interne Daten an Detektei, LVZ, 26. Februar 1996
257 LVZ, 26. Februar 1996
258 LVZ, 8. Februar 1996
259 Bundesrat-Initiative gegen Mafia-Kriminalität, LVZ, 4./5. November 1995
260 Wissarion Sisnjow, Maikl Abell menjajet amplua, Trud, 27. Juni 1995
261 Jeden zweiten Tag wird ein Schiff gekapert, Die Welt, 24. Februar 1996
262 LVZ, 12. Februar 1996
263 LVZ, 23. Februar 1996
264 Erwarte keine Gnade, Spiegel, Nr. 11, 1995
265 Andrej Schalnjew, Nascha mafija – samaja kompjuterisirowannaja w mire, Iswestija, 15. Februar 1995
266 Brockhaus-Enzyklopädie, Bd. 4, S. 319
267 Andrej Konstantinow, O tom, tschto obstschego u deputata i bandita, Komsomolskaja prawda, 18. Februar 1995
268 Georgij Roshnow, Rasstrel na meste, Ogonjok, Nr. 45, November 1995
269 Sostojanije prawoporjadka w Rossii i resultaty raboty organow wnutrennich del w 1993 godu, Jurinfor, Moskau, 1994
270 Thomas Freedman, New York Times, in: Russkaja ruletka, Trud, 25. Mai 1995
271 Mark Gorjatschew, Nado perestat' stesnjatsja bolschych deneg, Komsomolskaja prawda, Januar 1995
272 Ostwirtschaftsreport, Nr. 1, 6. Januar 1995
273 Aktuelle Analysen des Bundesinstituts für ostwissenschaftliche und internationale Studien, Köln, Nr. 40, 5. Mai 1995
274 Alexej Dubatow, Rußland verkauft »Familiensilber«, Die Welt
275 Iwan Shagel, Kashdyj 8-oj dollar eksportjory prjatschut sa rubeshom, no eto wdwoje men'sche, tschem god nasad, Iswestija, 22. März 1995
276 O. Damaskin, Ekonomitscheskaja prestupnost' i korrupzija, Sakonnost', Nr. 6, 1996, Moskau

277 Walerij Newerow, Budustscheje Rossii – duchowno-ekologitsches-kaja ziwilisazija, Sozis, 1994
278 Iswestija, 14. Februar 1995
279 Rußlands weitere wirtschaftliche Entwicklung bleibt ungewiß, LVZ, 29. Dezember 1995
280 Itogi operatiwno-slushebnoj dejatelnosti organow MWD Rossii w 1996
281 Otto Lazis, Naselenije Rossii prodolshajet rasplatschiwatsja sa »tschjornyj wtomik«, Iswestija, 11. Mai 1995
282 Realnaja stoimost' 1 kg chleba w Moskwe – 17,5 tys. rublej, Iswestija, 23. Mai 1995
283 Viktor Filippow, Wologodskoje maslo sjedeno konkurentami, Iswestija, 1. Juni 1995
284 Witalij Golowatschow, Rossijskij tekstil: do gibeli – schag, Trud, 25. Mai 1995
285 Nikolaj Pogorelow, Prozwetajustschaja Rossija – otdaljonnaja perspektiva tretjego tysjatscheletija, Kijewskij westnik, 17. Juni 1995
286 Wladimir Loktjew, Neusheli budem wymirat', Trud, 19. Mai 1995
287 Witalij Golowatschow, Satschem takije reformy, jesli ljudi okasalis' lischnimi? Trud, 9. Juni 1995
288 Aljona Grischina, Wsjo reshe »zwety shisni«, Trud, 18. Mai 1995
289 Walerij Wyshutowitsch, Iskusstwo trebowat' shertw, Iswestija, 6. Dezember 1994
290 Andrej Waganow, Plutonij w Rossii, Ogonjok, Nr. 27, Juli 1995
291 Alewtina Poljakowa, Nu ty, professor, w nature, Komsomolskaja prawda, 21. Juni 1995
292 Betsy McKay, Russia's Filthy Rich, Newsweek, 19. Dezember 1994
293 Osteuropas Auslandsschulden, Die Welt, 26. April 1996
293-1 Paul A. Samuelson, William D. Nordhaus, Macroeconomics, McGraw-Hill, Inc., 1992
294 Pariser Club will Moskaus Schulden stunden, Die Welt, 26. April 1996
295 SIPRI, Jahrbuch 1993
296 Laure Després: Conversion of the Defence Industry in Russia and Arms Exports to the South, in: Communist Economies & Economic Transformation, Vol. 6, No. 3, London, 1994
297 Viktor Filippow, Atomnyje submariny wsywajut o pomostschi, Iswestija, 24. Mai 1995
298 L. Korel, Ju. Tschistjakowa, M. Schabanowa, O. Schornina, Elita WPK o sozialnych sbojach konwersii, Sozis, Nr. 11, 1994
299 Duma berät Start-Vertrag, Die Welt, 20. Februar 1996
299-1 Moskau bekommt mehr Zeit zum Abbau, Neues Deutschland, 29. September 1997

300 Mathias Brüggmann, Rußland sperrt sich gegen den Zwang zur Abrüstung, Die Welt, 20. November 1995

301 Für Moskau ist Abrüstung zu teuer, dpa, Dezember 1995

302 Wjatscheslaw Prokofjew, Russkije istrebiteli w nebe Burshe, Trud, 15. Juni 1995

303 Istrebitel »newidimok«, Ogonjok, Nr. 16, April 1995

304 Igor Andrejew, Le Burshe: Rossija integrirujetsja w mirowoje awiastrojenije, Iswestija, 14. Juni 1995

305 Plantagen, Dshungel und Wolkenkratzer – Malaysias Vision 2020, LVZ, 26. Februar 1996

306 Mathias Brüggmann, Rußland hilft bei Asiens Aufrüstung kräftig mit, Die Welt, 13. Februar 1996

307 Wolfgang Engelhardt, Rußland plant eine neue Rakete, Die Welt, 25. Oktober 1995

308 Viktor Litowkin, Kitajskaja armija kreptschaet russkim orushijem, Iswestija, 25. April 1997

309 D. Makarow, Wojna na rynke woorushenij, AiF, Nr. 16, April 1997

309-1 SIPRI Jahresbuch 1996, in: Serhij Sgurez; Sa exportom sbroji Ukrajina obihnala Israjil, Den', 4. Juli 1997

310 Ministerkabinett Rußlands. Beschluß Nr. 1399 vom 19. Dezember 1994, zit. nach: Ekonomika i shizn', Nr. 2, Januar 1995

311 Amnesty: Prozeß nicht abgeschlossen, Neues Deutschland, 12./13. April 1997

311-1 Klaus Joachim Herrmann, Weiter Streit um Iran-Kooperation, Neues Deutschland, 24. September 1997

312 Surab Nalbandjan, Rossija woswrastschajetsja w Afriku, Trud, 10. Juni 1995

313 Alexander Sytschew, Dostanetsja li nam kusok ot piroga emirow? Iswestija, 4. Februar 1995

314 Konstantin Eggert, Rossija-Turzija: spory, orushije, den'gi, Iswestija, 9. Juni 1995

315 Viktor Litowkin, Nasledniki Afanasija Nikitina torgujut s Indijej orushijem, Iswestija, 16. März 1996

316 Rußland rüstet mit neuen Atomraketen auf, LVZ, 4./5. Januar 1997

317 Sunday Times, zit. nach: S. A., »Akula« idjot na Sapad, Moskowskij komsomolez, 27. März 1996

318 Business Week, 21. September 1992, pp. 14, 15

319 Anatolij Sautin, Rossija prodolshajet nastuplenije na mirowom rynke orushija, Finansowyje iswestija, Nr. 36, 4. April 1996

320 Waffenexporte sollen stark gesteigert werden, Süddeutsche Zeitung, 16. April 1995

321 Lilija Schewzowa, Kto podpiliwajet noshki presidentskogo trona, Komsomolskaja prawda, 29. Dezember 1994

322 Moskaus Agenten in Deutschland sehr aktiv, LVZ, 29. Januar 1996

323 Russische Agenten in Deutschland aktiv, LVZ, 23. Februar 1996
324 Verfassungsschutzberichte 1994, 1995, 1996
325 Andrej Illarionow, Rasschirenije NATO – itog besdumoj politiki Moskwy, Iswestija, 10. Januar 1997
326 Herbert Kremp, Jelzins Kampf gegen die Nato-Erweiterung zeigt Wirkung, Die Welt, 3. Februar 1996
327 A. A. Sinowjew, Gibel »imperii sla«, Sozis, Nr. 10, 1994
328 Hans.-J. Schmahl, Mafia als Schicksal? Die Welt, 22./23. Juli 1995
329 Dmitrij Belowezkij, Shisn' w stile Kwantri, Ogonjok, Nr. 33, August 1997
330 Stanislaw Goworuchin, Welikaja kriminalnaja rewoluzija, Ergo-Press, Moskau 1995
331 Lars Rischke, Tschechisch läuft Russisch in Sachsen den Rang ab, LVZ, 28. Februar 1996
332 Aidinjan R., Gilinski Ja., Funkzionalnaja teorija organisazii i organisowannaja prestupnost', in: Isutschenije organisowannoj prestupnosti: rossijsko-amerikanskij dialog, Moskau, Olimp, 1997
333 Russische Produktion stieg um 0,9 Prozent, LVZ, 31. Januar/1. Februar 1998
334 Katja Kabernik, Neuer Rubel – langer Atem?, Neues Deutschland, 10./11. Januar 1998

Bildnachweis

1 Gennadij Tscherkassow
2 Natalja Medwedewa / NG-Photo
3 Natalja Medwedewa / NG-Photo
4 Dimitrij Donskoj / NG-Photo
5 Dimitrij Donskoj / NG-Photo
6 Natalja Medwedewa / NG-Photo
7 Alexander Astafjew
8 Gennadij Tscherkassow
9 Andrei Nikolski / NG-Photo
10 Alexander Kornjustschenko
11 Gennadij Tscherkassow
12 Andrei Nikolski / NG-Photo

Dynamik des Umtauschkurses US-Dollar zu Rubel
(Rubel für ein Dollar)

1992		1994	
Dezember	414,50	Januar	1542,00
		Februar	1657,00
1993		März	1753,00
Januar	572,00	April	1820,00
Februar	593,00	Mai	1916,00
März	684,00	Juni	1989,00
April	823,00	Juli	2052,00
Mai	994,00	August	2153,00
Juni	1060,00	September	2596,00
Juli	898,50	Oktober	3055,00
August	992,50	November	3232,00
September	1169,00	Dezember	3400,00
Oktober	1186,00		
November	1231,00		
Dezember	1247,00		

1995 bis **1997** lag der Umtauschkurs etwa bei 4700 bis 5800 Rubel pro Dollar.

Anfang 1998: Rubel-Denomination; 1 Dollar ist etwa 5,90 Rubel wert.